KB268182

한국 현대생태소설의 서사적 유형과 분석

전 혜 자

새미

이 저서는 2006년 정부(교육인적자원부)의 재원으로 한국학술진흥재단의 지원을 받아 수행된 연구임(KRF—2006—321—A00730)

학진프로젝트를 마치면서…

이 책은 오래전부터 관심을 두고 구상해 왔던 내 연구의 결실이다. 그것은 21세기가 '에코의 시대'가 될 거라는 생태학자들의 견해와 무관하지 않다. 그래서 제자 중에 「한국 현대생태소설연구」란 학위논문도 나왔고 그것이 계기가 되어 최근 몇 년 간 대학원생들을 중심으로 소위 '환경·생태소설'이라고 분류될 수 있는 작품들을 정독하고 가치 평가하는 시간을 가져 보기도 했다.

그러다 보니 26년 동안 몸담아 왔던 경원학원에서의 정년퇴임에 맞추어서 책으로 내야겠다는 욕심이 생겼다. 이왕이면 다홍치마라고 이렇게 오랫동안 염두에 두고 생각해 온 것이라면 학진 프로젝트에 낼 만도 하다고 판단해서 한 번 응모해 본 것이다. 사실 학진 프로젝트에 선정되는 것은 낙타의 바늘귀 들어가기 만큼이나 어려운 것이라고 평소 생각해 왔기에 기대도 하지 않았고 어차피 나의 학문생활의 마무리로 책을 내려고 했는데 운좋게도 선정되어 학문생활을 멋지게 끝맺을 수 있어 뿌듯했고 그 일 년 동안의 집필과정은 진정으로 행복했다.

우리 한국문학의 경우, 생태학, 생태비평이 문학과의 관계에서 접맥되어 연구되기 시작한 것은 그리 오래지 않다. 1970년대 산업화가 시작되면서 관심을 보이게 된 것이 1990년대 이후 '디스토피아의식'으로 변화하면서 '생태문학'이란 용어가 본격적으로 사용되기 시작한 것으로 추정된다. 그러나 이제는 생태담론이란 용어도 비교적 보편화되었고 그렇게 지리멸렬하게 난무했던 생태비평이론도 어지간히 정리된 편이다. 단지 아쉬운 것은 다문화시대의 생태담론의 이야기와 이야기하기가 전통적 이야기방식에서 벗어나지 못하고 있다는 것이다. 이점이 이야기의 효용성과 심미성에서 독자의 기대지평을 과연 충족시킬 수 있을지 생태문학을 연구하는 사람들 모두에게 중요한 과제라고 생각된다. 이런 차원에서 이 책은 그 기초작업으로서의 의미를 지닌다.

본 저서의 자료는 1970년대 이후 현재까지 발표된 소설로 환경오염에서 출발, 생태위기에 이르기까지 총 66편을 연구대상으로 하였다. 작품 선정은 각 문학잡지의 비평, 환경단체가 선정한 작품, 또는 환경문학상수상작, 또한 각종 웹싸이트에 걸친 것이다.

본 저서는 기존 연구와 달리 생태소설의 문학적 가치를 미학적 방법으로 분석하고자 하는 것이 목적이다. 가장 어려웠던 점은 서사유형을 분류하는 작업이었다. 차례에 제시된 것처럼 다섯 유형으로 나누었으나 그 넘나듦이 애매모호해서 지배적인 특성 나름의 합리적 판단을 쫓아 텍스트를 분류했다. 서사분석은 소설의 가장 중요한 여덟 가지 요소로 분석했으며 한 가지 후학들을 위해서 문학생태적 비평의 의의를 덧붙였다.

이 연구는 우리가 살고 있는 이 시대가 '에코시대'임을 절감하고 환경·생태소설을 통해 생태위기의 현실을 파악하고 한국 생태소설의 문제점과 전망을 가늠하기 위한 전초작업이다. 뿐만 아니라 생태비평적 세계관의 양상을 형상화한 텍스트분석을 통해 형식적·미학적 특성을 조감하고 문학생태적 비평의 의의를 모색한 것이다.

실상 이 저서는 제자 구자희의 박사학위논문인 「한국 현대생태소설연구」에 힘입은 바가 크다. 논문을 지도하면서 기초자료로 수집한 텍스트의 서사유형과 서사분석을 해 볼 필요를 절감했고 생태학, 생태비평이론에 대한 관심과 흥미를 가질 수 있었기 때문이다. 또한 이 논문은 2005년도에 『한국 현대생태담론과 이론연구』란 저서로 출판되면서 학술원 우수학술도서로 선정되어 지도교수로서의 보람을 만끽하게 하기도 했다.

이제 경원학원에서의 교수생활 26년. 그런대로 행복했던 시절이었다. 항상 목말라 하면서도 어릴적부터 소망했던 교수라는 직업에 대한 소명의식과 사명감을 마음 속 깊이 간직했으며 오늘의 이렇게 건강한 내가 존재하는 것은 사랑하는 나의 제자들 덕분이라고 생각한다.

결코 길지 않은 경원의 역사지만 우리 제자들의 앞날은 밝을 것 같다. 세계화 속에서 한 몫을 할 수 있는 터전이 마련됐기 때문이다. 어차피 우리들의 인생은 기다리는 것. 묵묵히 꾸준하게 인내하면서 기다리면 기회가 올 것이란 생각을 한다. 掩目捕雀. 무슨 일에나 성심을 다해서 해야지 얕은 수를 써서는 안된다는 말이다. '過猶不及'이란 말 역시 본인이 평생 마음에 두었던 金科玉條다. 지금와서 생각하면 한없이 부끄럽지만 그래도 앞으로 남은 날들은 이 말들을 가슴에 품고 살고 싶다.

끝으로 나의 사랑하는 국어국문학과 초년생 학부 제자들. 겁 없이 진솔해서 老교수를 놀라게 하는 그 신선함. 대학원에서 인생이야기까지 스스럼없이 나누었던 자랑스런 우리 석·박사 제자들. 최상규 소설에 몰입하여 은자같은 생활을 하는 소설박사 제1호 이정윤 강사를 비롯해서 「최명희소설연구」로 혼불기념사업회에서 '혼불학술상'을 수상한 중국 산동대학의 교수 박현선 박사, 「노년소설연구」 박사 제1호로 지금은 성남시문화원에서 맹활약을 하고 있는 최명숙 강사, 이 년간이나 휴직을 하면서 「1970년대 한국 농촌소설연구」로 학위를 받은 집념의 여인 선은주 박사, 서강대에서 '모더니즘비평론'으로 학위를 받고 문학평론가로 맹활동 중인 최성실 박사 등 그 학문에 대한 에로스적인 사랑과 열정에 새삼 경의를 표한다. 그리고 동료 교수님들께 모두 감사의 인사를 드리고 싶다. 또한 이 책이 나오기까지 성심성의껏 도와준 구자희 박사, 멀리서 계속 성원을 보내 준 박현선 박사, 또한 궂은일은 모두 도맡아 나를 보좌했던 능력 만점의 양병남 강사에게 특히 고마운 마음을 전하고 싶다. 또한 선친의 출판기념회에서 본인의 저서에 이르기까지 출판을 도와주신 새미의 정찬용사장님께도 아울러 감사를 드린다.

2007년 12월 戊子年을 맞으면서

전혜자

|차 례|

Ⅰ. 다큐적 특성과 고발 · 비판의식

Ⅱ. 산업화와 문명화의 부작용

Ⅲ. 도시화와 왜곡된 욕망의 분출

Ⅳ. 영혼과 자연의 교감

V. 생태주의자의 표층적 양상과 피상적 의식

Ⅰ. 다큐적 특성과 고발·비판의식

<동강에는 쉬리가 있다>

1. **작가소개 : 강기희**(姜基熙)

1964년 강원도 정선에서 태어났으며 1998년 『문학21』에서 신인상을 받으며 등단했다. 한국문학평화포럼 이사이며 이 단체가 주최하는 모든 행사의 사회자로 활동중이다. 주요 작품으로는 장편소설 <동강에는 쉬리가 있다>(1999), <아담과 아담 이브와 이브>(1999), <은옥이 1, 2>(2001), <도둑고양이>(2001) 등이 있다. <도둑고양이>로 제1회 디지털 문학 대상을 수상했다. 2005년에 한국문화예술위원회가 수여하는 문예창작기금을 수혜하였다. 현재 한국문학평화포럼 이사로서 한국문학평화포럼이 주최하는 제반 행사의 사회자로 활동중이며, 민족문학작가회의와 정선문화연대 상임대표로도 활동중이다.

2. **스토리**

대학교수의 꿈을 접은 '나'는 자연인으로 혹은 자유인으로 정선에 내려와 토굴에서의 삶을 시작한다. 정선 지방의 명물인 <송구전>에 나오는 주인공의 삶을 살아보기로 한 것이다. 생명력이 강한 송구처럼 자연의 법칙에 순응하는 삶의 의미를 깨닫게 된 것이다. 마침 영월댐 건설 문제로 동강 주변이 혼란스러워지자 '나'는 <송구아리랑> 이라는 소설을 집필하여 연극공연에 올리고자 문화원 원장의 도움을 청한다. 한편 마을은 문화원 여직원 이은혜가 유부남과의 관계가 발각되어 동네에서 망신을 당한 뒤, 자살하는 사건이 발생하고 털보의 부인이 전 재산을 들고 도망을 가는 등 풍기가 문란해진다. 또한 국장과 부군수 급 고위 공문원이 작부인 명자를 희롱하자 이를 저지하려던 털보가 구류를 살고 이를 계기로 털보는 명자와 혼인하기도 한다. 한편 거듭되는 동강댐 건설 반대 시위와 이를 저지하고 보상금이나 노리는 측들이 갈등을 겪기도 한다. 이러한 와중에도 <송구아리랑> 공연이 성공리에 이루어지고 서울 대학로에서까지 공연이 성공을 거둔다. 그러나 이렇듯 동강댐 건설에 대한 반대여론이 들끓어도 정부는 댐건설 강행 방침을 고수한다. 쉬리가 뛰노는 동강을 바라보며 '나'는 '동강은 분명 살아있는데 인간의 이기적 욕망으로 동강이 훼손되고 마는구나' 하는 아쉬움에 눈물을 흘린다.

3. **담론**

◆ 프롤로그 : '나'는 대학교수의 꿈을 실현하기 위해 박사논문 준비중에 정선에서 유명한 송구라는 인물을 만나게 되고 소탈하고 거짓 없는 그의 삶에 매료되어 '나' 역시 교수의 꿈을 버리고 정선의 송구가 된다.

◆ 1장 : 자유인이자 자연인이 된 송구는 아이들을 위해 뽕밭에 들어가 오디 열매를 따다가 뽕밭을 지키는 노인에게 저지당한다. 아이들을 위해 거짓말을 하려던 배변행위를 실제로 하게 되고 아이들에게 야유를 당하지만 즐겁기만 하다.

◆ 2장 : 먹을 것이 궁한 아이들을 위해 동네 아이 백송의 돌잔치를 알려 주고 아이들을 그 집으로 보낸다. 막걸리 병을 입에 물고 소피를 보면서 동네 여인들의 추파를 받는다.

◆ 3장 : 장날 '나'는 황씨의 속옷 좌판에서 음란행위로 물건을 판 이유로 경찰에 연행되지만 워낙 유명한 송구라 훈방조치로 풀려난다. 용탄댁의 선술집에 들러 최씨를 만나 낮에 동강댐 건설 반대 시위가 있었다는 소식을 접한다. 최씨의 생각에 동조하면서 '나'는 문화원에 가기 위해 길을 나선다.

◆ 4장 : 문화원에 들른 '나'는 송구아리랑을 연극으로 올렸으면 한다는 생각을 문화원장에게 전한다. 극장이나 비용문제는 최소한도로 할 예정이라는 입장도 동시에 강조하자 문화원장은 긍정적으로 검토하겠다는 의지를 밝힌다.

◆ 5장 : 용탄댁네에 다시 들른 '나'는 그녀의 애정공세를 받아주고, 그녀로부터 보약까지 받는다. 용탄댁은 진심으로 '나'를 보살피고자 하는 마음을 전한다. 하지만 '나'는 기다리는 가님이가 있다는 말로 그녀의 마음을 완곡히 거절한다.

◆ 6장 : 용탄댁을 떠나 자신이 기거하는 상여가 있는 굴에 돌아 온 '나'는 <송구전>에 나오는 송구와 가님의 사랑이야기를 떠올린다. 150년 전 몰락한 양반의 아들인 송구는 역술가로 토굴에서 살았는데 독살당하고 가님이라는 그의 여인이 그 토굴에서 살다가 1년 후 돌림병으로 죽는다는 이야기가 전설처럼 전해지고 있었다. 이어서 박정희 군사정권시절에 또 다른 송구로 다시 태어나 독재정군에 저항하던 지식인 송구가 자연인이 되어 살다 죽은 지 10년이 지났다. 그리고 자신이 그 뒤를 이은 송구가 된 것이라는 생각에 빠진다.

◆ 7장 : '나'는 이장을 만나 공설운동장의 댐건설 반대시위에 참석하러 간다고 하자 이장은 바쁜 농사철에 벌이는 데모를 못마땅해 하면서 보상금 더 타내려는 수작으로밖에 보이지 않는다는 생각을 표명한다. 한편 시위장에서는 취재진과 오백여명의 인파가 뒤섞여 노래패 공연을 진행하고 있었다. 이후 환경연합 운동가 성기완은 댐건설로 인해 동강 주변의 생태계가 파괴되는 양상과 그 여파에 대해 강

하게 성토하고, 투쟁위원 소준식은 투쟁의 정당성을 호소한다. 댐건설 반대 투쟁위원장인 최승남은 요구사항 관철에 대한 투지를 밝힌다. 전경대와 마찰이 있었지만 시위는 비교적 성공적으로 끝난다.

◆ 8장 : 시위장에서 최씨를 만난 '나'는 최씨의 아내가 아프다는 소식을 듣고 복날 만나기로 한 뒤, 최승남의 사무실에 들렀다가 대학 제자 고창민을 만난다. 댐건설 반대 투쟁위원들은 내가 송구가 된 사연을 듣고 싶어 하고 '나'는 루소의 자연으로 돌아가라는 격언을 들먹거리며 자리를 피해 용탄 댁네로 향한다.

◆ 9장 : 늦은 아침을 먹은 '나'는 요사이 털보가 보이지 않는 것을 이상히 여기며 동굴 안에서 추위를 버티던 첫해를 기억한다. 또한 도시에 두고 온 여자 주도윤과 도시적 욕망의 잔재를 떠올려 본다.

◆ 10장 : 늦은 오후 문화원에서 일하는 이은혜 씨의 방문으로 '나'는 잠을 깬다. 어제 밤 문화원 원장과 늦도록 술을 마신 탓에 정신을 가누지 못하고 있는데 그녀가 어제 두고 온 소설원고를 가져 온 것이다. 그런데 무슨 사연인지 괴로움을 토로하면서 은혜는 술을 마시자고 제안하고 새벽까지 마신 뒤 사라진다. 댐건설 반대 시위가 세 번째 있던 날 듣게 된 그녀의 소식은 유부남과 간통한 현장이 발각되어 부인으로부터 치명적인 치욕을 당하고 그 부부의 집에 찾아가 스스로 배를 찔러 자살했다는 것이다. '나'는 비로소 그녀의 아픔을 알지 못하고 돌려보낸 그 새벽을 후회하면서 그녀의 명복을 비는 만가를 부른다.

◆ 11장 : 장마철 폭우가 쏟아져 소가 떠내려 오자 이기적인 김사장과 같은 이들이 떠내려 오는 소를 잡으려 안간힘을 쓰는 모습을 보면서 '나'는 그들의 이기적 욕망을 안타깝게 바라본다. '나'는 써보지 않은 연극대본을 쓰면서 장마철을 지내는데 원고를 집필하면서도 순간순간 주도윤과 함께 했던 추억에 가슴이 아려오는 것을 느낀다.

◆ 12장 : 읍내로 나간 '나'는 연극대본과 편지를 대학 후배에게 보

내고 최승남의 사무실로 향한다. 그곳에서 댐건설 반대시위 행사장까지 가는 버스를 얻어 탈 요량에서였다. 시위대 중 몇 사람이 '나'가 시위에 참여하는 것을 달갑지 않게 생각하자 최승남이 '나'에 대한 이력과 지금 하고자 하는 연극공연에 대해 구체적으로 이야기 하자 이후 모두 대도를 바꾼다. 즉 '나'가 대학에 근무했던 지식인이라는 것과 이 연극 공연이 동강 댐을 살리기 위한 노력의 일환임을 알리자 모두들 상황을 수긍한다. 집회장소까지 차가 들어가지 않으므로 중간부터 트래킹을 하면서 장소로 행하던 중 깨끗한 물에만 산다는 '쉬리'에 대해 듣는다. 청목령 문희마을 시위 현장에 도착하자 이미 집회는 시작되고 있었다. 서울에서 집회에 참석하러 많은 사람들이 내려왔지만 대부분 관광객처럼 시위를 구경하려 드는 사람들이 많았다. 그들에게 최승남이 들은 서울의 분위기는 한 사람이 한 계좌 갖기 운동, 정선아리랑 공연, 서명운동, 토론회 등을 통해 시민들의 호응을 얻고 있다는 것이다.

시위가 끝날 무렵 시위를 제지하는 농민들의 난동이 있고 그들은 보상금을 위해 투자한 전재산을 시위대가 막고 있다는 주장을 편다. '나'는 그들의 이기적이고 뻔뻔한 주장을 참을 수 없어 그들에게 폭력을 행사한다.

◆ 13장 : '나'는 장마가 물러간 후 버섯을 따고 약초를 캐면서 소일한다. 또한 개고기를 먹으면서 영양탕이라 이름 부치는 이유를 생각해 보기도 한다. 한편 공연 모금을 위해 돈이 필요한 '나'는 우연히 발견한 뱀집을 보고 이를 잡기로 결심한다. 샘에서 뱀과 마주친 '나'는 급기야 뱀을 잡기에 이른다. 그리고 '나'가 잡은 뱀에 대해 이장 이하 동네 사람들이 돈이 될 만하다는 말을 하자 '나'는 내다 팔아서 공연기금으로 써야 한다고 생각한다. 이때 유태석으로부터 최씨의 부인이 자궁암으로 얼마 못 살 것이라는 소식을 듣고 난감해 진다.

◆ 14장 : 이른 아침부터 약초와 구렁이를 내다 팔 생각에 들뜬 '나'

는 개울이 장마로 쓰레기 더미가 된 현실에 개탄한다. 읍내 뱀 사탕집에서 흥정을 끝내 삼백만원이라는 거금을 벌게 된 '나'는 그 돈을 용탄 댁에게 보관 하도록 한다. 공연준비 기금의 상당액이 마련되었고 서서히 공연에 대한 기대가 더해 간다.

◆ 15장 : 사라졌던 털보가 나타나 부인이 전재산을 들고 도망가고 그녀를 잡기 위해 그간 외지에 나갔었다는 소식을 전한다. 순수한 사랑을 농락당한 털보의 마음도 마음이지만 아직까지 잊지 못한 채 그녀를 기다리는 눈치를 보자 '나'는 털보에게 연민을 느낀다. 한편 평창집에서 술을 마시던 '나'는 명자가 국장, 부군수 이하 공무원들과 술자리를 하다가 국장이 명자의 치부를 건드리자 명자가 이에 저항하는 모습을 목격한다. 그리고 '나'와 털보가 이를 말리다가 결국은 털보가 그들을 공격하는 사건이 발생한다. 국장은 처음에는 이 사태를 권력으로 무마하려 들지만 최형사까지 양심적이고 주체적으로 수사를 하자 결국은 국장 자신의 잘못을 시인한다.

◆ 16장 : 공연준비에 활기가 더해가고 후배들이 워낙 떠돌이라 잘 적응하는 바람에 일은 일사천리로 진행된다. 그러나 최씨는 아내의 임종을 앞두고 비감에 빠진다. 연극 공연 준비에 박차를 가하면서 털보의 판결을 궁금해 하던 중, 털보가 20일 구류를 살고 나온다는 소식을 접한다. 한편 털보와 명자는 서로를 위하는 마음을 확인하고 함께 살기로 약속한다.

◆ 17장 : 드디어 소설이 책으로 나오고, 공연과 출판기념회를 동시에 하는 것이 좋을 것이라는 사실에 모구 동의한다. '나'는 출판사의 새로 온 편집장에게 전 편집장과의 계획이 소설 <송구아리랑>을 연극공연에 올릴 예정이었음을 알리고 동의해 줄 것을 요구한다.

◆ 18장 : 출판기념일 전날 용탄댁은 '나'에게 새 옷을 마련해주고 행사 당일 거리는 축제분위기가 된다. 풍물패와 인파가 어울리고 '동강은 흘러야 한다'는 현수막이 펄럭이는 가운데 행사가 시작된다. 후

배 임사영은 송구 역을 준비하고, 특히 법관복을 입은 임사영이 영월댐 건설에 대한 재판을 통해 피고인 환경부장관 수자원공사를 힐책하자 사람들의 호응을 얻는다. 또한 초등학생 소녀는 일기 낭독을 통해 댐건설 시위로 인해 아빠가 바빠진 사실과 이로 인해 이전과는 다른 일상이 낯설어진 점을 들면서 예전으로 돌아갔으면 하는 바람을 밝힌다. 이를 들은 대중은 가슴 뭉클한 감동을 받고 각자 반성을 한다. 마지막 순서로 유달병이 혈서를 쓰고 급작스러운 분신을 하여 대중을 놀라게 하는 가운데 연극공연은 시작된다.

◆ 에필로그 : 연극 공연이 있던 날, 최씨 부인의 죽음이 있었고, 최씨가 이곳을 떠났다는 소식을 듣는다. 서울로 간 후배 임사영은 대학로에서 '송구아리랑'을 공연에 올렸는데 반응이 뜨겁다면서 얼마간의 돈을 보내온다. 강물 앞에 앉은 '나'는 번쩍 하는 쉬리의 움직임을 보면서 동강은 살아서 흐르는데 댐을 건설한다는 현실에 눈물이 흐른다.

4. 초점화

<동강에는 쉬리가 있다>는 송구로 불리는 '나'의 내적 초점화자에 입각한 1인칭주인공 시점을 선택하고 있다. '나'가 송구가 된 내력과 정선 사람들에게 송구가 지니는 전통적인 믿음을 토대로 동강댐 건설의 부당성을 '나'에 의해 조망하는 '고정초점화'의 방식을 취하고 있다. 초점화의 국면은 '심리적 국면'으로 '나'의 동강댐 건설과 마을의 풍속 교란에 대한 인지적 측면과 과거와 단절하고 송구로서 살아가는 삶에 대한 감정적 측면을 동시에 서술하고 있다.

5. 주제의식

<동강에는 쉬리가 있다>는 기본적으로 동강댐 건설의 일방적인 행정과 생태계를 고려하지 않는 정부 시책, 나아가 환경정책의 허구성에 대해 비판을 가하고 있다. 또한 동강댐 건설에 대한 찬성의견

이면에는 보상금을 노린 이기성이 내재해 있다는 사실을 제시하고 있다. 이러한 다소 극단적인 의식이 선한 인물은 동강댐 건설을 반대하고 그렇지 못한 인물은 동강댐건설에 찬성한다는 식의 감정적이고 이분적인 인물설정을 낳고 있다. 한편 동강댐 건설이 지니는 산업화의 맥락이 정선이라는 마을의 풍속을 교란하고 있는 사실을 제시하여 환경파괴 만큼이나 인간 사회자체도 피폐해지고 있음을 동시에 제시하고 있다.

6. 시간과 공간

<동강에는 쉬리가 있다>는 1990년대 동강댐 건설 발표와 이에 대한 반대시위가 일던 즈음을 그 시간적 배경으로 하고 있다. 작가의 말에 제시되어 있는 1999년 3월에 의하면 동강댐 건설을 강행할 것이라는 정부의 발표가 있다는 표현이 있지만 실제로 동강댐 건설은 2000년 6월 5일 백지화 발표로 인해 개발이 중단된 상태이다. 정선이라는 공간적 배경 역시 실증적으로 동강 주변의 지역을 작품의 배경으로 설정하고 있어서 사실적인 분위기를 형성하고 있다.

7. 인물의 존재방식과 유형

<동강에는 쉬리가 있다>는 자연인이자 자유인으로서의 '나'를 통해 보이는 신성과 인간성의 조화가 프라이(N. Frye) '프로메테우스형'으로 존재하고 있다. '나'는 일종의 브레몽(Bremond) '행위자'이자 그레마스(A. J. Greimas)의 '주체'로 존재하면서 동강댐 건설에 대한 반대 여론을 수렴하고 연극 <송구아리랑>을 통해 이러한 의견을 제시하고 있다. 그를 돕는 용탄댁, 문화원 원장, 후배 임사영, 최씨, 동강댐 건성 반태 투쟁위원장 최승남 등은 이러한 '나'에게 '조력자'로 존재한다. 한편 부군수나 국장 등의 고위 관리들은 추잡한 윤리의식을 보여줌으로써 '부정적 인물'로 존재하며 '악한'의 유형으로 분류

할 수 있다.

8. 플롯의 방법과 종류

<동강에는 쉬리가 있다>는 '나'가 정선에 내려와 동강댐 건설 반대 시위를 지켜보고 참여하는 과성이 순차적으로 전개되는 '연속적인 플롯'의 방법을 취하고 있다. 그러나 부분적으로 '나'가 송구가 되기 이전의 삶을 회상하고 있는 '목적론적 플롯'의 양상을 동시에 보이고 있다. 또한 '나'가 도시의 이기적인 욕망을 접고 정선이라는 자연의 공간에서 토굴속의 삶을 선택하여 일체의 소유로부터 자유로운 인간이 되어가는 과정에 천착해 본다면 '교육의 플롯'의 양상을 확인할 수 있다.

9. 문학생태적 비평의 의의

<동강에는 쉬리가 있다>는 일방적으로 댐건설을 발표하는 정부의 위계적 태도에 의한 동강 주변의 생태파괴가 가져온 생태위기에 대한 우려가 자연의 파괴만이 아니라 인간사회의 모순 또한 노정하고 있다는 점에서 사회생태론적 견지의 접근이 가능한 작품이다. 또한 '나'가 도시적 삶의 욕망을 버리고 자연인의 삶을 선택하는 과정은 심층생태론의 생태의식이 발견되기도 한다. 문명을 버리고 자연과 하나가 되는 삶에서 행복을 느낀다는 맥락이 이를 반영하고 있다.

<死海 위에서>

1. 작가소개 : 김용성(金容誠)

1940년 11월 22일 일본 고베(神戶)출생이다. 경희대 영문학과를 졸업하고 대학원에서 국문학을 전공하였다. 한국일보기자를 역임, 1961년 한국일보장편소설 공모에 <잃은 자와 찾은 자>가 당선되어 등단, 1970년 초부터 전업 작가로 활동했다.

인하대, 경희대 강사를 거쳐서 인하대 국어국문학과교수를 정년퇴임한 뒤 현재 작가로서 꾸준히 활동하고 있다. 1984년 소설 <도둑일기>로 제29회 현대문학상을 수상했으며 1986년 제1회 동인문학상, 1991년 대한민국문학상을 수상했고 2004년 김동리 문학상, 요산문학상, 경희문학상을 수상한 바 있다.

김용성은 주로 사회적 메커니즘을 날카롭게 비판하면서 인류애에 입각한 인간의 본질을 그리는데 주력하며 소설로는 <해골>외 72편, 소설집으로는 ≪잃은자와 찾은자≫ 외 21편이 있다. 그 외 평론으로 『한국소설의 시간의식』이 있으며 평론집으로 『한국현대문학사탐방』이 있다.

2. 스토리

작중화자 '나'는 한적한 어촌의 공장지대 경비초소로 발령받는다. 바다는 공장굴뚝의 불기둥만 어른거릴 뿐 폐수로 오염되어 짙은 잿빛을 드리우고 있었으며 인간을 위협하는 듯한 새떼와 갈대만이 존재할 뿐 마을사람들은 다 떠나고 글자그대로 어촌은 피폐화된 곳이었다.

선임자 이순경은 콘크리트초소 속에서 무기력과 체념, 권태 속에 시간을 보내며 그것을 보는 '나' 역시 수상한 사람을 발견한 공적으로 경비초소를 떠날 수 있는 기회만 포착하고 싶은 심정이다. 그러던 중 염소를 키우는 한 노인과 손자를 발견하게 되고 소년의 신고로 수상한 사내의 뒤를 쫓게 된다. 공장주변을 배회하는 사람은 국가안보를 해치는 불순세력일지도 모르니 신고하란 교육이 이 당시의 지배적인 분위기였기 때문이다.

노인은 염소마저 병들고 황돌이소년이 피부병을 앓고 있어도 폐허화된 어촌을 떠나지 않는다. 다시 옛날처럼 노송도 바다도 맑고 푸르게 돌아온다는 신념을 갖고 있기 때문이다. 수상하다고 뒤를 쫓던 청년 역시 살 수가 없어 고향을 떠났던 망부의 유해를 고향바다에 뿌리러 온 인물임을 알게 되자 '나'는 불행한 어민들을 도외시하고 오로지 이런 어촌의 초소부임을 한탄했던 자신이 형벌을 받아야 한다고 생각하며 한없이 자책한다.

3. 담론

◆ 작중화자 '나'는 무기력과 권태만 보이는 선임순경이 근무하는 바다 경비초소에 산업시설 보호 임무차 부임한다.

◆ 바다마을은 인적이 거의 없는 죽은 폐촌의 바다로 노인 한 분과 소년 외 염소 다섯 마리만 보일 뿐이다.

◆ 부임한 지 며칠 후 '나'는 마을 뒷산을 어른거리고 바닷물을 조사

하는 수상한 사내를 신고하는 황돌이란 소년을 만난다.

◆ '나'는 수상한 사내를 살피기 위해 초소업무 수행을 목적으로 권총을 찬다.

◆ 폐촌인 마을에 인간을 공격할 듯한 제비 떼만 발견하나 한때는 마을이 번성했던 어촌이었음을 '나'는 감지한다.

◆ '나'는 잿빛바다와 공장불기둥을 바라보며 고개를 의미심장하게 흔드는 사나이의 손가방을 의심스럽게 추적하며 소년과 같이 사나이를 감시한다.

◆ 소년을 통해 '나'는 염소를 팔러 시내로 간 노인이 고향을 떠나지 않는 이유를 알게 된다. 다시 옛날의 고향을 찾을 때까지 기다리는 것이 노인의 염원이기 때문이다.

◆ '나'는 사나이의 정체를 파악해서 그 공적으로 무료한 초소를 떠날지도 모른다는 기대감에 사나이에게 접근한다.

◆ 바다로 나아가기 위해 배를 저는 사나이와 그를 돕는 노인에게서 '나'는 국외자적인 소외감을 느낀다.

◆ '나'는 사나이가 망부의 유골을 고향바다에 뿌리는 것을 보고 그를 수상하게 생각했던 자신을 부끄럽게 생각한다. 고향의 물이 깨끗해질 거라는 희망을 간직하는 그들의 모습에서 공적을 쌓아 좋은 곳으로 전임하려는 자신의 생각이 이기적임을 느꼈기 때문이다.

4. 초점화

폐촌의 경비초소로 근무발령을 받은 '나'가 초점화자로 주체가 되며 폐어촌에 남은 황돌소년과 노인, 망부의 유골을 뿌리려고 고향의 맑은 바다를 찾은 청년, 또한 기회만 되면 무료하기 짝이 없는 폐촌의 경비초소직을 떠나기만 기다리는 선임자 이순경 등이 초점화대상이 된다.

'나'는 이야기 내적 서술자로서 내적 초점화자인 '나'는 이야기와 보는 시각을 동시에 행사한다. 관찰대상의 인물인 수상한 청년, 노인과 황돌 소년, 이순경 등을 보면서 환경오염에 찌들린 어촌의 실상을 바로 보지 못한 초점화 주체 '나' 자신에 대한 부끄러움이 주조를 이루기 때문이다.

5. 주제의식

어촌이 공장폐수로 황폐화되어 인적조차 느끼지 못하는 피폐함 속에서도 옛 고향의 자연이 복귀되기를 바라는 돌이 할아버지의 신념과 자연을 잘 보전하지 못하는 인간의 책임에 대한 죄의식이 클로즈업되어 있다.

6. 시간과 공간

<사해위에서>는 작가 김용성이 1970년대 중반에 발표한 작품으로 1960년대 이후 본격적으로 시작된 근대화의 일환으로서 중화학공업 발전의 부작용과 밀접하게 관련된다. 중화학공업은 환경공해의 위험 때문에 선진국에서는 사양산업이 된 것으로 개발도상국인 한국의 입장에서는 경제발전을 위해서 선택할 수밖에 없는 산업이었다.

그러나 공장폐수로 인해 바다가 오염되어 물고기도 살 수 없는 어촌은 주민들과 동식물도 살 수 없는 황폐화를 초래하는 부작용을 낳게 된다. 이것으로 생태계의 파괴는 물론 마을주민들이 고향을 잃어버리게 되는 결과를 초래한다. 또한 안보이데올로기가 지배적인 시대배경이 산업시설 보호라는 차원에서 악용되고 있는 현실을 고발하고 있다.

7. 인물의 존재방식과 유형

반영론 측면이 강한 인물들이 등장한다. 작중화자 '나'는 원형적

인물로 경비초소에 처음 부임했을 때의 '나'와 현지사정을 알고 난 후의 '나'가 발전적 인물로 등장한다. 잿빛으로 오염된 바다를 보면서도 공을 세워 좋은 곳으로 부임지를 옮기려고만 생각했던 자신에 대한 죄책감은 고향을 지키려는 노인과 소년 앞에 부끄러움을 느끼게 한다.

노인은 비록 어촌이 황폐화되었지만 다시 행복했던 황금어촌을 되찾을 수 있으리란 희망을 버리지 않고 끝까지 고향을 지키는 인물이다. 이순경은 피폐화된 어촌에서 무기력과 권태뿐인 생활을 하며 시간만 때우는 평판적인 인물로 점액질 기질이 강한 인물이다.

8. 플롯의 방법과 종류

<사해위에서>는 초점주체가 되는 '나'가 산업시설의 바다를 낀 경비초소로 부임한 후의 벌어지는 사건이 자연적인 시간의 서술방식을 취하는 순행적 구성이며 인과관계에 의해 사건이 실제 발생하는 순차에 따라 이야기가 배열되는 노말 시퀀스이다. 이야기시간과 서술의 시간이 거의 일치하는 단순구성으로 장면중심적이다.

노먼 프리드먼(N. Friedman)의 플롯유형을 빌린다면 인물의 플롯 중 '개선의 플롯'에 해당한다고 볼 수 있다.

9. 문학생태적 비평의 의의

본 텍스트는 환경오염으로 인한 생태적 외적 피해도 주요하지만 성장이데올로기와 안보이데올로기에 밀려 환경오염과 공해문제가 도외시되던 1970년대 정치, 경제상황이 사회생태주의적인 측면에서 다루어질 문제이다. 또한 마을주민들이 정신적 고갈을 초래한 점은 심층생태학적 시각에서 다루어야 할 문제를 제시해 주고 있다.

인간이 이루어 놓은 문명에 의한 자연파괴를 고발하고 비판하며 인간 삶의 위기를 인식시키는 일이 중요하다. 인간정신의 피폐화가 초래하는 문제가 심각하기 때문이다. 그러나 순환론적 세계관이 치유의 방법이 될 수 있음을 감지할 수 있다. 사나이가 가져온 유골로 돌아 온 김만수란 인물과 노인을 통해 자연과 인간이 조화를 이루는 공간으로 고향은 다시 옛날의 고향으로 돌아오고 바닷물 역시 다시 깨끗해질 거라고 믿는 것이다.

<그곳에 이르는 먼 길>

1. 작가소개 : 김원일(金源一)

1942년 3월 15일 경남 김해에서 출생한 김원일은 1950년 6·25전쟁 중에 아버지가 월북하였다. 대구농림고교를 거쳐 1962년 서라벌예술대학 문예창작과를 졸업했으며, 1963년 영남대학교 국문학과 3년에 편입하여 1968년 졸업하였고, 1984년 단국대학교 대학원 국문학과를 졸업하였다. 1966년 『대구매일신문』 신춘문예에 소설 <1961·알제리아>가 당선되었고, 1967년 『현대문학』에 장편 <어둠의 축제>가 당선되어 등단하였다.

1968년 단편 <소설적 사내>를 『현대문학』에 발표하면서 시작된 그의 작품세계는 초기의 실존적 경향의 소설로부터 일제강점기의 역사를 다룬 <늘푸른 소나무>(1993)에 이르기까지 상당한 변화를 보였음에도 6·25전쟁으로 인한 민족분단의 비극을 집요하게 파헤쳐 대표적인 '분단작가'로 불린다. 작가의 어린 시절과 6·25전쟁으로 인한 분단을 주제로 한 대표 작품으로 <어둠의 혼>(1973), <노을>(1977), <연>(1979), <미망>(1982) 등이 있다.

이밖에 작가의 문학적 영역을 넓힌 작품으로 <오늘 부는 바

람>(1975), <도요새에 관한 명상>(1979), <마음의 감옥>(1990) 등이 있다. 1974년 <바라암>과 <잠시 눕는 풀>로 현대문학상을 수상했고, 1978년 <노을>로 한국소설문학상과 대한민국문학상 대통령상, 1979년 <도요새에 관한 명상>으로 한국창작문학상, 1984년 <환멸을 찾아서>로 동인문학상을 수상했다. 그리고 1990년 <마음의 감옥>으로 이상문학상, 1992년 <늘푸른 소나무>로 우경예술문화상, 1998년 <아우라지로 가는 길>로 한무숙문학상, 1999년 기독교문화대상, 2002년 <손풍금>으로 황순원문학상을 수상하였다.

주요저서로 소설집 ≪어둠의 혼≫(1973), ≪어둠의 축제≫(1975), ≪오늘 부는 바람≫(1976), ≪노을≫(1978), ≪도요새에 관한 명상≫(1979), ≪환멸을 찾아서≫(1984), ≪바람과 강≫(1985), ≪겨울골짜기≫(1987), ≪마당 깊은 집≫(1988), ≪그곳에 이르는 먼 길≫(1992), ≪늘푸른 소나무≫(1993) 등이 있다. 그리고 산문집 ≪사랑하는 자는 괴로움을 안다≫(1991), ≪삶의 결, 살림의 질≫(1993)이 있으며, 다수의 평론이 있다. 장편 <마당 깊은 집>과 <겨울골짜기>는 1996년 각각 프랑스어와 일본어로 번역 출간되었다.

2. 스토리

정동칠 노인과 아들 순욱, 딸 순임은 원폭피해 가족으로 합천에서 살고 있으나 원폭피해대상자로 치료를 받기위해 서울로 상경한다. 고향 출신으로 성공한 동양화가 묘산의 집에서 기거하며 치료 대상자임을 입증하기 위해 원폭피해자 협회를 비롯하여 적십자 병원을 거쳐 경희의료원에서 진단을 받기는 하였으나 워낙 노쇠한 정노인은 그날 아침 식탐을 포기한 여파로 실신한다. 한편 운동권인 묘산의 딸에게 일본대사관에 전달할 요망서 이야기를 꺼내자 그녀는 동아리 차원에서 순욱을 지지한다. 그런데 시위 현장에서 일이 확대 되어 순욱은 일본대사관에 들어가지도 못하고 불온세력으로 연행된다. 대학생들의 시위는 사실상 순욱을 돕기 위한다기 보다 시위의 명분을 위한 것임을 깨닫고, 순욱은 겨우 풀려나 묘산의 집으로 돌아온다. 한편 기력이 쇠한 아버지가 병원에 입원해 있는 암담한 현실에 직면하자 순욱은 회생 가망이 없다는 의사의 진단을 듣자 아버지를 등에 업고 시위현장에서 분신한다. 순욱은 원폭으로 인한 희생자들의 고통을 알릴 수 있는 유일한 방법이자 원폭 후유증으로 고통스러워하는 아버지를 편안하게 할 수 있는 대안으로 죽음을 선택한 것이다.

3. 담론

◆ 1장 : 묘산은 자신의 집에 합천 산제 고향사람인 정동칠이 그의 아들 정순욱과 함께 방문하겠다는 전화를 받는다. 묘산은 자신이 따르던 동칠씨가 일제 때 강제 징용되어 원폭을 당한 후 맹하게 되었지만 피폭 가족인 게이꼬와 결혼하였다는 소식을 떠올린다. 고향의 아름다운 산천이 오늘날 자신을 저명한 화가로 만들었다고 생각하는 순간 동칠씨 일가가 방문한다. 원폭피해보상을 위해 올라왔다는 소식과 간단한 고향소식을 교환하고 묘산은 그들이 지하실 방을 써도 좋다는 허락을 한다. 외출했던 아내 이여사의 귀가와 정동칠 일가의 소개가 있었으나, 이여사는 그들을 전염병환자 취급을 한다. 그러나 묘산의 딸 정혜는 순욱으로부터 피폭자의 문제를 진지하게 경청한다.

◆ 2장 : 순욱은 돈암동에 있다는 한국원폭피해자 협회를 방문하여 곽이사로부터 원폭 피해자들이 일본정부로부터 외면당하고 있으며, 우리 정부도 크게 기대할 만한 상황이 아니라는 사실을 듣는다. 그렇지만 아버지의 병이 원폭에 의한 것이며 가족이 그 피해로 고통을 겪고 있다는 사실을 입증하겠다는 신념으로 순욱은 원폭지정병원이라는 적십자 병원을 방문하고 담당자를 오랜 시간 기다린 후 경희의료원에 가서 진찰받을 수 있는 피폭자 진료의료권을 얻는다. 그러나 전철에서 비상금 7만원과 세 가족의 주민등록증을 소매치기 당한다.

◆ 3장 : 묘산은 소심회 모임을 끝내고 돌아와 정혜가 순욱과 지하실 방에서 술을 마시고 있는 장면을 보고 화를 낸다. 이때 잠에서 깬 동칠과 과거를 회상한다. 묘산의 외조모는 일본인이었고 외조부는 하역 노동자였지만 국경을 초월한 사랑을 하고 히로시마에서 원폭피해를 당한다. 귀국 후 어머니는 나이 많은 홀아비 나씨에게 시집가지만 후손을 보지 못해 소박을 당하고 백정이자 머슴인 묘산의 아버지와 살림을 차린다. 그러나 원폭 후유증으로 일찍 임종한다.
◆ 4장 : 경희의료원에서 종합검진을 받기로 한 날 아침이지만 묘산은 맛난 밥상을 아침으로 제공한다. 식탐 때문에 검사를 거부하는 노인을 겨우 달래 비닐봉투에 식사를 담아 병원으로 향한다. 병원 도착 후 수많은 검사를 받아가면서 노인은 서서히 지친다. 또한 서류 절차와 검사 절차의 복잡함과 난해함이 순욱을 짓누른다. 내시경 검사를 마친 정노인은 파김치가 되고 비닐봉투의 음식을 병원 계단에 앉아 먹는 모습에 순욱은 처참한 느낌을 받는다.
◆ 5장 : 검사를 마친 순욱은 점심으로 먹은 음식을 토하고 쓰러져 있는 아버지 정노인을 모시고 정혜와의 약속을 지키기 위해 일본대사관으로 향한다. 그러나 주민등록증을 분실한 상태라 출입이 허가되지 않고 대학생 시위를 제지하려던 경찰관계자에게 불온 세력으로 몰려 경찰서로 연행된다. 정혜와 동아리 친구들과 함께 연행된 순욱은 자신과 정노인이 원폭 피해자임을 밝히고 억울한 사정을 알리기 위해 요망서를 제출하고자 한다는 사실을 밝힌다. 혐의가 없음을 인정한 경찰관계자는 정혜일행을 먼저 풀어주고 원폭협의회와 상의하라는 형식적인 말을 남긴다. 한편 신문기자가 가십거리로 사건을 대하자 순욱은 암담한 현실에 분노한다. 한편 정노인은 혼수상태에 빠지고 묘산 동네 병원에 입원한다. 사실을 모르고 귀가한 순욱은 묘산으로부터 꾸중을 듣고, 묘산과 이여사의 원폭문제에 대한 이기적 태도와 무관심에 대해 질타하고 집을 나와 신나를 구입한다. 그리고 회

생 가망이 없다는 아버지를 업고 피폭자 시위를 하는 시위대에 참여하다 광화문 네거리 근처에서 분신한다.

4. 초점화

<그곳에 이르는 먼 길>은 묘산을 내적 초점의 주체로 설정한 1장과 3장 외에 나머지 장은 순욱을 내적 초점의 주체로 하는 전지적 작가 시점이다. 묘산은 자신의 어린 시절 외로움을 함께 했던 동칠과의 추억과 자신의 조부모와 부모를 기억하는 그에게 애정을 느끼고 이를 현실과 과거를 넘나들면서 내적 초점화의 양상을 통해 서술하고 있다. 반면 순욱을 내적 초점화자로 설정하여 원폭피해자인 아버지의 고통을 덜고 자신과 순임에게 대물림되는 원폭피해의 모순을 알리고자 하는 작가의 의도가 감지된다. 초점화의 국면은 묘산의 '심리적 국면'과 순욱의 '관념적 측면'이 혼용되어 있다.

5. 주제의식

<그곳에 이르는 먼 길>은 원폭 피해자의 문제를 중심으로 그들의 문제가 한 세대를 넘어 계승되고 있다는 사실을 제시하고 있다. 나아가 원폭피해자들의 고통이 단순히 육체적 문제만이 아니라 생계문제로 직결되고 있으며 주변의 무관심 속에서 정신적인 소외까지 당하고 있는 현실을 비판하고 있다. 묘산처럼 원폭과 무관하지 않은 가족사를 가지고 있으면서도 당장 자신의 문제가 아니라 외면하는 것이나 원폭 피해자 협회의 유명무실함에 대한 지적, 나아가 원폭 지정 병원의 형식적인 태도, 그리고 대학생들의 원폭문제 각성 시위 조차도 운동권의 명분을 위한 시위라는 점을 순욱이 깨닫게 되는 과정이 주된 주제의식으로 설정되어 있다. 그러나 병든 아버지를 단지 원폭피해의 정당성을 입증하려는 명분으로 각종 검사에 지치게 만드는 순욱의 일방적인 태도와 분신이라는 극단적인 방법을

선택하는 결말구조는 오히려 문제의식을 반감시키는 아쉬운 결과를 초래하고 있다.

6. 시간과 공간

<그곳에 이르는 먼 길>은 1980년대 민주화운동의 한 부분으로 원폭피해자에 대한 구제문제를 다루던 시기를 배경으로 하고 있다. 합천이라는 공간적 배경은 원폭피해자들이 모여 살았던 사실적 공간을 구체화한 것이다. 한편 서울이라는 공간의 비정성은 지하철의 소매치기, 종합병원의 복잡한 절차, 그리고 검사에 들어가기 전에 환자의 상태를 배려하지 않는 비정한 의료행위를 반영한다. 나아가 묘산의 호화로운 집이라는 공간은 그 공간을 지탱하는 경보장치로 인해 정노인 일가의 출입을 제한한다. 또한 그 공간을 방문한 정노인 일가는 그 집의 내부에서 기거하는 애완견보다 못한 취급을 받아 외부에 있는 지하실이라는 공간으로 쫓겨난다. 이는 집의 내부와 외부라는 공간적 구획을 통해 묘산부인이 지니고 있는 인간에 대한 편견과 계층의식을 반영하고 있는 것이다.

7. 인물의 존재방식과 유형

<그곳에 이르는 먼 길>의 중심인물인 순욱은 브레몽(Bremond)의 '수동자'이자 '행위자'로 존재한다. 또한 일방적인 원폭에 의해 고통당하는 프라이(N. Frye)의 '파르마코스'의 양상을 정동칠 노인과 함께 지닌다. 또한 원폭피해의 진상을 분신을 통해 제시하고 있다는 점에서 프로프(V. Propp)의 '영웅'적 면모도 갖추고 있다. 한편 정혜는 이러한 순욱의 고통을 공감하고 그 의지를 돕는 '조력자'의 역할을 수행하고 있는 인물이자 묘산과 이여사의 이기성을 지적하고 비판하는 헤겔(Hegel)의 '세계사적 개인'을 추구하는 인물이다.

이에 비해 묘산과 이여사는 모순 현실의 문제를 외면하고 자신의

안위만을 추구하는 보수적 성향으로 존재한다. 그들은 보수성을 지닌 '보편적 개인'으로 '타락자'의 양상을 지닌다.

8. 플롯의 방법과 종류

<그곳에 이르는 먼 길>은 순욱이 현실의 모순을 인지하고 이를 타개하는 과정을 중심사건으로 다루고 있는 '사상의 플롯'에 입각해 있다. 특히 원폭피해를 입증하고자 하는 확고한 신념을 지닌 그가 현실의 장벽 앞에서 좌절하는 과정을 담고 있는 '환멸의 플롯'의 양상과 분신이라는 비극적 결말에 이르는 '비극적 플롯'을 동시에 보인다.

또한 묘산과 순욱의 입장이 병렬적으로 서술되어 있는 '상관형태의 연결방법'과 과거와 현재를 넘나드는 '첨가형태의 연결방법'이 동시에 구현되고 있다.

9. 문학생태적 비평의 의의

<그곳에 이르는 먼 길>은 원폭으로 인한 정동칠 일가의 비극적 삶을 중심으로 원폭에 대한 사회적인 무관심과 피해자에 대한 냉담한 사회를 생태위기의 단면으로 제시하고 있다. 일방적인 전쟁의 피해자로서 존재하는 이들 개인은 위계상 국가나 사회에 비해 하부에 속한다. 이러한 그들이 겪는 모순은 개인들 사이의 위계로 이어지고 자본 축적이 불가능한 피해자들이 사회에서 소외될 수밖에 없는 현실의 모순을 담아내고 있다. 이는 사회생태론의 시각으로 이 작품을 바라볼 수 있는 부분이다. 그러나 순욱의 분신과 정노인을 무리하게 검사시키는 순욱의 일방적 태도는 오히려 또 다른 위계를 형성할 수 있는 여지를 남긴다. 죽음에 동의한 적이 없는 아버지와 함께 분신을 하는 행위는 반생태적 발상이며, 무리하게 의료행위를 하는 종합병원의 비정한 자세 또한 반생태성을 견지하고 있다.

<따뜻한 돌>

1. **작가소개 : 김원일**(金源一)

Ⅰ의 <그곳에 이르는 먼 길>을 참고.

2. **스토리**

상표공장에서 중크롬산이나 카드뮴에 노출된 채 상표 붙이는 일을 하고 있는 여성 노동자 영희는 임신 후, 중금속에 의한 악성 임신중독증에 걸린다. 이를 치료하기 위해 오빠인 진수와 함께 산부인과를 찾은 영희는 의사 박준도에게 반드시 아이를 낳고 싶다는 의지를 표명한다. 한편 의사 박준도는 영희가 중절수술을 하러 온 줄로 짐작했다가 뜻밖의 영희의 태도에 당황한다. 그러나 그녀의 상태가 심상치 않음을 발견하고 대학병원에서의 진단을 요구하지만 아이가 온전하지 않을 것이라는 심증을 갖는다. 영희는 의사의 태도에서 아이의 상태가 위험한 것을 감지하지만 오랜 동거생활로 인해 선행되었던 중절수술의 고통보다 낳고 싶은 아이를 이제 온전하게 낳을 수 없을 것이라는 불안이 그녀를 엄습한다. 병원을 나온 영희는 상점의 진열된 인형을 보면서 더욱 강한 모성애를 느끼면서 자신과 같은 여성노동자를 만들어 내는 현실이 무책임한 남성과 거대한 산업화의 모순 때문임을 깨닫게 된다.

3. **담론**

◆ 꽃샘바람이 불기 시작한 어느 날 저녁 난민촌 근처에서 산부인과를 개업하고 있는 박준의 병원에 진수와 영희가 어정쩡한 모습으로 들어온다. 선반공 진수는 창백한 영희와 함께 못마땅한 표정으로 간호사를 응시한다. 그것은 영희의 약혼자 노릇이 민망했기 때문인데 사실 영희는 친구 광호의 애인이다. 하지만 봉재 절단공인 광호가 안전사고로 무릎 뼈를 다치자 아픈 영희와 함께 동행한 것이다.

◆ 의사 박준도는 영희를 보자 바로 그녀가 임신 5개월 정도라 가늠해 보면서 중절수술을 하게 될 것이라고 짐작해 본다. 그러나 그는 오히려 영희가 두 번의 중절 경험 후 이번에는 반드시 아이를 출산하려고 한다는 사실을 알게 된다. 박준도는 영희가 오히려 몸 상태가 나빠서 진찰을 받으러 온 것이라는 사실을 알고 당황한다.

◆ 그러나 영희를 진찰하던 도중 박준도는 그녀가 중금속 중독에 의한 악성 임신 중독증이라는 것을 깨닫고는 적당히 손을 뗄 궁리부터 한다. 그러나 영희가 간절히 아이를 낳고 싶어 하자 속물근성의 자신이 부끄럽다는 것을 느낀다. 그리고 진수를 불러 종합병원에 가서 진단해야 할 필요성과 영희의 상태가 위험하다는 사실을 알린다.

◆ 병원을 나온 영희는 뱃속의 아기에 대한 강한 애착을 느끼면서 상점 진열대에서 선다. 그곳에서 그녀는 소녀 인형을 집어 들면서 진짜 아기처럼 울고 노래하며 손짓하는 인형을 점원에게 요구한다.

4. **초점화**

이 작품은 전체적으로 전지적 작가에 의한 외적 초점화 방식을 택하고 있다. 서술자가 등장인물인 의사 박준도와 간호사 그리고 환자로 등장하는 영희, 그의 보호자격인 진수의 내면을 두루 서술하고 있으며, 서술자가 인공중절수술을 망설이는 대부분의 환자의 심리를 묘사하는 대목이 이에 해당한다. 그러나 의사 박준도가 공단지역의 임신중절수술의 문제에 대해 부정적인 시각을 노출하는 대목과 간호사의 남성중심의 낙태문제에 대한 혐오, 그리고 진수의 영희에 대한 원망, 나아가 영희의 새 생명에 대한 애착을 서술하는 부분은 서술자의 시각이 내적 초점화의 양식을 취하고 있어서 가변초점화의 양상을 보이기도 한다.

한편 초점화의 국면은 '심리적 국면'(psychological facet)중 외적 초점화에 의한 '인식적 요소'(cognitive component)의 양상에 대부분 입각해 있지만, 영희가 자신의 아이를 중절시키지 않고 새로운 생명을 키워내고자 하는 대목에서 진열장의 인형을 바라보며 응시하는 부분은 서술자의 주관이 개입하는 부분으로 '감정적 요소'(emotive component)의 양상을 보이고 있다.

5. 주제의식

이 작품의 주제는 산업화의 과정에서 무책임한 남성과 불합리한 사회구조로 인해 모성으로서의 본능을 거세당하고 나아가 인권까지 침해당하는 여공의 삶을 통해 산업화가 가져온 생태위기의 한 양상을 제시하고 있다. 즉 산업화로 인해 공해병에 찌든 여성 노동자가 자신이 원하는 아이를 얻기 힘든 피폐한 육체를 지니게 된 것, 나아가 약혼자의 권유로 지속된 중절 수술로 쇠약해진 그녀의 육체와 정신은 강자로서의 남성과 사회가 약자인 여성에게 가한 폭력의 실상을 반영하는 것이다. 이것이야 말로 생태위기의 한 단면으로 이때 '이념소'(ideologeme)로 작용하는 생태의식은 사회구조의 모순과 남성중심의 세계관이 동일한 맥락에 있음을 제시하고 있다. 또한 '지배세력의 권력을 도와주는 잘못된 사고'로써 작용하는 이러한 이념소는 세력차이가 뚜렷이 존재하는 것들의 사이의 갈등으로 '균형파괴적 갈등'(asymmetric conflict)의 양상을 보이고 있다.

6. 시간과 공간

이 작품의 시간적 배경은 산업화가 가속화되던 1970년대이다. 경제성장이라는 명분으로 노동력을 착취당하고 인격을 유린당하던 시절을 그 배경으로 하고 있다. 1970년대 여성 노동자의 열악한 노동환경의 문제를 통해 당시 성장위주의 산업화 정책의 모순을 반영하고 있다. 한편 공간적 배경은 난민촌 근처의 공업단지와 그 입구에 있는 산부인과 병원으로 설정되어 있다. 공업단지에서 생업을 이어가는 노동자들의 주거 공간으로 형성된 난민촌은 생활환경이 열악하고 동시에 윤리의식이 붕괴된 공간으로 작용하고 있다. 특히 성윤리의 문란함으로 인해 중절수술이 잦고 이러한 현실의 반영으로 산부인과가 난민촌입구에 존재하고 있는 것이다. 이러한 공간적 배경은 당대 대부분의 공단지역의 모습을 비교적 사실적으로 간파하고 있는 부분이다.

7. 인물의 존재방식과 유형

<따뜻한 돌>의 인물설정은 중심인물인 영희와 보조인물이자 반동인물에 속하는 의사 박준도, 오빠 진수와 작품에 구체화되지는 않고 있지만 그녀의 약혼자 광호를 중심으로 하고 있다. 동진상표에서 근무하는 중금속 크롬 중독이 의심되는 영희의 임신과 그녀의 출산에 대한 의지를 꼬부장한 시선으로 일관하고 있는 의사 박준도는 공단 노동자들에 대한 일방적인 폄하와 부정적인 선입견에 입각해 있는 권위적인 인물이다. 또한 영희의 임신과 중절에 대해 남성 중심적 시각으로 일관하며 영희의 부주의를 탓하고 있는 오빠와 약혼자의 임신에 대해 책임을 지지 못하고 중절을 강요했던 광호는 영희의 따스

한 모성애를 방해하는 반동적 인물으로 작용한다.

한편 영희와 같은 노동자들을 자주 접했던 간호사는 남성중심적인 사회 현실에 대한 비판적 시각을 지니고 있는 인물로 설정되어 있다. 결국 이 작품은 이기적이고 권위적인 남성들과 따스한 모성애와 인간애를 지니고 있는 여성들의 대립을 가시화하여 주제 의식을 드러내고 있다. 따라서 전반적으로 평면적 인물을 중심으로 작품이 진행되고 있으나, 후반부 영희의 출산에 대한 의지와 아이에 대한 모성애가 강화됨으로써 이전의 중절을 서슴지 않던 그녀의 성격의 변화와 의식의 개진이 발견되어 영희의 성격은 '입체적 인물'의 양상을 띠고 있다고 볼 수 있다.

8. 플롯의 방법과 종류

<따뜻한 돌>은 영희가 박준도의 병원에 들어서면서 시작되어 병원을 나가 거리를 방황하다 상점 진열창의 인형을 보면서 출산에 대한 의지를 확고히 하는 장면으로 막을 내리는 단일한 구성에 입각해 있다. 주로 영희의 임신을 둘러싸고 영희의 직업병과 공단의 열악한 근로 환경, 나아가 산업화 정책의 모순이 가져온 영희의 육체적 고통과 정신적 상처의 문제를 시간적, 인과적 관계에 입각해 전개하고 있는 '연속적 플롯'(consecutive plot)이다. 나아가 마지막 장면 영희의 출산에 대한 의지는 이 작품을 열린 결말로 보게 하며 그녀로 인해 '성장의 플롯'(the maturing plot)의 양상도 감지하게 한다.

9. 문학생태적 비평의 의의

<따뜻한 돌>은 산업화라는 거대한 맥락이 여성 노동자의 육체적 파괴와 정신적 손상을 가져오고 있는 현실의 문제를 사실적으로 다루고 있다는 점에서 에코페니미즘적 양상을 지니고 있다. 산업화가 가져온 공단 지역의 열악한 노동환경과 이로 인해 중금속 중독이라

는 직업병에 걸린 영희라는 주인공의 임신과 중절, 그리고 새 생명에 대한 기대를 인과적으로 제시하고 있다. 또한 영희의 모성애가 임신과 중절로 치달을 수밖에 없는 고통스러운 현실을 극복할 수 있는 유일한 수단으로 '돌봄의 윤리'(caring)를 실현하고 있음을 반영하여 에코페미니즘의 대안을 확보하고 있다.

<도요새에 관한 명상>

1. **작가소개 : 김원일**(金源一)

Ⅰ의 <그곳에 이르는 먼 길>을 참고.

2. **스토리**

동진강 근처에 살고 있는 병식의 가족은 형 병국과 6·25때 월남 후 북쪽 고향을 그리면서 살고 있는 다소 무기력한 아버지와 '수완꾼'으로 부동산 투기나 고리업 등으로 사실상 집안의 가장격인 어머니로 이루어져 있다. 병식은 재수생이지만 학업은 멀리하고 어머니에게 책값이나 학원비를 핑계로 돈을 타내어 유흥비로 탕진한다. 뿐만 아니라 친구 쪽제비와 함께 동진강유역의 도요새를 밀렵하여 번 돈으로 더욱 향락의 늪에 빠진다. 아버지와 형의 무기력에 저항이라도 하는 듯한 병국의 타락은 동진강 유역의 환경오염만큼이나 심각하다.

한편 형 병국은 수재로 자라 서울의 국립대학에 입학했지만 학생운동을 하다가 퇴학을 당하고 귀향한 후, 동진강 유역의 생태를 관찰하는 일로 소일하고 있다. 때마침 선배인 정배의 수질오염에 관한 논문을 돕게 되고 그 과정에서 동진강 하구의 오염의 심각성을 구체적으로 직면하게 된다. 특히 임영감을 만나서 그와 마을 사람들이 겪고 있는 기침병의 원인이 주변의 공장에서 나오는 가스 때문인 것을 알고는 문제의 심각성을 깨닫는다. 이러한 병국에 대해 어머니는 패배자로 낙인을 찍고 모멸적인 폭언을 퍼붓지만 아버지는 오히려 병국을 따스하게 위로한다. 병국의 수질오염도 조사는 석교천의 물이 심각한 오염상태임을 입증하는 중요한 자료가 된다. 그런데 병국은 도요새를 포획하고 있는 병식과 직면하게 되고 분노를 느끼지만 오히려 병식으로부터 조롱을 듣는다. 병국은 도요새가 되어 훼손되기 이전의 자연으로 회귀하고 싶다는 생각을 한다.

실향민인 아버지는 도요새를 보면서 북에 두고 온 가족을 떠올리며 무기력한 나날을 소요하던 중 병국의 외박이 있은 이후 병국을 찾아 나선다. 한편 석교 공장의 노무과장이 집으로 들이 닥쳐서 병국의 방을 수색하고, 병국이 성창비료공장의 폐수 방출에 관해 기록한 문건을 발견한다. 그들은 병국을 간첩으로 몰면서 조국의 근대화를 방해하는 세력이라 성토한다. 아버지는 그들에게서 병국이 수질오염 조사를 하다가 군부대에 연행되어 있다는 사실을 듣자 아연실색한다. 군부대에 달려간 아버지는 인정에 호소하고 애원하여 병국을 데리고 나온다. 그 역시 고향소식을 그리워하다가 광고문구에 속아 남파간첩과 연루되었던 사건을 떠올리며 병국을 위로한다.

감옥을 나온 병국은 박제를 만들어 파는 이씨를 찾아가서 그가 하는 일의 부당함을 알리고 동생 병식에게 도요새의 포획이 생태계에 미치는 영향을 설명한다. 하지만 병식은 허가 받은 사냥을 하는 것과 밀엽을 하는 것이 왜 다르냐는 반문을 할 뿐, 오히려 병국을 야유한다. 하지만 병국은 야생동물협의회와 상의해서 동진강 유역의 도요새 밀엽을 막겠다는 의지를 표명한다. 한편 서점주인으로부터 동진강 주변의 생태파괴가 단순히 도요새의 멸종위기만을 가져온 것이 아니라 섬진강 주변의 빈번한 성범죄와 공장의 파업으로 인한 혼란을 가져

왔다는 한탄을 듣는다. 병국은 마가렛 미첼의 '조용한 봄'을 주문하고 돌아오는 길에 도요새의 건강한 비상을 꿈꾸며 이러한 현실을 극복하려는 의지를 보인다.

3. **담론**

◆ '나'(병식)의 이야기 : 세상의 준법정신 따위는 존재하지 않는다고 믿고 있는 '족제비'와 '나'는 유흥비 마련을 위해 도요새를 몰래 포획하여 밀렵꾼들에게 팔아넘긴다. '나'는 아버지의 6·25로 인한 상처를 도외시하고 통일 문제, 나아가 환경 파괴와 같은 사회적인 일에 대해서도 일체 외면한다. 아버지가 돈을 꾸어 달라는 부탁도 매정하게 거절한다. 오직 힘이 있는 어머니에게 잘 보여 용돈을 타 낼 뿐이다. 재수생인 그는 학원비 명목으로 돈을 요구하기 용이하기 때문이다. 그러나 '나'는 도요새를 밀렵한 돈과 어머니에게 타낸 용돈으로 나이트클럽을 전전하며 유흥과 향락에 빠져 학업은 멀리하고 점점 타락해 간다.

◆ 병국의 이야기 : 병국은 동네에서 이름난 수재로 서울의 국립대학에 우수한 성적으로 입학했으나 학생운동에 관여하여 학교를 그만두고 집에 내려와 쉬면서 동진강 하구의 삼각주의 생태를 관찰한다. 선배인 정배의 수질오염에 관한 논문준비를 돕게 되면서 병국 역시 생태파괴의 심각성에 분노하게 된다. 패배자의 모습으로 낙향한 병국에 대해 어머니가 보인 모멸적인 행동은 병국의 내면을 동진강 하구의 심각한 생태위기만큼이나 피폐하게 했다. 하지만 아버지는 오히려 병국을 따스하게 위로하면서 병국의 지지자가 된다. 정배형의 논문을 위해 도요새를 찾아 헤매면서 병국은 자신의 처지를 도요새와 동일시하게 된다. 석교천의 물을 체취한 병국은 그 오염도를 보고 산업화가 자연에 가한 횡포에 다시 한 번 분노하게 된다. 게다가 그곳에서 도요새를 포획하고 있는 동생 병국을 만나자 그의 분노는 극치를 이

룬다. 병식의 조롱을 뒤로한 병국은 훼손되기 이전의 자연의 상태로 돌아가 그 때의 도요새가 되고 싶다는 바람을 지닌다.

◆ 아버지의 이야기 : 아버지는 6·25로 인한 실향민으로 아내의 고리대금업에 대해 혐오하고 있지만 자신의 내면을 직접적으로 표현하지 않는다. 아들 병국이 이틀째 외박을 하자 아들을 찾아오라는 아내의 면박에 그저 소극적으로 대응할 뿐이다. 갑자기 석교공장의 노무과장이 집으로 들어 닥치자 그는 아연실색하게 된다. 아들 병국의 방을 무단으로 수색하던 그들은 병국이 성창비료공장의 폐수방출에 관해 기록해 둔 자료를 발견하고 흥분한다. 조국의 근대화를 위해서는 환경을 파괴하는 것도 얼마든지 용인될 수 있어야 한다는 그들의 논리에 병국의 아버지는 당황할 뿐이다. 그러나 아버지는 병국이 군부대에 감금당해 있다는 사실과 간첩 혐의를 받고 있다는 사실에 직면하고는 애틋한 부성애를 발휘하여 병국을 변호하고 애원한다. 결국 병국을 군부대에서 데려 나온 그는 아들을 위로하며 이해한다. 그 역시 고향소식을 그리워하다가 광고에 속아 남파간첩과 접선하여 구속된 사건이 있었으며 그 황당한 체험을 떠올리며 그 때 자신을 위로했던 병국을 떠올린다.

◆ 서술자의 시선 : 박제를 만드는 이씨는 족제비와 병식으로부터 죽은 도요새를 넘겨받은 대가로 만 칠천 원을 지불한다. 이씨는 도요새를 박제하여 수집가에게 파는 일을 한다. 한편 족제비와 병식은 건네받은 돈을 모조리 유흥비로 탕진한다. 이를 알게 된 병국이 집요하게 병식을 추궁하자 병식은 오히려 허가 낸 총으로 사냥을 하는 것이 정당화된 현실을 들면서 자신의 행동을 합리화한다. 병국은 동생을 설득하기보다는 박제사 이씨에게 그의 행동의 부당함을 알리고, 나아가 야생동물협회와 상의하여 동진강 유역의 도요새 남획을 막아볼 의지를 지닌다. 한편 서점 주인 민씨는 동진강 주변의 생태파괴가 단순히 도요새의 멸종위기만 있는 것이 아니라 주변에 성범죄가 빈번

히 일고 공장의 파업이 계속되는 현실로 이어지고 있음을 토로한다. 병국은 마가렛 미첼의 '조용한 봄'을 주문하고 돌아오는 길에 도요새에 관한 명상에 잠기며 도요새의 건강한 비상을 꿈꾼다.

4. 초점화

이 작품은 4개의 장으로 구성되어 있는데 이는 각각 병국, 병식 형제와 아버지 그리고 서술자의 시선에 의해 진행된다. 이중 1장에서 3장은 각각 일인칭 주인공 시점에 의해 내적인 초점화자의 시선으로 서사되고 있다. 반면 4장은 전지적 작가시점에 의존하여 3장까지의 사건을 서술자의 시선에 의해 재구성하면서 병식과 병국의 갈등관계를 가시화하고 있다. 나아가 병국의 내면과 병식의 내면을 '가변초점화' 방식에 의해 서술하고 있다. 이는 '파노라마식 초점화'이자 일종의 '동시적 초점화'의 방식을 취하고 있는 것이다.

한편 초점화의 국면은 어머니와 병국의 갈등, 어머니와 아버지의 갈등의 서술에서는 '심리적 국면'에 의거해 있지만 병국과 군부대 혹은 공단의 공장 측과의 갈등은 '관념적 국면'에 입각해 서술되고 있다.

5. 주제의식

이 작품은 동진강 유역의 공단지대가 건설되면서 야기되는 수질오염 및 대기오염이 도요새의 생태 환경을 파괴하고 이로 인해 주변에 살고 있는 인간들의 규범파괴가 치안 부재로 이어지고 있는 현실을 사실적으로 담아내고 있다. 특히 도요새에 대한 한 가족의 서로 다른 시각을 통해 70년대 이후 산업화 과정에서 파생된 환경정책의 모순과 생태위기의 양상을 총체적으로 제시하여 생태의식을 이념소로 노정하고 있다. 즉 병식에게는 도요새가 단지 물질획득의 수단일 뿐이었지만 학생운동 후 퇴학의 아픔과 낙오자라는 모멸의 고통 속에서 번뇌하던 병국의 입장에서 도요새의 생태위기는 자신의 존립위기와 일치하는 것으로 도요새는 자신과 동일시된 존재로 작용하고 있다. 극악한 어머니의 횡포 때문에 무기력해진 실향민인 아버지에게 도요새는 고향을 떠 올리는 매개체로 위안을 주는 존재이다.

6. 시간과 공간

이 작품은 1970년대 산업화가 정점에 이른 시기를 시간적 배경으로 설정하고 비료화학 공단의 무분별한 난립이 가져온 동진강 주변을 공간적 배경으로 하여 동진강의 수질오염과 생태계파괴를 그 소재로 하고 있다. 또한 환경오염 정도야 국가의 근대화를 위해 얼마든지 지나칠 수 있는 문제로 여기고 있는 독재 정권의 모순을 담고 있어 당대의 시대적 모순을 사실적으로 표명하고 있다. 국가 시책에 반대하는 일 자체가 간첩행위로 간주되던 시절의 억압을 그 시대적 배경으로 설정하고 있다.

7. 인물의 존재방식과 유형

이 작품은 생태의식을 지니고 동진강 하구의 생태파괴에 문제를 제기하는 중심인물이자 문제적 인물인 병국과 이를 야유하며 도요새를 박제상에게 팔고 그 돈을 유흥비로 쓰는 반동인물인 병식을 근간으로 하고 있다. 한편 병국을 지지하는 실향민인 아버지와 이러한 아버지와 병국을 무능하다고 생각하며 고리대금업과 투기 등에 혈안이 되어 아버지를 불명예퇴직으로 이끈 어머니가 주변인물로 등장한다. 특히 어머니와 병식은 병국과 아버지에게 상처를 준다는 점에서 프라이(N. Frye)의 '알라존'(alazons)에 해당한다. 따라서 아버지는 억울한 희생자인 '파르마코스'(pharmakos)에 해당한다.

8. 플롯의 방법과 종류

이 작품은 레너드 데이비스(Davis Lennard)의 시각에 의하면 '목적론적 플롯'에 해당한다. 즉 서술된 정보의 제시가 독자가 읽힌 정보를 다시 해석 하게끔 하는 결말을 지니고 있기 때문이다. 나아가 노먼 프리드먼(Friedman Norman)의 분류에 의하면 '시험의 플롯'(the testing plot)에 해당하며, 병국이나 아버지가 겪는 외부세계로부터의 고상한 의도에 대한 타락의 강요가 주요 플롯을 이룬다.

9. 문학생태적 비평의 의의

이 작품은 동진강 하구의 생태위기를 제시하면서 이를 수질오염과 대기오염이라는 구체적인 환경문제를 우선적으로 명시하고 있다. 구체적인 동진강 하구의 수질오염의 양상을 제시하는 대목과 대기오염으로 인한 임 영감의 질병의 제시가 그것이다. 나아가 이러한 환경의 파괴가 주변의 치안을 흔들어 성범죄가 범람하는 현실과 공단의 노동쟁의와 자본가의 노동운동 탄압의 문제를 동시에 제시하고 있다. 이는 사회생태론의 시각으로 조명할 수 있는 가능성을 담지하고 있다. 즉 '인간의 인간에 대한 지배가 인간의 자연에 대한 지배'로 이어지고 있다는 사회생태론의 전제를 투시할 때 동진강 하구의 공단의 노동운동과 자본가의 노동 운동 탄압과 노동자에 대한 일방적인 착취 문제가 결국은 동진강 하구의 생태파괴로 이어지고 있음을 여실히 반영하고 있는 것이다.

또한 병국의 수질오염도 측정과 문제제기에 대해 군부대가 제기하는 국가보안법적용은 70년대 당시의 독재정권의 '위계'에 의한 지배의 양상을 확인할 수 있다. 이 역시 사회생태론의 시각을 반영하고 있는 것이다.

한편 병국의 아버지가 병국에 대해 지니는 끝없는 포용과 이해, 그리고 병국이 도요새에 대해 갖고 있는 애착과 보호본능은 에코페미니즘의 양상을 확인할 수 있는 부분이다. 이른바 '돌봄'의 윤리에 입각하여 상처 입은 병국의 내면과 도요새는 재생의 가능성을 견지할 수 있는 것이다.

<이화에 월백하고>

1. **작가소개 : 김수용**(金水龍)

1952년 11월 4일 경북 의성에서 출생한 김수용은 안동농림고등학교를 졸업하였으며 거지, 행상, 잡부, 출판사 사장 등을 두루 거치면서 황량한 인생 체험을 했다. 1985년 제5회 1천만 원 고료 소설문학상 모집에서 장편 <청맹과니들의 노래>가 당선되었고, 1987년 중편 <목신의 땅>으로 월간 『문학사상』 신인상을 수상하여 문학활동을 시작하였다.

1988년 <인간의 운명이 과연 존재하는가?>라는 주제로 『일간 스포츠』에 '명'과 '기'를 연재해 폭발적인 인기를 끌었고, 장편소설 <쫄병전선>을 발표했다. 그 외 장편소설 <금척>, <가위, 바위, 보>, <격암유록> 등 30여 권의 저서를 발표하여 왕성한 작품 활동을 했다.

2. **스토리**

중금속 단지가 조성된 온산면 달포리에 거주하는 황대치는 국가보상금으로 부를 얻게 되지만 그보다는 벼가 발갛게 타고, 대기가 오염되어 기침병과 피부병으로 고생하는 마을사람들이 늘자 공단의 공해가 원인이라 생각하고 증거사진을 수집하여 법정 투쟁을 강행한다. 교직을 그만두고 오직 달포리 살리기에 투신하던 그는 정부로부터 용공세력이라는 협박을 받으면서도 굴하지 않는다. 그러나 지역의 공해는 심해지고 급기야 집단이주를 해야 하는 현실 앞에서 주민들이 보상금에 혈안이 되어 있는 현실에 실망을 하기도 하지만, 일부 주민들의 의식각성으로 이주대책협의회를 발족한다. 그리고 제대로 된 보상과 이주대책의 현실성을 위해 심혈을 기울인다. 그러나 주민 이주가 거의 막바지에 이르고 별신굿마저 치러진 다음날 그는 변사체로 발견된다. 이를 추적하던 박반장과 서기자는 그녀의 딸을 의심해 보지만, 그녀의 교묘한 심리전으로 수사의 화살을 둘째 아들 상구에게로 돌린다. 한편 용의선상에서 제외되었던 영선의 부부가 급작스레 독극물에 의해 살해되는 일이 발생한다. 둘째 아들 상구와 막내 영구를 대질 심문하던 중 황대치를 살인한 것이 영선이며, 이를 알게 된 황대치의 부인이 영선을 단죄하기 위해 생수통에 독극물을 넣은 사실이 밝혀진다.

3. **담론**

◆ 1장 : 서기자는 '공해우심지역'인 온산면 공단동 달포리에 거주하면서 일방적인 이주대책에 대해 심한 저항을 보인 황대치 노인이 이주대책본부에서 변사체로 발견되고, 한사코 거부하던 이주보상금 9억 8천여만 원을 수령했다는 사실을 알고 의문에 휩싸인다.

◆ 2장 : 별신굿 기능 보유자가 주관한 별신굿에 황대치가 애착을 보였다는 딸 영선의 진술에 따라 별신굿 테이프를 보게 된 서기자는 무녀의 즉석 대사에서 달포리를 떠나야 하는 황대치와 마을 사람들의 서운함을 읽게 된다.

◆ 3장 : 울산이 특정 공업 지구로 설정된 후부터 달포는 땅값이 들

썩이고 공장부지로 설정된 황대치의 땅은 그를 졸부 소리를 듣게끔 만든다. 교편을 잡았던 황대치는 이러한 현실에 무덤덤한 편이었지만 들판의 벼 포기가 발갛게 타오르자 국제 알루미늄 공장이 내뿜는 연기 탓이라 직감한다. 이에 따라 그는 피해 현장을 사진으로 찍어 보도하고 고소장을 작성해 공해문제 국내 최초 법정시비를 하게 된다. 학교도 퇴직하고 그는 달포에 정착하며 문제해결에 대한 의지를 불태우지만 땅투기꾼으로 가득하고 유흥업소가 늘어가는 현실이 불안하기만 하다.

◆ 4장 : 황대치는 위암판정에 이은 아내의 죽음을 겪게 되고, 법원으로부터 공장공해로 입은 피해에 대한 개연성은 인정하지만, 정확한 피해액 산출을 빌미로 판결 연장을 통보 받는다. 한편 대통령 영부인 저격사건 이후, 황대치는 조국 근대화를 방해하는 불온세력으로 몰려 관계기관의 협박을 받기도 한다.

◆ 5장 : 황대치의 살인 사건은 미궁으로 빠지고 용의자로 좁혀진 인물들은 황대치의 아들들인데 장남과 차남은 알리바이가 있으나 막내 영구만은 불분명하여 구속수사를 하게 된다. 서기자는 황영구가 공해대책 협회라는 시민단체에서 일하고 있으며 황대치를 가까이에서 도운 인물이라는 사실에 관심을 갖는다.

◆ 6장 : 서기자는 수사과장으로부터 넘겨받은 황영구의 원고를 읽기 시작하고 황영구의 환경문제에 대한 위기인식과 현실의 문제를 분석하는 분석력에 감탄한다.

◆ 7장 : 온산 일대에 비철금속 단지가 유치된다는 계획에 마을 주민들은 횡재라도 한 듯 기뻐하면서 환경에 대한 황대치의 우려와 걱정은 뒤로 한다. 그러나 신라아연의 시험가동 이후 발생한 해양오염 앞에서 마을 사람들은 황대치를 찾았지만 적당한 보상금을 회사에서 제의하자 모두 보상금을 받는 것으로 문제를 덮는다. 그러나 시간이 갈수록 심해지는 오염의 정도에 대해 위기의식을 갖게 된 마을 사람

들은 또 다시 황대치를 앞세운다. 공장 측은 황대치를 회유하려 하지만 어려워지자 어촌계 총대를 회유하여 대충 보상금을 제시하거나 취직을 시켜주는 선에서 일을 무마한다.

◆ 8장 : 12·12사태 이후 비상계엄하의 정권은 울산지역을 순시한 이후 공해지역 주민 이주대책에 만반을 기하라는 지시를 하고, 마을사람들도 죽음의 땅에서 벗어나고자 한다. 목이 따갑고 피부병이 퍼지는 현실 앞에서 마을을 떠나고 싶은 마음뿐이다. 그러나 이주대책의 허상을 알게 된 그들은 정부의 기만적인 정책에 속은 것을 뒤늦게 깨닫게 되었지만 속수무책의 현실이었다. 이에 마을사람들은 황대치를 중심으로 본격적인 투쟁활동에 들어서고 황대치는 연행되어 갖은 협박을 받게 된다.

◆ 9장 : 박반장은 수사과장으로부터 황대치가 보상금을 받도록 종용한 것이 딸이라는 사실과 사건 당일 승용차 한 대가 사무실 앞에 있었다는 제보에 주의를 기울인다. 또한 서기자에게 수사선상에서 막내영구 외에 황대치의 부인과 그 딸도 염두에 두라는 충고를 건넨다.

◆ 10장 : 황대치의 장례식이 치러지는 가운데 재산다툼을 벌이는 자식들에 대한 비난이 인다. 한편 황대치가 마을의 공해병을 우려하고 있을 무렵 남미에서 살충제 공장의 가스분출 사건이 터지자, 한국의 언론들이 공해병에 관심을 갖고 달포주민의 실상을 보도한다. 달포주민들이 집단 괴질에 걸렸다는 보도에 따라 정부당국은 조사를 착수하고 괴질이 공해병이 아니라는 단서 하에 집단이주정책이 발표된다. 그 결과 마을의 분위기는 보상금이나 타고 말자는 측과 땅을 버릴 수 없다는 측으로 나뉘게 된다.

◆ 11장 : 박반장은 서기자를 만나 사건의 용의자에 의붓딸이 올랐다는 사실을 넌지시 알리면서 서기자가 취재 명분으로 딸을 만나보기를 권유한다.

◆ 12장 : 서기자는 황대치의 딸을 취재하던 중 그녀가 아버지의 보

상금 문제가 실은 사업소장과 황대치만 아는 일이었으며 별신굿을 끝으로 사업소가 문을 닫을 예정이었으며, 이러한 타협안을 중재한 것이 자신이라는 이야기를 듣는다.

◆ 13장 : 황대치의 딸 영선은 아버지가 이주대책위원회를 열어 주민 현실과는 동떨어진 이주계획안의 모순점을 지적하고, 주민들의 요구사항을 항목화한 후 그들의 서명을 받았다고 진술한다. 하지만 당국의 완강한 자세에 주민들은 98퍼센트가 보상금을 받고 마을을 떠났고 사업소 측에서 우회작전을 썼다면서, 이를 중재한 것이 거듭 자신임을 밝힌다. 아울러 흰색 승용차에 대한 제보도 자신이 한 것임을 진술 후, 동해유통 강전무를 만나보라 충고한다.

◆ 14장 : 강전무를 만난 서기자는 그가 황대치와 신라아연에서 근무한 적이 있으며 황대치와 가까운 사이였음을 알게 된다. 한편 그가 신라아연에 근무하면서 겪은 황산가스 유출사고와 보상에 대한 주민들의 약은 대응에 회의를 느낀 체험을 듣게 된다. 또한 황산가스가 콩 이파리를 하얗게 말라 죽인 현실을 보고 회사를 그만두었음을 진술한다.

◆ 15장 : 황대치의 둘째 아들인 황상구는 환경전문가로서 공해에 대한 전문가적인 시각을 서기자에게 보여준다. 환경특집을 기획중이라는 서기자의 말에 전문적으로 응대하던 그는 범행현장에 흰색 승용차가 있었다는 제보를 흘리는 서기자의 의도를 불쾌하게 여기며 급기야 서기자를 폭행하고 자리를 뜬다.

◆ 16장 : 황영구와의 대화를 통해 서기자는 언론이 환경문제를 대하는 태도가 지나치게 현상비판에 치우쳐 있다는 사실을 깨닫는다. 구체적인 대안모색보다는 뻔 한 의식개혁 차원의 논조로 일관하는 언론의 자세가 현재의 환경문제의 또 다른 원인일 수 있다는 그의 지적에 서기자는 공감을 느낀다. 나아가 매스미디어 역할의 강화와 환경처의 기능이 체계회되어야 한다는 영구의 지적을 뒤로 하고 영선

을 만나기 위해 자리를 떠난다.

◆ 17장 : 영선의 무단결근에 관한 소식을 접한 서기자는 불길한 직감을 가지고 그녀의 집으로 향한다. 그리고 그녀의 차가 그대로 주차된 것을 보고, 박반장에게 열쇠공과 함께 오라는 연락을 취한다. 서기자의 직감대로 영선의 부부는 독극물에 의해 치사 당한다.

◆ 18장 : 박반장에 의해 영선 부부를 살해한 독극물의 매개 수단이 생수통이었다는 사실이 밝혀지면서 수사는 급물살을 타게 된다.

◆ 19장 : 박반장은 범인이 둘째 아들 상구라고 단정 짓고 그를 심문하지만 그는 결백을 주장하고 자신이 아버지를 찾아 갔을 때 이미 피살된 후였다는 주장을 한다. 막내 영구와 대질심문을 하던 중, 뜻밖에 황대치를 죽인 범인이 영선이라는 사실을 알게 된다. 황대치가 상구에게 천만 원이라는 돈을 주려고 하자, 영선이 이에 분개해서 순간적인 살인을 저질렀다는 것이다. 한편 황대치의 죽음에 상심한 황대치의 부인에게 영구는 이 사실을 알렸고 천륜을 저버린 딸에 대한 분노로 황대치의 부인이 생수통에 청산가리를 탄 것이 밝혀진다.

4. 초점화

<이화에 월백하고>는 전체적으로 서기자를 내적 초점화자로 한 삼인칭 전지적 작가 시점에 의거해 있다. 그러나 황대치의 과거를 서사하는 부분인 2장 · 3장 · 4장 · 7장에서는 황대치가 내적 초점화자로 전면에 나선다. 한편 9장에서는 박반장이 내적 초점화자로 화하기도 한다. 그러나 이후 황대치의 살인 사건을 해결해 나가는 부분인 10장부터는 서기자를 내적 초점화자로 하고 등장인물의 대화를 중심으로 서술되고 있다. 기본적으로 서기자가 초점화자로 설정되어 있다는 점에서는 '고정초점화' 양상을 띠고 있지만 부분적으로 '가변초점화'의 방식이 사용되고 있다. 초점화의 국면은 살인사건을 해결해 나가는 과정의 '심리적 국면'과 환경문제에 대한 논문의 제시와 황영구와 황

상구의 환경문제에 대한 의견 제시부분은 뚜렷한 목적성이 엿보이는 '관념적 국면'에 입각해 있다.

5. 주제의식

<이화에 월백하고>는 70년대 성장제일주의에 입각한 산업화의 모순으로 중금속 공업단지의 조성을 둘러 싼 국가의 기만적인 술책과 기업의 비인간적인 도덕성의 부재를 통해 생태위기의 단면을 제시하고 있다. 즉 기업이 성장이라는 명분으로 내 뿜는 연기와 방류하는 폐수가 온산 달포리를 인간이 거주 불가능한 공간으로 만드는 과정을 사실적으로 제시하고 있다.

한편 이러한 생태의 위기는 주민들의 양심과 윤리를 파괴하여 보상금에 혈안이 되게 한다. 그래서 보상금을 가지고 자신들의 터전인 달포를 떠나거나 보다 유리한 보상금 지급방식을 위해 다른 사람들을 배려하지 않는 이기적이고 비정한 마을의 분위기가 형성된다.

또한 재산문제에 불만을 품은 의붓딸 영선이 아버지 황대치를 살해하고 이에 분노한 그녀의 어머니이자 황대치의 부인이 영선부부를 살해하는 비극적 상황은 환경의 문제가 인간의 윤리적 문제와 연관되어 있음을 반영하고 있다.

6. 시간과 공간

<이화에 월백하고>의 시간적 배경은 1970년대 말에서 1980년대 초에 이른다. 12·12사건을 전후하여 새로 등장한 정권의 환경문제 대응방식과 12·12사건 이전의 대응 방식의 차이를 황대치를 통해 서술하고 있다. 즉 이전에는 공해문제라는 것에 대해 국가도 기업도 전혀 배려하지 않았지만 이후 새로 등장한 정권에서는 비록 기만적인 술책을 사용하고는 있어도 환경문제를 인식하고 주민에게 보상금을 주는 방식으로 이주를 시키려는 의지를 보이고 있다는 것이다. 물

론 환경운동가를 용공세력으로 몰아붙이는 방식은 유사하지만 문제를 인지하고 있다는 점은 일 진보한 것으로 사료된다. 공간적 배경은 중화학 공업단지가 거대하게 조성되었던 온산면 달포리를 구체적으로 제시하여 작품의 사실성을 배가하고 있다.

7. 인물의 존재방식과 유형

<이화에 월백하고>의 서기자는 수리오(E. Souriau)의 '천칭'(libra)에 해당하는 인물로 '조정자'(arbiter)에 해당한다. 또한 브레몽(Bremond)의 '행위자'로 존재하며 환경오염이전의 달포리를 지켜내고자 하는 프로프(V. Propp)의 '영웅'으로서의 황대치와 이를 억압하는 '적대자'로서의 공단과 국가권력의 모습이 첨예한 갈등을 통해 형상화되고 있다. 한편 황대치의 의붓딸 영선은 자신을 기만하는 프라이(N. Frye)의 '에이런'(eiron)에 해당한다. 영구와 상구는 황대치를 돕는 '조력자'의 역할을 수행하고 있으나 황대치가 '세계사적인 개인'의 모습을 하고 있는데 비해 이들은 '보편적인 개인'의 양상을 띠고 있다.

8. 플롯의 방법과 종류

<이화에 월백하고>는 19장으로 구성되어 있으며, 현재와 과거가 교차하는 '역순행적 구성'방식에 입각해 있으며, 달포리의 집단이주 상황을 둘러싼 황대치의 투쟁과정과 그의 죽음을 둘러싼 의문을 해결하는 과정을 동시에 제시하고 있는 '복합적 구성'을 취하고 있다. 그러다보니 '첨가형태의 연결방법'과 '인과론적 형태의 연결방법'을 동시에 보이고 있다. 한편 황대치의 과거의 행적이 그의 죽음의 원인으로 제시되어 있어서 '목적론적 플롯'의 양상을 보이고 있기도 하다.

9. 문학생태적 비평의 의의

<이화에 월백하고>는 사실과 실증에 입각한 온산 중금속 단지의 조성으로 인한 생태파괴와 이로 인한 생태위기의 현실을 구체적으로 제시하고 있다. 생태위기가 단지 환경의 문제에만 있는 것이 아니라 인간의 문제로 확대되어 재산 시비로 인한 살인과 이에 대한 복수로서의 살인이라는 가장 극단적인 생태위기를 파생하고 있는 현실을 사실적으로 제시하고 있어서 사회생태론적 시각으로 응시할 수 있다. 지나치게 생태문제에 대해 직접적인 목소리가 노정되는 부분이 작품의 반 이상을 차지하고 있다는 점이 한계로 보인다.

<그림 같은 시절>

1. **작가소개 : 김태연**(金泰演)

1960년 10월 10일에 출생한 김태연은 성장기를 합천, 대구, 부산에서 보냈다. 연세대에 입학해 공학과 문학 공부를 병행했으며 대학 재학중이던 1987년에 월간 문예지 『문학정신』에서 실시한 장편소설 공모에 당선되어 문단에 나왔다. 2년 뒤 장편소설 <폐쇄병동>(1989)을 내놓았고, 그 후에 <그림 같은 시절>(1994)을 출간했다. 잡학병을 심하게 앓고 있다는 평소 지인들의 말처럼 소설 이외의 분야에도 관심이 많았다. 반도체를 비롯한 재료공학, 물리학과 천문학, 역사와 철학, 정신의학 같은 분야에 눈길을 주기도 했다.

그러나 소설가로서의 본업에 충실하지 못했다는 반성을 계기로 소설에만 몰두해 10년 가까이 글만 썼으며 그 결과물로 도교와 첨단과학, 그리고 역사와의 접목을 시도한 작품과 각종 폭탄 제조에 미친 과학도 이야기, 한국인의 성(性)과 권력을 다룬 장편소설 등 미발표 초고 작품들을 개작하고 있다.

2. **스토리**

해인사 밑 안골 마을은 대부분 히로시마에 징용을 끌려가 원폭 피해를 입은 자들이 모여 사는 곳으로 피폭당한 아버지를 둔 세진은 자신의 신체는 온전하지만 연주창을 앓는 친구 필수에게 진지하게 대한다. 그러나 피폭으로 인한 정신적, 육체적 상처를 입은 아버지는 발작을 일으키고 유화라는 작부와 살림을 차리고 가족을 배반한다. 누나 세희는 서울로 고등학교를 진학했지만 시력을 점점 상실하게 되어 빛을 볼 수 없게 되어 낙향한다. 세희의 병은 피폭에 의한 것이라는 심증만이 있을 뿐 명확한 진단이 어려운 상태이기 때문이다. 한편 세희누나의 친구인 순자누나는 피폭으로 실명한 아버지를 두었지만 피폭피해자인 벌암양반과 혼인 후 뼈 없는 아이를 낳고 자살한다. 월남에 다녀온 영배만이 건강한 청년일 뿐 마을은 온통 피폭자의 자손들이 정신적으로 타락하고 육체적으로 병들어 간다. 하지만 세진은 아버지의 빈자리에도 불구하고 정신적으로 성숙하게 되고 집안을 책임질 막중한 임무를 띠고 서울로 유학을 떠난다.

3. 담론

◆ 세진은 연주창을 앓아 흉한 몰골을 하고 있는 필수를 다른 아이들처럼 멀리하지 않는다. 그것은 세진의 아버지 역시 원폭피해자이기 때문이다. 대봉산 안골자락에서 세진의 할아버지는 대학자요 애국자로 불린다. 아버지는 새터 양반으로 불리지만 원폭 피해로 녹아난 손 때문에 언제나 술에 빠져 산다. 또한 안골사람들 대부분 히로시마로 징용을 끌려가서 원폭피해를 입은 후 그의 자손들까지 피폭증세를 보이고 있다.

◆ 평양댁의 딸 미미에게 관심을 지닌 세진은 뒷동산 뫼에서 그녀와 놀다가 경식에게 놀림을 받은 후, 미미를 만날 수 없어 애를 태운다. 경식과 다툰 후 미미의 집에 가서 저녁을 먹고 돌아오던 중 어머니에게 사실을 말하자, 심한 꾸중을 듣는다. 아버지와 평양댁 사이에

혼담이 있었다는 것에 어머니는 불쾌한 마음을 지니고 있었고, 아버지도 그 집에 출입했다는 사실을 듣고 역정을 내고 술을 마시러 매화집으로 향한다.

◆ 세진의 친구 평우는 원폭피해자인 큰아버지 내외의 양자로 들어가게 될 것이라는 사실을 세진에게 말한다. 형제이발관에서 머리를 자르던 중 문호가 벌암양반과 순자누나의 불건전한 장면을 보았다는 표현을 하자 세진만 알아듣고 이발소에 있던 사람들은 심드렁하다. 세진은 정신대로 버마까지 끌려갔던 산박댁네에게 쌀자루를 전하고 돌아오던 중 순자의 심난한 마음을 읽게 된다.

◆ 아버지가 집안의 일을 멀리하자 어머니는 세진에게 도움을 요청한다. 세진은 내년이면 서울에 있는 중학교에 진학할 터이니 군소리 없이 일해야 한다고 생각한다. 한편 미미 역시 부산에 있는 외갓집으로 이사를 가게 될 것이라는 사실을 전한다. 한편 벌암양반과 사이에서 순자는 아이를 임신한다.

◆ 심한 장마가 오고 번개가 심하게 치던 날 매화집에서 술을 마시던 아버지는 원폭 순간을 떠올리며 두려움에 발작을 일으킨다. 말골양반과 세진이 겨우 집으로 데려온 그 밤 세진은 피폭으로 죽은 친남매 이야기를 아버지에게서 듣게 된다. 폭우로 등교가 어려워지고 부산으로 떠나게 될 미미에게 그곳으로 놀러 오라며 이별의 아쉬운 순간을 두려워한다.

◆ 아버지가 발작을 일으킨 이후 술을 끊고 집안일을 돌보기 시작하자 집안 분위기는 안정을 찾는다. 그러나 학교에서 필수가 조회 때 쓰러지는 사건이 발생한다. 세진은 집에 굴러다니는 원기소를 가지고 필수집에 위문을 간다. 필수가 그것을 먹고 단번에 좋아지는 것을 보고 세진은 안타까움을 느낀다. 필수네 집안사정이 나빠진 것이 필수 아버지의 원폭 상처 치료 때문이라는 것을 알게 된다. 미미와 남숙과 세진은 장터에서 즐거운 하루를 보내고 돌아오던 중 미미네 가게를

매화집 유화가 얻었다는 말을 듣고 불길한 느낌을 받는다.

◆ 세진아버지 새터양반이 유화를 첩으로 들였다는 소문이 동네에 퍼진다. 사실을 확인한 어머니는 외갓집으로 가버린다. 이때 서울서 누나 세희가 몹시 아프다는 전화를 받게 된다. 서울에서 온 전화의 내용은 집안 어른이 올라와야 된다는 것인데 이 말을 듣고 세진은 어머니의 가출을 원망한다. 한편 검디양반집 말옥과 말자가 농약이 채 마르지 않은 상추를 먹고 쓰러진다. 동네가 어수선한 바람에 아직 어머니의 가출 사실이 알려지지 않은 것을 다행으로 여기며 세진은 할아버지에게 세희의 소식을 전하자 할아버지는 외갓집에 가서 어머니에게 알리라고 여비를 준다. 세진은 장마 끝에 강이 불어 버스가 잘 다니지 않아 우여곡절 끝에 외갓집에 도착하지만 외삼촌의 큰소리에 의기소침해 발길을 돌리다 어머니를 만난다.

◆ 어머니에게 누나가 아프다는 소식을 전하자 어머니는 그길로 서울로 향하고 세진은 다음날 집으로 돌아온다. 사흘 후 몰라보게 쇠약해진 누나를 데리고 어머니는 집으로 온다. 누나는 빛을 보기 어려운 상태의 눈이 되어 썬글라스를 끼고 지내는데 원폭이 그 원인일 것이라는 추측만이 있을 뿐 정확한 원인을 알 수 없어 치료가 불가능한 상태다. 순자만이 이러한 누나의 절친한 벗이 되고, 유화와 살림을 차린 아버지는 집엔 돌아오지 않는다. 미미네 집에 신혼살림을 차린 아버지 때문에 미미는 부산으로 서둘러 이사를 가게 되었고, 마지막으로 미미와 즐거운 추억을 만든다.

◆ 세진의 집에 김정옥 선생님이 하숙을 하게 되고 담임선생님이 된다. 대학생인 형 창기가 여름방학을 이용해 내려오자 이 둘을 짝지어야 한다고 모두들 생각한다. 한편 세희의 증세는 날로 심각해져서 휴학을 하게 되고, 고모가 세희를 위해 서울에서 같이 지내줄 뜻을 비친다. 세진은 할머니의 제사에서 아버지를 만날까 두려워하지만 아버지는 오지 않는다.

◆ 김선생이 해인사로 놀러가자는 제안에 세진은 기꺼이 응한다. 김선생의 동생인 김정은까지 동행한 해인사 구경은 놀러온 사람들의 유흥에 그 의미가 상실되고 세진은 돌아오는 길에 정은에게 만년필을 선물한다.

◆ 가을이 되어도 아버지는 돌아오지 않고, 벌암양반이 순자와의 관계를 알리자 까막골 양반 순자아버지는 벌암양반에게 목침을 던져 이를 박살내고 순자를 쫓아 낸다. 순자는 세진네에서 김선생과 당분간 지내며 세희의 말벗이 된다. 세희는 점점 주변과 담을 쌓고 지낸다. 한편 월남 땅에 가서 돈을 벌어오겠다던 작은 외삼촌의 급작스런 귀국이 알고 보니 억울한 강제소환이었다는 소식을 듣는다.

◆ 순자동생 순복을 대구의 방직공장에 취직시켜준 대가로 벌암양반은 무사히 순자와 혼례를 치르게 된다. 어머니는 수매 값을 받는 자리에서 아버지가 돈을 가져갈 것을 염려하여 할아버지를 동행하여 수매 값을 지킨다. 작은 외삼촌은 공부를 열심히 하라는 당부를 하고 서울로 떠난다. 아버지는 분풀이로 누나와 어머니를 구타한다. 한편 세진은 가난하지만 오붓한 평우네를 부러워한다. 아버지를 찾아다니던 세진은 읍내에서 원폭피해자 대회가 있다는 소식을 전해 듣는다.

◆ 여름방학이 시작되자 김선생을 따라 김선생집을 방문하고 정은과 추억을 만든다. 집으로 돌아와 순자의 결혼식에 참여한다. 순자 대신 세희방에는 서울서 차장하다가 내려온 수빈이가 마실을 온다. 수빈의 험난했던 차장생활을 엿듣게 된 나는 서울의 부정적인 측면을 알게 된다. 결혼식 내내 순자가 아깝다는 뒷공론이 자자했지만 결혼식은 무사히 끝난다.

◆ 순진했던 친구 기오가 동네 어른들의 놀음판에 들러 지서에서 나왔다는 거짓 전언을 한다. 그리고 급하게 도망간 마을 사람들이 두고 간 판돈을 가지고 도주한 사건이 발생한다. 기오를 찾기 위해 마을 사람들이 길을 봉쇄하고 세진과 친구들은 대봉산에 올라 기오를 찾

지만 허탕을 친다. 저녁뉴스에 월남 소식이 전해지고 한진상사 소속 민간인이 다치는 사건을 접하고 영배를 떠올려 본다.

◆ 세진은 할아버지의 양담배를 몰래 가져 나와 친구들 앞에서 자랑을 하고 담배를 피우다 산불을 내고 만다. 무사히 불은 잡았지만 양심에 가책을 느낀다. 이때 서울에서 누나 세희의 친구들이 대학생이 되어 방문한다. 세희는 이들을 심드렁하게 대하고 어머니는 성심을 다해 그들을 맞이한다. 한편 영배가 귀국하고 세진은 그와 어울리며 그에게 온 전우들의 편지를 통해 월남전 소식을 접한다. 영배가 월급을 꼬박 모아 목돈을 마련해서 온전히 돌아온 것은 천만 다행이라 여긴다. 이때 순자가 뼈 없는 아이를 낳았다는 소문이 동네에 퍼진다.

◆ 순자의 불행은 피폭자 자손이 온전히 결혼하기 어려울 것이라는 우려로 변하여 온 동네를 휩쓴다. 무엇보다 어느 날 새벽 순자는 아이를 교살하고 본인은 농약을 마시는 사건이 발생한다. 순자의 자살은 마을을 술렁이게 하고 세진은 충격을 받는다. 또한 김선생이 은행에 취직한 창기형과 결혼하게 되리라 짐작하고 세진은 정은에게서 온 전화로 위안을 삼으면서 그녀를 누나로 존대한다. 세진은 졸업식에서 송사를 멋지게 읽고 할아버지에게 사나이가 지켜야 할 도리를 단단히 들은 후, 이씨 집안을 일으킬 사명을 띠고 서울로 유학길에 오른다.

4. 초점화

<그림 같은 시절>은 세진이 '내적 초점화'의 방식으로 안골 원폭 피해자의 삶을 조망하는 방식을 취하고 있다. 작품이 시종일관 세진의 시각을 통해 안골 마을 사람들을 관찰하고 평가하는 전지적 작가 시점을 사용하고 있다. 초점화의 국면은 초등학교 5학년에서 6학년의 시선으로 세상을 바라보고 있다 보니, 심리적 국면이 강하고 그중 인식적 측면보다는 감정적 측면이 강하게 노정되어 있다. 아쉬운 점은 이 또래의 아이가 느끼는 감정적 측면이 다소 왜곡되어 부분적으로

서술자의 목소리가 직접적으로 노출되고 있다는 점이다. 영배와 같이 다니면서 그의 전우들에게 온 편지를 그대로 제시한 것이나 순자나 아버지의 삶을 조망하는 방식이 그러한 모순을 반영하고 있다.

5. 주제의식

<그림 같은 시절>은 원폭의 피해가 당대에 그치지 않고 대물림하는 현실을 가장 궁극적인 주제의식으로 제시하고 있다. 그리고 그 피해의 실상을 구체적으로 제시하고 있다. 세진 아버지가 번개만 보아도 발작을 일으키며 두려움에 떠는 모습, 피폭 2세인 필수의 연주창과 순자의 기형적인 아이 출산, 벌암양반, 안골양반, 까막골양반 등이 겪는 원폭 후유증과 이로 인한 고달픈 삶이 구체적으로 형상화되어 있다. 또한 이러한 문제의 현실을 일본 방송국에서는 취재해 가도 한국의 언론과 정부는 무관심한 태도를 보이고 있다는 점을 간접적으로 비판하고 있다.

이외에도 월남전 문제, 양공주로 타락하는 동네 처녀 금지, 노름판을 덮쳐 판돈을 훔쳐 달아난 기오를 통해 물질만능의 현실과 도시화의 문제, 반전문제 등을 동시에 제기하고는 있지만 주제의식으로 승화하지는 못하고 있다.

6. 시간과 공간

<그림 같은 시절>은 1970년을 구체적인 시간적 배경으로 하고 있다. 73년까지 월남전이 지속되었던 것으로 볼 때 1970년에서 그 다음 해까지를 작품의 구체적인 시간적 배경으로 볼 수 있다. 공간적 배경은 해인사 근처 안골마을로 이는 실제로 피폭자들이 모여 살던 곳으로 알려진 곳이다. 대봉산과 토함산이라는 실명, 그리고 해인사에 소풍가는 장면의 묘사는 공간적 배경의 구체성을 확보하고 있다.

7. 인물의 존재방식과 유형

<그림 같은 시절>은 초등학교 5학년 세진이라는 순수한 소년이 원폭 피해로 인한 모순된 현실을 관찰하면서 의식의 성숙을 겪는 과정을 중심내용으로 하고 있다. 이는 고전적인 의미에서 '입체적 인물'의 양상을 전형적으로 보이고 있다. 또한 세진의 아버지는 현실에 좌절하여 가족에게 폭력을 행하고 부도덕한 상황으로 치닫는 인물로 프로프(V. Propp)의 '악한'이나 '가짜 영웅'의 모습을 보인다. 세진의 어머니는 어려운 가족의 상황을 희생과 강인한 의지로 이겨나가는 입지적인 모습을 보이는 그레마스(A. J. Greimas)의 '주체자'로 작용하고 있다. 이에 비해 순자나 세희, 필수는 원폭 2세대로 일방적으로 희생을 강요당하는 '파르마코스'의 양상을 하고 있다.

8. 플롯의 방법과 종류

<그림 같은 시절>은 세진이 초등학교 5학년부터 졸업하고 중학생이 되기까지의 이야기를 시간적 순서에 의해 전개하고 있는 '순행적 구성'을 취하고 있다. 또한 안골 마을의 피폭자들이 겪는 아픔의 실상을 다양한 사건으로 병치시켜 서술하고 있는 '상관형태의 연결방법'을 사용하고 있다. 또한 세진이 현실의 모순을 보면서 그 문제점을 인식하고 정신적으로 성숙해가고 있는 모습은 '사상의 플롯'에 해당하며 세진이 긍정적인 신념을 지니게 된다는 점에서 '교육의 플롯'(the education plot)의 양상을 보인다.

9. 문학생태적 비평의 의의

<그림 같은 시절>은 원폭 피해라는 커다란 문제가 일제 군국주의에서 시작되었지만 그 파장이 2세대까지 이어지고 있으며 나아가 3세대로 계승될 수 있는 여지를 반영하고 있다. 위계질서로 우위에 있

는 국가간의 전쟁에 의해 당한 원폭의 결과는 위계가 약한 개인의 몫이라는 문제의식이 생태위기를 반영하고 있다. 이러한 관점으로 볼 때 이 작품은 사회생태론적 견지로 이해 할 수 있다. 그러나 단지 생태위기의 현실을 나열하고 문제의식을 촉구하고 있을 뿐 극복 대안에 대한 고려가 없다는 점이 한계이다. 한편 국가나 언론으로부터 외면당했던 원폭문제에 대해 구체적인 실상을 제시하여 생태위기가 한 세대에 끝나는 것이 아니라 지속적으로 순환되고 있는 현실의 문제를 사실적으로 형상화하고 있다는 것은 그 의의로 남는다.

<나무도 아닌 것이 풀도 아닌 것이>

1. **작가소개 : 노순자**(盧淳子)

1945년 6월 7일 서울에서 출생한 노순자는 1967년에 서라벌 예대 문예창작과를 졸업했다. 1974년 『여성동아』 7회 창작소설 공모에 장편 <타인의 목소리>가 당선되었고, 1975년 『현대문학』(3월)에 단편 <실명>이 추천 완료되어 작품활동을 본격적으로 시작했다.

창작집으로 ≪몽유병동≫, ≪산울림≫, ≪진혼미사≫가 있으며 장편소설집 ≪타인의 목소리≫, ≪누이여, 천국에서 만나자≫, ≪백록담 연가≫, ≪초록빛 아침1, 2≫ 등이 있다. 그리고 청소년소설집 ≪사춘기≫와 실명소설집 ≪그대는 사랑으로 나는 바람으로≫, ≪아름다운 사람아≫ 등을 발표했다. 1990년에 중편 <진달래산천>으로 제16회 한국소설문학상을 수상했으며, 1998년 제 14회 펜문학상을 수상한 바 있다.

2. **스토리**

동근은 함께 자취한 기섭이 군대에 간 지 얼마 안 되어서 사망했다는 통지서를 받는다. 동근은 기섭의 본가인 불귀골을 찾아가는 길에 산속의 대기오염에 호흡장애와 재채기를 경험한다. 우여곡절 끝에 기섭의 집을 찾은 동근은 기섭 어머니를 만난 후, 그녀의 병약한 모습에 사실을 전하기를 망설인다. 그날 밤 악몽에 시달리는 기섭 어머니를 깨운 후, 기섭 어머니가 기섭 아버지를 만나게 된 사연과 불귀골에 정착한 이유를 듣는다. 원폭 피해로 병약했지만 유복했던 기섭의 어머니가 15세 즈음 대학생이었던 기섭의 아버지가 늑골에 총상을 입고 기섭 어머니인 시애네 집의 담을 넘었고 이것으로 인연을 맺게 되었다는 것이다. 또한 시애의 어머니가 원폭 후유증으로 사망하자 시애는 기섭의 할머니를 따라 천주교도가 있는 불귀골에 들어오게 되었다는 것이다. 다음날 동근은 망설이던 끝에 기섭의 사망소식을 기섭 어머니에게 전하자 그녀는 견디리라 다짐하지만 마른 풀포기와 같은 모습으로 일어서지 못한다.

3. **담론**

◆ 불귀골을 찾은 동근은 첩첩산중의 공기가 혼탁한 것을 보고 의아함을 느낀다. 목표한 집을 찾아내는 동안 줄곧 재채기를 한다. 고추밭에서 재채기를 하던 여인의 충혈된 눈의 앳된 기섭의 어머니를 만난다.

◆ 기섭 어머니인 시애는 동근이 방문한 날 밤 바람을 맞으며 아들과 남자와 주님의 사랑을 떠올리며 잠이 든다. 꿈에 그녀는 15세 때 굿을 하던 장면을 떠올리며 어머니를 외치다 동근에 의해 꿈을 깨고, 동근은 밤공기의 독가스로 인해 잠을 이루지 못한다. 지속되는 재채기와 콧물이 일상인 듯한 시애에게 뒷산 골짜기에 생산업체의 연구소가 들어서면서부터 생겨난 집단 증세라는 설명을 듣는다.

◆ 시애는 15세 즈음 병약하였지만 집안은 유복하여 경복궁 길 걷기를 좋아하는 낭만적인 소녀였다. 어느 날 그녀의 집 방문 앞으로 늑골사이에 총상을 입은 대학생이 들어오고 친분이 있던 김박사의 왕

진으로 대학생의 목숨을 구한다. 한편 시애의 어머니는 2차 대전 종말에 원폭으로 아들을 모두 잃었다. 뱃속에 시애를 간직한 채 원폭 섬광을 보았기 때문에 시애를 조산하고 여성성을 잃는다. 이로 인해 작은집을 집에 들인 시애어머니는 시애의 잦은 병치레가 도화살 때문이라는 무당의 말을 믿던 차에 대학생이 그녀의 방에 있는 것을 보게 되고 커다란 굿판을 벌인다. 하지만 시애의 어머니는 원폭 후유증을 앓고 있었고 이로 말미암아 죽음에 이른다.

◆ 시애는 어머니의 임종 후 집에서 외톨이 신세가 되어 그 대학생의 병원으로 위문가는 것을 일상으로 삼았고, 그가 후에 기섭의 아버지가 되었다는 사실을 회고한다. 그리고 기섭 할머니로부터 천주교를 전도 받아 깊은 산 불귀골에 들어오게 된 사연을 전한다.

◆ 다음 날 새벽 동근은 기섭 어머니가 예배를 마치기를 기다리면서 기섭의 사망 통지서가 어찌하여 본가로 가지 않고 자취방으로 오게 되었는지 의아해 하면서 이 사실을 기섭 어머니에게 전할 방법을 고민하다 사실을 전한다. 그러자 마른 풀처럼 허약한 그녀는 견디어 나가리라 다짐하지만 마치 마른 풀처럼 생명력을 소진한 채 일어서지 못한다.

4. 초점화

<나무도 아닌 것이 풀도 아닌 것이>는 서술자의 외적 초점화 방식으로 불귀골에 찾아든 청년의 모습을 묘사하는 전지적 작가 시점을 택하고 있다. 그러나 이후 그 청년인 동근을 내적 초점화하여 그의 시선으로 불귀골의 대기오염과 이로 인해 주민들이 재채기와 콧물 등의 증상을 보이고 있는 현실을 제시하고 있다. 또한 기섭 어머니인 시애를 내적 초점화자로 설정하여 그녀가 기섭 아버지를 만나게 된 사연과 불귀골에 정착한 과정을 제시하고 있다. 그리고 시애의 어머니가 원폭으로 아들들을 잃고 시애를 임신한 채 원폭의 섬광을

보고 겪는 원폭 후유증과 시애를 온전하게 키우고자 굿을 하는 이유를 내적 초점화자의 시선으로 서술하고 있다. 서술자가 중간 중간 외적 초점화자의 양상을 띠면서 이 작품은 '가변초점화'의 방법을 사용하고 있다. 초점화의 국면은 동근, 시애, 시애의 어머니의 '심리적 국면'을 다루고 있으며 그중 '인식적 측면'에 핵심을 두고 있다.

5. 주제의식

<나무도 아닌 것이 풀도 아닌 것이>는 2차 대전으로 인한 원폭피해의 희생자인 시애어머니의 억울한 죽음과 한 맺힌 인생의 굴곡이 시애에게로 계승되어 병약한 몸으로 불귀골에서 종교적 신념으로 살지만 아들마저 군대에서 사망하는 비극적인 현실의 문제를 제시하고 있다. 또한 세상의 간섭을 피해 숨어든 불귀골이 생산업체의 연구소에서 내뿜는 유해가스로 인해 대기가 오염되고 마을 사람들이 이로 인해 만성 재채기와 콧물과 같은 공해병에 시달리고 있는 현실의 모순을 제시하고 있다. 작가의 주제의식은 시애라는 여인의 기구한 운명과 비극적인 삶이 종교적 구원을 통해 극복될 가능성에 두고 있기도 하지만 산속의 대기오염문제와 원폭 피해가 세대를 이어 계승되고 있는 현실의 모순 또한 주요한 주제의식으로 제기할 수 있다.

6. 시간과 공간

<나무도 아닌 것이 풀도 아닌 것이>는 2차 대전 종결 직후로부터 1960년대를 거쳐 80년대에 이르는 시간을 그 배경으로 하고 있다. 시애 어머니의 원폭피해 시점인 2차 대전 종결 즈음으로부터 시애어머니가 기섭 아버지를 만나는 1960년대 4·19직후, 나아가 기섭을 낳아 키워 그가 대학생이 되어 군에 입대하고 죽음에 이르는 80년대까지를 그 시간적 배경으로 하고 있다. 또한 시애 어머니가 원폭 섬광을 보게 된 일본, 시애가 기섭 아버지를 만나는 경복궁 근처 팔판동, 현

실을 피해 종교로 도피한 불귀골에 이르는 공간적 배경은 시간적 배경의 변화와 함께 전개되고 있다.

7. 인물의 존재방식과 유형

<나무도 아닌 것이 풀도 아닌 것이>는 원폭피해자인 시애어머니와 시애의 '파르마코스'적 존재방식이 주를 이루는 작품이다. 이들은 원폭피해로 인한 희생자로 이것이 원인이 되어 비극적인 삶을 살게 되는 브레몽(Bremond)의 '수동자'로 설정되어 있다. 한편 동근은 기섭의 사망소식을 전달하는 '전달자'로 존재하며 시애의 절망을 함께 아파하는 '조력자'의 모습을 보인다. 또한 불귀골의 대기오염의 문제를 인지하는 '깨어있는 인물'이다. 그러나 이 작품에 등장하는 어떠한 인물도 이러한 생태위기의 문제적 현실을 적극적으로 극복하려는 의지를 보이지 않는다. 다만 시애가 종교적 믿음을 지니고 있을 뿐이다.

8. 플롯의 방법과 종류

<나무도 아닌 것이 풀도 아닌 것이>는 동근의 방문을 받은 시애가 기섭 아버지를 만났던 소녀시절을 회상하는 '역순행적 구성'에 입각해 있다. 그러나 사건의 전개는 시간의 연속성에 입각해 있어서 '연속적 플롯'(consecutive plot)의 양상을 하고 있다. 또한 주요 인물인 시애와 시애의 어머니의 비극적인 삶이 주된 사건을 이루는 '비극적 플롯'의 양상을 하고 있다. 전체적으로 과거와 현재를 연계하면서 현재의 사건의 계기를 마련하고 있는 '첨가 형태의 연결 방법'을 취하고 있기도 하다.

9. 문학생태적 비평의 의의

<나무도 아닌 것이 풀도 아닌 것이>는 표층적으로 원폭피해로 인

한 모녀의 비극적인 삶을 다루고 있다는 점과 동근이 바라본 불귀골의 대기오염의 양상이 제시되어 있다는 점에서 심층생태론적 문제의식을 견지하고 있다. 그러나 원폭의 원인이 된 전쟁과 불귀골의 대기오염의 주범인 생산업체의 연구소는 '위계'의 모습으로 각각 주요인물의 삶을 훼손하고 있다. 이러한 측면에서 볼 때 사회생태론적 시각의 투시가 가능하다. 그러나 전체적으로 이 작품은 생태위기의 현실을 피상적으로 전달하고 있으며, 문제의식에 대한 해결의지가 종교적 신념이라는 다분히 교조적 태도를 지니고 있다는 점에서 생태소설의 본질과 다소 거리가 느껴지는 부분이 있다.

<낯선 귀향>

1. 작가소개 : 문순태(文淳太)

1938년 전남 담양출생이다. 조선대 국문과 및 동대학원을 졸업하고 전남매일신문사 편집부장 겸 정치부장을 역임했다. 1974년 『한국문학』에 소설 <백제의 미소>로 등단, 1979년 한의 미학을 보여주는 <징소리>연작을 발표했다.

1982년 제1회 문학세계작가상을 수상하고 1985년 소설집 ≪피아골≫을, 1987년 소설집 ≪철쭉제≫를 발간했다. 1989년에는 장편소설 <타오르는 강>을 발간했으며 이외 희곡 <황매천>과 그 외 다수의 평론이 있다. 주요창작집으로 ≪고향으로 가는 바람≫, ≪흑산도갈매기≫, ≪걸어서 하늘까지≫, ≪물레방아속으로≫ 등이 있다.

2. 스토리

원전세탁부인 정순호는 아내가 낳은 무뇌아 기형아에 충격을 받고 아내 몰래 이차에 걸쳐 살인을 시도했으나 아내에게 들켜 실패한다. 그로부터 원전 측이나 주민, 기자들, 반핵단체 등에서 도와준다는 명목으로 사방에서 관심을 표명하며 정순호 가족에게 접근했으나 정순호 가족은 괴로움만 당할 뿐 아무런 도움이 안 될 뿐만 아니라 원전 당국으로부터는 오히려 억지를 쓰는 가족으로 취급을 당한다.

괴로움을 견디지 못한 정순호는 아내와 기형아를 고향에 남겨둔 채 고향 영광을 떠나 일년 이십육일 동안 방랑생활을 한다. 그러나 자신보다 더 불행한 위치에 놓여 있지만 재기한 박목사의 행복한 미소를 연상하고 비록 기형아이지만 생명의 존귀함을 절감하며 고향에 있는 아내에게 돌아온다. 그렇지만 아내는 기형아인 아이가 죽은 후 곧 고향을 떠나버렸고 그 사실을 안 정순호는 분노에 차서 원자력발전소로 찾아간다.

3. 담론

◆ 원전 세탁부인 정순호는 고향을 떠난 지 일년 이십육일 만에 타인의 눈을 피해 고향에 돌아가기 위해 밤중에 시외버스터미날에서 영광행 시외버스를 6시간가량 떨면서 기다린다.

◆ 오후 9시 30분 마지막 버스가 출발, 버스 안에서 정순호는 우루과이라운드 협상소식과 미국쌀 수입개방압력에 관한 뉴스를 들으면서 자신의 절망적인 심정과 낡은 버스를 비유한다.

◆ 실상 정순호는 박지수목사의 충고를 받아들여 일년 이십육일 만에 귀향하는 길이다. 정순호는 가출하기 전의 일을 버스 안에서 연상한다.

◆ 아내 정순이 무뇌아를 낳았을 때 살의를 느껴 이차에 걸쳐 아이를 죽이려고 시도했으나 실패했다. 박목사의 생명의 존귀함에 대한 충고 때문에 주저하기도 했으나 무뇌아의 숨통을 조이다가 아내의 울부짖음으로 실패하자 가출하여 일년 이십육일 동안 방황을 시작한 것이다.

◆ 순호는 5·16때 다리부상으로 인생의 실패자가 된 듯한 박목사가 오히려 행복해 보이는 것에 충격을 받고 무뇌아 때문에 번민하는 자

신에 대해 부끄러움을 느낀다.

◆ 막차를 탄 술 취한 시골손님 둘이 겨울에도 난방이 안 되는 버스 서비스에 불만을 토로한다. 그 불만이 정부의 정책 방향에 대한 비판으로까지 전이된다.

◆ 운전사는 취객의 소란에 다른 버스승객들은 아랑곳하지 않고 버스라디오의 볼륨을 최고로 높이면서 노면에 주차한다.

◆ 운전사는 소동을 치는 두 취객이 내려야만 출발하겠다고 강력하게 선언을 한다.

◆ 정순호는 승객의 안전운행이란 구실로 운전사와 공범이 되어 두 취객을 내리게끔 행동한 자신에 대해 부끄러움을 느낀다. 두 취객은 비록 취중이지만 정당한 발언을 했기 때문이다.

◆ 순호는 버스에서 강제로 내려지게 된 두 취객이 아내가 기형아를 낳았을 때 원전당국으로부터 억지쓰는 사람으로 몰린 자신과 처지가 유사함을 느낀다.

◆ 영광읍에 도달하자 마음이 불안해 지면서 가출 일년 이십육일 동안의 방랑생활을 한 원인에 대해 연상한다.

◆ 기자들과 반핵단체는 물론 병원측은 기형아 아기를 정밀검사한 결과를 방사선이 아닌 '아카바네병'이라고 발표한다.

◆ 반핵단체는 원전에서 보상받아야 된다고 다그쳐서 오히려 정순호 부부를 괴롭히는 존재가 된다.

◆ 기형아를 낳은 지 일년 간 주변단체로부터 시달림을 당하고 원전 주민들에 대한 역학조사까지 실시했으나 결론은 원전과 관계없다는 것이었다. 그러나 정순호는 방사능이 위험하다는 것을 잘 알고 있다.

◆ 영광읍에서 원전읍 집까지 버스를 타고 가면서 아내에게 희망을 갖고 잘 살아 보자고 권고하는 장면을 상상하면서 정순호는 미소를 짓는다.

◆ 아내의 근황을 알기위해 원전잡역부로 기형아를 사산한 박원중을

만난다.

◆ 아내 역시 무뇌아가 죽은 후 고향을 떠났다는 박원중의 말에 정순호는 망연자실하고 원자력발전소를 찾아간다.

4. 초점화

소설의 시작은 외적 초점화 서술형식이지만 초점화 주체인 정순호가 이야기내부에 자리해서 원전세탁부인 정순호의 눈을 통해 서술되는 인물초점자양식이다. 초점화 대상은 원전당국자, 원전동네 주변마을사람들, 반핵단체회원들과 박목사 그리고 무뇌아이지만 생명의 존귀함을 끝까지 부인하지 않는 정순호의 아내 등이다.

말하자면 정순호란 인물 하나가 초점화 주체가 된 선택적 전지 형식을 취하고 있다.

5. 주제의식

원전방사능의 피해로 가족이 해체되고 정부와 원전의 무대책, 반핵단체, 환경단체, 기자들, 원전측 병원관계자 등 오히려 주변상황 때문에 시달림을 겪어 불행해지는 현실에 대한 피해자가족들의 통분이 주조를 이룬다. 또한 원전피해상황 등에 대한 문제를 지역이기주의라고만 생각하는 당국의 잘못된 원전정책에 대한 화자의 비판적인 어조가 지배적이며 비록 기형아일지라도 생명이 존귀하다는 것을 강조하고 있다.

6. 시간과 공간

<낯선 귀향>은 영광핵발전소의 피해사례를 제재로 한 작품이다. 실제로 1985년부터 영광핵발전소가 가동하기 시작한 이후부터 주민들의 피해상황은 심각한 수준이다. 반핵단체의 조사에 따르면 1989년

7월말 영광핵발전소 잡역부 김익성씨의 아내가 무뇌아를 출산하여 조사 중에 또 다른 노동자가 선천성 기형아를 낳았고 1990년에도 기형아출산이 보도된 바가 있다.

노동자들의 하반신 불구 등의 현상, 기형가축의 탄생, 열폐수로 초토화된 바다 등 그로 인해 물고기의 60%가 기형이었으며 노랑조개나 굴이 패사하는 등 바다가 죽어가고 있는 현실이 배경이 되고 있다. 특히 원전지역 주민들의 생활환경이 적나라하게 묘사되고 있다. 바다가 오염되어 생업을 포기해야 되고 다른 지역주민들이 원전지역 농산물이나 수산물을 기피하기 때문에 경제적인 피해도 심각할 뿐만 아니라 원전지역 주민이란 인식 때문에 타지역 주민들이 배타적이라서 고립과 소외의식까지 느껴야 했다.

<낯선 귀향>은 70년대 경제성장, 산업화의 부작용으로 1980년대 말부터 등장하기 시작한 환경오염의 절박성을 나타낸 작품으로 경제발전과 자연의 훼손 상호간의 문제 등에서 시간적 공간적 배경을 읽을 수 있다.

7. 인물의 존재방식과 유형

<낯선 귀향>은 실제 영광핵발전소 노동자의 이야기를 모델로 한 것이기 때문에 리얼리즘소설이 지니는 단순한 흑백논리에서 벗어나지 않는다. 결국 당국이나 원전 측은 악의적인 존재이며 피해주민은 악에 시달리는 선한 존재이다. 그러므로 작중인물이 복합적인 관념을 지닐 수가 없다. 또한 피해주민은 교육수준이 낮은 인물이기 때문에 생태환경운동을 할 만큼의 지도력이나 사상성을 갖지 못한다.

작중주인공 정순호는 원전 세탁부란 노동자계급으로서 비교적 입체적 인물로 등장한다. 아내가 기형아를 낳자 아이를 죽이는 것에 실패하여 가출하지만 5·18 때 부상으로 오랫동안 방황했던 박목사의 평화로운 모습과 설교가 그의 귀향 동기가 된다. 또한 무뇌아를 사산

한 적이 있는 동료 박원중이 원전일을 그만두고 분식집을 차려 그의 가족들이 단란하게 살고 있는 모습을 보고 정순호는 가족공동체의식을 되살리게 된다. 정순호는 니체식으로 얘기하면 디오니소스적 인물로 감성적이다. 안전운행을 구실로 추운 겨울에 승객을 내리게 한 버스운전사에게 바른 말 한마디 못하고 구경만 한 자신이 운전사와 공범인 것 같아 부끄러움을 느낀 점 등이 상황 역전에 따른 성격변화를 감지할 수 있기 때문이다.

이럴 경우 주인공의 인물창조는 다른 인물들과의 관계에서 이를테면 정순호의 아내, 박목사, 동료 박원중이란 인물과의 상호관계에서 비교되고 창조된다.

8. 플롯의 방법과 종류

<낯선 귀향>은 사실주의소설의 특성인 인과론적 형태의 연결 구성으로 주인공 정순호가 고향을 떠난 지 일년 이십육일 만에 귀향하기 위해 버스를 타는 행위를 서두로 고향을 떠난 이유, 가족의 문제, 원전마을의 상황 등이 소급 제시된다. 담론시간은 고향을 떠나고 다시 돌아오는 행위, 그리고 결말부분에서 분노에 차서 원전을 찾아가는 행위만 제시될 뿐 대부분이 회상을 통해 고향에 돌아오기까지의 과정서술에 포인트를 두고 있다.

조셉 켐벨(Joseph Cambell)의 분리→통과→복귀 유형처럼 고향을 떠난 일년여 동안 주인공 정순호가 박목사, 박원준, 버스운전사 등과의 관계에서 통과제의를 거쳐서 새로운 마음가짐으로 고향에 복귀한다. 물론 복귀하는 즉시 기형아 아이는 죽고 아내는 고향을 떠난 것을 알고 다시 원점으로 돌아가지만 단순구성형태를 취하고 있다.

9. 문학생태적 비평의 의의

<낯선 귀향>은 사회생태주의와 생태여성주의 시각에서 의의를 찾

을 수가 있다. 본 작품에 나타나는 가족공동체파괴는 생태위기의 근원을 사회적 요인에서 보고 있다. 소위 사회를 돕는다는 목적으로 결성된 반핵단체, 환경단체 등이 오히려 불행을 겪는 가족에게 도움이 되기보다 실제로는 마이너스요인으로 작용한다는 점이다. 머레이 북친식으로 얘기하면 타자에 대한 권력행사와 외부의 통제, 지배에서 벗어날 수 없는 제도와 관습이 불행해진 사회와 인간을 더욱 불행하게 만들기 때문이다.

생태의식의 가장 근본적인 특성은 모든 생명체들을 소중히 여기는 생명의식이다. 비록 무뇌아로 태어났어도 정순호의 아내에게 아이는 귀중한 생명이며 핏줄이다. 소위 여성이 아내, 어머니로서 '돌봄의 윤리'적 측면에서 '자애로운 어머니'의 모습을 저버릴 수 없기 때문에 남편 정순호가 기형아인 자식을 죽이려는 것을 목격하고 울부짖는 모성적 행위에서 남성과 다른 여성 특유의 에코 페미니즘을 발견할 수 있다.

<검은 노을>

1. **작가소개 : 박혜강**(朴惠江)

1955년 7월 26일 전남 광양에서 출생하였으며 조선대학교를 졸업하였다. 1989년 무크지 『문학예술운동』 제2집에 중편소설 <검은 화산>을 발표하며 데뷔하였다. 주로 노동문제와 환경문제를 본격적으로 다룬 문제작들로 평가받는 작품활동을 해왔으며 1991년 장편소설 <검은 노을>로 제1회 실천문학상을 수상했고, 1994년 장편동화 <자전거 여행>으로 제1회 대산문예창작지원금을 받았다. 현재 민족문학작가회의 회원, 광주·전남 민족문학작가회의 부회장, 광주·전남 소설가협회 회원이며, 광주교통방송에서 프리랜서로 활동 중이다.

주요 작품으로 장편소설 <젊은 혁명가의 초상>, <검은 노을>, <다시 불러보는 그대 이름>, <안개산 바람들>, 대하소설 <운주>(전5권), 장편동화 <자전거 여행>, <나도 고고학자>가 있다. 현재 광주·전남 민족문학작가회의 부회장, 광주·전남 소설가협회 회장으로 왕성한 문학 활동을 펼치고 있다.

2. **스토리**

계마리 칠산바다에 영광 핵발전소가 유치된다는 소식에 마을은 축제 분위기가 되지만 핵의 위험성을 알고 있는 민정산은 이에 반대한다. 하지만 박길성과 임선주 등 마을의 분위기는 이미 한전 측의 회유에 넘어가고 토지보상금을 받아 성산리로 이주한 사람들은 본업을 버리고 발전소 건설 현장에서 일하게 된다. 그 과정에서 비정한 노동의 현실을 체험하고, 서서히 버린 땅과 생업을 그리워한다. 하지만 발전소는 건립되고 기대했던 수입은 고사하고 건설사업이 끝난 뒤 마을은 생계문제에 허덕이게 된다. 한편 박길성은 발전소에서 방사능 물질을 취급하는 일을 하고 이후 암에 걸리며 아내는 무뇌아를 사산하기에 이른다. 한편 이 마을 출신 대용은 원자력을 전공한 엘리트로 발전소의 직원으로 부임하게 된다. 그가 배운 바에 의하면 원자력은 가장 안전한 에너지이기에 그는 마을 사람들에게 원자력의 안전성에 대해 설파한다. 그러나 대용은 길성이 작업복도 제대로 착용하지 않고 폐기물 수거를 하고 있는 현실을 발견하고 고뇌하던 중, 그의 암 발병과 무뇌아 사산 문제에 직면하게 된다. 그러자 대용은 용단을 내려 방사능 작업 일지를 복사해 동배의 반핵운동을 돕고, 민정산은 동배의 반핵 운동의 의지를 돋우기 위해 노력에 동참할 것을 다짐한다.

3. 담론

<제 1부>

◆ 1장 : 칠산바다 해안에 핵발전소가 들어오게 된다는 소식을 이지적인 대용이 전하지만 태생이 건강하고 순박한 동배는 핵발전소가 들어서는 것은 자신과는 무관한 일이라 생각한다.

◆ 2장 : 민정산과 박길성을 만난 동배는 그들의 입풍물굿을 들으며 할머니 춘옥네의 꽹과리 소리를 연상한다. 집으로 돌아온 동배는 동생 동심으로부터 서울 공장에 취직해서 돈을 벌고 싶다는 이야기에 핀잔을 준다.

◆ 3장 : 원폭으로 남편을 잃은 춘옥네의 원폭체험이 춘옥네의 씻김

굿 사이에 묘사된다. 동배는 굿하는 춘옥네를 바라보며 돌아가신 아버지를 그리워한다.

◆ 4장 : 정산은 1972년 대학 시절 유신 반대 시위에 참여 했던 기억과 조직의 붕괴로 고향 마을 칠산바다로 도피해 온 일을 떠 올린다. 그러나 고향 역시 유신의 압제 하에 농부들은 도시로 떠난다. 정산은 폐촌으로 변해가는 마을을 무관심과 숙명으로 여기는 사람들에 대해 안타까움을 더해만 가던 중 마을 청년 동배에게 새로운 가능성을 느낀다. 한편 정부의 돼지 축산 장려에 부응했다가 빚더미에 올라 자살을 선택한 선기를 보고 동배는 분노한다.

◆ 5장 : 돼지파동이 마을을 강타하고 동배는 동심의 일기장에 토로된 현실에 대한 절망과 돈에 대한 갈망, 서울에 대한 동경을 알게 된다. 동심의 가출을 직감한 동배는 정류장에서 동심을 찾아 집으로 데려 오고 정산으로부터 독재 정권의 붕괴와 새로운 세상이 올 것이라는 희망적인 메시지를 듣는다.

◆ 6장 : 영광 핵발전소 건립에 대한 주민들의 기대와 원폭을 겪은 춘옥네의 두려움이 교차되고 정산으로부터 드리마일섬의 원전사고를 들은 동배는 꺼림칙함을 느낀다. 한편 임선주와 마을 사람들이 핵발전소 건립으로 인해 잘살게 될 것이라는 기대로 풍물굿을 벌이지만 정산이 핵발전소의 위험에 대해 이야기하자 박길성은 정산을 불온분자로 몰아 부친다.

◆ 7장 : 고리 발전소 관광을 위해 마을 사람들이 들떠 떠난 뒤 정산은 길성이 한전 측보다 더 원전 유치에 적극적인 이유를 의심한다. 한편 마을 사람들은 고리 발전소 주변의 발전을 보고 축제 분위기에 들뜨고 한전 측은 은밀히 박길성과 임선주에게 토지 매입을 상의한다.

◆ 8장 : 박길성은 토지보상금을 빨리 받아서 원전 근처에서 여관업을 하는 것이 이롭다는 소문으로 마을 사람들을 부추긴다. 선조의 땅을 쉽게 내주는 것이 꺼림칙하다는 칠산상회 오씨는 박길성에게 야

유당하고, 핵발전소의 유치에 공포에 떨던 춘옥네는 집에 불을 질러 자살하기에 이른다.

<**제** 2**부**>

◆ 1장 : 핵발전소 건립의 시작으로 마을은 불도저로 철거를 시작하고 오씨와 장성댁의 저항은 속수무책이 된다. 계마리 사람들은 토지 보상금을 받고 한전에서 권유한대로 원전 정문 앞에 집을 마련하기 위해 공동으로 31세대의 집을 짓기 시작했다. 그러나 새로 온 한전 직원이 원전 정문 앞은 주거지가 아님을 지적하자 마을은 이주 문제로 술렁거리고, 10·26과 12·12의 소란스러운 정국도 관심 밖으로 밀려난다. 정산과 한전 측과의 싸움은 커지고 동배는 죽은 춘옥네가 원폭피해자였다는 사실을 깨닫게 된다.

◆ 2장 : 한전 측의 한용호 과장과 배홍수 홍보부장은 정산의 존재에 대해 불편해 하고, 특히 배부장은 핵발전소 건설이 국가를 위한 사업이라 확신하고, 이에 반대하는 자는 모두 불온세력이라 믿는다. 배부장이 규칙을 어기면서 마을 사람들을 원전 정문 앞으로 이주시킨 배경에는 H 건설과의 합작품으로 숙박시설 문제를 자체적으로 해결하여 비용을 절감하자는 의도였다. 나중에 이 사실을 알게 된 주민들의 원성에 대비하여 박길성을 하수인으로 이용한 것이다.

◆ 3장 : 계마리에서 원전 현장인 성산리로 이주해 온 사람들은 원전 건설에 직접 참여하고 십장이 된 길성에게 정산은 원전반대를 외친다. 한편 동배는 착암기반의 조수를 맡았고, 이 과정에서 발파작업 중의 사고현장을 보고 인명보다는 공사를 중시여기는 현실에 혐오와 두려움을 느끼기 시작한다.

◆ 4장 : 사고를 접한 동배의 회의는 정산의 방문과 노동운동가 장민용과의 대화를 통해 현실 개혁 의지로 거듭나게 된다.

◆ 5장 : 핵발전소에 대한 공청회가 한전 측의 홍보 수단으로 전락하자 실망한 민정산에게 박길성은 린치를 가한다. 한편 부상자 윤씨의

죽음으로 공사판은 노동쟁의가 시작된다.

◆ 6장 : 윤씨 보상문제에 적극적이었던 오종철의 해고에 대한 공사판의 태업이 진행되고 성삼아버지와 용현 아버지는 고향 땅을 저버린 행위에 대해 후회하며 이를 성토하기 시작한다.

◆ 7장 : 계엄령의 확대와 광주에서의 일을 알게 된 마을은 침울한 상태에 빠지지만 원전 공사는 지속되고 7호기와 8호기 원자로가 들어선다. 그러나 발전소 건설 후 생업을 잃어버린 주민들의 생계문제와 타지노동자들이 떠난 후 여관업의 붕괴로 마을은 폐허가 된다.

<**제** 3**부**>

◆ 1장 : 동배는 마을 사람들의 실업문제에 직면하자 청년회원들과 핵발전소를 상대로 핵문제와 생계문제를 거론하기로 결정한다. 그리고 이러한 움직임은 핵반대운동의 일환으로 발전될 가능성을 보인다. 한편 민정산은 핵발전소의 방호부서의 세탁부로 취직한다.

◆ 2장 : 임대용은 핵발전소 기사로 부임해 오면서 고향을 위해 일한다는 사실에 벅찬 기대를 품는다. 그러나 버스에서 만난 오종철은 이러한 기대를 흔들어 놓는다. 핵이 마을을 황폐화 할 것이라고 한탄하면서 두려워하는 오종철에 대해 과학을 신봉하는 대용은 핵의 문제점보다는 원자력의 가능성을 믿어야 한다고 설득한다.

◆ 3장 : 발전소에 휴일에도 일하러 나간다는 길성이 요즘 들어 코피를 흘리는 등 몸 상태가 좋지 않다는 말을 전해들은 동배는 길성을 만나 반핵운동에 동참해 줄 것을 부탁한다. 그러나 그는 핵발전소 건립과정에서 원전 측과 결탁했던 자신의 과오를 인정하며 자리를 피한다. 한편 반핵 시위에 대한 발전소의 태도는 집단이주를 명분으로 마을의 분위기를 임시방편으로 안정시키기에 급급하다.

◆ 4장 : 발전소 측은 임선주의 아들인 대용에게 고향의 일이라는 사실을 환기시켜 마을의 불만을 무마하라는 지시를 내리고 과학을 신봉하는 대용은 과학적 사실을 수집하여 마을을 진정시킬 수 있으리

라 확신한다. 한편 마을은 오종철을 중심으로 한 반핵단체와 성산리 주민들로 이루어진 생계대책위원회로 분리되어 각자 입장 차이로 인해 서로 갈등을 노정한다.

◆ 5장 : 발전소 측은 마을 사람들의 생계문제를 발전소에 취직시켜 준다는 조건으로 무마하려 하지만 길성의 입원과 무뇌아의 출산 등 서서히 방사능의 여파가 마을을 불안에 떨게 한다.

◆ 6장 : 발전소 측은 임대용에게 무뇌아와 암환자는 발전소와 무관하다는 과학적 근거를 찾으라고 지시한다. 한편 박길성을 방문한 대용은 그가 방사능 관리구역 안의 작업을 했다는 사실을 알고 충격을 받는다. 과장으로부터 이러한 사실을 확인한 대용은 안전 규칙을 외면한 과장에게 '핵쓰레기'라 외치며 발전소를 나온다.

◆ 7장 : 한편 이러한 마을의 분위기가 알려지고 메스컴에 암환자와 무뇌아 관련 보도가 방영된다. 궐기 대회에 필요한 길성의 작업일지 사본을 대용으로부터 받은 동배는 바다의 기형어를 바라보며 정산과 함께 환경 선언문을 통해 후손의 땅을 스스로 만들어 가야 한다고 다짐한다.

4. 초점화

전체 3부로 구성되어 있고, 각각 일곱 또는 여덟 장의 소장으로 구분되어 있는 이 작품은 전체적으로 민정산과 동배를 내적 초점화자로 하고 서술자가 외적 초점화자로 개입하는 삼인칭 전지적 작가 방식을 취하고 있다. 그러나 1부 3장의 춘옥네의 굿장면은 춘옥네가, 2부 2장은 한전의 배홍수 부장이 초점화자로 등장하기도 한다. 그러나 전반적으로 동배가 주를 이루는 내적 초점화를 이루고 서술자가 외적 초점화의 방식으로 개입하고 있다. 또한 등장인물 각자의 원전 건설에 대한 '심리적 국면'과 핵문제의 위해성에 대한 '관념적 국면'이 넘나들고 있는 양상을 보이기도 한다.

5. 주제의식

<검은 노을>은 핵발전소 건립과 이에 따른 생태위기의 현실이라는 이념소와 노동현장의 열악한 노동환경과 노동자의 인권문제에 대한 노동문제 제기라는 이념소가 공존한다. 나아가 반핵운동이라는 구체적 대안을 제시하는 결말 부분의 동배의 의식은 작가가 전달하고자 하는 생태적 전망이다. 노동문제나 생태문제나 모두 '위계'에 입각한 생태위기로 본다면 이 작품의 주제의식은 위계에 의한 억압과 인간에 대한 인간의 지배가 자연에 대한 지배로 확장된다는 머레이 북친의 생태의식과 일맥상통한다.

6. 시간과 공간

<검은 노을>은 1970년대 말 시행된 핵발전소 건립을 사실적으로 반영하고 있다. 영광 발전소라는 구체적인 지명을 사용하고 있고, 계마리와 성산리라는 공간 설정도 사실에 입각해 있다. 또한 정도상의 <겨울 꽃>과 동일한 시간과 공간적 배경을 이루고 있다는 점도 상기할 만하다. 결국 핵발전소에 대한 반핵운동의 일환으로 창작된 이 작품은 구체적인 시간과 사실적인 공간적 배경에 입각한 실증적인 소재를 다루고 있다.

7. 인물의 존재방식과 유형

<검은 노을>은 문제적 인물로 설정되어 있는 동배와 정산을 중심으로 이들에 대한 그레마스(A. J. Greimas)의 '적대자'로서 박길성과 배홍수 부장 혹은 한전 측의 인물들이 극단적인 대립을 이루는 방식으로 존재한다. 루카치 식으로 동배와 정산은 '세계사적 개인'의 양상으로 존재하기도 한다. 특히 동배의 경우 무지한 청년에서 생태적 전망을 지닌 청년으로 다시 태어나는 양상을 통해 '입체적 인물'이나 '영웅적 인물'로 부를 수 있다. 반면 박길성은 상황에 대한 무지로

말미암아 핵의 피해자로 전락하는 '파르마코스'(phamakos)의 모습을 보인다. 한편 주요인물로서 동배를 창조하는 과정에서 작가는 실제 현실에서 작중인물을 취한 듯하지만 전체분위기에 맞게 허구적인 '이식'(transplantion)에 성공하고 있다.

8. 플롯의 방법과 종류

<검은 노을>은 전체 3부로 구성되어 있고, 각각의 장이 동배와 정산 그리고 다른 보조인물들에 의한 내적 초점화의 방식과 서술자의 총체적인 말하기 기법에 의한 외적화자의 방법을 쓰는 복합구성을 취하고 있다. 그러나 사건이 주로 핵발전소의 건립 과정 전후에 맞닿아 있고 이를 '인과론적 형태의 연결방법'에 입각해 진행하고 있다. 또한 사건 중심의 플롯과 인물 중심의 플롯이 각 장 마다 달리 서술되고 있다. 나아가 동배의 의식 변화 과정에 주목해 보면 '감탄의 플롯'이나 '개선의 플롯'의 양상을 발견할 수도 있다.

9. 문학생태적 비평의 의의

<검은 노을>은 1970년대 말 대거 시행된 핵발전소 건립과정과 이를 둘러싼 생태위기의 모순을 반영하고 있다. 우선 국가의 일방적인 시책에 의해 마을 주민들의 삶의 터전이 붕괴되고, 방사선에 대한 정당한 해명 없이 주민들을 위험에 노출시키는 일방적인 위계에 의한 억압이 가져온 생태위기를 들 수 있다. 다음으로 이러한 국가 권력을 빙자하여 자신의 이익을 우선시하는 건설업자나 한전 측의 간부들의 부조리 또한 인간의 인간에 대한 지배의 양상을 보인다. 마지막으로 이러한 생태위기의 현실 앞에서 좌절하기보다는 공동체의 연대의식을 통해 이를 극복해 보려는 동배와 마을 사람들의 의지는 생태적 전망을 확보하는 부분이다. 결국 이 작품은 사회생태론적 시각에 입각할 때 그 생태적 의미를 찾을 수 있다.

<불바람>

1. 작가소개 : 우한용(禹漢鎔)

1948년 1월 30일 충남 천안에서 출생한 우한용은 천안고등학교를 거쳐 1975년 서울대 사대 국어교육학과를 졸업하였으며 1991년 동대학원에서 박사학위를 받았다. 1981년 <다마스커스 가는 길>이 『월간문학』에 가작 입선되었고, 1986년 『월간문학』에 <고사목지대>으로 신인상을 받아 등단하였다.

주요 작품으로 전북일보에 장편소설 <그리운 청산>(1990)을 연재하였고, 소설집 ≪귀무덤≫을 출간하였다. 현재 서울대학교 사범대학 국어교육학과 교수로 재직중이다.

2. 스토리

연진은 원자력 발전소에서 근무하는 남편 성득을 따라 원자력 발전소 사택에서 살고 있다. 그러던 중 원자력 발전의 무해성을 발표하는 심포지움이 발전소에서 있던 날 심포지움이 끝난 후 원자력 발전소의 위해성을 문제 삼는 대대적인 시위가 발생한다. 그리고 시위대 청년 한명이 최루탄을 피해 연진의 집안으로 들어와 물을 찾으며 도움을 요청한다. 이때 연진과 같이 있던 사원회 회원인 원여사가 발사한 가스총에 청년이 쓰러지는 일이 벌어진다. 이로 인해 충격을 받은 연진은 8년 만에 어렵게 시술하여 임신한 아이에게 이상이 일어난 것을 발견한다. 서울에 있는 병원에 가기 위해 연진은 기차를 타고 옆자리 남자의 추근거림에 불쾌감을 느낀다. 결국 서울에 도착한 연진은 친구인 산부인과 의사에게 자신의 상태를 진단해 줄 것을 요구하지만 진료시간이 지났고 개인적인 약속이 있다는 이유로 거절당한다. 급기야 연진은 응급실로 향하고 아이를 사산한다. 오랫동안 아이가 없는 이유가 남편의 원전 근무 때문이라는 주변의 시선을 극복하려 했으나 또다시 실패하자 연진은 회의에 빠진다. 그리고 실상 유학중에는 잘 생기던 아이가 남편의 원전근무 이후 어려워 진 것은 원전에 문제가 있는 것일지도 모른다는 상념에 싸인다. 그때 남편 성득이 더 이상 자신의 양심을 속이지 않고 원전의 문제점을 폭로하는 시위에 참여하였다는 사실을 듣고는 새로운 희망을 갖게 된다.

3. 담론

◆ 결혼한 지 8년 만에 아이를 갖게 된 연진은 항상 피곤해 하는 남편을 뒤로하고 서울의 병원에 진찰을 위해 기차에 오른다. 40세가량의 이기적이며 가부장적인 옆 승객은 데모 때문에 주가가 떨어진 것을 걱정하는 속물적인 인간이다. 원자력 발전소 건립에 대한 심포지움이 끝난 후 격렬해진 시위를 뒤로 한 연진은 발전소의 돔을 돈과 남성의 상징으로 인식한다.

◆ 남편 성득이 미국에서 원자력을 공부하는 동안에 방사선에 노출된 데다가 원자력 발전소에서 일을 하기 때문에 불임이라는 소문은 이미 사원부인회 회원들 사이에 퍼져있었다. 이 때문에 남편 성득은 기를 쓰고 심포지움을 준비한다. 원전의 안전성과 폐기물 처리과정을 설명하고 원자로 냉각수로 사용되는 해수가 연안 어류의 성장에 미

치는 긍정적인 효과에 대한 설명을 한다. 이후 독재 권력에 영합한 시설로써의 원자력 발전소에 대한 위험을 지적하는 대학생들에게 성득과 발전소 측은 대답을 회피한다.

◆ 연진은 현실로 돌아와 뱃속의 아이가 무사하기를 기원한다. 사실 연진이 병원을 찾아 서울로 가는 이유는 원여사가 발포한 가스총 때문이다. 시위대 중 청년하나가 연진의 집으로 들어와 물을 찾던 도중 원여사가 가스총을 발포하여 집안이 쑥대밭이 되고 연진도 기절했기 때문이다. 서울에 온 연진은 아랫배의 통증 때문에 친구 희숙에게 전화를 걸지만 내일 들르라는 냉정한 반응에 대학병원 응급실로 간다. 어렵게 얻은 아이를 잃은 그녀의 상실감은 남편 성득이 시위대에 참여했다는 소식을 접하면서 새로운 국면을 맞는다. 월급 때문에 자신의 신념을 버렸던 남편에게 새로운 희망을 보게 된 것이다.

4. 초점화

<불바람>은 내적 초점화자인 연진의 시선으로 서술되는 전지적 작가 시점을 택하고 있다. 특히 원전의 문제점에 대한 작가의 우려와 비판은 연진의 시선과 교차되어 '이입'되는 '고정초점화'의 양상을 보이고 있으며, 원전문제에 대한 '심리적 국면'에 입각하여 그 인식과 감정을 동시에 제시하고 있다.

5. 주제의식

<불바람>은 원자력 발전소의 건립 이후 발생하는 문제점을 원전 직원인 성득과 그의 아내 연진의 모습을 통해 제시하고 있다. 특히 연진이 오랜 불임 이후 어렵게 얻은 아이를 유산하는 계기가 모두 원전 때문이라는 점은 작가가 제시하고자 하는 생태위기의 현실을 명백히 보여준다. 한편 원전에 대한 문제를 제기하는 시위대의 청년에게 가스총을 겨누는 원여사의 과잉 자기방어와 원전 사원과 마을

사람들의 경제적 위화감의 문제를 비판적으로 제시하고 있다. 또한 원전의 냉각수를 이용한 홍보용 양식장의 문제는 원자력을 대하는 발전소 직원들의 위선적인 양태를 반영하고 있다. 결국 이 작품은 원전 건립 이후 마을 사람들과 원전직원들이 동시에 직면하는 생태위기를 그 이념소로 하고 있다.

6. 시간과 공간

<불바람>의 시간적 배경은 원전이 건립된 70년대 후반으로 설정되어 있다. 그러나 공간적 배경은 구체적으로 제시되어 있지 않고 해양에 위치한 원자력 발전소로 언급되어 있어서 추정컨대 영광 발전소가 그 배경으로 판단된다.

7. 인물의 존재방식과 유형

<불바람>의 중심인물은 초점화자인 연진이다. 남편 성득 역시 초점화자의 위치에 있지는 못하지만 작가의 주제의식을 구현하는 중심인물로 작용한다. '내성적'인 성향의 연진부부는 작가의 의식을 투사하는 존재이며 동시에 '입체적인 인물'의 양상을 보인다. 성득이 마지막 장면에서 시위대에 참여하여 그동안 양심을 속여 온 자신에서 벗어나려는 의지는 바로 이를 반영하며 나아가 '문제적 인물'의 양상을 반영하고 있다.

8. 플롯의 방법과 종류

<불바람>은 서울로 가는 기차에 오른 연진의 의식을 중심으로 과거의 사건과 현재를 연계시키는 '역순행적 구성'의 '첨가형태의 연결방법'을 사용하고 있다. 그리고 사건을 진행하는 방법으로는 '반복적 지속적 방법'을 통해 성득의 8년간의 원전 근무에 따른 육체적 정신

적 고통의 양상을 제시하고 있다.

9. 문학생태적 비평의 의의

<불바람>은 원자력 발전소 건립이후 주변 생태의 위기를 반영하고 있으며, 원전 건립의 의도가 미국의 핵정책과 독재정권의 이권에 입각해 있다는 문제제기를 통해 '위계'에 입각한 생태위기를 반영하고 있다. 이러한 사회생태론적인 면모를 보이는 이 작품은 성득의 생태의식이 고양되어 새로운 국면의 생태적 전망을 확보하고 있기도 하다. 사실적이고 실증적인 진술에 입각해 있는 원전 소재의 타 작품에 비해 연진이라는 지성적인 여성이 바라보는 원전 문제의 허상과 그녀가 겪은 불임과 유산의 문제를 동일시하는 측면이 특징적이다. 한편 원자력 발전소를 물질과 남성을 상징하는 것으로 보는 그녀의 의식을 반영해 볼 때, 위계적인 남성의 문제가 원자력의 문제와 연결되어 있어서 발생하는 생태위기의 단면을 제시하고 있다는 점에서 에코페미니즘적 생태의식을 감지하게 한다.

<생명의 노래>

1. 작가소개 : 우한용(禹漢鎔)

Ⅰ의 <불바람>을 참고.

2. 스토리

배대윤은 청운동 목장을 운영하면서 그곳에 대규모 리조트 단지 유치 계획을 실현하기 위해 노력하지만 지역 주민의 반대와 학생운동과 환경운동을 하는 아들 배이오에 의해 난항을 겪는다. 끝내 온천장은 개장하지만 골프장 건설 반대시위는 거듭되고, 자신과 아들 배이오가 괴한에게 폭행당하는 수난을 겪는다. 딸 윤정은 환경운동을 하다가 경찰의 끄나풀에게 유린당하고 급기야 마약중독자로 수감된다. 아내는 의문의 교통사고를 당하고 그린벨트해제를 반대하는 자들에게 협박을 당하기도 한다. 급기야 온천장에서 이장이 죽고 온천장 물도 더 이상 나오지 않는다는 소문이 확대되어 간다. 한편 스키장 공사와 기타 리조트 공사는 공사도중 유물이 발견되어 공사가 중단되고, 허망함을 느낀 배대윤은 면도칼로 자살을 시도한다.

배이오는 이러한 아버지의 생명을 구하고 아버지 친구이자 자신의 스승인 환경론자 허순구 교수의 충고로 청운동을 환경생태마을로 만들고 환경연구소를 발족시키려는 구체적인 대안을 허교수의 『인간과 환경』 출판기념회에서 발표한다. 그러나 그가 참여했던 안면도 핵폐기물 처리장 반대시위가 문제가 되어 배이오는 체포된다. 하지만 배이오는 눈을 부릅뜨고 눈보라를 응시하며 자신에게 생명을 구원하는 윤정과 안면도의 소녀 등을 떠올리면서 현실의 극복 의지를 보인다.

3. 담론

<목장의 아침>

◆ 청운 목장 주인 배대윤은 서설과 함께 신년을 맞는다. 힘든 유년시절을 보내고, 지금의 목장을 이룬 그는 목장에 딸린 식구들에게 임금이나 먹는 것 일체를 후하게 하는 것을 원칙으로 하고 있다. 그가 이곳에 처음 목장을 만든다고 했을 때 주변으로부터 비웃음을 샀지만 영동고속도로 인터체인지가 생기면서 주변은 급속도로 발전했다. 또한 그가 발견한 온천수는 그를 야망에 들뜨게 한다. 배대윤은 온천과 골프장을 겸한 레저타운을 생각하며 우선은 목장경영을 충실히 하면서 지역 인사들과 친분을 쌓는다.

◆ 배대윤은 자신의 야망을 목장에서 잡일을 도맡아 하는 전태웅에게 전하지만 그를 완전히 신뢰할 수 없다고 생각한다. 전태웅 역시 돈과 여자로 자신의 환심을 사려는 배대윤이 못마땅하다. 그러던 중 저수지에 여자 시체가 발견되고 윤주사가 아들 등록금을 지원받은 고마움으로 배대윤에게 해가 될까 우려하여 시체를 다시 물에 가라앉혀 버린 사건이 터진다. 전태웅은 차분히 시체에 대한 처리와 저수지로 무단 방류되는 축사의 오물처리에 대해 신경을 써야 한다는 조언을 하지만 배대윤은 이를 무시한다.

<잡새들의 타령>

◆ 저수지에서 시체가 나왔다는 소식과 함께 아들 배이오가 출감하

던 날 음식을 잘못 먹어 식중독으로 입원했다는 전화를 받은 배대윤은 아들에 대한 걱정과 노여움으로 아들의 지도교수이자 고향친구인 허순구 교수에게 아들의 사정을 묻는다. 허순구는 배이오의 출감날을 떠올린다. 염기성과 성기호 등과 함께 전주집으로 가서 생굴과 해산물을 먹고 배이오가 복통을 일으킨 일과 자신도 심한 복통을 겪은 일을 떠 올린다. 전주집은 배이오와 같은 운동권들의 대모로 학생들의 부족한 학비를 지원하는 의협심이 강한 여인이다. 그녀는 대학 4년짜리 아들과 남편이 농약을 치다 급사한 아픔을 지니고 있다.

◆ 허순구는 배대윤과의 악연을 떠올린다. 자유당 정권시절 고향마을에서 양조장을 운영하던 배대윤이 도의원에 출마한 일과 마을의 솔밭에서 모래를 불법 채취하여 일본에 팔아 돈을 챙겨 간 사실, 이를 알고 고발했으나 솔밭주인과 이미 말이 통한 배대윤에게 오히려 무고죄로 역고소 당한 사실, 이 일로 인해 마을 사람들로부터 오해를 받게 된 일, 그리고 마을을 떠나 서울에 와서 대학원에 진학한 일이 파노라마처럼 스친다. 한편 그 아들 배이오가 학문의 세계를 버리고 현실의 문제를 위해 연구실 밖으로 뛰어 나가고, 미문화원 방화사건으로 검거된 일을 떠올리면서 허순구는 『인간과 환경』을 집필하기 시작한다.

<은빛깔로 내리는 저주>

◆ 배대윤은 익사체로 고민하고 전태웅과 윤주사의 입단속을 시키면서 그것을 은폐할 것인가를 고민한다. 한편 전주댁은 딸로부터 손주가 안질이 심하게 걸렸으니 내려와 달라는 부탁을 받고 전주로 향하기 위해 도착한 고속버스터미널에서 성기호와 염기성을 만난다. 배이오 일행에게 준 굴이 안산공단의 폐수로 오염된 것은 아닌가 의심하면서 석화양식을 금지해야 하는 것은 아닌가 생각한다. 전주에 도착한 그녀는 아폴로 눈병인 듯 심각한 손주를 보고 병원에 입원시키지만 의사도 병명을 알지 못한다고 하자 불길한 예감을 느낀다. 딸에게

직장을 강요하는 사위를 야속해 하며, 좀 더 있어달라는 딸의 부탁을 뒤로하고 그녀는 안산으로 향한다.

◆ 배이오는 전산옥의 간호를 받다가 퇴원하게 된다. 배대윤에게 안부전화를 했지만, 배대윤은 냉랭하기만 하고, 배이오는 당황한다. 반면 허교수는 산성눈을 조사하기 위해 당장 만나야 한다고 재촉하고 만난 자리에서 탁치수라는 5년 선배를 소개받는다. 배이오는 그의 산성비와 산성눈의 피해의 심각성에 대한 논문을 읽게 된다. 산성비가 소나무를 말라 죽이고 있으며 겨울에도 피부병을 유행시키고 있다는 것이다. 허교수와 이에 대해 의견을 나누던 중 배이오는 환경 문제는 실천이 중요하다고 주장하지만, 허교수는 환경의 문제는 자연의 논리로 풀어야 하는 것이라 반박한다.

◆ 산성비에 대한 논문을 준비하던 배이오는 전산옥에게 졸업의 의미를 되새기면서 선진국의 환경에 대한 공생의식을 이야기 한다.

<보랏빛 영혼의 계절>

◆ 청수장의 진애를 청운목장 기사 장운혁이 구타한 사건과 진애의 여동생이 3개월 전 언니를 보러 간다며 집을 나간 후 돌아오지 않는다는 소식이 동시에 전해진다. 배대윤은 익사체가 진애의 여동생임을 직감하고 진마담에게 진애를 내보내라 지시한다.

◆ 배이오는 산옥의 졸업식에서 동기생 양유덕과 그의 동생 양유경을 만난다. 서슴없는 그들의 행동에 어색함을 느끼면서도 그들 남매의 초대에 응해 청평 별장으로 가게 된다. 그곳에서 산옥과 비교되는 세련된 유경에게 마음이 끌리지만 산옥과 깊은 관계를 맺는다. 서울로 돌아온 후 배이오는 허교수의 논문준비로 바쁜 날을 보내던 중 산옥으로부터 임신소식을 듣고 당황한다. 허교수는 '지구의 날' 준비로 정신이 없고 허교수의 논문을 교정하면서 배이오는 환경오염과 간암이 유사하다고 생각한다. 한편 염기성과 성기호는 배이오가 산옥을 단번에 책임지려 하지 않고 망설이는 것에 대해 질타하고 이에

대해 심한 다툼 후, 자취방을 나온 배이오는 동생 윤정을 만난다. 윤정으로부터 집으로 돌아오라는 충고와 함께 이상한 여자의 전화를 받았다는 이야기를 듣고 산옥을 떠올린다.

<거꾸로 자라는 나무들>

◆ 허교수의 원고를 넘긴 배이오는 환경교육연구회 회원들을 만나 환경과 이데올로기, 환경에 대한 인식과 종교의 문제에 대해 이야기를 나누며 소일한다. 그리고 산옥의 뱃속의 생명체가 자신의 신념보다 소중하다고 생각하기에 이른다. 아버지와 타협하고 청운동에 들어가고 산옥을 집에서 쉬게 해야 한다고 결심한다. 산옥을 찾아 그녀의 회사로 갔지만 그녀는 조퇴하고 아이를 지우러 간 직후였다. 배이오는 그녀의 친구가 일한다는 산부인과로 가서 그녀를 끌고 나와 설득하던 중 검문에 걸려 헤어진다. 결국 양유경에게 그녀의 봉천동 자취집 주소를 알아내 산옥을 설득하지만 배이오는 양유경에 대한 그녀의 직감을 알고는 놀란다.

◆ 오랜 고민 끝에 산옥을 집에 소개하고 어머니께 허락을 받은 배이오는 아버지의 허락을 위해 고분고분해 지기로 한다. 오월 어린이날 배대윤이 등촌동 집에 오고, 가시적인 화해를 한 후 두 부자는 청운동으로 향한다. 청운동 저수지의 오염 상태가 배이오에게는 거부감으로 다가오던 중 전태웅을 만난다. 배이오는 전태웅을 보고 기절하기에 이르는 데 그것은 배이오가 미문화원 방화사건으로 검거되었을 때 악질적인 고문을 한 형사가 바로 전태웅이기 때문이다. 전태웅의 이야기로는 양심선언 후 퇴직을 했다는 것이다.

◆ 리조트 개발 현장을 방문한 후 흙탕물이 청호읍으로 흘러 한강까지 더럽힐 것이라는 생각에 배이오의 마음은 무거워진다. 청운동을 떠나 전주댁을 만나러 안산에 들른 배이오는 염기성과 성기호를 만나, 자신들이 지명수배 중이라는 소식을 접한다. 안산댁이 장사를 그만 둘 심산임을 밝히자 배이오는 청운동에 와 줄 것을 부탁한다. 그

리고 양유덕의 청평 별장에 당분간 은신해야겠다고 생각하고 양유덕의 승용차로 이동 중 매운탕 집에서 준설선 운전사들과 모래의 부당 채취가 강의 생태에 미치는 악영향에 대해 이야기 한다. 돌아서 나오자 양유덕의 자동차에 펑크가 나고, 오디오가 절단 된 것을 발견한다. 배이오는 우연히 만난 장수중과 함께 능내 준설작업 현장으로 가고 성기호와 염기성만 청평으로 들어간다.

◆ 그리고 팔당 준설공사 기공식에서 환경교육연구회가 전국 상수원 보호를 위한 시민집회를 한다는 소식을 접한다. 생명의 나무 심기 운동을 벌이는 그들의 또 다른 사업인 것이다. 그리고 다음 날 그 집회에서 허순구 교수의 팔당 호수 준설의 문제점에 대해 듣는다.

<가이아의 젖가슴>

◆ 허순구 교수의 강연이 끝나자 기자들이 독재정권과 환경문제에 대한 허교수의 견해를 물었지만 허순구는 교묘히 대답을 회피한다. 이후 공연에서 행해진 춤과 연극이 대지의 여신 '가이아'의 땅에 대한 사랑과 포용의 정신을 구현한 것이라는 허교수의 설명을 듣는다. 그리고 문득 유학을 떠난 줄 알았던 양유경을 발견한다. 그녀와 함께 팔당에 버려진다는 많은 태아의 시체와 태반에 대해 듣게 되고 유경은 자신도 버려진 아이였음을 밝힌다.

◆ 한편 성기호와 염기성은 청운동으로 향하고 배대윤에게 일자리를 얻는다. 배이오는 산옥과 함께 청운동으로 향하고 그들은 하짓날 결혼식을 올린다. 생명의 소중함과 더불어 사는 가치에 대한 주례사를 듣는다. 이때 리조트 불도저 기사가 처녀를 저수지에 넣어 버린 사건이 발생한다. 마을 사람들은 이 일로 분개한데다가 배대윤이 배이오의 결혼식에 그들을 초대하지 않은 것에 대해 불쾌해 한다.

<광상곡의 골짜기>

◆ 칠월 초순 결혼하여 청운동에 들어 온 배이오를 배대윤은 뿌듯해 한다. 염기성과 성기호, 그리고 배이오가 단단히 목장일을 돌보았고,

전산옥은 목장의 잡무를 전산화하면서 하루하루를 바쁘게 보낸다. 가두리 양식장을 맡은 배이오는 우연히 알게 된 일간지 기자를 만나게 되고 그로부터 진애 여동생의 죽음이 배대윤의 지시에 의한 살인이라는 억측을 듣는다. 아울러 이 살인사건을 보도함으로써 청운동의 리조트가 팔당 상수원을 오염시킬 것이라는 여론을 조성할 계획에 대해 듣는다.

◆ 사실 확인을 위해 청수장에 가보기로 한 배이오가 청호동행 버스 정류장에서 듣게 된 가게 주인의 이야기는 리조트 개발로 들어온 뜨내기 노동자들이 마을을 문란하게 하고, 우물과 공기의 오염으로 눈병과 설사병에 시달리고 있다는 것이다. 한편 청수장에서 진마담에게 들은 이야기는 진애의 동생 진숙이 전주에서 농약으로 쓰러진 부모님 병수발과 학업, 그리고 아르바이트로 힘들게 살던 중 괴한으로부터 폭행을 당하고 상처를 치유하기 위해 진애를 만나러 왔다가 다시 청운동 리조트 인부에게 재 폭행을 당하고 자살한 것이라는 이야기를 듣는다. 돌아오는 길에 청수호며 마을 우물이며 수질오염의 심각성을 깨달은 배이오는 염기성과 성기호, 그리고 전태웅과 축사의 배설물 처리에 대해 의논 후, 전태웅이 대관령 목장의 시설을 돌아보고 오기로 한다. 염기성과 성기호는 축산분뇨로 유기비료를 만드는 작업을 하기로 한다.

◆ 배대윤은 도지사와 군수 등을 회유하면서 리조트 사업을 확장하고자 하고, 진마담은 이 일에 깊게 연루되어 배대윤을 돕는다. 배이오는 진마담이 아버지와 깊은 관계라는 사실을 직감하고 씁쓸해 한다. 전태웅은 원주로 축산폐기물 처리 시설을 보러 가고, 배이오는 환경교육연구회 여름 연수 현장에 허순구 교수를 방문하러 간다. 그리고 허교수에게 청운동의 환경영향 평가를 다시 받게 해달라고 부탁하면서 그것이 부친을 위한 일이라는 자신의 신념을 밝힌다.

<들끓어 넘치는 바다>

◆ 배대윤은 군수와 함께 만나기로 한 자리에서 낯선 청년들에게 납

치를 당하는데 사실은 이들이 오히려 배대윤의 목숨을 구했다는 것을 알게 된다. 마을 청년들과 온천이 나온 땅을 팔고 배 아파하던 만득영감이 사람을 사서 배대윤을 해치려 했다는 것이다. 이 사실을 우연히 알게 된 양유덕이 군수와 함께 배대윤을 피신시킨 것이다. 양유덕 친구인 기자로부터 제보를 받은 양유덕의 기지로 배대윤은 무사했지만 임신 중인 산옥은 마을 청년들로부터 협박을 당한다.

◆ 사건 이후 배대윤은 직원들을 모아 놓고 상황을 설명하고 마을 사람들의 구체적인 요구에 대해 다시 논의한다. 청호지를 메워달라는 것과 마을식수를 다른 물로 대처해 달라는 요구를 설명하면서 성기호는 배대윤에게 골프장 건설에 대해 재고해 줄 것을 부탁한다. 하지만 배대윤은 이 제의를 무시하고 성기호는 이러한 대화의 단절에 대해 우려를 표명한다. 환경운동을 투쟁의 방법으로 전개하는 것 자체가 모순이라 생각하는 성기호는 마을사람들의 험악한 분위기에 심상치 않은 느낌을 감지한다.

◆ 배이오는 양유덕에게 아버지의 납치와 자신에 대한 린치가 진행되었다는 소식을 듣고, 나아가 청호동 리조트 자리가 백제주거문화의 가능성을 제시하는 항아리를 건네받고 문화재 관리국에 근무하는 백제사 전문가를 소개받는다. 그리고 현장 답사를 약속 받고 답사를 해서 사실이 판명되면 일체 사업을 중단해야 한다는 경고를 듣는다.

◆ 한편 전주댁은 전재산을 투자한 바지락 양식장에 원유가 흘러 파산하게 되자 앓아눕는다. 염기성은 전주댁과 함께 인천으로 행하고 그곳에서 원유로 뒤덮인 처참한 바다의 모습을 보게 된다. 선주들은 보험으로 보상금처리를 하면 그만이라는 태도로 일관하고, 전주댁의 조카는 오염된 바지락조개를 먹고 급사하는 일이 발생한다. 산성눈에서 놀다 피부병에 걸린 손주 녀석에 이은 조카의 죽음은 전주댁의 마음의 상처를 가중시킨다.

◆ 청운 농장은 폭염으로 돼지들이 몰사하는 일이 발생한다. 배대윤

은 과감히 죽은 돼지를 땅에 묻고, 죽은 돼지를 훔쳐가는 자들을 감시할 것을 명령한다. 자신에 대한 흑색 루머가 조심스럽기도 하지만 공연히 죽은 돼지고기를 먹고 병든 자들이 청운목장에 시비를 거는 일을 막자는 심사이다. 역시 우려했던 대로 죽은 돼지 몇 마리가 도난당하자 배대윤은 죽은 돼지에 독극물을 주사했으니 먹은 자는 검진을 받고 치료하라는 공고문을 군수 이름으로 붙인다.

◆ 전주댁은 농약을 뿌리다가 죽은 아들의 대학에 '푸른 장학금'을 대고 있었다. 그런데 바지락 양식장 사고로 돈에 여유가 없어지고 과연 자신의 장학금으로 공부한 학생들이 미래를 제대로 이끌어 갈지에 대해 회의를 갖는다. 이때 청운목장 상량기념일이 도래하고 지역인사와 배대윤의 가족이 참여하는 행사가 열린다. 하지만 배이오는 골프장 건설에 대한 확고한 반대의지를 지닌 채 골프장 부지의 쓰레기와 토양 오염의 심각성을 재확인 한다. 그리고 양유덕과 허순구 교수와 함께 온 고고학자 윤교수를 소개받고 그로부터 이곳이 선사유적지였을 가능성이 있다는 의견을 듣는다.

◆ 상량기념식은 하루 종일 계속되고 마을 사람들의 풍물놀이가 왠지 석연치 않은 배대윤은 풍물패가 죽은 넋을 위로한다며 청호지에서 머뭇거리는 것에 신경을 쓰고, 죽은 돼지를 청호지에 모두 수장한다. 이 일에 대한 비난은 마을의 식수원을 오염시켜 마을 사람들을 내몰려는 의도에서 부리는 수작이라고 확대 해석하게 되고 산옥이 죽은 돼지의 원혼이 쓰인 아이를 낳을 까봐 굿을 하고 수장을 했다는 소문이 퍼지자 당사자인 산옥은 산달이 가까워질수록 이유 없는 불안에 휩싸인다.

<나무는 관음이라>

◆ 천복 영감은 배대윤이 청운동에 들어와 하는 일마다 승승장구하고 있지만, 마을 사람들은 점점 살기 어려워지는 현실을 난감해 하고 있던 중 이장집에서 열린 대책회의에 참석한다. 마을 사람들은 어떤 방

법으로든 골프장 건설은 막아야 한다는 중지를 모은다. 배이오는 서울까지 가서 윤교수에게 문화재 발굴 차원에서 청운동을 방문해 주길 간청하고 결국 그들은 청호동에 조사팀을 이끌고 방문한다. 한편 마을 사람들 사이엔 서울의 중앙정보국이 이곳으로 이전한다는 헛소문이 돌고, 정보국이라는 말에 자연스레 골프장 반대시위가 풀린다.

◆ 윤교수는 이곳이 선사시대 주거지일 가능성이 크다면서 발굴 작업을 하는 동안 마을 노인들은 배대윤을 방문하여 직접 항의한다. 그리고 항의가 몸싸움으로 번지고 격분한 노인에 합세하여 마을 사람들이 골프장 반대시위를 벌이자 배이오는 문화재 발굴 팀의 방문과 정보국 이주 소문은 오해라는 점을 해명한다.

◆ 한편 윤교수로부터 문화재 발굴에 대한 소식을 접한 배대윤은 문화재 발굴이후로 골프장 건설을 연기하는 조건에 합의한다. 그리고 배이오에게 동생 윤정의 안부를 묻고 의문의 사내에게 봉투를 전하는 심부름을 시킨다. 그 남자로부터 이번 일은 좌시하지 않겠다는 전갈을 받고 둔촌동 집으로 향한다. 그리고 이모로부터 어머니의 교통사고 소식과 접하게 되고, 윤정이 마약사범으로 입건되었다는 소식을 듣는다. 어머니를 이모에게 맡기고 집으로 돌아온 배이오는 낮에 낯선 청년에게 배대윤이 린치를 당해 병원에 입원했다는 소식을 듣는다. 산옥은 한꺼번에 터져 버린 집안의 우환에 당황해 하면서 자신의 아이가 불구일지도 모른다는 불안감에 싸인다.

<달 밝은 하늘 밑에서>

◆ 배이오는 전주댁과 염기성 그리고 성기호의 위로를 받지만 갑자기 닥친 집안의 일들이 괴롭기만 하다. 어머니의 교통사고 소식을 배대윤에게 전하고 서울에 가자는 제의에 배대윤은 추석을 빌미로 마을 청년들이 유물발굴현장을 망칠 수 있다는 우려를 보인다. 결국 산옥과 배이오만 서울로 향하고 혼수상태에서 깨어난 어머니는 눈물짓는다. 한편 허교수도 병원에 입원해 있다는 사실을 양유덕에게 듣고

배이오는 그를 방문한다. 한강수질오염도를 조사하는 도중 낯선 젊은 이들이 채취한 물을 내놓으라는 시비를 걸고 결국 구타를 당했다는 것이다. 배이오는 양유덕에게 환경론자들이 관계공무원들에게 당하는 폭력과 환경론자들이 환경오염도를 조장한다는 극단적인 사례를 듣게 된다.

◆ 배대윤은 강의 전화를 받고 진마담에게 돈을 융통한다. 산옥이 자금을 관리하기 때문에 진마담에게 돈을 꾸어 쓰다 보니 날로 진마담의 영역이 확장되는 듯해 배대윤은 불안한 마음을 갖는다. 강은 윤정의 사건이 마약사건인 만큼 시간과 돈이 필요하다며 배대윤을 압박한다. 서울에 들른 김에 아내의 병원을 방문한 배대윤은 사경을 헤매는 아내와 허순구 교수의 입원 사실을 알고 당혹감을 느낀다.

◆ 배대윤이 청운동에 돌아오자 주민들이 또 다시 시위대를 이끌고 청운목장으로 올라오고, 배이오의 중재에 의해 그들은 대표 회의를 통한 서면작성을 약속하고 물러난다. 배대윤과 배이오는 대책을 의논하던 중 양식장 관리인 연수담의 방문을 받고, 윤정이 마약에 빠진 사연과 전태웅의 소식을 접하게 된다. 지렁이를 이용해 유기화학 비료를 만드는 방법을 취재하러 소래포구를 들락이던 윤정은 경찰계통의 끄나풀에 의해 납치되어 폭행당하고 이어 마약을 투약하는 처절한 나락에 빠졌고, 그들이 그녀를 마약중독자로 만들어 버리고 철수한 뒤 우연히 진애와 살림을 차리고 작은 선술집을 하며 살고 있던 전태웅을 만나게 되었던 것이다. 상황을 파악한 전태웅은 그녀를 자수시켜 윤정은 졸지에 마역사범이 된 것이다. 배대윤은 이러한 윤정의 소식을 듣고 자신의 삶에 대한 회한을 느끼고 자살충동을 느낀다.

<무서리는 내리고>

◆ 배이오가 괴한에게 폭행을 당해 어깨에 자상을 입고 병원에 입원하게 되고, 배대윤은 서울의 병원에서 아내를 위로한다. 그러던 중 아내의 부탁으로 절의 부지를 사둔 땅이 그린벨트 해제로 인해 개발

이 됨에 따라 피해를 입었다는 청년들로부터 협박을 받는다. 배대윤과 그의 아내는 동시에 협박을 받고 배대윤은 아내가 절의 스님과 부적절한 관계라는 청년들의 말을 듣고 아내를 의심하지만 곧 아내에 대해 연민을 느낀다. 허교수와 그린벨트의 긍정적 측면과 부정적 측면을 토의하고 위안을 받는다.

◆ 청운동으로 돌아온 배이오는 온천장에 가서 이장을 만나지만 이장은 온천장 물이 끓여 쓰는 것이 아니라며 이죽댄다. 그러나 먼저 온천장을 나온 배대윤은 성기호로부터 이장이 온천장에서 관리인과 다툰 후 죽었다는 전갈을 받는다.

◆ 한편 배이오는 어머니를 병문안하고 나오던 중 탁치수를 만나 안면도로 향한다. 탁치수는 전국 산야 수종 변경 상태를 조사하기 위해 안면도에 갔다가 핵폐기물 처리장이 안면도에 건설된다는 소식을 접하고 문제해결을 모색하고 있던 중이었다. 노병준은 안면도 토박이 농부이지만 이러한 핵폐기물 처리장의 부당성에 대해 충분히 문제의식을 지니고 있다. 그러한 그는 배이오가 핵폐기물 반대 시위장에 나타나자 거부감을 표시한다. 불온세력으로 낙인되어 있는 배이오가 이곳에 나타나는 것 자체가 이 시위의 정당성을 해친다는 것이다.

◆ 안면도는 핵폐기물 건설장 건립이 정부에 의해 강력히 추구되고 노병준은 검거되고, 투쟁위원회가 따로 결성되는 것을 뒤로 한 채 배이오는 안면도를 떠난다.

<아득한 청산>

◆ 청운동으로 돌아온 배이오는 배대윤과 환경문제에 대한 논쟁을 하고 골프장의 농약의 위해성과 배대윤의 욕망에 대해 직설적인 질타를 퍼붓는다. 상심에 빠진 배대윤은 진마담과 술자리를 갖던 중 그녀로부터 이장과 진애의 여동생을 죽이지 않았느냐는 야유를 받는다. 억울함과 청운동의 몰락으로 인한 절망으로 배대윤은 면도칼로 손목을 긋는다.

◆ 불길한 예감에 아버지를 찾은 배이오는 응급실로 그를 옮겨 생명

을 구하지만 배대윤은 말문을 닫아 버린다. 이때 허순구 교수의 『인간과 환경』의 집필이 끝난다. 허순구는 배대윤의 자살시도에 대해 위로하면서 청운동을 '생태환경시범마을'로 운영해 보자는 대안을 제시한다. 이에 대해 배대윤에게 동의를 구하자 실어증에 걸린 배대윤도 굳게 손을 잡으며 동의를 표한다. 그리고 허교수의 출판기념회가 있던 날 청운동의 생태환경마을 시범운영과 생태환경 연구소 계획에 대해 구체적인 발표를 한다. 양유경도 참석한 이 행사를 마친 후 산옥이 건강한 아들을 순산했다는 소식을 나누면서 양유경은 배이오에 대한 감정을 정리한다. 하지만 이 순간 점퍼차림의 형사는 안면도 시위에 참석한 이유로 배이오를 체포한다.

4. 초점화

<생명의 노래>는 배대윤과 배이오를 중심으로 내적화자의 시각을 견지하고 부분적으로 외적 화자로서의 서술자가 개입하는 전지적 작가 시점을 택하고 있다. 다수의 등장인물의 내면은 외적 초점화자의 시선으로 진행되지만, 배대윤의 청운목장에 대한 애착과 청운동 리조트 사업에 대한 욕망은 내적 초점화자의 시선으로 처리되고 있다. 또한 배이오의 환경문제에 대한 인식과 갈등 역시 내적 초점화의 양식을 취한다. 초점화의 국면은 '관념적 국면'에 입각해서 환경문제에 대한 입장의 차이를 부각 시키고 있지만 부분적으로 '심리적 국면'도 포착된다. 배이오와 전산옥 그리고 양유경의 삼각관계의 미묘한 심리나, 진마담과 배대윤의 타산적인 관계설정 등은 이러한 국면을 확인할 수 있다.

5. 주제의식

<생명의 노래>는 배대윤이라는 사업가가 리조트 사업을 위해 청운동의 생태환경을 파괴하고 자신의 욕망을 좇다 결국은 좌절하고

자살을 시도하지만 죽지도 못하고 실어증에 걸린 상태로 전락한다는 핵심 사건을 중심으로 그 주변의 인물들의 갈등과 애환을 담고 있다. 이를 통해 환경문제의 근원은 인간의 이기적 욕망에 있음을 제시하고 있다. 나아가 각종 오염의 양상을 총괄하여 수질, 대기, 토양 오염의 실체와 그 원인을 총체적으로 제시하고 있다. 뿐만 아니라 핵폐기물 문제와 그린벨트해제를 둘러싼 이권문제, 골프장 건설과 생태문제 등이 총망라되어 있다. 또한 환경문제의 심층에는 정부의 개발위주 정책과 위계에 의한 정책입안의 문제도 제시되어 있다. 핵폐기물 처리시설을 일방적으로 건설하는 정부의 태도와 환경문제에 대한 문제제기를 불온 세력과 연계시키려는 발상의 모순을 진지하게 성찰하고 있다.

6. 시간과 공간

<생명의 노래>는 6공화국의 골프장 건설에 대한 문제제기가 명시되어 있는 것으로 보아 1980년대 후반의 현실을 시간적 배경으로 설정하고 있다. 공간적 배경은 청운동이라고 명시되어 있지만 구체적으로 영동고속도로 부근의 청호읍을 그 대상으로 하고 있다. 80년대 후반 리조트 개발 붐에 의해 수많은 골프장과 스키장이 건설되면서 토양오염과 대기오염으로 인한 인근 농촌의 해체과정을 사실적으로 담아내고 있다.

7. 인물의 존재방식과 유형

<생명의 노래>는 자신의 욕망을 실현하기 위해 청운동의 생태를 훼손하는 배대윤은 '가짜영웅'의 모습을 하고 있고. 프라이(N. Frye)식으로 '알라존'(alazons)에 해당하며 프로프의 '악한'에 가까운 인물로 존재한다. 이에 비해 아들 배이오는 사회현실의 모순에 적극 저항하고 나아가 환경문제의 부당성에 대해 문제의식을 지니고 있는 수리

오(E. Souriau)의 '사자'형 인물로 존재하는 브레몽(Bremond)의 '행위자'이며 그레마스(A. J. Greimas) '주체'이다. 그러나 그는 아내 전산옥을 두고 양유경에게 다른 마음을 품는 비윤리적인 측면도 동시에 지니고 있다.

한편 허순구 교수는 환경론자로서 과격한 저항운동대신에 환경문제에 대해 자료와 근거를 찾고 이의 구체적인 대안을 모색하는 학자이다. 그는 일종의 '조정자'로서 가치를 추구하는 세력에 대해 그 가치의 지향점을 제시하고 가치를 훼손하는 측에게 가치의 의미를 알리고 훼손의 부당성을 설득하는 중재자의 역할을 하고 있다.

8. 플롯의 방법과 종류

<생명의 노래>는 과거의 사건을 현재의 사건의 원인으로 제시하는 '인과론적 형태의 연결방법'에 입각해 사건을 진행하고 있다. 배대윤의 청운 리조트가 완성되지 못하는 이유는 그가 청운동 사람들에게 야박하게 굴었고, 청운동 사람들의 환경문제를 도외시한 결과임에 천착하고 있다. 또한 배대윤이 진행하는 사건의 일단과 배이오가 경험하는 사건의 일단이 병치되는 '병렬적 구성'의 방법을 취하고 있으며 각자가 겪는 사건의 추이가 과거와 현재를 넘나드는 '목적론적 플롯'의 양상을 지니고 있기도 하다. 나아가 배대윤이 자신의 욕망을 위해 청운동 사람들의 생태를 훼손하고 그들의 삶을 침해하고 그 결과 리조트 건설의 중단이라는 좌절을 겪게 된다는 점에서 '징벌의 플롯'의 양상도 지니고 있다. 한편 배이오가 모순된 현실을 바로 잡으려 노력하는 과정에서 형성되는 사건의 전개는 '개선의 플롯'의 양상을 보인다.

9. 문학생태적 비평의 의의

<생명의 노래>는 배대윤의 청운동 리조트 사업의 전개과정에서

발생하는 각종 오염의 양태에 대한 문제제기와 리조트 건설이 주변 생태환경에 미치는 악영향에 대한 깊이 있는 천착을 통해 생태위기의 원인이 인간의 욕망에 기인하고 있음을 전제로 하고 있다. 이러한 점에서 이 작품은 사회생태론적 접근이 가능하다. 그러나 무엇보다 대기, 수질, 토양 오염에 대한 표층적인 문제제기와 주민의 동의가 없는 핵폐기물 처리장의 일방적인 건립이라는 문제의식이 심층에 내재해 있다. 국가권력의 위계문제를 총체적으로 다루고 있다는 점에서 심층생태론적 접근도 용이하다. 그러나 무엇보다 이 작품이 생태소설에서 차지하고 있는 위상은 생태문제와 환경문제에 대해 총체적이고 일괄적인 정리를 통해 환경문제와 생태문제가 고민할 수 있는 모든 영역을 천착하고 있다는 점에 있다.

<바다로부터의 긴 이별>

1. **작가소개 : 이남희**(李男熙)

1958년 부산에서 출생해서, 충남대학교 철학과를 졸업했다. 중앙대 예술대학원을 졸업하고 서울 선린중학교 교사를 지냈으며 1986년 『여성동아』의 장편 공모에 <저 석양빛>이 당선되어 등단했다.

장편소설로 <소설갑신정변>(<저 석양빛> 개제, 1991), <바다로부터의 긴 이별>(1991), <산 위에서 겨울을 나다>(1992), <사랑에 대한 열두 개의 물음>(1993), <음모와 사랑>(1995), <황홀>(1995), <세상의 친절>(2005) 등이 있다.

소설집으로 ≪저 석양빛≫(동아일보사, 1987), ≪지붕과 하늘≫(문예출판사, 1989), ≪개들의 시절≫(실천문학사, 1992), ≪사십세≫(1996), ≪플라스틱섹스≫(단편집, 1998)가 있으며 그 외 <수퍼마켓에서 길을 잃다>(R & D Book, 2002)와 비소설인 「자기 발견을 위한 글쓰기」 등이 있다.

현재 『우장춘평전』을 쓰기 위해 창작활동에 전념하며 작가란 직업이 나 아닌 타인의 인생에 들어가 볼 수 있어 좋다는 말하자면 작가가 천직인 인물이다. 또한 그는 쉽게 접근할 수 있는 글쓰기방법에 관한 강연도 하고 있다.

2. 스토리

초점의 주체인 이해윤은 고3을 졸업한 후 고향인 당항면을 탈출하여 인근 다른 도시의 전자공원으로 취직을 한다. 고향이 온산공단 속에 끼어 폐수와 매연 속에 공해마을이 돼버려 고장주민들이 중화학공업건설을 위한 '모르모트'로 희생이 되고 있는 것에 대한 분노 때문이며 또한 자신의 정체성을 찾기 위해서이다.

특히 해윤에게 답답함을 느끼게 하는 것은 공해대책협의에 대한 마을환경과 마을주민들의 태도이다. 어른보수층과 진보청년층의 팽팽한 의견대립, 노조결성조차도 안 되는 공장실태, 공장주의 비인간성, 주민들의 괴질발생 등이 해윤의 분노하는 마음을 더욱 억제하지 못하게 한다. 그러나 청년간사 조신형과의 만남을 통해 해윤의 의식이 깨인다. 드디어 해윤은 고향 당항의 공해현실을 정확히 파악하고 청년활동의 필요성을 자각하면서 단신으로 공단에 침입하는 테러리즘까지 생각하게 된다.

1985년 당항마을 오염사태가 실제로 신문기사화되면서 정부의 공해극심지역 주민이주계획이 발표되고 주민들은 생계대책 후 이주라는 구호로 데모가 격렬해진다. 이해윤은 괴질에 걸려 사망한 모친의 뼛가루를 고향에 뿌리면서 당국의 데모방해작전에 대한 새로운 각오를 다짐한다.

3. 담론

<바다로부터의 긴 이별>은 6장 27단락으로 구성된 장편이다. 1장 주인공 이해윤이 고향을 떠나는 것에서 시작해서 6장의 결말에서는 황폐화된 고향을 다시 찾는 순환적 구조이다. 스토리시간은 해윤의 중3 시절부터 시작하는데 반해 담론상의 시간은 고등학교를 졸업한 후 공원으로 일하는데서 시작한다. 작가가 역점을 둔 부분은 4–5장으로 4장은 1983년 당시를 배경으로 해윤이 수동적인 비자아에서 적극

적인 자아로 전환되어 테러리즘을 감행할 결심까지 하는 것과 공해대책 협의에 대한 어른 보수층과 진보청년층의 대립관계에 초점이 주어진다. 5장은 해윤이 고향을 떠난 후 1년여 동안의 공장생활에서 자신의 정체성을 확인하고 고향으로 돌아오면서 당항공단이 들어서기 전과 후의 변모된 상황에 포인트가 주어지며 공단의 피해자 가족인 송이섭의 독백식 대화를 통해 공장의 환경실태, 공장주의 비인간성, 동생 진아의 직업병, 노조결성조차도 안된 공장실태 등이 제시된다.

1장에서 6장까지 핵심적인 사건을 이야기가 지속되는 시간과 이야기자체가 지속되는 시간 사이의 관계 속에 정리해 보자.

<1**장**>

◆ 해윤은 몹쓸 땅으로 변질된 고향을 떠난다.

◆ 해윤은 공해문제에 대해 이론만을 주장하는 현학적인 무리들에게 냉소를 보였던 것을 떠올린다.

◆ 공단이 들어선 뒤로 아이들이 고열과 독감으로 비명횡사했던 일을 자주 떠올리며 해윤은 분노하는 마음을 억제하지 못한다.

<2**장**>

◆ 해윤은 중3시절부터 불기 시작한 개발의 부작용 때문에 방황했던 고3시절을 회상한다.

◆ 개발의 부작용과 관련된 일 말하자면 개발물결로 인한 마을사람들의 해체, 분열현상 그리고 사기를 치고 씨앗과 함께 사라진 해윤의 부친을 해윤은 연상한다.

◆ 당항리 앞바다에서의 기형어 발견과 짙은 곤색으로 변한 바닷물과 어촌계장 김판술의 아들 김경택의 폐수환경에 대한 무지 등을 해윤은 떠올린다.

<3**장**>

― 2장과 같이 고향에서의 회상이 계속 전개된다.

◆ 김판술을 중심으로 폐수현장 촬영을 통해 증거를 확보한다.

◆ 마을사람들이 구수회의를 통해 보상금액 산출을 위한 자료를 만든다.
◆ 주민들 자체비용으로 오염도와 피해상황추정을 수산진흥원에 조사의뢰한다.
◆ 마을협상의 실질적인 지도자가 된 김판술은 공해에 관해 공부를 한다.
◆ 협상과정에서 하영호가 브로커로 끼어들어 마을 주민들을 분열시킨다.
◆ 일부주민들은 보상비를 화투판에 날려 버린다.
◆ 주민들은 어민생계보장과 공단측의 성의 있는 협상을 요구하며 데모를 벌려 당국에 연행된다.
◆ 마을 사람들은 상모아들의 의사뇌막염증세를 발견한다.

<4**장**>

– 3장과 같이 고향에서의 사건회상이다.
◆ 청년회에 가입한 해윤은 청년간사 조신형과의 만남을 통해 의식이 깨여 현실을 정확히 파악한다.
◆ 해윤은 고향 당항의 현실을 파악하고 청년활동의 필요성을 절감하면서 지도자측과 주민들 사이의 분열과 마을 어른들의 분분한 의견의 겉돌기 협상과 어른들의 청년배제, 반목, 데모하는 청년들을 무조건 좌익으로 생각하는 등의 보수성과 그것에 대한 청년들의 체념에 가까운 무기력한 모습에 안타까움을 느낀다.
◆ 마을 사람들은 특히 여성인 해윤의 활동에 등을 돌린다.
◆ 해윤은 이런 마을 사람들의 태도에 분노가 샘솟아 칼과 화염병을 들고 단신으로라도 공단에 침입하는 테러리즘까지 생각한다.

<5**장**>

– 해윤이 고향을 떠난 후 1년이 지난 현재시점이다.
◆ 이웃마을 공장 역시 민주노조 조성건으로 내분을 겪어 탈고향의 의미를 상실한다.
◆ 시국이 완화되면서 당항공단의 오염상태의 심각성과 생태계파괴, 주민건강 우려의 기사가 표면화된다.

◆ 해윤은 모친의 공해병소식에 귀향한다.
◆ 송이섭의 독백식 대화를 통해 공장의 비인간적인 실태와 노조결성 부재인 현실에 해윤은 분노가 표출된다.
<6장>
◆ 1985년 여름의 실제기사—정부의 공해극심지역 주민이주계획과 생계대책 후 이주라는 것에 대한 주민들의 반대 움직임—가 서두에 소개된다.
◆ 괴질에 걸린 해윤 모친이 드디어 사망한다.
◆ 주민이주에 대해 마을 유지와 청년들 사이의 의견이 대립된다.
◆ 주민들은 이주대상지인 한벌지구의 부적절성을 성토하며 격렬한 데모를 벌이고 당국은 데모 방해작전을 벌린다.
◆ 해윤은 모친의 뼛가루를 고향땅에 뿌린다.

4. 초점화

본 소설은 화자초점자소설이지만 외적 초점자 이해윤이 내적 초점자로 자연스럽게 바뀌어 마을사람들의 행위, 당국의 처사 등을 보고 느끼고 연상하는 것이므로 인물초점자형식이란 느낌이 지배적이다.

5. 주제의식

<바다로부터의 긴 이별>은 작가 이남희가 1985년 비철금속단지인 온산에서 발병한 온산병에 관한 보고서 『우리들 아이만은 살려주이소』란 책을 읽고 충격을 받아 환경오염의 심각성을 온산을 무대로 쓴 것이다. 작가는 공해문제의 부각을 정치 경제, 환경윤리, 도덕과의 관계에서 형상화시켰다.

거시적인 측면에서 작가의 주제의식을 세 가지로 요약할 수 있다.

첫째, '따라잡기식, 밀어붙이기식 개발'의 부작용에 대한 비판이다. 특히 제3 세계에 대한 포스트식민적 경제적 착취와 군사테크놀로지에 의한 경제개발 추구의 딜레마에 예리한 메스를 가한다.

둘째, 경제개발로 인한 주민공동체적 삶의 와해와 보상문제 및 이주문제에 대한 보수 대 진보의 반목이 극심하게 나타난다.

셋째, 초점의 주체인 이해윤의 환경정의운동에서의 적극적인 의식전환이나 괴질로 죽어가면서도 아이들만이라도 살려야 된다고 외치는 해윤 모친의 모성의식을 클로즈업시킨다.

6. 시간과 공간

사회적, 경제적, 역사적 배경이 두드러지는 소설이다. 이 소설은 사회적, 역사적 배경이 확연히 드러난다. 1974년 4월 건설부가 온산을 산업기지개발 지역으로 고지하면서 중화학 중금속공장과 화학제품공장 등의 공간조성이 시작됨과 함께 발생하기 시작한 온산공업단지 일대주민의 온산공해병사건과 온산주민의 집단이주가 배경이 된 실화소설이다.

울산–온산지역은 대표적인 환경 오염지역으로서 본 텍스트에서는 실제로 온산에서 오염피해가 가장 심하게 나타난 온산면 16개리의 마을 중 당월면을 당항면으로 개명하였으며 정당한 이주보상 투쟁주민운동이 벌어진 당시 1978–1986년까지 4기에 걸친 투쟁운동의 실질적 지도자인 어촌계장 이석준은 소설에서 김판술로 개명했음을 확인할 수 있다. 그 당시의 사실을 충실하게 재현하기 위해 관련 자료를 탐색한 작가의 노력을 감지할 수 있을 만큼 소설의 배경이 확연히 드러난다.

또한 이 소설은 밀어붙이기식, 마구잡이식 경재개발의 부작용이 배경이 되고 있다. 토지투기, 고향의 도박판으로의 변화, 폐허화된 어촌, 외지인으로 인해 고향이 우범지대로 변하고 실향민의 부메랑행위가 극심하게 나타나는 것 등이 주요 배경이 된다.

7. 인물의 존재방식과 유형

<바다로부터의 긴 이별>은 자료에 의거한 다큐멘터리 스타일의 소설이므로 다큐가 지니는 특성인 사실적 혹은 지시적 명제와의 관련에서 미학성보다 교시성에 우선한다. 본 소설은 행위의 플로트이므로 인물설정은 기능적인 면에서 도식적이 될 수밖에 없다. 프로타고니스트는 선한 인물이고 앤태고니스트는 적대적인 인물이란 이분법이 뚜렷하게 명시되고 또한 프로타고니스트를 돕는 조력자가 매개적 인물로 등장한다.

본 작품에서 프로타고니스트 이해윤은 청년회 간사 말하자면 조력자인 조신형의 도움으로 의식이 깨여 고향문제에 적극 대처하는 인물로 변화하는 발전적 인물이라고 볼 수 있다. 김판술회장은 온산주민운동의 대표자인 실제인물 이석준의 모델로 독선적이며 평판적이다. 그의 비민주적인 운영방법으로 인해 주민들이 더욱 분열되는 결과를 초래한다. 앤태고니스트는 당국으로 기능상 악한의 역할로서의 적대자이다. 프로프(V. Propp)식으로 언급하면 가짜영웅이다. 마을주민들은 동적인 인물들로 순수했던 인물들이 보상금 때문에 가산을 탕진하거나 투기로 부메랑이 돼버린다. 또한 당국의 비현실적이고 비윤리적인 대책에 점점 격렬해져서 주민들 사이의 분열과 반복 등 고향의 황폐화와 더불어 성격 역시 거칠게 변모한다.

<바다로부터의 긴 이별>은 장편소설이므로 외적 초점화의 화자초점자의 이야기하기가 주조를 이루고 파노라마식 직접적 제시방법으로 등장인물을 분석하거나 설명, 요약한다.

8. 플롯의 방법과 종류

<바다로부터의 긴 이별>은 6장 27단락으로 1장에서 주인공 이해윤이 고향 당항면을 탈출해서 인근의 다른 도시의 전자공원으로 취업하는 것을 시작으로 6장에서는 황폐화된 고향을 다시 찾는 순환적 구조이다. 이 소설의 핵심부분은 2장부터 4장까지로 회상을 통해 전

개되며 장편소설이지만 비교적 주인공 이해윤을 초점주체로 한 단순 구성이라 볼 수 있다.

또한 본 장편은 주인공이 처음에 고난을 겪다가 종말에 행복해지는 상승적 구성도 아니고 그렇다고 비극적 종말을 맞는 하강적 구성이라고도 볼 수 없다. 주로 3, 4장이 갈등의 장으로 요약과 생략의 가속적 속도로 소급제시를 통해 전개됨이 본 장편의 주조를 이루고 있다.

9. 문학생태적 비평의 의의

본 텍스트는 특히 에코페미니즘과의 접맥을 시도할 수 있다. 에코페미니즘은 1980년대 초에 시작하여 1990년대에 소개되기 시작한 비평담론이다. 본 작품은 여주인공 이해윤의 깨여진 의식 속에서 여성신학, 신화학, 환경윤리, 환경철학, 심층생태학 등의 다양한 여러 이론의 결합을 감지할 수 있다. 페미니즘의 한계성을 극복할 대안으로서 이해윤의 에코페미니즘적 가능성을 타진해 볼 수가 있다.

<해벽>

1. **작가소개 : 이문구**(李文求)

1941년 4월 12일 충청남도 보령에서 태어나 그곳에서 자랐으며, 6·25전쟁으로 아버지와 형들을 잃고, 이어 어머니가 세상을 떠나 15세 때 가장이 되었다. 1959년 중학교 졸업 후 상경해 막노동과 행상으로 생계를 유지했다. 1961년 서라벌예술대학 문예창작과에 입학해 김동리(金東里), 서정주(徐廷柱) 등에게 수학했다. 단편소설 <다갈라 불망비>(1963)와 <백결>(1966)이 김동리에 의해 『현대문학』에 추천되어 등단했다. 작품활동 외에도 자유실천문인협의회 간사(1974—1984), 민족문학작가회의 이사(1987—1988), 민족문학작가회의 이사장(1999—2001)을 역임하는 등 한국문학의 발전을 위해 사회활동에도 활발히 참여했다. 이후 한국소설가협회 편집위원장, 한국문인협회 이사, 한국소설가협회 이사, 국제펜클럽 한국본부 이사, 경기대학교 문예창작학과 대우교수 등을 지냈다.

우리말 특유의 가락을 잘 살려낸 유장한 문장으로 작가 자신이 경험한 농촌과 농민의 문제를 작품화함으로써, 소설의 주제와 문체까지도 농민의 어투에 근접한 사실적인 작품세계를 펼쳐 보여 농민소설의 새로운 장을 개척한 작가로 평가된다. 농촌을 소재로 한 대표적인 연작소설 <관촌수필>은 1950—1970년대 산업화시기의 농촌을 묘사함으로써 잃어버린 고향에 대한 그리움을 현재의 황폐한 삶에 대비시켜 강하게 환기시켜 주는 작품이고, 새마을운동 이후 변모된 농민의 모습을 생생하게 묘사한 또 다른 연작소설 <우리동네>는 산업화 과정에서 농민들이 겪는 소외와 갈등을 가감 없이 보여줌으로써 일종의 농촌문제보고서와 같은 작품으로 평가된다.

주요작품으로 <이 풍진 세상을>(1972), <해벽>(1974), <엉겅퀴 잎새>(1977), <관촌수필>(1977), <으악새 우는 사연>(1978), <우리동네>(1981), <다가오는 소리>(1991), <유자소전>(1993), <내 몸은 너무 오래 서 있거나 걸어왔다>(2000)와 장편소설 <장한몽>(1972), <산너머 남촌>(1990), <매월당 김시습>(1992) 등이 있다. 그리고 산문집 ≪아들 사랑 이야기≫(1977), ≪지금은 꽃이 아니어도 좋아라≫(1979), ≪소리나는 쪽으로 돌아보다≫(1993), ≪글밭을 일구는 사람들≫(1994), ≪나는 남에게 누구인가≫(1997), ≪줄반장 출신의 줄서기≫(2000) 등이 있다. 주요문학상으로 한국일보문학상(1972), 한국문학작가상(1978), 요산문학상(1990), 펜문학상(1991), 서라벌문학상(1992), 만해문학상(1993), 동인문학상(2000) 등을 수상했다.

2. 스토리

평범한 어촌 마을 사포곶은 조합장 조등만의 노력으로 수산고등학교가 새로 건립될 정도로 풍요로운 마을을 이루고자 하는 노력이 번성한 곳이었다. 그런데 급작스런 폭우로 조등만의 배인 '해조호'가 유실되자 조등만은 경제적인 위기를 맞는다. 한편 숭산에 미군부대가 유치된다는 소문에 조등만은 마을의 풍기가 문란해 질 것을 염려하여 반대하지만 조합장을 탐내던 오갑성이 미군부대 유치가 가져오게 될 경제적 이익에 대해 설파하자 마을 인심은 조등만에게 등을 돌린다. 조합장에서 물러난 조등만은 울분의 날을 보내고 마을 숭산에 미군부대가 들어온다. 그러나 생각만큼 마을의 풍요가 보장되는 것은 아니었다.

오히려 젊은 처녀들이 양공주가 되어 미군의 노리개로 전락하고 황영감의 며느리가 윤간을 당하는 사건이 발생한다. 나아가 이를 따지던 황영감이 집단폭행을 당해 사망하고 며느리 역시 자살하는 불상사가 터진다. 게다가 포구의 물길이 마르고 급기야 폐항 조치가 내려지면서 마을은 간척사업의 대상이 된다.

그러자 다시 마을 사람들은 간척한 땅을 갖게 될 것이라는 기대에 부풀지만 결국 땅은 몇몇 사람들의 이권에 돌아가고 마을 사람들은 빈손이 된다. 조등만은 이러한 현실을 개탄하다가 스스로 극복해야 한다는 의지를 지닌다. 그래서 그는 제방 넘어 갯벌에 어살을 메기로 결심한다. 그가 솔선하여 개펄을 개척하자 그와 생각을 같이하는 마을 사람들이 동조하기 시작한다. 조등만은 굴을 양식하면서 굴이 자라면 고동이 자라고 고동이 자라면 물고기가 돌아 올 것이라고 믿으면서 자연의 섭리와 무한한 생명력에 기대를 걸면서 풍요로운 미래를 확신한다.

3. 담론

◆ 조등만은 어업 조합장으로 사포곶의 발전을 위해 수산학교의 설립을 계획하고, 마을 사람들의 불만을 인지하고서도 '출어세'를 징수하여 구설수에 오른다. 조등만의 사포곶에 대한 애착은 자신의 선산을 팔아, '사포곶수산고등학교' 설립을 이루는 성공으로 이어진다. 그러나 급작스런 폭풍우로 자신의 배인 '해조호'를 유실한다.

◆ 한편 사포곶의 몰락을 예견이라도 하듯 마을의 숭산에 미군부대가 유치되면서 기지 정비 작업이라는 명분으로 유입된 미군문화의 퇴폐적 수용이 마을의 윤리와 풍속을 해치기기 시작한다. 급기야 수

산학교는 폐교의 위기를 맞게 되고 이러저러한 책임을 지고 조등만은 어업조합장에서 물러나게 된다. 그것은 조합장을 탐내던 오갑성이 미군부대 유치 이후 있게 될 외화획득과 관광개발사업에 대한 지론을 펴자 마을 여론이 이에 지배되었기 때문이다.

◆ 이후 사포곶은 점점 피폐해 지는데 그 징후는 뱃길이 토사로 인해 그 기능을 다하지 못하게 되면서부터 나타난다. 또한 미군 미사일부대의 유치로 심각한 화물 검사와 몸수색으로 화물 처리 물량이 현저하게 줄게 된다. 게다가 마을의 황승태 영감의 며느리인 재식의 처가 미군에게 윤간을 당하고, 이에 격분한 황영감이 미군에게 항의하다 집단 폭행을 당한 후 숨지고, 며느리 역시 자살을 하는 사건이 벌어진다.

◆ 이러한 사포곶의 해체과정은 마을의 생태위기를 반영이라도 하듯 마을 하천의 고갈로 이어진다. 급기야 폐항 조처가 정부로부터 나오자 '폐항 조처에 대한 대책'회의가 소집되고 사포곶을 지키려던 조등만은 또다시 패배를 맛보게 된다. 그리고 정부의 의도대로 사포곶은 육지로 간척될 준비를 하게 된다. 이른바 '유휴지개발에 의한 근대화작업'이란 명분으로 간척공사가 시작된다. 바다는 넓고 그 주인은 없으니 얼마든지 땅으로 개간 할 수 있다는 생태의식을 지닌 조합장 박창식의 설득으로 얼마간의 땅이 배분될 것이라는 기대에 마을은 술렁이기 시작한다.

◆ 간척사업이 시작되면서 사포곶은 공사장 인부를 상대로 한 숙박업이 활기를 띠고 가난한 어민들이 대목을 맞게 된다. 선창은 하루가 다르게 제방으로 변해가고 농촌 근대화란 명분으로 어민들은 자신의 본분을 잊고 돈이 되는 장사를 찾아 혈안이 되어 간다. 하지만 서서히 마을 사람들이 자신들은 들러리일 뿐 진정한 이권은 몇몇 사람들에게 돌아가고 자신들은 닭 쫓던 개신세가 된 것이라는 것을 깨닫고 조등만은 이러한 사포곶의 몰락이 무능한 자신의 책임이라는 사실을

통감한다.

◆ 이에 조등만은 그들이 더 이상 이용당하지 않도록 하기 위해 해야 할 일을 고심하던 중, 제방 넘어 갯벌에 어살을 메기로 한다. 조등만이 솔선하여 개펄을 개척하자 그와 같은 생각을 하던 마을 사람들이 하나둘 그를 따르게 된다. 특히 조등만은 굴을 양식하기 시작했는데 생태의 자연스러운 질서에 의해 굴이 자라면 고동이 자라고 고동이 자라면 다른 물고기들이 돌아오고 하는 생태의 순환으로 바다는 풍요를 되찾게 될 것이라는 믿음을 갖게 된다. 어린 시절 무량사 행자에게 들었던 자연의 섭리와 무한한 생명력에 대한 일화를 되새기며 그는 풍요로운 미래에 대한 확신을 얻는다.

4. 초점화

이 작품은 전지적 작가 시점을 선택하고 있다. 서술자가 주로 조등만의 시각에 조응하여 사포곶의 몰락과정을 묘사하고 있으며, 작품의 중심사건에 해당하는 사포곶 폐항에 대한 대책 회의 장면이나 인물들의 외적 갈등은 3인칭 관찰자의 시선을 통해 간접적으로 서술하고 있다. 한편 이 작품의 중심사건은 사포곶의 폐항과 간척 사업에 대한 마을 사람들의 대응방식이다. 사포곶의 생태를 지키고 어민으로서의 자부심을 지니고 있는 조등만이 주장하는 마을의 간척 사업에 대한 문제제기에 대해 오갑성을 필두로 하는 간척 사업자들은 정부의 농어촌의 근대화 사업을 운운하며 이에 강하게 맞서는 것을 중심 사건으로 설정하고 있다. 이러한 중심사건의 서술은 서술자의 '고정초점화 전략'에 입각해 있다. 사건에 대한 내포작가이자 서술자인 조등만의 시각으로 이러한 중심사건이 서술자와 지속적인 거리를 유지하며 진행되고 있다.

한편 이러한 중심사건 아래 사포곶 수산고등학교 설립과 폐교의 과정과 마을에 미군 미사일 부대가 유치되면서 미군의 횡포에 의해

윤락당하는 마을 여자들의 모습과 마을 시내의 기갈, 사포곶 선창의 몰락을 그 보조적 사건으로 제시하고 있다. 이를 통해 마을이 근대화 되어가는 과정이 사포항의 몰락과정과 일치하는 모습을 동시에 표명하고 있다. 이러한 사건에 대한 서술자의 초점화의 국면은 '심리적 국면'(psychological fact)에 입각해 있는데 조등만이 이러한 일련의 사건에서 느끼는 인식적이고 감정적인 요소에 치중해 있기 때문이다.

5. 주제의식

이 작품의 주제는 1970년대 이후 산업화의 맥락이 농어촌으로 확대되는 과정에서 빚어진 어촌 마을의 폐항과 이로 인한 마을 사람들의 풍속과 윤리의 파괴가 가져온 생태위기의 현실과 이를 극복하고자 하는 주인공의 '전일성'에 입각한 생태의식이다. 이러한 생태의식은 이 작품의 '이념소'(ideologeme)로 볼 수 있다. 한편 개발주의자와 생태주의자의 갈등관계는 '균형적 갈등'(symmetric conflict)의 양상을 보인다.

6. 시간과 공간

<해벽>의 시간적 배경은 1970년대 농어촌 근대화 사업의 일환으로 간척사업이 활성화 되었던 시기로 급격한 산업화가 항구도시까지 위해를 가하는 현실을 반영하고 있다. 공간적 배경은 해남의 사포곶 항구로 비교적 구체적인 공간을 통해 산업화로 인한 어촌마을의 풍속교란과 피폐화된 인간의 모습을 비판하고 있다.

7. 인물의 존재방식과 유형

<해벽>은 중심인물이자 문제적 인물로서의 조등만의 생태의식과 물질만능주의에 입각한 개발지상주의자로서의 오갑성과 박창식이라는 반동인물을 중심으로 전개되고 있다. 인물제시방법은 주로 인물간

의 외적 갈등은 '회의'라는 상황을 설정하여 보여주기 방법을 취하고 내적 갈등은 말하기 방법을 선택하여 제시하고 있다.

우선 조등만은 풍성했던 바다에 대한 어린 시절의 기억을 가지고 사포곶에서 생업을 이루겠다는 의지를 지닌 인물이다. 특히 그는 마을의 생산 수단이 어업을 전문화하기 위해 수산고등학교를 설립하고, 이 과정에서 자신의 선산을 팔정도로 의지적이며 신념이 강한 인물이다. 그러나 그는 마을의 왜곡된 근대화로 인해 무기력에 빠져 자괴감을 맛보지만 그의 바다에 대한 애착과 자연의 섭리와 생명력에 대한 확신이 생태의식으로 거듭나게 된다. 궁극적으로 그는 사포곶의 재건을 위해 솔선수범하여 제방 뒤의 갯벌을 개간하는 '자유의지'를 지닌 인물이기도 하다.

다음으로 오갑성은 흑포 어업 조합장으로 사포곶의 조합장을 노리는 인물로 조등만이 오랜 세월 마을의 조합장으로 일하면서 마을의 근대화를 방해하고 있다고 믿는 인물이다. 그는 미군부대의 유치가 궁극적으로 외화획득과 마을의 관광개발로 이어질 수 있으며 이로 인한 부의 축적이 가능하다고 믿는 인물이다. 이러한 그의 의식은 부적절한 방법으로 관권과 결탁을 하게 되고 스스로 부와 권력을 얻어 내는데 성공하는 반동적인 인물이자 반생태적인 인물이다.

한편 박창식은 토련 조합장으로 오갑성과 동일한 맥락의 인물로서 사무적인 협상꾼의 자질을 타고 난 인물이다. 간척사업을 공약으로 내세운 형 박창돈을 돕기 위해 조등만과 대립하는 반동적 인물이다. 또한 간척사업에 대해 주인 없는 바다를 인간이 땅으로 개간하여 생산수단으로 사용하는 것이 왜 문제가 되는지 알지 못하는 반생태적 인물이기도 하다.

8. 플롯의 방법과 종류

<해벽>의 플롯은 단순구성을 보이고 있다. 사포곶이 위기에 처하

게 된 순간부터 사포곶이 몰락하고 이 징후를 포착한 조등만의 생태의식에 의해 사포곶의 훼손된 생명력이 재생될 가능성을 제시하는 결말에 이르기까지 시간의 흐름에 따라 일관되게 사건을 전개하고 있다. 주인공 조등만이 생태의식을 확보하고 이를 견지할 의지를 보인다는 점에서 '감탄의 플롯'(the admiration plot)의 양상을 띠고 동일한 맥락에서 '개선의 플롯'(the reform plot)의 양상을 보이고 있다.

9. 문학생태적 비평의 의의

사포곶이라는 항구가 근대화되는 과정에서 발생한 생태위기를 사회생태론적 시각으로 조망할 수 있는 작품이다. 조등만이 맡고 있는 조합장에 대한 오갑성의 욕망과 권력을 향한 박창식과 박창돈 형제의 욕망은 인간의 인간에 대한 지배의 양상을 하고 있다. 한편 이러한 인간의 이기적 욕망이 사포곶의 폐항으로 이어지는 것은 인간의 자연에 대한 지배의 양상이 전제되어 있었음을 암시하고 있는 부분이다. 주인 없는 자연으로서의 바다를 인간을 위해 무작위로 간척할 수 있다는 형제의 발상자체가 이를 반영하고 있는 것이다. 그러나 이렇듯 파괴된 생태의식은 조등만에 의해 그 회복의 조짐을 발견할 수 있다. 즉 조등만이 간척이 진행되자 방죽 너머의 갯벌을 개간하고자 하는 의지를 보이고 있는데 이는 사회생태론에서 강조하는 '전일성'에 입각한 것이다. 생태위기의 현실 앞에서 좌절하거나 절망하지 않고 이를 극복하고자 하는 의지 자체가 전일성이라고 할 수 있는데 이점이 조등만에게 확보되어 있다. 나아가 그가 꿈꾸는 풍요로운 바다는 생태의 질서에 의해 회복될 것이라고 믿고 있다. 이는 북친 식으로 말하자면 '자유자연'의 세계로 가고자 하는 그의 의지를 반영한다. 인간과 자연이 어떠한 위계에 입각하지 않고 상생하는 관계로 발전해야 한다는 것이다. 이렇듯 이작품은 사회생태론의 견지에서 조망할 수 있다는 점에 그 의의가 있다.

<불꽃바다>

1. **작가소개 : 이정창**

중앙대학교 문예창작과를 졸업했으며 1987년『동서문학』신인상을 받았다. 환경 공해 문제를 다룬 <불꽃바다>를 비롯하여 <황사 속으로 떠나가다>, <장군의 여자>, <가면의 숲> 등의 장편소설을 펴낸 바 있다. 스피드한 문체와 탁월한 감성으로 1990년대를 이끌어갈 중량감 있는 신진 작가라는 평가를 받고 있으며 출판 기획과 영상 기획에 종사했고, 현재 방송작가로도 활동하고 있다.

2. **스토리**

황포만의 오염으로 김양식장을 잃은 영기와 만득은 마을 청년을 중심으로 여진공단 이주 대책위원회를 결성하고 투쟁에 들어간다. 한편 함께 자란 친구 정해가 서울서 돌아와 이들의 운동을 방관하면서 술에 빠져 살자 만득 등은 그를 원망한다. 한편 영기는 김교수의 도움으로 여진공단이 방류하는 폐수로 인해 중금속 농도가 기준치를 상회한다는 증거 자료를 가지고 여진공단 측과 면담을 시도하지만 결과는 집단 폭행과 국가 권력을 이용한 협박으로 돌아온다. 정해는 학생운동 중 검거되어 고문을 받던 중 어머니의 임종을 보기위해 친구의 이름을 대고 풀려난 상처로 자학상태였다. 특히 그중 고위 장성의 아들이면서도 아버지의 잘못을 회개하기 위해 학생운동을 한다면서 순수한 미소를 짓던 민영이 군으로 끌려가 죽음을 당한 사실에 괴로워하던 중 사진 기자인 해인을 만나 상처를 치유하게 된다.

한편 황포만 오염 보상 문제에 대한 마을 사람들의 입장이 보상금을 올려 경제적 이익을 추구하자는 현실파와 보상금보다는 황포만을 지켜내어 삶의 터전으로 가꾸겠다는 고수파로 분열된다. 그리고 현실파였던 최선주 일가가 거액의 보상금을 받고 마을을 떠나자 시위대는 흥분하고 폭력을 행사한다. 이에 공단 측이 불도저를 동원하고 전경이 투입되자 영기는 분신을 통해 자신의 의지를 밝힌다. 그의 죽음을 남아 있는 자들은 새벽이 온다는 확신과 진실을 보도하겠다는 의지로 추모한다.

3. 담론

◆ 프롤로그 : 현실에 피폐한 상처를 입은 정해는 폭주벽으로 인해 학교 주변의 지인들이 모두 떠나고 심지어는 지도교수조차도 그가 조교를 그만두겠다는 의사를 보이자 선뜻 수렴한다. 정해는 빼어난 자연으로 유명한 고향 황포만을 찾는다.

◆ 1장 : 정해는 사랑하는 여인 채희를 떠나보내고 상실감에 젖어 황포에 도착하고 술집 백경에서 그녀와의 추억을 떠올린다. 백경의 여주인의 구성진 노래를 마지막으로 기억하며 새벽 백경을 떠나면서 바닷바람에 섞여 있는 기름 냄새가 죽음을 예고하는 것이라 느낀다.

◆ 2장 : 영기는 만득과 부푼 꿈을 가지고 시작한 김양식장이 여진공단의 설립으로 몰락의 길을 걷게 되자 여진공단 이주 투쟁을 시작한다. 공단이 들어서면서 김양식장은 물론 황포만 일대의 어장은 생명을 잃고 이로 인해 어민들은 도산하기에 이른다. 또한 공기가 급격히

나빠지고 수질오염이 심각해 진 탓에 보건소는 시름시름 앓는 사람들로 가득하다. 영기가 사랑하는 여인 재화도 이러한 공해병으로 의심되는 어지러움과 기침병을 앓고 있다.

얼마 전 공단 측에 피부병과 기침병이 공해병으로 의심된다는 공문을 보내고 국가 기관에 의뢰를 해 보았지만 전혀 무관하다는 통보를 받은지라 영기는 상심한다. 정해가 왔다는 소식을 접한 영기와 만득은 그를 찾아 백경에서 해후한다. 영기는 정해에게 공단이주 투쟁에 참여할 것을 권유하지만 정해는 무관심을 보인다.

◆ 3장 : 정해는 정선배의 편지를 받고 자신이 학생운동을 시작하게 된 계기와 정선배에게서 받은 정신적 각성을 떠올려 본다. 황포해안을 걷던 중 영기 일행이 김민혁 교수팀에 의뢰하여 공단 수질 오염도를 측정한다는 말을 듣고 무기력해진다. 그들과 헤어진 뒤 여진공단의 오염실태를 취재하고 있는 이해인을 만난다. 이별한 여인 채희와는 정반대인 해인에게 정해는 매력을 느낀다.

◆ 4장 : 영기는 김민혁 교수에게 황포만 해안의 중금속 오염도가 기준치 이상임을 확인 받는다. 또한 여진 공단에 입주해 있는 대부분의 공장이 선진국에서 기피하는 중금속 오염 산업이라는 사실과 선진국이 이러한 방식으로 오염산업을 후진국에 이양하고 있는 현실을 듣고 분개한다. 특히 일본의 공해 산업이 한국에 진출하고 있는 비윤리성에 대해 통감한다.

◆ 5장 : 정해는 매일 백경에서 술로 하루를 보내며 사르트르의 <구토>를 생각한다. 자학하는 자신에 대해 스스로 환멸을 느끼지만 채희를 잊으려고 노력할수록 그녀와의 첫 만남이 떠오른다. 시위도중 피신한 성당에서 고해성사를 하던 채희가 자신을 숨겨준 사건이 계기가 되어 시작된 첫사랑의 상처가 정해를 들쑤신다.

이때 영기와 만득이 백경으로 들어오고 만득은 자포자기의 정해를 질타한다. 영기와 만득은 여진공단의 입주로 인해 파산한 마을사람들의 황폐한 삶을 다시 이야기 한다.

◆ 6장 : 영기와 만득은 공해병으로 힘들어하는 마을 사람들을 보고 공해대책위원회 위원장인 최노인의 집으로 향한다. 마을 사람들은 이즈음에서 보상금을 받고 끝내자는 의견을 제시하는 경우가 생긴다. 강경파는 이를 막아보려 하지만 현실적으로 타협하는 것이 우선은 돈을 받을 수 있다는 생각에 혹할 수 있다는 생각을 영기는 한다. 그래서 그는 마을 청년들을 모아 놓고 공해의 개념, 공해문제의 원인과 대책에 대한 일본의 경우를 예를 들어 설명하면서 의식적 차원의 각성을 절실히 느낀다.

◆ 7장 : 정해는 후배 영애의 방문을 받고, 자신의 방황과 자학에 대해 질타 받고 떠난 채희를 더욱 그리워하게 된다. 그런데 정해의 고뇌는 어머니의 임종을 지키기 위해 지하실에서의 고문에 타협한 것에 있으며 이를 알고 있는 후배들과 선배들이 있는 학교로 돌아 갈 수 없다는 데 있다. 정해는 백경의 작은 고래에게 위안을 받지만 작은 고래 또한 딸 소영을 데리고 사는 삶의 한을 지니고 있는 여인으로 그녀는 그 한을 노래로 부른다.

◆ 8장 : 영기는 서울에 있는 공해문제연구소의 상임이사인 최박사를 찾는다. 1985년 공해 방지 대책 회의 행사에 참여한 영기는 영산호 보존회 회장 서한태 박사로부터 영산호를 지켜낸 이야기를 듣는다. 이야기의 핵심은 조직력과 계몽, 그리고 닥친 일을 그때그때 처리한다는 것이다. 이를 통해 진로공장이 반월로 옮겨 간 이후에도 지속적으로 영산호 지키기 운동을 한다는 것이다. 연설을 듣고 집으로 오는 버스에서 영기는 공해관련 서적을 읽던 중 옆자리의 남자로부터 한반도가 핵문제로부터 자유롭지 못한 현실에 처해 있음을 듣게 된다. 이른바 신식민주의의에 해당한다는 그의 주장을 타당하다고 느낀다. 정거장에서 정해를 만나 동행한 남자가 정해의 선배 정일우라는 사실을 알게 된다. 이들은 미국이 한반도를 핵전쟁의 무대로 삼고 있다

는 정일우의 열변을 듣는다.

한편 영기는 영갑씨와 함께 여진공단 관리 이사라는 권혁규를 만나 황포만의 오염에 대해 구체적인 해결방안을 제시하고 피해액을 보상한 후, 여진공단을 이주할 것을 요구한다. 권이사는 여진공단이 황포만 오염의 주범이라는 주장의 근거를 요구하면서 그들과의 대화를 거부한다. 돌아오는 길에 영기는 황포만 살리기를 위해 끝까지 투쟁할 것과 정해의 아픔의 원인을 찾아 자신의 미망을 벗어나 새로운 삶을 살 수 있게 해 주어야 한다는 다짐을 한다.

또한 마을 청년들에게 서울의 강연회에서 들은 영산호 살리기 반공해 운동의 성공사례를 이야기하며 반공해 운동이 농어촌을 중심으로 진행되어서는 안 되며 언론 등을 통해 전 국민적 여론을 조성해야 한다며 용기를 부여한다. 하지만 돌아오는 길에 형사들의 검문을 받고 경찰서로 연행된다.

◆ 9장 : 정해는 정일영을 만난 일이 꿈처럼 느껴지며 민영을 처음 만난 일을 떠올린다. 사회과학 동아리에서 정일영에게 혹독한 훈련을 받던 그는 시위현장에서 입건되고, 같은 감방에서 민영이 아버지 최장군이 독재의 핵심에 있으며 이러한 아버지에 대한 저항과 아버지의 행위에 대한 사죄로 그가 열심히 학생운동을 하고 있다는 사실을 알게 된다. 순수하고 열정적이었던 민영을 생각하며 정해는 또다시 죄책감에 빠져 황포만을 걷는다. 그 때 해인을 만나서 그녀의 전공이 서양화라는 것과 볼프강 볼헤르트의 젊음을 떠올리며 그녀에게 새로운 사랑을 느낀다.

◆ 10장 : 술에 빠져 자학의 길을 걷는 정해를 안쓰러워하면서 영기는 김교수가 전해준 법정소송사례를 읽는다. 예상대로 법정 소송의 최종 단계는 결국 보상금 지급이며 법원에서 제시하는 인과관계를 입증하는 일이 용이하지 않는데다가 막대한 소송비의 부담은 결국 원고를 패소시키는 경우가 대부분이라는 것이다. 하지만 영기는 정해의

소개로 박기자를 만나 황포만 오염의 실태를 기사화 해 줄 것을 부탁하면서 김교수가 분석해 준 중금속 오염도 자료를 제시한다. 박기자는 기사를 써 보겠다는 의지를 밝히면서 정해의 상처를 걱정한다.

◆ 11장 : 정해는 해인을 만날수록 작지만 건강하고 신념을 향해 당차게 다가서는 그녀에게 빠져들면서 밀항을 생각한다. 민영의 죽음에 대한 자책으로 자신을 아는 모든 사람들로부터 자유로운 새로운 공간으로의 이동이 간절해지자 삼촌 고목사에게 돈을 받아 부산으로 향한다. 선술집에서 우연히 정일형이 부두에서 하역 노조를 만들고 있다는 사실을 알게 되고 그를 한 번 만날 요량으로 부두를 배회하다가 근처 불량배들에게 린치를 당하고 의식을 잃는다.

◆ 12장 : 김교수는 황포 주민들을 위해 교회에서 수질오염과 대기오염에 대한 국내외의 대표적인 사례를 들고 원인과 과정을 설명하면서 성장위주의 경제 정책이 지양되어야 하고, 공해방지를 위한 정부의 투자가 필요하며, 공해문제의 전문화와 자발적인 반공해운동의 전개가 필요하다는 사실을 역설한다. 김교수는 황포만의 오염이 여진공단에 있다는 사실을 조목조목 지적하면서 영기의 투쟁에 신념을 더한다. 한편 해인은 황포만 오염 실태를 영기에게서 취재하고, 황포만에 방류하는 폐수에 관한 필름을 영기에게 넘긴다. 그러나 영기와 재화가 귀가도중 린치를 당하고 만득에 의해 구사일생 살아나지만 곧바로 경찰에 연행되어 영기는 불온세력으로 취조를 당한다. 영기가 반정부세력으로 국가권력에 도전한다는 것이다. 밤늦게 풀려 나온 영기에게 마을 청년들은 자신들이 영기의 몫을 다할 것이라 다짐을 한다.

◆ 13장 : 부두에서 하역노조를 준비하는 정일영의 신념을 보면서 정해는 또다시 자괴감에 빠진다. 민영의 죽음이 사고사인지에 대한 의문과 민영이 군대로 가서 죽게 된 것이 자신이 밀고한 덕분이라는 것과 정일영이 수감된 것도 자신에 의한 것이라는 사실을 정일영에게 고백해야 한다는 생각이 그로 하여금 정일영을 찾은 이유가 아닐

까 반문한다. 정일영은 반미정서를 토로하면서 미국이 한반도를 핵전쟁의 도구로 사용할 것이라는 우려를 표명한다.

◆ 14장 : 마을 회관 앞에 모인 주민들은 최선주와 권씨를 중심으로 보상금을 타고 마을을 떠나자는 현실파와 영갑씨를 중심으로 한 대책위원회 회원을 주축으로 하는 고수파로 나뉜다. 영갑씨는 영기가 집단폭행을 당하고 불온세력으로 몰린 사실을 성토하면서 이제 우리 스스로 무엇인가를 이루는 삶의 의미를 찾자고 주장하면서 혈서를 쓰고 여진공단을 향해 시위대를 몰고 간다. 공단 측은 당황하고 대표자와의 면담자리에서 여진공단으로 인해 어장의 피해를 입은 어민들에 대한 피해액 보상을 골자로 하는 요구사항을 전달한다. 군수와 공단대표는 상황을 모면하려 애쓰고 급기야 영갑을 따로 불러낸 공단 측에서는 영갑을 돈으로 매수하려다 망신을 당한다.

◆ 15장 : 정일영과 함께 부두에서 일을 하던 정해는 해인을 찾아가 자신의 상처를 고백한다. 어머니의 임종이라는 명분으로 자신이 변절자로서 살아온 이야기를 전부 고백하지만 해인은 이미 정해의 후배인 영애로부터 이 사실을 듣고 알고 있었다는 이야기를 한다. 해인의 위로를 통해 평정을 찾은 정해는 황포만으로 돌아오고 작은 고래는 결혼을 하여 이곳을 떠난다는 소식을 전한다.

◆ 16장 : 영기는 김교수를 찾아 가서 그가 학교로부터 퇴직을 요구받아 학교를 그만 둔 사실을 알게 되고 핵문제를 비롯한 공해문제가 사회 문제화 된 심각한 사례에 대해 듣고 돌아온다. 한편 황포만은 여진공단의 횡포에 대한 강력한 시위가 진행되고 있던 중 최선주가 거액의 보상금을 받고 마을을 떠났다는 소식이 퍼진다. 성난 시위대는 투석전을 벌이고 최루탄이 발사된다. 몇몇이 연행되고 남아 있던 영기는 구호를 외치며 다시 시위에 들어가고 불도저를 동원하는 공단 측에 대응하여 영기는 휘발유를 몸에 끼얹는다.

◆ 에필로그 : 영기를 떠나보내고 재화는 용기를 내어 황포만을 지키

기로 하고 정해는 해인에게 진실의 보도를 부탁한다. 그리고 정해는 자신을 찾기 위해 서울로 향한다. 황포바다가 되살아나리라는 희망과 신념을 견지하면서 그는 새벽이 도래하리라는 확신을 갖는다.

4. 초점화

<불꽃바다>는 영기와 정해의 내적 초점화에 의해 서술되고 있는 전지적 작가 시점을 선택하고 있다. 그중 영기의 시선을 집중적으로 차용하고 있어 영기가 겪는 반공해운동의 고뇌를 담아내고 있다. 초점화자의 국면 역시 영기의 의식을 토대로 한 '심리적 국면' 중 인지적 측면이 강하게 표출되고 있으며, 오직 반공해 투쟁이라는 일념으로 자신의 삶을 마감하고 있다는 점을 미루어 보면 '관념적 국면'도 견지하고 있다. 또한 정해 역시 '심리적 국면'을 노정하고 있으며 배신자라는 자학을 통한 감정적 국면을 구체적으로 살필 수 있다.

5. 주제의식

<불꽃바다>는 황포만의 해양오염과 대기오염의 원인이 여진공단에 있다는 사실을 인지한 마을 주민들이 공단 측에 이주를 요구하는 과정에서 겪게 되는 부당한 현실을 그 중심주제로 선택하고 있다. 공단의 위압적인 태도와 국가 권력을 동원하여 대책위원을 폭행하고 감금하며 협박하고, 심지어는 불온세력으로 매도하는 위계에 입각한 태도가 문제로 제시되어 있다. 또한 학생운동에서 배신자가 된 정해가 겪는 내적 갈등을 통해 이념이 인간의 도리를 앞설 수 없다는 사실도 문제의식으로 제기되어 있다. 한편 정일영을 통해 반영하고 있는 한반도 핵무기화 전략이라는 반미 정서의 표출도 작품의 상당부분을 차지하고 있지만 최근 한반도 비핵화라는 전 세계적인 입장을 견지해 볼 때 당시의 교조성이 만든 주제의식이라 사료된다.

6. 시간과 공간

<불꽃바다>는 반공해 선언이 있던 1980년대를 반영하고 있으며, 공간은 황포만이라는 구체적인 지명을 사용하고 있다. 이러한 구체적인 시간과 공간적 배경은 이 작품이 제시하고 있는 공단 측의 위법적인 공단 경영과 국가 권력과 결탁하여 폐수를 무단 방류한 결과의 문제를 실증적으로 제시하고 나아가 투쟁이 분신을 통해 격화되던 당대의 모순을 담아내고 있다.

7. 인물의 존재방식과 유형

<불꽃바다>는 영기라는 깨어 있는 인물이 황포만을 살리기 위해 다각적으로 노력하는 과정과 분신을 통해 이를 완성하려는 의지를 중심으로 하고 있다. 영기는 그레마스(A. J. Greimas)의 '주체'이자 브레몽(Bremond)의 '행위자'로 마을의 투쟁위원회를 선도하는 프로프(V. Propp)의 '영웅'으로 존재하고 있다. 한편 만득과 김교수 등은 이러한 영기에게 도움을 주는 '조력자'로서 황포만 살리기 운동에 활력을 주고 있다. 반면 공단의 관리 이사 권혁규는 진실을 외면하는 '적대자'로 영기를 집단폭행과 감금을 통해 억압하는 '악한'으로 존재한다. 한편 정일영은 영기와는 다른 측면으로 부두 하역노동자들의 권리를 위해 노력하는 '주체'이자 '행위자'로서 존재하고 있다. 정해는 이러한 '주체'의 삶을 살고자 했으나 좌절하여 갈등하는 존재이지만 영기의 죽음으로 새로운 '주체'로 재생할 가능성을 담지하고 있는 인물이다.

8. 플롯의 방법과 종류

<불꽃바다>는 영기가 황포만을 되살리기 위한 투쟁을 진행하는 사건과 정해가 자신의 내적 고통의 원인을 성찰하고 이를 해인에게

고백함으로써 그 고통에서 벗어나 재생의 의지를 다지는 사건이 병행되는 '병렬적 구성'을 취하고 있다. 또한 과거의 사건이 현재의 원인으로 작용하여 정해의 고통의 원인을 추정해 나가는 과정에서 '인과론적 플롯'을 발견할 수 있다. 한편 평범한 김 양식장 주인이던 영기와 만득이 황포만 오염으로 양식장을 잃자 공해에 대해 관심을 갖고 여진공단을 상대로 투쟁운동을 진행하는 선각자로 변모하는 과정을 염두에 둘 때 '교육의 플롯'이나 '성장의 플롯'이 발견된다.

9. 문학생태적 비평의 의의

<불꽃바다>는 일종의 황포만 살리기 운동보고서나 여진공단 이주투쟁위원회의 투쟁일지의 양상이 작품의 반 이상을 차지하고 있어서 문학작품으로의 형상화는 미진한 작품이다. 각 장의 시작마다 인용되어 있는 각종 보고서와 선언문들은 소설작품으로서의 자격을 상실하게 하고 있으며, 환경론자들의 연설이 3–4페이지 이상 차지하고, 소송의 판례가 그대로 인용되는 등 르포와 같은 서술방식이 환경고발 이상의 문학생태학적 성찰이 미진한 작품이다. 그러나 여진공단의 위계적인 태도에서 사회생태론적 생태위기를 발견할 수 있으며, 상처입은 정해가 여성인 작은 고래와 해인을 통해 위로를 받고 구원을 받는 다는 점에서 에코페미니즘적 생태의식의 단초를 발견할 수 있다.

<부러진 노를 저어저어>

1. 작가소개 : 이청(李淸)

1946년에 경남 울주에서 출생한 이청은 1973년 『대한일보』 신춘문예에 <정어리>가 당선되어 작품활동을 시작했다. 이후 <실향(失鄕)>을 비롯해 <톨게이트>, <일곱번째의 욕망>, <낚시꾼>, <그 작은 창(窓)밑에서>, <도봉산(道峰山)>, <그해 7월에 내리던 비> 등을 발표했다. 소설집으로 ≪회색의 봄≫(1982)과 ≪부러진 노를 저어저어≫(1982), 그리고 ≪부처님 동네≫(1987)가 있다.

2. 스토리

동해 바다 지포리를 무대로 평범했던 어촌이 공단지역으로 바뀌면서 생업인 어업을 버리고 공장근로자가 된 마을 사람들이 중금속 중독으로 인한 공해병으로 쓰러지는 현실 앞에서 어촌의 무면허 의사인 문일환은 이러한 현실을 바로잡아야 한다는 신념으로 일관한다. 그러나 막상 영남제철에서 황산동이 유출되는 사건 앞에서 마을 사람들은 보상금만 관심이 있을 뿐 지포리를 지키는 것에 대해서는 별반 의식이 없자 문일환은 실망에 빠진다. 하지만 조운표를 중심으로

한 어촌계 청년들은 문일환과 생각을 같이 하고 지포리살리기 운동에 힘을 쏟는다.

한편 주학성의 병이 공해병임을 감지한 문일환은 이를 치료하고자 서울의 동생에게 부탁하여 공해병 권위자를 찾게 한다. 그러나 이러한 문일환의 노력은 서울의 유명대학병원의 윤박사의 공명심에 의해 좌절되고 주학성 역시 치료받기 보다는 공해병을 발견한 윤박사의 실적의 한 부분을 장식하고 비참히 죽어간다. 또한 문일환이 지포리 살리기 운동에 관여하자 이를 못마땅히 여긴 이장 박성두에게 무면허 의사로 신고를 당하고, 무면허 시술이 문제가 되어 교도소에 다녀오게 된다.

지포리 살리기 운동에 매진했던 청년들은 하나둘 보상금에만 관심을 지니게 되고 마을을 떠난다. 조운표를 중심으로 몇몇 청년들과 마을 사람들이 남아서 공단이 망쳐버린 동해바다와 지포리를 살리고자 다짐하는 가운데 문일환 역시 자신의 젊은 시절을 보낸 지포리에 대한 애정과 바다에 대한 사랑으로 지포만 살리기 운동에 끝까지 매진할 것을 약속한다.

3. **담론**

◆ 1장 : 공장의 굴뚝과 유조탱크로 변해버린 지포리를 바라보면서 마을의 유일한 무면허 의사인 문일환은 폐수로 얼룩진 바다를 보며 아름다운 동해바다의 옛 모습을 떠올린다. 또한 문일환은 이곳 어촌이 해체되는 모습이 단순히 환경의 문제만이 아니라 어부였던 김천수가 공장노동자가 되어 있는 현실이라는 것을 깨닫는다. 문일환은 식중독증세를 하소연하는 김천수를 치료하고는 수질오염을 의심해 본다. 그때 젊은 이장 박성두가 은근히 문일환의 무허가 병원 개축 문제와 무면허를 빌미로 그를 억압하자 문일환은 이장에게 식수문제를 해결하라 일침을 가한다.

집으로 돌아와서 마주친 그의 현실은 오랫동안 폐결핵을 알아온 아내, 목사가 되겠노라는 아들, 그리고 군 보건소장에게 보낸 박성두의 자신을 모함하는 호소문이다. 회의와 갈등에 빠진 그에게 진료를 보러 온 윤씨가 위암인 것을 발견하게 되어 당혹감을 지니게 되고, 접촉성 피부염 환자로 보이는 주민들 7명을 진료 후 수질 오염에 대해 강한 의심을 품게 된다.

◆ 2장 : 문일환은 윤씨 마누라의 장례식을 들른 후 주학성의 두통 호소를 치료하고 돌아오는 길에 초등학교 변선생의 자살 시도를 목격하고 응급처치 하여 생명을 구한다. 그때 지말용 며느리로부터 개울에 약물이 흘러온다는 소리를 듣는다. 하지만 비철금속 제련공장이 무려 7개나 되다보니 어디서 흘러들어온 것인지 감지하기 어려움에 난항을 겪던 중, 급기야 해변에 물고기가 배를 뒤집고 떠 있는 것이 발견된다. 이에 영남제련의 폐수를 의심하고 이 사실을 확인하던 문일환은 황산동을 발견하고 공장관계자들과 마찰을 겪는다.

◆ 3장 : 영남제련의 폐수누출로 인한 연안 어업의 피해상황과 대책을 논의하기 위해 어촌 계장 조운표는 집회를 계획하던 중 이장 박성두가 어촌 계원만을 소집한다는 소문을 듣고 분개한다. 영남제련의 보상금을 어촌 계원이 비계원 보다 더 많은 보상을 받아야 한다는 이장의 논리에 반대하기 때문이다. 한편 이장 박성두는 영남제련 쪽에 적당히 타협하여 상당한 금품을 수혜 받은 상황에서 문일환 및 어촌 계장과 대립할 수밖에 없는 처지에 이른다. 그러나 정작 마을 사람들은 37만 5천 원이든 18만 7천 5백 원이든 당장이라도 돈을 받는 것이 중요하다 믿게 되면서 지포만 살리기 운동에서 멀어진다.

◆ 4장 : 주학성의 왕진요청에 따라 서포리로 가던 중 펄프공장의 여성근로자를 보면서 중금속으로 오염된 썩은 바다를 연상한다. 주학성의 두통이 중금속 오염으로 인한 심각한 공해병으로 판단한 문일환은 서울의 큰 병원으로 이들을 데려가기로 결심한다. 한편 마을에 보

상금이 나오자 술집마다 빈자리가 없을 정도로 흥청거리기 시작한다. 문일환은 국가의 안이한 공해대책은 보상금에 길들여진 주민들에 의해 야기되는 문제라는 조운표의 말에 동감한다.

◆ 5장 : 문일환은 자신의 병원이 철거되는 것을 뒤로한 채 주학성 부부를 데리고 서울에 있는 동생집으로 상경한다. 그리고 동생의 소개로 대학부속병원의 신경외과 윤한식 박사와 만나게 된다. 공해병 전문가로 불린다는 그는 환자의 상태에 대한 염려보다는 자신의 임상경험과 업적을 위해 주학성을 만난다. 한편 김윤근 기자를 만나게 된 문일환은 주학성의 상태가 중금속오염이 원인이 된 공해병일 가능성이 있다는 사실을 시사하자 며칠 후 신문에 크게 보도된다. 보도의 내용은 윤한식 박사의 검사 결과 주학성은 보통사람보다 동을 네 배나 더 함유하고 있음을 발견했다는 것으로 윤박사의 공명심을 충족시키는 기사였다. 문일환은 중금속 중독을 입증하기는 했지만 그 원인을 규명할 수 없어 지포만 살리기는 어려운 현실임을 자각하고 술로 외로움을 달랜다.

◆ 6장 : 무면허 불법 시술로 교도소를 다녀온 문일환에게 변선생은 가족으로 다가오고 주학성은 치료가 불가능한 상태로 악화된 채 윤박사로부터 유기되었다는 사실에 직면한다. 아이들을 동생에게 맡기고 지포리로 내려온 문일환은 지포리 살리기 운동을 포기하지 않고 있는 조운표가 마을 이장이 되어 있는 것을 알게 된다. 이를 본 문일환은 병중인 아내와 아이들을 떠올리며 자신도 지포리 살리기 운동에 끝까지 동참할 것을 다짐한다.

4. 초점화

이 작품은 6장으로 구성되어 있으며 부분적으로 차이는 있으나 대체로 문일환을 초점화자로 하는 전지적 작가시점을 취하고 있다. 이는 '고정초점화' 방식에 입각한 것으로 문일환이 지포리에서 발생하는 공해병을 의심하고 물증을 잡아 영남 제련의 황산동 유출 사건의 확증을 잡고 신념을 다해 공장 측과 대립하는 장면과 지포리가 철거될 위기에 있음에도 불구하고 지포리 살리기 운동에 투신할 것을 결심하는 장면은 '심리적 국면'에 해당한다. 한편 문일환에 대한 서술자의 평가와 작중 인물에 대한 부분적인 서술자의 평가는 '관념적 국면'의 노정으로 보인다.

5. 주제의식

<부러진 노를 저어저어>는 1970년대 중화학 공업단지 조성사업에 힘입어 해양에 건립된 각종 화학 공장과 제련소에서 방출한 중금속 폐기물로 인한 해양 오염과 그 지역 주민들의 공해병의 문제를 골격으로 하고 있다. 나아가 이러한 문제의 원인을 지나친 성장위주의 산업화정책에 둠으로써 생태위기의 원인을 국가로 간주하는 '이념소'에 입각해 있다.

또한 오염문제를 빌미로 보상금이나 타보려는 지역 주민들의 근시안적 태도에 대한 문제 제기와 이러한 심리를 이용하여 임시방편으로 파괴된 생태문제를 해결하려는 기업과 자신의 이익을 앞세우는 가식적인 정치인에 대한 비판을 동시에 하고 있다.

6. 시간과 공간

이 작품은 1970년대 중화학 공업단지 조성 이후 발생하는 해양 오염의 문제와 어촌 해체의 과정, 그리고 이로 인한 공해병의 문제를 다루고 있다. 구체적인 지명이 동해안 지포리로 설정되어 있고, 해양 오염의 원인으로 영남 제련을 지목하고 있다는 점에서 사실적이고 실증적인 서사를 가능하게 하고 있다.

7. 인물의 존재방식과 유형

이 작품의 인물들은 기존의 리얼리즘적 소설의 '전형적' 인물이자 '문제적' 인물로서 문일환과 그를 방해하는 반동인물로서 박성두가 작품 전반에 기본 골격을 형성하고 있다. 이러한 인물의 형상화 방식은 주로 보여주기의 방식에 입각해 있고, 초점화자인 문일환의 의식을 통해 말하기 방식이 표현되기도 한다. 한편 보조적 인물로서 변희정은 문일환의 애인으로 문일환에게 인간적인 애정과 신뢰를 가하는 그레마스(A. J. Greimas)의 '조력자'로 작용하고 있으며, 어촌 계장 조운표는 지포리 재건에 앞장서는 의지적인 인물로 '주체자'의 역할을 보이고 있다. 또한 윤한식 박사는 환자를 임상 실적의 수단으로 보는 비정한 자로 자기과시적인 인물로서 프로프(V. Propp)의 '가짜 영웅'의 모습을 하고 있다.

8. 플롯의 방법과 종류

이 작품은 6장으로 구성되어 있으나 지포리 해양의 오염 사건에 대해서는 인과관계에 입각한 순차적 구성방식을 취하고 있어서 단순 구성으로 볼 수 있다. 시간의 역전이 보이거나 초점화자의 변화가 포착되지 않는 점으로 볼 때 '연속적 플롯'(consecutive plot)의 모습을 반영하고 있다. 그러나 문일환이 변희정과 사랑을 진행시키는 과정이 다른 한편에서 연계되고 있는데 이는 일종의 불륜의 모습을 하고 있어서 '환멸의 플롯'(the disillusionment plot)의 양상을 다소 보이고 있다.

9. 문학생태적 비평의 의의

<부러진 노를 저어저어>는 성장 위주의 정책에 입각하여 무조건 중화학 공업단지를 조성하고 이로 인한 주변 생태파괴와 거주민의 생태위기를 도외시하는 국가 권력에 대한 비판을 그 저변에 두고 있

다. 이는 '위계'의 문제가 개인에게 결국 공해병이라는 천형을 얻게 하는 부정적인 상태를 노정함으로써 사회생태론적 견지가 반영되어 있음을 발견할 수 있다.

<기계도시>

1. 작가소개 : 조세희(趙世熙)

1942년 8월 20일 경기도 가평군에서 태어난 조세희는 1963년 서라벌예술대학 문예창작과를 졸업한 이후 1965년 경희대학교 국문과를 졸업했다. 1965년 『경향신문』 신춘문예에 소설 <돛대 없는 장선(葬船)>이 당선되어 문단에 등단하였다. 등단한 것은 1960년대 중반의 일이지만, 문단의 각광을 받기 시작한 것은 1975년 '난장이' 연작의 첫 작품인 <칼날>을 발표하면서부터이다. 1976년 '난장이' 연작 <뫼비우스의 띠>, <우주공간>, <난장이가 쏘아올린 작은 공> 등을 발표하였으며, 1977년 역시 '난장이' 연작 <육교 위에서>, <궤도회전>, <은강 노동가족의 생계비>, <잘못은 신에게도 있다> 등을 발표했다.

1978년에 <클라인씨의 병>, <내 그물로 오는 가시고기>, <에필로그>를 이전의 '난장이' 연작과 함께 묶어 ≪난장이가 쏘아올린 작은 공≫이라는 작품집을 출간하여, 문학적 성취와 상업적 성공을 함께 이룬 문제작으로 주목받았다.

그 밖의 작품으로는 <오늘 쓰러진 네모>(1979), <긴 팽이모

자>(1979), <503호 남자의 희망공장>(1979), <시간여행>(1983), <하얀 저고리>(1990)를 비롯하여, 소설집으로 ≪난장이가 쏘아올린 작은 공≫(1978), ≪시간여행≫과 사진산문집 ≪침묵의 뿌리≫(1986), 희곡 <문은 하나>(1966)가 있다.

1979년 '난장이' 연작으로 제13회 동인문학상을 수상했다. 대표작 <난장이가 쏘아 올린 작은 공>을 통하여 1970년대 한국사회의 최대 과제였던 빈부와 노사의 대립을 극적으로 제시하고 연작 형식으로 소설 양식의 확대를 가능하게 하면서 이야기 형식의 긴장과 이완을 동시에 추구하였다.

2. 스토리

삼수생인 윤호는 부족한 것 없이 유복하게 생활하지만 은강시에서 살고 있는 난장이 아들과 딸에 대해 항상 죄의식을 느낀다. 은강의 수질오염과 대기오염의 주범인 은강 공단에서 일하는 그들의 열악한 노동환경과 생활환경을 알았기 때문이다. 그리고 이러한 현실의 문제가 윤호의 아버지와 같이 폐수를 마구 방류하는 악덕 기업주에게 책임이 있는 것이라 생각하고 이를 여자 친구인 은희와 함께 고민한다.

한편 은희의 아버지는 고위 정치가이지만 은희는 윤호의 생각이 옳다고 판단하면서 윤호를 미래의 사회운동가로 존경한다. 한편 정상적인 노조를 만드는 것이 꿈인 난장이 큰 아들의 의지가 경영주의 압박과 방해공작으로 좌절되자 은강그룹 경영주를 살해하려는 분노로 바뀌게 된다. 윤호는 이를 저지하면서 어떤 단체이든 이를 만들어 난장이 아들과 딸처럼 억압받는 노동현실의 모순을 극복하리라는 다짐을 한다.

3. 담론

◆ 30년만의 더위 앞에서도 윤호는 냉방기 덕으로 폭염을 느끼지 못

하지만 은강시에서 땀을 흘릴 난장이 아들과 딸이 걱정이 된다. 윤호는 이상한 냄새가 나는 은강시를 3P로 인식한다. poverty와 population 그리고 pollution로 연상되는 은강시는 난장이의 죽음과 함께 어둠으로 기억된다. 여자 친구 은희의 아버지는 고위 관리이지만 은희는 난장이들이 사는 검은 기계의 도시를 생각하고 걱정한다. 은희는 윤호를 단순한 삼수생이 아닌 장래의 노동운동가나 사회운동가로 본다.

◆ 버려진 도시 은강은 썩은 바다로 괴어 있고 주변의 생물체는 죽은 지 오래이다. 게다가 은강의 바람은 공장지대의 오염된 공기를 그대로 육지로 가져와 은강 주변의 사람들의 호흡장애를 일으킨다. 악취와 대혼잡이 질서를 무너뜨리고 은강 사람들은 자신들이 생물학적 악조건에서 살고 있다는 사실을 깨닫는다.

◆ 윤호의 아버지는 십만여 톤의 폐수를 바다로 흘려보내는 비양심적인 기업가이다. 턱없이 부족한 근로감독관은 이러한 사실을 방기한다. 난장이의 큰 아들은 노동자 교회 사람들이 공원을 상대로 한 조사 자료를 통해 적은 수의 좌절과 반항 그리고 소외의식을 느낀다. 윤호는 난장이의 큰아들로부터 은강자동차의 노조가 사용자를 위해 일한다는 소식과 난장이의 딸이 일하는 은강방직의 부당해고와 난장이 작은 아들이 은강전기에서 체험한 어용노조 가입강요에 대해 듣고 자신이 해야 할 일을 깨닫는다.

◆ 난장이 큰아들의 꿈은 정상적인 노조를 만드는 것이고 이것이 어렵다고 느끼자 그는 윤호의 옆집에 사는 경영주를 살해할 계획을 세운다. 하지만 윤호는 이러한 극단적인 방법보다는 단체를 만들어야 한다는 것에 사명감을 느끼고 이를 실천하리라 다짐한다.

4. **초점화**

<기계도시>는 내적 초점화자 윤호에 의해 서술되는 전지적 작가 시점을 취하고 있다. 부분적으로 난장이의 큰아들과 은희의 내적 초

점화가 나타나기는 하지만 전체적으로 윤호의 시각이 강하게 노정되어 있는 '고정초점화'의 방법을 사용하고 있다. 모순된 현실을 바라보는 윤호의 시선이 만나는 초점화의 국면은 모순된 현실을 감지하는 윤호의 '심리적 국면'과 이에 대한 도덕적 책임을 느끼고 극복하려는 '관념적 국면'을 동시에 발견할 수 있다. 또한 난장이 큰아들이 감지하고 있는 노동현실의 모순에 대한 분노 역시 '심리적 국면'을 노정하고 있다.

5. 주제의식

<기계도시>는 공단 주변의 대기오염과 수질오염의 문제와 노동현실의 모순을 동시에 주제의식으로 제시하고 있다. 기업주의 비양심적인 폐수 방류와 공단 매연의 유출은 공단지역에 주거하는 노동자의 생명을 위협하고 이것이 생태 파괴로 이어지는 모습을 문제로 제기하고 있다. 나아가 이러한 기업주의 횡포가 노동자의 건강한 삶에 대한 권리를 침해하고 건전한 노조의 활동을 제약하고 있는 현실의 모순을 반영하고 있다. 또한 도덕적인 양심을 지닌 윤호는 경영주를 살해할 계획을 하는 난장이 큰아들의 극단적인 행동을 제어하고 새로운 단체를 만들어 이 모순을 극복하려는 긍정적인 전망을 제시하고 있다.

그러나 이러한 주제의식이 적절한 사건과 인물들의 성격에 의해 제시되는 것이 아니라 서술자의 문제 제기와 신념의 표명에 그친다는 한계를 노정하고 있다.

6. 시간과 공간

<기계도시>는 1970년대 산업화가 급속도로 진행되는 시대를 배경으로 은강시 주변의 은강공단을 공간적 배경으로 설정하고 있다. 은강이 '서울서 멀지 않은 서해 반도부에 위치해' 있다는 진술로 볼

때, 인천을 그 배경으로 하고 있으며, 실제로 인천의 남동공단 주변부의 해양오염과 대기오염의 현실을 반영하고 있다.

7. 인물의 존재방식과 유형

<기계도시>는 '입체적 인물'의 양상을 보이는 윤호와 난장이 큰 아들이 중심인물로 설정되어 있고, 은희가 '보조적 인물'로 기능하고 있다. 윤호와 난장이는 각각 현실의 모순을 깨닫고 이를 극복하려는 실천의지를 견지하고 있다는 점에서 '문제적 인물'의 양상을 견지하고 있기도 하다. 특히 윤호는 브레몽(Bremond)의 '행위자'로서 '변경자'의 기능을 수행하고 있다. 난장이의 큰 아들역시 '행위자'로 기능하지만 주변에 영향을 주는 '영향자'의 성격을 보이고 있다.

한편 윤호의 아버지는 비양심적인 기업인으로 프로프(V. Propp)의 '악한'의 성격으로 존재하고 있으며 '반동인물'적인 성향을 보인다. 또한 '행위자'로서의 '적대자' 역할로 존재하고 있다.

8. 플롯의 방법과 종류

<기계도시>는 일정한 목적을 제시하고 이를 향해 가는 '목적론적 플롯'(teleogenic plot)의 방법으로 노동현실의 모순과 생태위기의 양상을 제시하고 있다. 또한 윤호의 의식이 변화해 가는 과정을 '계승적인 방법'에 입각해 서술하고 있으며 윤호와 난장이 큰아들의 의식의 변화가 '사상의 플롯'에 입각해 있음을 반영하고 있다. 한편 그 신념의 방향이 긍정적인 윤호의 경우에 초점을 두면 '교육의 플롯'의 양상을 기본으로 하고 있다. 그러나 난장이 큰아들의 시선을 염두에 둔다면 살인이라는 극단적인 해결책을 모색하고 있다는 점에서 '환멸의 플롯'을 취하고 있다.

9. 문학생태적 비평의 의의

<기계도시>는 노동문제와 환경문제에서 파생하는 생태위기를 동시에 다루고 있다. '위계'에 의한 인간에 대한 지배는 노동환경의 모순을 배태하고 나아가 노동자의 건강한 삶을 훼손한다. 또한 훼손된 노동자의 상처는 파괴된 생태환경의 문제와 동일시되어 인간에 대한 지배가 자연에 대한 지배로 이어진다는 사회생태론의 견지를 확인할 수 있다. 그러나 소재적 차원에만 머무를 뿐 한 문제의식이 인물과 사건의 영향 속에서 유기적인 관계를 형성하고 있지 못한 한계를 보인다.

<잘못은 신에게도 있다>

1. **작가소개 : 조세희**(趙世熙)

Ⅰ의 <기계도시>를 참고.

2. **스토리**

'나'의 아버지는 열심히 일하고도 인간다운 생활을 할 권리를 착취하는 현실의 벽 앞에서 좌절하고 벽돌공장에서 투신한다. '나'는 아버지가 꿈꾸던 누구나 일할 수 있고, 정당한 대가를 받고 이웃을 사랑하는 평등한 세상은 강력한 법에 의한 제재가 아니라 교육에 의해 가능하다고 생각한다. 또한 영국의 산업혁명당시의 노동자에 대한 착취의 현실과 은강 노동자의 삶을 비교하면서 은강 노동자에게 사랑이 지배하는 사회를 만들고 싶다는 생각을 하게 된다.

한편 은강 공업 지역이 저기압권에 들면서 유독가스로 지상의 대기는 호흡이 어려울 만큼 오염되고, 이로 인해 어머니는 구토, 기침, 호흡장애를 일으킨다. 또한 작업현장의 열악한 조건으로 영희는 청력장애가 발생한다. 어느 날 알루미늄 전국 제조공장의 열처리 탱크가 폭발하여 다수의 공원이 희생되고 그의 가족들이 자살하는 사건을 접하면서 '나'는 은강에서 일하는 노동자들의 의식을 변혁시키고 싶은 욕망이 가중된다. 이를 위해 노동자 교회에 다니면서 '나'는 목사님의 도움으로 노동운동에 필요한 지식을 습득하게 된다.

그리고 지부장인 영이에게 노사의 경제적인 이익관계와 산업평화를 위해 사용자 측에 요구해야 할 사항을 지도한다. 노사회의가 있던 날 영이는 사용자의 무례한 회의진행에 제동을 걸고 단식투쟁에 들어간다. '나'는 이러한 영이를 보면서 스스로 난장이임을 시인했던 아버지를 이해하게 되고 아버지가 꿈 꾼 세상의 의미를 깨닫게 된다. 아울러 신조차 잘못을 저지르고 있는 현실의 모순을 극복하리라는 다짐을 한다.

3. 담론

◆ 단순한 세상을 동경하던 '나'는 아버지의 세상을 전적으로 이해하지 못한다. 아버지는 열심히 일하고도 인간다운 생활을 할 권리를 착취하는 현실의 벽을 허물지 못하고 벽돌공장에서 투신했다. '나'는 아버지가 꿈꾸는 누구나 일할 수 있고, 정당한 대가를 받고 이웃을 사랑하는 평등한 세상은 강력한 법에 의한 제재가 아니라 교육에 의해 가능하다고 생각한다.

◆ 아버지처럼 사랑에 기반을 두고 살아가지만 은강시는 '나'가 꿈꾸던 이상사회하고는 거리가 있음을 확인한다. 은강 주변을 흐르는 폐수와 폐유가 만들어 내는 악취와 공장의 무리한 노동의 강요는 노동자를 피폐하게 만든다.

◆ 영국의 산업혁명당시의 노동자에 대한 착취의 현실과 비교하며 은강의 노동자의 삶에 사랑이 지배하는 사회를 만들고 싶다는 갈망이 '나'를 강하게 지배한다. 은강 공업 지역이 저기압권에 들게 되면 유독가스로 지상의 대기는 호흡이 어려울 만큼 오염되고, 이로 인해 어머니는 구토, 기침, 호흡장애를 일으킨다. 또한 작업 현장의 열악한

조건으로 영희는 청력에 장애가 발생한다.

◆ 어느 날 알루미늄 전국 제조공장의 열처리 탱크가 폭발하여 다수의 공원이 희생되고 그의 가족들이 자살을 하는 사건을 접하면서 '나'는 은강에서 일하는 노동자들의 의식을 변혁시키고 싶은 욕망이 가중된다. 이를 위해 '나'는 노동자 교회에 나가고 목사의 도움으로 노동운동에 필요한 지식을 충전하게 된다. 그리고 새로운 지부장인 영이에게 노사의 경제적인 이익과 산업평화를 위해 사용자 측에 요구해야 할 사항을 차분히 지도한다.

◆ 노사 회의가 있는 현장에서 영이는 사용자 측의 무례한 회의 진행에 대한 지적을 통해 노동자의 권리를 확인 시키고, '옷핀'으로 상징되는 생산 부장이하의 노동착취와 인권 말살에 대한 현실을 비판하면서 요구조건인 임금인상과 상여금 지급에 대해 정확한 의사를 전달한다. 이때 좌중에서 이를 경청하던 '나'는 어린 시절 '나'가 아버지를 난장이라 놀리는 아이의 집 유리창을 깨뜨린 사건과 이로 인해 아버지로부터 외출정지를 당했던 사건을 떠올리며 스스로 '난장이'임을 시인한 아버지의 내면을 이해한다.

◆ 은강 전체가 저기압권에 들어 숨도 쉬기 어려운 밤, 영이의 단식과 투쟁이 언제 종식될지 알 수 없는 현실 앞에서 '나'는 아버지가 그린 세상의 의미를 되새긴다. 지나친 부의 축적은 사랑의 상실이라 여겨 부를 축적한 자에게서 기본권을 빼앗는 법을 만들어야 한다는 아버지의 생각에 동조하게 된다. 결국 '나'는 자신의 생각을 수정하고 반성하면서 신조차 잘못을 저지르고 있는 현실을 확인한다.

4. 초점화

<잘못은 신에게도 있다>의 시점은 전반부는 일인칭 주인공 '나'를 중심으로 주로 나의 내면 독백에 의지하는 일인칭 주인공 시점을 취하고 있으며, 말하기 중심의 직접 제시 방법을 사용하고 있다. 중

반부에 가서는 노사 회의 장면을 희곡처럼 처리하여 3인칭 관찰자 시점을 보이고 있으며 보여주기 방법에 입각한 간접 제시의 방법이 사용되고 있다. 마지막에 다시 일인칭 주인공 시점으로 마무리하여 내적 독백을 직접 서술하고 있다. 이러한 초점화의 방식은 '가변초점화'의 방식으로 내포 작가의 시선의 변화를 전제로 하고 있다. 한편 초점화의 국면은 노동쟁의의 과정을 통해 사용자의 모순을 반영하고 이로 인한 생태파괴의 양상을 제시하는 '관념적 국면'(the ideological fact)이라고 볼 수 있다.

5. 주제의식

은강 공단의 환경오염과 이로 인한 생태위기, 그리고 열악한 노동환경 비판을 중심주제로 하고 있어서 생태의식과 노동문제 해결이라는 두 가지의 '이념소'를 내포하고 있다. 한편 일방적인 권위를 지니고 있는 사용자와 그렇지 못한 노동자의 갈등은 '균형파괴적 갈등'(asymmetric conflict)을 보이고 있어서 노동문제와 생태문제의 연관을 더욱 가시화하고 있다.

6. 시간과 공간

<잘못은 신에게도 있다>의 시간적 배경은 구체적인 시간의 배경은 확인되지 않으나 1970년대 노동문제의 모순과 일치하는 모습을 고려할 때 이 시기로 추정할 수 있다. 한편 공간적 배경은 은강 공업단지로 설정되어 있는데 이는 해양주변의 공업단지를 배경으로 대기오염의 문제를 다루고 있는 것으로 추정된다.

7. 인물의 존재방식과 유형

<잘못은 신에게도 있다>는 중심인물인 '나'의 시선으로 은강 공

업 단지의 생태파괴의 현실과 노동문제를 말하기의 방식을 중심으로 서술하고 있다. 한편 노사 회의의 장면은 사용자의 발화와 노동자의 발화를 나누어 객관적으로 보여주기에 입각해 서술하고 있다.

'나'는 중심인물이자 문제적 인물의 양상을 취하고 있다. 또한 은강 주변의 생태적 모순을 인식하고 노동자들이 자신의 권리를 찾고 인간다운 생활을 할 수 있는 의식의 개진을 이루기 위해 노력하는 인물이다. 나아가 사랑을 상실한 현실의 모순은 단순히 이기적인 인간 개인의 문제라기보다 이러한 현실을 방기한 신에게도 문제가 있다는 것을 지적하는 작가의식을 반영하고 있는 인물이기도 하다.

아버지는 보조적 인물로서 '나'의 의식 개진의 토대가 되는 인물이다. 따뜻한 성품을 소유하였으며, 누구나 인간다운 삶을 살 수 있는 공동체를 꿈꾸는 이상적 인물이자 객관적 이성을 소유하고 있는 현실적 인물이기도 하다. 아들이 친구집 창문을 깨뜨린 이유가 자신을 난장이로 놀렸다는 데 있다는 사실을 알고도 오히려 자신은 난장이인 것이 틀림이 없으므로 창문을 깬 아들의 행위가 더 잘못 되었다고 판단하는 냉정함도 소유하고 있다.

한편 영이는 보조적 인물로서 순수하고 깔끔한 외모를 지니고 있으나, 모순된 노동현장에 대해 문제의식을 지니고 있는 인물이다. 지부장인 그녀는 '나'에게 노사 협의의 태도와 노동 쟁의의 방법을 지도받고, 실제 회의에서 당당하게 노동자의 권리를 찾고, 협상의 부당함을 지적하는 깨어 있는 인물이다.

8. 플롯의 방법과 종류

<잘못은 신에게도 있다>는 은강 공업 단지의 노동 착취와 폐수와 폐유로 인한 환경파괴의 현실과 사용자의 이익에 의해 무제한 착취만 강요당하는 노동자의 모습을 제시하면서 아버지를 난장이로 두고 있는 일가족의 삶의 가난과 고통을 동시에 병행하고 있는 복합구성의

방식을 취하고 있다. 플롯의 유형은 중심인물 '나'가 은강 공단 주변의 생태위기를 감지하고 극복하려 하지만 사용자 측의 권위에 의해 이의 극복이 어렵다는 사실을 깨닫고 '신의 잘못'을 운운하는 마지막 장면을 고려해 볼 때 '환멸의 플롯'(disillusionment plot)에 가깝다.

9. 문학생태적 비평의 의의

인간의 이기심과 욕망이 자연을 지배하고 또 다른 인간을 지배 한다는 북친의 주장을 적절하게 적용해 볼 수 있는 생태소설이다. 이른바 사회생태론적 시각을 견지하고 있는 작품으로 산업화가 이루어낸 공단이 하천과 대기를 오염하고 동일한 방식으로 인간의 인간성을 억압하고 착취하는 현실의 모순을 동시에 형상화하고 있는 작품이다.

<클라인씨의 병>

1. **작가 : 조세희**(趙世熙)

I 의 <기계도시>를 참고.

2. **스토리**

연작 소설 <난장이가 쏘아올린 작은 공>의 열 번째 이야기인 <클라인씨의 병>은 프롤로그 격인 첫 번째 이야기인 <뫼비우스의 띠>와 맞물려 전체 이야기의 역설적 상황을 상징적으로 제시해준다. 세계의 모든 일들이 표면적으로 모순 속에 있는 것처럼 보이더라도 결국은 일정한 법칙에 의해 작동하고 있다는 사실을 암시하는 것이 <클라인씨의 병>의 이야기 속에서 드러난다.

은강공업지대의 노동자인 '나'는 노동자교회 목사의 교육프로그램을 통해 사회 구조의 모순과 실체에 대해 눈을 뜨기 시작한다. 역사와 경제를 비롯한 각종 학습을 통해 지적 깨달음에 이르기 시작한 '나'는 노동조합을 결성하고 임금인상과 해직자 복직 등의 성과를 얻어낸다. 하지만 '나'는 난장이 아버지의 비극적인 죽음을 상기시키며 현실에 안주할 것을 요구하는 어머니와 대립하게 된다. 그럼에도 불구하고 사람답게 살기 위해서 어쩔 수 없는 선택이라며 '나'는 노동운동에 매진한다.

행복동 시절 알게 된 지섭이 꽤 유명한 노동운동가로 나타나 '나'에게 노동운동의 본질과 현장에서의 행동이 최우선임을 강조한다. '나'는 지섭의 격려와 자극에 노동운동에 더욱 더 매진하게 되고, 과학자가 보여준 클라인씨의 병이 지닌 숨은 의미에 대해 고민한다. 그리고 '안과 밖의 구분이 없는' 클라인씨의 병이 곧 노동현장의 실체와 다르지 않음을 깨닫고 현장으로 돌아가 행동할 것을 다짐한다.

3. 담론

◆ 은강시의 공업지대에 사는 '나'(영수)는 '은강에는 장님이 많다'는 사실을 떠올리다 애꾸눈 노인을 알고 있는 어머니의 이야기를 떠올린다. 어머니는 조합일로 인해 문제가 생길 '나'를 걱정한다. '나'는 사람답게 살기 위해서 조합일과 학습을 한다고 말한다.

◆ '나'는 노동자 교회 목사가 마련한 여섯 달 짜리 교육프로그램에 참가해 산업 사회의 구조와 인간 사회 조직, 노동 운동의 역사, 노사간의 당면 문제, 노동 관계법 등을 배웠다. 정치・경제・역사・신학・기술에 대해서도 배웠다. 모두 열네 명이 매주 토요일 오후에 모여 일요일 저녁까지 숙식을 함께하며 배웠다. 은강의 각종 공장에서 온 가난한 집안의 아들딸들은 눈물 젖은 밥을 먹어보았다는 한 가지 공통점만으로도 가까워졌다.

◆ 목사는 대량 생산 체제를 갖춘 공장에서의 비인간적 생활의 문제점과 과거 어른들이 경험 부족으로 인해 희생만 강요당했음을 알려준다. 그에게서 교육받은 여섯 명은 조합을 만드는 데 성공한다.

◆ 목사와의 교류를 통해 '나'는 비로소 역사, 사회, 경제 등의 영역에서 자행되어 온 계급적 질서의 확고부동한 논리들을 배우게 되고, 자신이 처한 현실이 역사의 그 어느 지점에도 없었던 새로운

환경이라는 사실을 깨닫게 된다. '노동자의 손해'가 곧 '경영주의 이익'이라는 단순한 논리는 '부의 증가'가 곧 '저임금 노동자 수의 증가'와 비례해왔다는 사실을 깨닫게 했다. '나'는 자신의 삶이 그러한 보이지 않는 권력의 위계화, 질서화에 의해 유지되어 왔음을 파악한다.

◆ 은강대학 부설 노동문제연구원에 나가게 된 '나'에게 어느날 노동운동의 탁월한 인물로 소문난 지섭이 찾아온다. '나'의 가족은 지섭과 함께 행복동 시절을 추억한다. 영희는 난장이 아버지가 부끄러워 밤에만 업혀 나갔었다. 난장이 아버지는 '나'에게 죽음을 이야기했다. '나'는 행복동 시절 아버지와의 일들을 떠올리고, 당시 만났던 지섭에 대해 다시 한 번 기억을 더듬는다.

◆ 지섭은 '나'에게 사용자의 블랙리스트에 오른 연유를 묻는다. '나'는 임금인상과 해고자 복직 등을 이행했음을 알려준다. 지섭은 '나'의 행동이 가져온 성과들을 이야기하고, '나'는 그것을 칭찬으로 받아들인다. 지섭은 '나'에게 현장을 지키는 일을 해야 한다고 강조한다.

◆ 지섭은 교회에 모인 은강 노동자들에게 강연을 하고 떠난다. 과학자는 지섭이 다녀간 이후 '나'의 변화를 읽고 클라인씨의 병에 대해 이야기해준다. 클라인씨의 병은 안팎이 없는데 닫힌 공간이 있는 기이한 형상을 하고 있다. '나'는 실체를 무시하고 상상의 세계에서만 그 존재가 가능한 클라인씨의 병에 대해 생각한다.

◆ 은강에 겨울이 오고 '나'는 봄에 있을 대의원과 지부장 선거를 준비한다. 어머니는 아들이 잡혀가는 나쁜 꿈을 꾸었다고 말한다. 겨울 내내 사회의 모순에 대해 고민하던 '나'는 추위가 풀리던 어느 날 과학자를 찾아가 클라인씨의 병에 담긴 참뜻을 이해했다고 말한다.

4. 초점화

<클라인씨의 병>은 초점화 주체 '나'를 통해 은강에서의 노동운동

의 현주소와 '나'의 각성 과정을 제시하고 있다. '나'는 목사의 교육프로그램을 통해 스스로 인식하는 방법을 배웠으며 사회 전체에 만연한 모순들을 학습하게 된다. 그리고 초점화 대상 중 하나인 지섭을 통해 자신이 현재 무엇을 해야 하는가를 나시금 확인하게 된다. 이처럼 1인칭 주인공 시점인 '나'의 노동운동을 통해 사회 개혁의 가능성을 발견하고, 현실 구조의 실체를 확인해가는 과정을 그리고 있다.

초점화 대상 중 어머니는 '나'에게 아버지의 비극과 현실의 실체를 이야기하며 순응할 것을 요구하는 시선으로 자리하며, 지섭은 '나'의 각성과 행동을 촉구하는 역할을 담당하고 있다.

5. 주제의식

<클라인씨의 병>은 전체 연작에서 기저를 이루는 공단 주변의 대기오염과 수질오염에 대한 천착보다 노동현실의 개혁을 위한 영수의 각성 과정을 그리고 있다. 화자인 '나'는 클라인씨의 병의 원리를 파악함으로써 역사와 현실에 내재한 모순의 변증법을 확인하고, 안과 밖의 경계가 사라진 치열한 대립의 현장에서 보다 치열하게 행동해야 함을 깨닫게 된다. '나'의 이러한 인식 변화는 이후 긍정적인 방향으로 나아갈 단초를 마련하는 의미를 지니고 있다.

6. 시간과 공간

은강이라는 공간은 영수와 영호, 영희, 즉 난장이의 아들딸들이 '값싼 기계' 취급을 받으며 하루하루를 연명해가는 '난장이'로 상징되는 '못 가진' 계층의 거주공간이자 삶의 터전이다. 굴뚝에서 피어오르는 검은 연기와 바다 위에 떠 있는 검은 찌꺼기처럼 희망이라고는 찾아 볼 수 없는 공간으로 1970년대 산업화가 진행되던 사회를 배경으로 하고 있다.

바로 그 은강 지역의 각종 공장에서 일하는 노동자들의 삶을 그리고, 동시에 노동조합의 생성과 투쟁과정을 드러내면서 산업화 시대의 암울한 상황을 담아내고 있다.

7. 인물의 존재방식과 유형

초점화자인 '나'는 목사의 교육을 통해 각성하고 과학자의 도움을 통해 인식의 폭을 넓히며, 지섭의 격려와 자극을 계기로 보다 더 행동적으로 나아가는 등 조력자들의 도움을 받아 성장해가는 담즙질 기질을 지닌 인물이다. 지섭과 목사, 과학자는 '나'의 자각과 성장을 위해 등장하는 조력자들로 때로는 직접적으로 때로는 우회적으로 현실 인식의 방법과 실체를 '나'에게 알려준다.

8. 플롯의 방법과 종류

<클라인씨의 병>은 화자인 '내'가 학습과 노동현장의 경험, 그리고 조합을 통한 실천으로 성장해가는 과정을 사상의 플롯 중 교육의 플롯에 입각해 그리고 있다. 조력자들의 도움으로 인해 내적인 자각과 성숙을 이루고 있기 때문에 인물의 플롯 중 성장의 플롯 유형으로 볼 수도 있다.

9. 문학생태적 비평의 의의

탈출구를 찾지 못하던 인물이 '안이 밖이고 밖이 곧 안'인 '클라인씨의 병'을 통해 노동현장 바깥에서의 활동을 청산하고 노동 현장의 중심으로 다시 돌아가는 것을 통해 <클라인씨의 병>은 인식의 변화를 촉구한다. 새로운 중심의 정립이 이전의 보편성을 해체하는 것은 물론 인류 전체가 진정한 사회로 나아갈 수 있는 길이라고 작가의식을 확인할 수 있다. 결국 노동문제에서 보편적 질서라고 불리는 '위계'에 의한 인간이 인간을 지배하는 양상의 모순을 드러내고 있는 것이다. 인간에 대한 지배가 곧 자연의 지배로 이어진다는 측면에서 사회생태론적 위기의식과 인식의 발현이라 할 수 있다.

<겨울꽃>

1. 작가소개 : 정도상(鄭道相)

1960년 1월 3일생으로 경남 함양군 마천면에서 출생했으며 전북대 독문과를 졸업했다.

1987년 창비 신작소설집에 <십오방이야기>를 발표하여 등단했다. 이어서 1987년 소설집 ≪천만개의 봄빛으로 타올라라≫를 발표했다. 1988년 <친구는 멀리 갔어도>에 이어 1989년에는 <나는 이렇게 죽었다>를 발표했다. 2003년에 장편소설 <누망>으로 제17회 단재문학상을 받았다. 평론으로 「나는 이렇게 쓴다」(1989)와, 「소설창작에서 완료까지」(1989)가 있다.

정도상은 운동권소설가로 1966년 7세 때 부친이 사망, 그 이후 전북 남원시에서 살다가 1971년 서울로 이사, 1981년 삼수 끝에 전북대 독문학과에 입학했으나 바로 군에 입대했다. 군 시절에 인류학자 레비 스트로스와 롤랑 바르트의 저서를 탐독했다. 1984년에 복학, 민중문화운동패 동아리 말뚝이를 만들었고 1986년 평화의 댐 건설 반대 시위 사건으로 구속, 제적되었다.

정도상의 최초의 소설은 1987년 전주교도소에 수감 중에 쓴 <십

오방이야기>로 이 작품은 1980년의 광주민주화운동을 제재로 한 단편소설이다. 1987년 6월 항쟁으로 정도상은 사면 복권되었다.

정도상은 다작 작가로 1990년 창작집 ≪아메리카드림≫, 장편 <열아홉의 절망 끝에 부르는 하나의 노래>, 1991년 장편 <그대여 다시 만날 때까지>, 1992년 <그리고 내일이 있다>, 중편 <해뜨는 집>을 발표하였다. 이어서 1994년 창작집 ≪시간의 상처≫, 장편 <날지 않으면 길을 잃는다>, 1995년 장편 <열애>, <길 없는 산>, 2004년 연작소설 <실상사>가 출간되고 제주도 4·3사건을 소재로 한 창작동화 <붉은 유채꽃>과 <종이학> 등이 있다.

2. 스토리

계마리 마을 주민들은 마을에 원자핵 발전소가 들어 온 이후에 핵으로 인한 피해를 많이 겪는다. 전체 220세대 중 120세대만 잔존하고 나머지 세대는 뿔뿔이 흩어진 상태이다. 당국은 국가기밀이란 미명하에 모든 것을 은폐하고 일부주민은 당국의 회유 아래 눈앞의 이익만 바라보고 급전까지 빌려 식당, 여인숙을 짓는 등의 작태를 벌린다.

원자발전소의 핵폐기물 처리 일용직 잡부인 민혁은 첫 애가 피폭켈로이드병을 앓고 있고 둘째 아이 역시 기형아로 사산하나 먹고 사는 문제 때문에 마을 사람들의 반핵생존 투쟁위원회에 협조를 못한다. 또한 김성일은 당국과 싸우기 위해 핵에 대한 공부를 본격적으로 시작, 마을주민 형택, 해성, 경수 등과 같이 반핵생존 투쟁위원회를 발족시킨다. 그러나 당국은 주민들의 결성을 불순분자들의 행위라고 생각하며 반미주의자란 이름으로 위원회를 조사하며 주민들을 이간시킨다.

결국 마을사람들은 핵발전소설치 이전의 마을에 대한 간절한 그리움과 땅을 빼앗긴 농민의 입장에서 마치 혼을 탈취당한 듯한 억울함과 후회 속에 전전긍긍하고 소설의 결말은 아직은 현실화되지 않은 주민들의 단합을 상상하는 것으로 맺는다.

3. 담론

<겨울꽃>은 10장으로 구성된 소설이다.

◆ 1장 : 계마리발전소의 핵폐기물처리 일용직 잡부인 민혁은 해산으로 아내가 입원한 병원에서 경수의 딸 선숙이 백혈병으로 입원했음을 알게 된다. 동시에 민혁의 첫 딸 연희가 피폭 켈로이드를 앓고 있고 그것으로 민혁의 모친이 가출한 일, 발전소 문제 때문에 친한 친구 해성과 사이가 벌어진 일, 미역이나 굴비 등을 양식장오염으로 먹을 수 없게 된 일, 또한 동네사람들은 이런 모든 일이 발전소 측에 땅을 팔았기 때문에 내린 천벌이라고 생각한다는 것 등을 민혁은 떠올린다.

◆ 2장 : 해성은 『핵과 한반도』란 책을 읽는 성일형과 약국을 경영하는 준식에게서 핵에 관한 치명적 후유증에 대한 이야기를 듣고 자신의 무지를 깨달으며 성산리마을을 위해 일하기로 작정한다. 그 이유는 발전소가 들어선 이후 마을의 모든 영업이 개점 휴업상태가 되고 주민들이 끼니를 근근이 이어가며 철거보상비는 오히려 노름방 출입비로 둔갑을 하고 주민들에게 핵의 피해를 전혀 알려주지 않는 당국에 대해 혐오감이 심해졌기 때문이다.

◆ 3장 : 민혁은 사산된 아이가 기형아임을 알고 진이 빠진다. 그러나 그 원인을 규명하려고 하지 않는 의사의 모습에 더욱 충격을 받는다.

◆ 4장 : 김성일은 한전과 싸우기 위해 핵공부를 본격적으로 시작, 1988년 9월부터 일기장을 쓰기 시작하며 준식과 같이 성산리 반핵생존투쟁위원회의 발족을 준비하기 위해 적극적으로 마을 사람들을 만난다. 그러나 마을의 상황은 220세대 중 120세대만 잔존하고 뿔뿔이 떠났으며 일부 주민들은 당국의 회유로 눈앞의 이익만 바라고 급전까지 빌려 식당, 여인숙을 짓는 등의 작태를 벌린다. 그러나 마을사

람들은 이런 현황을 땅을 내준 천벌이라고 계속 생각한다.

◆ 5장 : 경수는 딸 선숙의 백혈병수술비 천만 원을 구하는 것에 노심초사하며 사산한 기형아를 낳은 민혁에 동병상련을 느낀다.

◆ 6장 : 형택은 재산을 다 털어 지은 여인숙에 손님이 없자 아내에게 행패를 부리며 반핵생존투쟁위원회 부회장직을 얼떨결에 맡는다. 해성은 핵발전소 폭발 후의 성산리를 상상하며 마을의 불행이 시작되었음을 깨달으면서 주민들의 청원서에 대한 한전 측의 무성의한 태도를 비난한다.

◆ 7장 : 민혁은 폐기물처리에 공포감이 앞서지만 일당이 높은 이유로 일을 계속한다. 발전소측은 발전소의 기밀이 샐까봐 일용직잡부들을 철저히 감시한다.

◆ 8장 : 정부는 주민들의 행위를 불순분자들의 이념문제와 관련시켜 반미관계로 생각한다. 형택은 주민들에게 돌린 설문지내용을 분석한 결과 반핵문제는 생존 다음의 문제임을 알게 되며 발전소 홍보부장이 만나자는 유혹전화에 시달린다. 성일은 일본핵발전소 주변에 백혈병 발생률이 높다는 실태기사에 충격을 받고 투쟁위원회 고문역을 맡아 주민을 설득하고 협조를 당부하는 활동을 벌인다.

◆ 9장 : 동네주민들은 자녀들이 백혈병으로 죽자 단합되고 의식이 깨이기 시작한다. 특히 핵발전소가 미국에서 수입됐다는 것을 알고 반미의식에 쌓인다.

◆ 10장 : 마을사람들은 죽음의 상징인 원전기념탑 앞에서 관광 기념사진을 찍는 외지인을 보고 분노를 느끼며 국정감사일에 발전소 정문 앞 시위를 계획한다. 한전의 끈질긴 회유는 계속되나 재정도 민심도 고갈된 상태에서 주민들은 동요하기 시작한다. 고창댁 할머니의 후원과 함께 마을주민들의 반핵을 외치는 단합된 모습을 성일은 눈에 그린다.

4. 초점화

10장으로 구성된 <겨울꽃>은 1, 3, 7장을 제외하고 매장마다 초점의 주체가 바뀌는 선택적 전지형식으로 화자초점자이면서도 각 장마다 초점화 주체의 눈을 통해 초점화 대상을 보는 인물초점자 형식을 취하고 있다. 민혁이 초점화 주체로 등장하는 부분은 1장, 3장, 7장으로 초점화 대상은 1장의 경우 해산하기위해 병원에 입원한 아내와 2장은 백혈병으로 입원한 주민 그리고 아내의 기형아사산, 7장은 오물처리장에 대한 공포와 발전소기밀을 누설했을까봐 추궁하는 방사능관리부장이다.

2장은 주민 해성이 초점화 주체로『핵과 한반도』란 책이 초점화대상이 된다. 4장은 한전과 싸우기 위해 핵공부를 본격적으로 시작한 김성일이 초점화 주체로 단합을 결심하는 마을사람들이 초점화 대상이 된다. 5장은 경수가 주체로 자기 나름의 이익에 급급한 마을사람들이 계속해서 초점화 대상이 된다. 6장은 형택과 해성의 시각에서 본 한전 측의 무성의와 주민회의의 무질서가 초점화 대상이 된다.

8장은 정부, 형택, 성일이 교차되어 초점화 주체로 등장, 주민을 불순분자로 보는 정부의 시각이 전개되고 형택의 발전소측으로부터의 유혹전화, 성일의 일본핵발전소에 관한 충격적인 기사가 초점화 주체의 대상이 된다.

9장은 동네주민들 각각의 시각이 주체가 되어 주민들의 깨어나기 시작하는 의식이 초점의 대상이 되고 10장은 성일이 초점화 주체가 되어 현실화되지 않는 주민들의 단합을 상상하는 것이 초점화 대상이 된다.

5. 주제의식

<겨울꽃>은 전남영광 핵발전소에서 실제로 일어난 사건을 고발한 생태환경소설이다. 방사능 핵오염으로 인해 개인은 물론 가족과 지역

공동체가 와해되고 그에 대응하는 관료의식과 주민의식의 문제를 적나라하게 고발한 것이다. 구체적으로 설명한다면 첫째, 핵오염의 부작용으로 인한 마을의 불행한 사건을 주민들은 땅을 한전측에 팔았기 때문에 초래한 형벌이라고 생각한다는 것, 둘째, 생존의 문제가 해결되지 않는 주민들의 가난이 반핵투쟁저지에 적극적으로 나서지 못하는 원인이 된다는 점, 셋째, 마을에 핵발전소가 들어온 이후 공동체의식이 와해되자 그 이전의 상태로 돌아가고 싶은 주민들의 갈구의식, 마지막으로 미국의 신식민주의적 지배에 대한 적개심이 당국과의 정치적, 경제적, 도덕적, 윤리적인 관계에서 노정되고 있다는 점이다.

6. 시간과 공간

<겨울꽃>은 실상 사실의 허구화란 점에서 논픽션소설이다. <겨울꽃>은 영광군 홍농읍 계마리 법성포 성산리에서 발생한 핵발전소에 관한 객관적 사실에 기초를 둔 작품이다. 소설의 배경도 지명을 실명 그대로 했고 핵발전소로 인한 무뇌아, 백혈병, 기형아사산 등 사실사건을 그대로 소설에 반영했다.

또한 <겨울꽃>은 1960년대 도시화, 산업화를 시작으로 1970년대 중화학 공업단지 조성과 80년대 환경문제의 심각성이 가시화되면서 야기되는 문제와 밀접한 관련이 있다. 우리나라에서 핵발전소가 첫 가동을 시작한 것은 경남 양산의 고리핵발전소로 1978년부터이다. 이후 울진, 월성, 영광 등지에 9기의 핵발전소를 가동시키면서 인근 주민들의 반대 움직임이 격렬했다. 이것은 1994년 12월 27일에 발표된 천주교 광주대교구 정의평화위원회의 보고서와 「위험한 핵발전소」란 소자료집을 참고하면 <겨울꽃>의 배경을 확연히 파악할 수 있다.

7. 인물의 존재방식과 유형

<겨울꽃>의 인물설정은 지극히 사실적이면서도 그 유형은 기능적

차원에서 다루어지고 있다. 성일, 해성, 준식은 주체로서 주민을 이끄는 리더격이며 브레몽식으로 언급하면 개선자의 역할을 하는 변경자라고 볼 수 있다. 또한 당국, 한전, 발전소측은 적대자로서 적극적인 협박자이며 유혹자이다. 민혁과 형택은 수동자기능으로서 생존과 도덕적 책임 사이에서 '파르마코스'적인 인물로 비극적인 희생자이다. 성일과 준식은 주민들의 무지한 의식을 깨우치게 하는 중개인으로서 매개자적 역할을 한다. 대체로 인물설정이 스타크 캐릭터로서 정형을 유지하며 악과 선의 이분법을 벗어나지 못한다.

8. 플롯의 방법과 종류

<겨울꽃>은 10장으로 구성되어 있으며 각 장마다 초점자를 바꾸어 가면서 사건을 전개하는 복합구성이다. 인물중심의 플롯이지만 인물의 내면의식의 변화나 성장이 주축이 되는 것이 아니고 인물들의 행위와 사건을 중심으로 구성이 전개되는 'plot of action' 형식을 취하고 있다.

9. 문학생태적 비평의 의의

<겨울꽃>은 환경고발소설이란 단순성을 지니면서도 심층생태학적 접근이 가능한 소설이다. 첫째는 핵오염 사건이 조상들의 땅을 팔아먹은 것에 대한 형벌이라고 생각하는 주민의식이다. 원형심리학과의 접맥이 가능하다. 둘째는 잃어버린 마을 공동체의식에 대한 갈구이다. 핵발전소가 들어오기 이전의 마을을 유토피아로 그리워하는 점에서 원시주의와의 접맥도 가능하다.

<병든 지구>

1. **작가소개 : 정을병**(鄭乙炳)

1934년 7월 5일 경남 남해에서 출생한 정을병은 1956년 한국신학대학교를 졸업, 1972년 하와이대학교 동서문화센터에서 수학했다. 『현대문학』에 <부도(不渡)>(1961), <불파(不波)>(1961), <반(反) 모랄>(1963)을 발표하면서 데뷔했다. 1974년 제3공화국 시절에 '문인 간첩단 사건'으로 6개월간 무고한 옥살이를 했으며 한국소설가협회장을 역임했다.

제1회 자유공론 신인문학상(1959), 제13회 현대문학상(1967), 보건사회부장관 표창장(1972), 한국일보 제7회 한국창작문학상(1974), 제2회 한국소설문학상(1976), 한글학회 한글공로상(1982), 제34회 서울시문화상(1985), 한국문학상, 대한민국문학상(1987), 문화훈장, 한국난문화대상(1990) 등을 수상했다.

주요 작품으로 <개새끼들>(1966), <아테나이의 비명(碑銘)>(1968), <의료촌>(1968), <도피여행>(1971), <피임사회>(1973), <장원 속의 인형들>(1975), <태양의 전설>(1976), <일과 구원>(1977), <검은 천사의 미소>(1977), <흔들리는 신전>(1977), <솟아오르는 하얀 새>(1979), <인생을 팝니다>(1979), <이브의 건넌방>(1979), <옆으로 걷는 광

대>(1980), <역사가 움트는 소리>(1980), <촌에서 올라온 기사>(1980), <인동덩굴>(1980), <오월놀이>(1980), <나비춤>(1980), <달려라 바리새인>(1981), <일리어드의 대학촌>(1981), <북벌>(1981), <마지막날의 한강>(1982), <까치가 날다>(1983), <겨울나무>(1987), <서울사냥>(1988), <즐거운 방관자>(1990), <제3의 엑서더스>(1991), <솔직한 말은 아름답다>(1991), <제1통일공화국>(1992), <살아있는 무대>(1992), <영혼의 선택>(1992), <떠나간 자의 행복>(1993), <낙원의 돌>(1993), <그래서 아름다운 선택>(1996) 등이 있다.

창작집으로 ≪개새끼들≫(1966), ≪유의촌(有醫村)≫(1968), ≪아테나이의 비명(碑銘)≫(1968), ≪말세론≫(1968), ≪받아들인다는 문제≫(1970), ≪도피여행≫(1971), ≪카토의 자유≫(1991), ≪천사는 떠나고 인간만 남았다≫(1996) 등이 있다.

2. 스토리

지구의 생명연장을 위해 하와이에서 열린 장기 심포지움에 참가한 '나'는 강의의 내용이 결국은 서구 사회가 초래한 생태위기를 후진국의 각성을 통해 방지하겠다는 의도임을 알고는 회의적 시각을 갖는다. 심포지움에 참석한 이란인, 말레시아인 등 동양의 개발도상국의 대표자들은 마치 이곳에 온 것이 신식민주의 교육을 받으러 온 듯하다고 말한다. '나'는 하와이야 말로 자연의 혜택이 주어진 곳인데 이런 곳에서 당장 눈에 보이지 않는 미래에 대해 고민하며 해결방안으로 후진국을 계도하겠다는 의지를 지닌 미국의 태도가 이기적이라 생각한다. 또한 '나'는 현재의 환경문제가 개발도상국들의 개념 없는 산업화 때문이라는 주장에 대해 한국적 현실을 고려해 본다.

서울의 대기오염, 공업단지의 해변 오염, 중국의 핵실험 잔해로 인한 한국 상공의 오염이 단순히 후진국 한국의 공업화만의 문제는 아니라는 생각을 하게 된다. 아울러 슈림 박사의 MIT보고서에 언급된 인구문제와 자원문제에 대한 우려와 이를 극복하기 위해 더 이상 문명의 발전을 막아야 한다는 주장에 대해 의문을 품는다. 선진국처럼 문명국에 들어서 보지도 못한 후진국들이 그들의 반문명사회를 위해 동참하고 노력해야 한다는 논리가 '나'에게는 의문으로 다가온다.

3. 담론

◆ '나'는 국제회의 3개월을 여정으로 하와이에 도착한다. '보스'라는 이지적인 백인여인의 안내로 대학의 게스트하우스에 짐을 푼다. 안내된 방에는 '행'이라는 중국계 말레시아인이 먼저 투숙하고 있는 것을 발견한다. '나'는 인류의 운명을 예견하고 준비하는 프로젝트회의의 한 분자로 이곳에 온 것을 확인하고 교육장에 가서 다른 구성원들과 인사를 나누면서 약소국 동양인이라는 것에 열등감을 느낀다. 그러나 일당 20달러를 받고 3개월 치 참가비를 지급받은 후 마음이 뿌듯해진다.

◆ 룸메이트인 '행'의 내력을 듣고는 곧바로 강의에 참석한다. 인간이 과학발전을 통해 지구를 파괴한 후 겪게 되는 모순을 통해 영원한 지구를 만들기 위한 방법을 고민하는 것이다. 신식민지론을 연상하게 하는 강의 내용은 지구의 훼손이 후진국의 책임이라는 논조에 '나'는 적반하장이라고 느낀다. 저녁에 우연히 시인 K씨를 만나 회의 목적을 이야기하면서 전지구적으로 바람직한 삶을 살기 위한 노력이 시행되어야 한다는 사실에 서로 공감한다.

◆ 자유로운 스타일의 노교수가 대기오염 문제를 강의하는 것을 듣고 '나'는 공해를 택할 것인지 경제적 후진성을 택할 것인지 고민한다. 또한 서울의 심각한 대기오염, 공업단지로 인한 해변의 공해 피해, 중국의 핵실험의 잔해들이 한국 상공에 잔존하는 것 등이 결코 후진국 한국의 공업화의 문제만은 아니라는 생각을 한다. 선진국이 파생한 산업문명과 공업화에 대한 책임을 후진국에게 넘기려는 태도에 염오를 느낀다. 그

러나 공해 문제는 선진국의 사치이며 배고픔이 우선이라는 개발도상국가의 태도에 대한 선진국의 격앙된 비판이 강의의 주를 이룬다.

◆ 그곳 대학생에는 한국인 이민 2세, 3세들이 많이 있었으나, 고향에 돌아가고자 하는 경우는 거의 없다는 이야기를 듣는다. '나'는 미국이 다른 민족의 애국심을 제거하는 재능이 있다고 생각한다. 풍요의 나라 미국이 근심하는 지구의 종말에 대한 우려에 '나'는 문득 온갖 쓰레기로 오염되어 제2의 창세기를 준비해야 하는 것은 아닌가하는 위협을 느낀다.

◆ 슈림 박사는 '성장의 한계'라는 MIT보고서에 대한 신빙성을 설명한다. 인구문제와 자원문제에 대한 우려를 집중적으로 분석한 보고서에 대해 '나'는 지구의 생명 연장을 위해 후진국이 가담한다는 것의 모순을 느낀다. '나'는 낙원 같은 하와이는 풍족한 자원과 자연의 혜택으로 인간을 자연과 싸우는 일에서 자유롭게 한다고 생각한다. 로젠박사의 지구의 생존 없이 인류의 생존이 불가능하다는 설득력 있는 논지의 강연도 당장 깨끗하고 아름다운 자연 어디에 공해가 있는지 모를 일이라는 생각이 든다. '나'는 인간은 어차피 죽는 것인데 모든 인류가 지구의 생존을 위해 반문명의 상태로 간다면 미처 문명사회의 혜택을 받지 못한 후진국에서는 무엇을 해체한다는 것인가라는 의문을 갖는다.

4 초점화

<병든 지구>는 '나'가 내적 초점화자가 되어 국제회의 참석과정과 그 내용을 담고 있는 일인칭 주인공 시점의 '고정초점화' 방식을 취하고 있다. 시종일관 '나'가 참석한 회의 내용을 직접 서술하거나 강의 방식으로 서술하고 있다. 초점화의 국면은 강의 내용과 회의 내용을 일괄적으로 제시하면서 이에 대한 '나'의 생각을 전개하고 있는 '관념적 국면'에 입각해 있다.

5. 주제의식

<병든 지구>는 선진국이 초래한 환경 문제의 심각성을 후진국가에게 인지시킴으로써 더 이상의 문명의 발전으로 지구환경과 생태파괴를 막아야 한다는 의지에 대한 비판적인 시각을 제시하고 있다. 또한 선진국이야 문명의 혜택을 받을 만큼 받았으니 해체해도 관계없지만 이제 막 선진 문명에 들어서려는 후진국에게 문명해체를 강요하는 것은 신식민주의적 발상이라는 작가의 주제의식이 표명되어 있다. 한편 하와이 사람들의 삶의 양상과 대학의 자유로운 문화에 비해 한국적 현실이 얼마나 억압되어 있는지에 대한 회의도 제시되어 있다.

6. 시간과 공간

<병든 지구>는 1974년 작품인 것을 고려할 때 1970년대 미국의 환경정책의 일환으로 후진국에 대한 계도를 통해 전 지구적인 환경위기에 제동을 걸려는 의도를 확인할 수 있는 작품이다. 이 시기에 미국이 환경문제와 지구자원 고갈 문제, 나아가 인구문제에 대해 고찰하고 고민하고 있었음을 확인할 수 있다. 또한 하와이라는 천연자연이 그대로 존재하는 공간을 배경으로 이러한 공간을 잃고 싶지 않는 미국과 선진국의 의도를 역으로 반영하고 있다. 자신들의 안위를 위해 각종 공해사업을 후진국에 유치시켰지만 결국 같은 지구에서 살고 있는 한 공해문제로부터 자유로울 수 없다는 판단 하에 이러한 정책을 쓰고 있는 것이다. 결국 이작품은 1970년대 미국의 환경정책과 이를 위해 하와이라는 자연의 공간과 서울의 오염된 공간을 대조하여 환경문제의 심각성을 제시하고 있다.

7. 인물의 존재방식과 유형

<병든 지구>는 '나'가 국제회의에 참석하여 선진국의 환경정책을

일방적으로 수혜해야 하는 입장에 처해 있는 브레몽(Bremond)의 '수동자'로 존재한다. 하지만 '나'는 이러한 일방적인 환경정책에 대한 문제의식을 지니고 이에 대한 비판적 시각을 노정하고 있는 그레마스(A. J. Greimas)의 '주체'로 존재하기도 한다. 또한 진정한 전지구적 시각이 선진국의 일방적인 입장을 반영하는 것이어서는 안 된다는 주체적 시각을 견지하고 있다는 점에서 일종의 '대표치'(representative)에 해당한다.

8. 플롯의 방법과 종류

<병든 지구>는 '나'가 국제회의를 참석하여 강연을 듣는 내용을 주로 구성하고 있는 '상관형태의 연결방법'에 의한 '연속적인 플롯'의 양상을 취하고 있다. 문제의식을 지닌 '나'의 사고에 천착해 있어서 '사상의 플롯'에 입각해 있으며 궁극적으로 '나'가 선진국의 환경정책에 대해 무지한 상태에서 그 본질을 알아가는 과정에 초점을 두어 '개선의 플롯'의 양상과'폭로의 플롯'의 양상을 동시에 견지하고 있다.

9. 문학생태적 비평의 의의

<병든 지구>는 서구 선진국으로 상징되는 미국의 환경정책이 얼마나 자국의 입장에 입각해 있는지에 대한 비판을 중심으로 하고 있다. 이러한 미국의 일방적 태도는 위계에 입각한 것으로 '사회생태론'에서 감지하는 생태위기의 양상을 보인다. 그러나 '나'가 이러한 문제를 인식하는 방법이 국제회의에서 들은 내용을 나열하고 이에 대한 자신의 생각을 정리하는 수준에 머물고 있어서 표층적으로 생태위기의 현실을 감지하고 있는 한계를 노정하고 있다.

<산다화>

1. 작가소개 : 정찬(鄭贊)

1953년 7월 3일 부산에서 출생한 정찬(본명 : 정찬동)은 부산고등학교를 거쳐 1978년 서울대학교 사범대학 국어교육과를 졸업하였다. 같은 해 『동아일보』 출판국에 입사해 월간지 기자로 활동하였고, 1983년 무크지 『언어의 세계』에 중편소설 <말의 탑>을 발표하면서 등단하였다.

이후 중편소설 <얼음의 집>, <슬픔의 노래>, 소설집 ≪기억의 강≫, ≪완전한 영혼≫, ≪아늑한 길≫, 장편소설 <세상의 저녁>, <황금 사다리>, <로뎀나무 아래서>, <그림자 영혼> 등을 출간·발표하였다.

현실과 소설 언어에 대한 끊임없는 성찰을 통해 신과 인간의 관계를 탐색하는 한편, 허구와 사실 세계를 넘나들면서 권력과 사랑의 본질을 파헤치는 데 천착해 온 작가로, 대표작에 광주민주화운동의 의미를 되새긴 <슬픔의 노래>와 권력과 사랑의 본질적 문제를 다룬 <황금사다리> 등이 있다. 1995년 <슬픔의 노래>로 동인문학상을 받았다.

2. 스토리

댐건설로 고향마을이 수몰되어 이향하여 도시로 온 김석훈은 농사가 아닌 도시노동에 적응하지 못하다가 아연 도금공으로 일하던 중 카드뮴 중독으로 생명의 위협을 느낀다. 김석훈은 정든 고향을 떠나 도시의 노동자로 살아가는 일이 힘겹고 고통스러웠지만 가장이라는 책임감으로 노동의 나날을 보냈던 것이다. 그는 중금속 중독이라는 판명을 받자 수몰된 고향에 혼자 내려가 흔적도 없는 고향을 보면서 생을 마감할 준비를 한다.

한편 아내 한정자는 이러한 남편의 억울한 병을 산업재해로 인정받기 위한 노력을 기울여 보지만 현실은 냉담하였고, 산업재해를 인정받는 과정의 어려움으로 시간을 끌던 중 남편의 죽음을 맞이하자 오열한다. 또한 남편의 억울한 죽음에 대한 배상을 회사 측에 청구해 보지만 중금속 중독이 인정된다하더라도 회사에서 얻은 병이라는 증거가 없다는 이유로 회사는 책임을 회피한다. 한정자는 절망에 빠져 거대한 회사의 힘 앞에 좌절한다. 하지만 죽은 남편을 묻던 날 그녀가 본 산다화에 대한 환상은 건강했던 남편에 대한 기억을 회상하게 하는데 이는 아이들의 생명력에 대한 기대로 이어진다.

3. 담론

◆ 1장 : 아연 도금업체 진양상사에서 도금공으로 일하는 김석훈은 고혈압성 뇌출혈이라는 진단을 받는다. 김석훈이 하는 일은 세척과정으로 염아연 분말이 용해된 용액에 도금할 물건을 넣었다 빼는 일인데 이 일을 한 후부터 전신의 통증과 치아변색, 설사와 구토증 등 심상치 않은 신체의 변화가 생긴다. 부인 한정자는 남편의 이러한 증상이 직업병에 의한 것이라고 판단하게 되고 오빠인 한병석에게 도움을 청한다. 한병석은 직업병의 권위자를 찾아가 김석훈의 혈액과 소변 검사를 통해 납과 카드뮴이 기준치 이상 추출된 것을 알게 된다.

결국 산업재해보상을 위해 산재요양신청서와 진정서를 노동부에 제출한다. 그러나 회사 측의 반응은 본 사업장에서 중독되었다는 증거를 요구하며 냉담한 반응을 보인다. 하지만 농사꾼이었던 김석훈은 마을이 댐건설 후보지가 되는 바람에 터전을 잃고 도시로 이주해 온 후 진양상사에 취직했기 때문에 이전의 카드뮴 접촉은 전혀 없는 상대였다.

◆ 2장 : 김석훈은 고향이 수몰된다는 소식을 접하고 절망한다. 농사를 통해 대지의 윤리를 경험한 그는 도시의 노동에 적응하기 어려움을 느낀다. 카드뮴 중독 현상이 느껴지자 땅에 대한 그리움은 더해 가고, 그의 육체는 심한 호흡곤란과 구토증상으로 쇠약해진다. 그럴수록 더욱 고향에 대한 그리움이 더해 가고 환각증세로 이어지자 그는 수몰된 고향을 찾는다. 그리고 낚시꾼들과 섞여 멍하니 수몰된 고향을 바라보고 돌아온다.

◆ 3장 : 뼈의 약화로 움직임에 고통을 느끼고, 후각과 미각 장애가 점점 심해지자 김석훈은 추수를 끝내 후 들녘에서 막걸리를 마시고 귀가하는 자신의 모습을 떠올리며 풍요로운 들판을 바라보는 자신을 꿈꾼다.

◆ 4장 : 의사 박상기는 김석훈을 특이한 환자로 여기는데 그것은 생명이 소모품으로 전락하는 현실의 문제 때문이다. 산업재해의 야만성에 회의와 연민을 느끼며 김석훈 역시 88년에 겪은 문송면이라는 수은중독 산업재해환자의 경우처럼 망가진 몸에 대한 절망과 이러한 현실에 대한 분노로 죽어갈 것이라는 판단에 안타깝기만 할 뿐이다. 그는 김석훈도 그와 같은 죽음을 맞이하리라는 것을 예감한다.

◆ 5장 : 김석훈은 어머니의 무덤이 허공에 떠 있는 물속을 환상으로 본다. 생명이 정지된 공간으로의 물속을 들여다보며 생명이란 평온한 죽음에서 잠시 일탈한 불꽃과도 같은 것이라는 속삭임을 듣는다.

◆ 6장 : 석훈은 숨을 거두고 한정자는 남편의 경우처럼 죽어간 자가

있다는 사실을 알게 된다. 서씨라 불린 그는 이황화탄소 중독에 의한 직업판정으로 회사로부터 보상금을 받았다는 것이다. 한정자는 용기를 얻어 남편의 죽음의 원인을 밝히기 위해 병원에 사체부검을 요청한다. 상당량의 카드뮴을 검출했지만 회사의 반응은 냉담했고, 남은 것은 수백만 원에 달하는 병원비였다.

◆ 7장 : 시립 공동묘지에 남편을 묻고 오열하던 한정자는 고향의 산다화가 날리는 환상을 본다. 집으로 돌아온 그날 밤 그녀는 남편이 남기고 간 아이들을 보면서 건강했던 시절의 남편의 모습과 고향의 산다화의 모습을 동일시해 본다.

4. 초점화

<산다화>는 김석훈에 의한 내적 초점화 방식이 주를 이루는 3인칭 전지적 시점을 취하고 있다. 그러나 4장은 의사 박상기의 시선에 의한 내적 초점화 양상을 통해 산업재해의 모순을 의사의 시각에서 조망하고 있다. 또한 6장과 7장은 한정자에 의한 내적 초점화의 양상으로 노동자의 입장에서 산업재해의 모순을 비판하고 있는 '가변초점화'의 기법을 택하고 있다. 초점화의 국면은 '심리적 국면'을 택하고 있으며 김석훈과 한정자의 인식적 측면과 감정적 측면이 적절하게 반영되어 있다.

5. 주제의식

<산다화>는 급속한 산업화의 결과로 인해 댐건설이라는 명목으로 마을이 수몰되는 현실의 모순을 일차적으로 제시하고 있다. 또한 이러한 과정에서 원하지 않는 도시로의 이주를 통해 농사를 천직으로 알던 인물이 도시노동자로 변모해야 하는 현실의 문제를 사실적으로 그리고 있다. 나아가 열악한 도시노동자의 노동환경과 이로 인한 공해병의 실상을 구체적으로 형상화하면서 자본가의 억압적이고 이기

적인 태도에 대한 비판과 제도적 모순을 동시에 표명하고 있다. 국가의 일방적인 산업화와 이로 인한 불가피한 이농의 문제로 인한 생태위기를 이념소로 하여 공해병의 문제와 산업대해에 대한 기업과 국가의 권위적이고 이기적인 현실의 모순을 비판적으로 노정하고 있다.

6. 시간과 공간

<산다화>는 1970년대에서 80년대에 이르는 국토개발 사업의 일환으로 건설된 각종 댐과 이를 위해 수몰지역이 된 마을을 일차적인 공간으로 설정하고 있다. 충주댐 건설로 인해 수몰되었던 충북 제천의 청풍면 물태리를 구체적으로 떠올리게 한다. 또한 이농한 사람들이 부족한 보상금을 가지고 정착한 도시변두리의 산동네와 공단 밀집지역을 이차적인 공간으로 설정하고 있다. 또한 산업재해병원으로 인하병원이 구체적이고 사실적인 공간으로 설정되어 있기도 하다.

7. 인물의 존재방식과 유형

<산다화>는 김석훈이라는 전형적인 인물을 중심으로 국가의 강제이주명령에 의해 삶의 터전을 떠나 도시로 유입하여 도시노동자로 면모하는 과정에서 겪는 부적응 상태를 구체화 하고 있다. 그는 자신의 태생인 농촌을 떠난 후에도 도시에 적응하지 못하고 농촌으로 돌아가기를 간절히 바라는 고전적인 '평면적 인물'의 양상을 띠고 있다. 또한 전형적인 프라이(N. Frye)의 '파르마코스'로 공해병의 희생자로서 작용하고 있으며 산업화로 인한 도구적인 개인의 모습으로 형상화되고 있다.

한편 아내 한정자는 '입체적 인물'의 양상을 보이고 있는데 그녀는 남편의 억울한 죽음을 세상에 알리고 부당한 산업재해의 처리과정에 대해 분노하며 이를 바로잡겠다는 의지를 보인다. 즉 남편의 열악한 현실을 개선하려는 브레몽(Bremond)의 '행위자'로서 작용하여 '조정자'(modifer)인

동시에 '개선자'(improver)로서의 모습을 지니고 있다.

8. 플롯의 방법과 종류

<산다화>는 김석훈이 도시로 이주 후 도시노동자로 적응하지 못하고 떠나온 고향을 그리워하면서 정신적, 육체적으로 피폐화되는 과정을 '인과론적 형태의 연결방법'에 의해 제시하고 있다. 카드뮴 중독으로 죽어가는 과정과 고향을 그리워하는 모습을 '반복적 지속적 방법'으로 형상화하고 있다. 이는 '사건의 플롯'에 해당하며 김석훈의 고난의 구조로 일관되어 있는 '연민의 플롯'(the pathetic plot)의 양상을 하고 있다. 한편 한정자는 의식의 개진과 부조리한 현실에 대한 극복의지를 통해 '성장의 플롯'(the maturing plot)의 편린을 보이고 있다.

9. 문학생태적 비평의 의의

<산다화>는 국가 주도하에 강행된 산업화와 국토개발이라는 명목으로 한 마을이 수몰되고 이로 인해 거주하던 주민들이 삶의 터전을 상실하는 모순을 통해 표층적인 생태위기를 제시하고 있다. 그러나 이로 인해 도시로 이주한 사람들이 직면한 도시부적응의 양상과 도시노동자의 열악한 노동환경으로 인해 카드뮴 중독이라는 산업재해를 겪어야 하는 현실의 모순을 통해 심층적인 생태위기를 표명하고 있다. 또한 이러한 모순의 원인에 국가와 기업의 위계적인 태도가 있다는 사실을 명시하고 있어서 사회생태론적 견지를 그 생태위기의 원인에서 발견할 수 있다.

그러나 김석훈이 동경하는 땅에 대한 그리움과 산다화로 상징되는 대지와 자연의 섭리에 대한 한정자의 환상은 생태위기의 대안으로 에코페미니즘에서 제시하고 있는 '신성의 원리'로서의 대지의 여신의 이미지를 발견할 수 있다.

<바다에 길을 묻다>

1. 작가소개 : 조헌용(趙憲用)

1973년 전남 고흥에서 태어난 조헌용은 이후 전북 군산에서 성장했다. 서울예술대학 문예창작과를 졸업한 뒤 1998년『동아일보』신춘문예에 중편 <새만금 간척사업에 대한 소고>가 당선되어 작품활동을 시작했다. 2002년 문예진흥원 문학 분야 신진예술가 지원기금을 받았다. 등단작인 <새만금 간척사업에 대한 소고>의 제목을 바꾼 <바다에 길을 묻다>를 비롯하여 1998년부터 2002년까지 약 5년간 발표한 새만금 간척사업에 관한 여덟 편의 중단편소설들을 묶어 소설집 ≪파도는 잠들지 않는다≫(2003)를 발표했다.

2. 스토리

새만금 간척사업으로 인해 조업권이 제한되고 보상금을 지급받은 사람들은 마을을 떠나지만 뱃일을 천직으로 하는 동철과 장씨는 쉽게 배를 버리지 못한다. 그러나 혜성처럼 보상금으로 도박을 하거나 도시로 나갈 생각을 하는 사람들도 있다. 장씨의 둘째 아들 해화는 서울서 연애하던 박선영이 다른 사람과 결혼하자 충격을 달래고자 고향에 와서 텅 빈 신시도 섬에서 군인 간 손주를 기다리는 할머니와 몇몇 남은 사람들을 보면서 개척사업에 대한 회의를 갖는다.

한편 해성의 아들 한빈은 어른들이 김양식에 종사하는 사람들과 조개잡이에 종사하는 사람들로 나뉘어 싸움을 하는 이유가 김양식에 종사하는 사람들의 보상금이 조개잡이에 종사하는 사람들보다 10배나 많기 때문인 것을 알고 있다. 한빈네는 조개잡이를 지지하는 쪽인데 슬기네가 김양식을 지지하고 있기 때문이다. 하지만 어린아이인 한빈은 이러한 어른들의 싸움으로 좋아하는 친구 슬기가 자신과 멀어지는 현실이 이해가 되지 않는다. 급기야 이 두 측 사이에 심각한 싸움이 벌어지고 슬기네는 김양식을 지지하는 세력에 의해 공격을 당한다. 이 일이 도화선이 되어 마을은 살벌한 싸움터가 되고 다음날 등교를 저지하며 어른들은 마을을 봉쇄한다.

한빈은 슬기와 멀어진다는 사실이 안타까울 뿐이다. 그러나 이튿날 경찰에 의해 한빈의 아버지와 마을 어른들이 모두 연행되자 한빈은 이제 학교에 갈 수 있다고 생각한다. 이때 한빈은 해화에게 어른들이 싸우지 않을 방법에 대해 묻는다. 그러자 해화는 천체망원경을 선물하고 인간의 사랑과 땅의 윤리를 설명하면서 인간끼리 사랑하고 땅을 인간처럼 생각해야 싸움이 없는 세상이 되는 것이라며 바다에게 그 길을 물어야 함을 설명한다.

3. 담론

<배무덤>

◆ 새만금 간척사업으로 보상금이 지급되자 장씨 아들 혜성은 마음을 못 잡고 도박을 일삼고 카페 장사 밑천을 아버지 장씨에게 요구한다. 장씨 역시 서울서 잘나가던 때 사기 도박단에게 재산을 모두 잃고 이곳으로 이주했을 당시 동철의 신광호를 타고 조개를 잡았었

다. 그때 뱃속에 있는 둘째를 '해화'(海花)라 이름 짓고 배이름도 해화호라 불렀다. 살림을 성실히 늘리면서 이곳에 정착한 것이다. 그런 해화호를 이제는 반납하고 이곳에서 더 이상 어로행위를 할 수 없다는 현실이 착잡하다. 처음 이곳에 정착할 때 길을 잃고 개야도까지 갔을 때 전복어선이 장씨 내외를 도둑으로 오인했다가 오해가 풀리자 따듯하게 대해 준 생각을 하며 바다의 포용력을 되새기던 중 동철과 함께 삼치를 발견하고 이를 잡는다. 멀리 신시도에 배무덤이 보이지만 그들은 버틸 만큼 버텨 볼 생각을 한다.

<신시도>

◆ 신시도에 머물며 해화는 유선영에게 그녀를 만나고 헤어진 과정을 떠올리며 편지를 쓴다. 어린 시절 유선영은 아버지가 군인이라 늘 건빵을 가졌다. 그런 그녀를 늘 동경하던 해화는 서울서 사진을 찍는 일을 하던 중 출판사에서 선영을 만나게 된다. 그리고 이것이 인연이 되어 해화는 그녀와 사랑하고 헤어진 이야기를 편지에 담으면서 그녀와 작별을 고한다.

또한 새만금 간척사업으로 예닐곱 집만이 남아 있고 보상금을 탄 사람들은 모두 섬을 떠나 군산으로 갔다는 말을 머물고 있는 민박집 할머니에게서 듣는다. 군대 간 손자가 이리로 올 텐데 어디로 가느냐며 떠나지 못하는 할머니의 사연을 듣고 안타까움을 느낀다.

한편 나는 갑작스런 열병으로 초등학교 양호실에서 도움을 얻고, 김형이라 불리는 초등학교 선생님과 대작을 하게 되면서 새만금 사업에 대해 거국적이며 자랑스러운 일이라는 김형의 의견을 듣는다. 이 의견에 대해 '나'는 아쉬움을 느끼며 과연 멀쩡한 바다를 메워 땅으로 만드는 것이 자랑스러운 일인지에 대해 회의를 품는다. 그래서 사진을 좋아하게 된 어린 시절의 이야기를 회고하면서 자신이 사진의 테마를 폐선으로 하게 된 경위가 아버지의 해화호였다는 사실을 고백한다. 즉 아버지의 삶을 이루었던 어선 해화호가 간척사업으로 물길이 막혀 더 이상 조업을 할 수 없는 상태에 이르자 아버지의 삶 자체가 피폐해 진 것이 사진의 테마를 이루게 된 것이다.

<까침바우>

◆ 해성의 아들 장한빈은 초등학생이지만 어른들이 새만금 간척사업 때문에 서로 갈라져 싸우고 있는 현실을 알고 있다. 보상금 문제로 김양식을 하는 측과 조개잡이를 하는 측이 서로 싸움을 하는데 이유는 김양식 쪽이 보상금이 10배나 더 많기 때문이다. 한빈이가 좋아하는 같은 반 친구 슬기네는 김양식을 하기 때문에 어촌계사람들 편이고 우리 집과는 사이가 안 좋다. 지난 토요일 만해도 김 양식 쪽에서 신고를 해서 어촌계 감사원이 와서 조개포획에 대해 조사를 하다가 아버지와 싸움이 났다. 오후에 슬기네가 마을사람들로부터 돌 공격을 당하고 슬기네 부모님이 폭행을 당하는 사건이 발생했고 마을 입구의 오작교에 불이 났다.

◆ 이튿날 학교에 가지 않아도 된다는 말에 기뻐했으나, 경찰과 마을사람들이 대치하는 사건 때문이라는 것을 알고 마음이 나쁘다. 오후에 교장선생님이 오셔서 아이들을 학교에 보내달라고 부탁을 하고 갔다. 그러나 아버지와 마을 어른들은 우리들을 학교에 보낼 생각보다는 어떻게 김양식 쪽과 화해할 것인가와 조업권을 얻을 것인가에 대해서만 의논을 한다. 밤늦게 삼촌이 천체망원경을 사오고 인간의 사랑과 땅의 윤리에 대해 이야기를 듣다가 잠이 든다.

◆ 다음날 아버지와 동네 아저씨들이 모두 경찰에 연행되어 갔다. 삼촌이 말하는 좋은 땅은 어디에 있을까를 고민하는데 삼촌은 사진만 찍는다. 내일은 학교에 가야 하나보다고 생각한다.

4. 초점화

<바다에 길을 묻다>는 총 3장으로 구성되어 있고 각 장이 서로 다른 초점화자로 서술되고 있다. 1장은 서술자에 의한 '외적 초점화'

의 방식으로 장씨와 동철이 새만금 개발에도 불구하고 어부로서의 삶을 끝까지 고수하겠다는 의지를 밝힌다. 이 때 초점화의 국면은 '심리적 국면'으로 '인식적 요소'에 입각해 있다. 2장은 장씨의 둘째 아들 해화가 떠난 여인 유선영에게 새만금의 상황을 편지로 쓰는 독백형식의 일인칭 서술로 '내적 초점화자'의 양상을 띠고 있다. 초점화자의 국면은 역시 '심리적 국면'을 차용하고 있다. 3장은 장씨의 손주 한빈이 '내적 초점화자'가 되어 초등학교 4학년의 시선으로 새만금 개발과 보상금 지급을 둘러 싼 마을 사람들의 내분과 갈등을 그리고 있다. 초점화자의 국면은 '심리적 국면'으로 '감정적 요소'와 '인식적 요소'가 동시에 반영되어 있다.

5. 주제의식

<바다에 길을 묻다>는 새만금 개발을 둘러싸고 보상금 문제와 조업권 문제를 다투는 주민의 내분과 개발로 인해 고향을 등지고 떠나야 하지만 갈 곳이 없는 사람들, 혹은 보상금을 미리 타서 도박으로 날리고 전전긍긍하는 사람들 등 새만금 간척사업이라는 국가적인 개발사업이 지역 주민에게 미치는 부정적인 영향을 집중적으로 다루고 있다. 개발지상주의적 발상이 어떻게 생태계를 교란시키는 지에 대한 천착과 개발과 보상이라는 이중적 메커니즘이 인간들 간의 관계를 파괴하는 모습 또한 여실히 반영하고 있다.

6. 시간과 공간

<바다에 길을 묻다>는 새만금 개발사업이 진행 중이던 1990년대 말의 현실을 반영하고 있다. 개발문제를 둘러싸고 정부 측과 환경단체 사이에 수많은 분쟁을 일으킨 사건의 내부를 사실적으로 제시하고 있다. 공간은 군산시 옥서면 선연리라는 구체적인 배경을 설정하고 주변 신시도까지를 공간적 배경으로 설정하고 있어서 실증적인

요소를 반영하고 있다.

7. 인물의 존재방식과 유형

<바다에 길을 묻다>는 장씨와 동철처럼 기존의 삶의 가치를 지키고자 하는 강직한 성격의 브레몽(Bremond)식의 '행위자'와 혜성과 같이 보상금과 삶의 터전을 교환해 버리고자 하는 '행위자'간의 갈등이 주된 사건을 형성하고 있다. 한편 김양식 쪽이 조개잡이 쪽보다 많은 보상금을 타자 이에 대해 두 쪽이 반목하고 급기야 폭력사태에 이른다. 이들은 장씨와 동철에게 그레마스(A. J. Greimas)의 '적대자'로 작용하고 있으면서 프로프(V. Propp)의 '가짜영웅'의 모습으로 존재한다. 한편 한빈은 부조리한 어른의 세계를 순수한 소년의 시선으로 담고 있는 '선과 미덕의 수용자'로 존재한다. 이러한 한빈에게 땅의 가치와 사랑의 의미를 전달하고 있는 해화는 '전달자'의 모습을 하고 있다.

8. 플롯의 방법과 종류

<바다에 길을 묻다>는 서로 다른 초점화자를 통해 새만금 개발에 대한 문제의식을 각기 다른 시선을 반영하여 제시하는 '상관형태의 연결방법'에 입각해 서술하고 있는 '병렬적 플롯'의 양상을 취하고 있다. 또한 마을의 내분과 분규에 대해 한빈이 느끼는 혼란이 해빈에 의해 전망으로 승화된다는 점을 고려할 때 '성장의 플롯'과 '교육의 플롯'을 감지할 수 있다.

9. 문학생태적 비평의 의의

<바다에 길을 묻다>는 개발지상주의에 입각한 정부의 일방적인 이주계획에 따라 하루아침에 삶의 터전을 버려야 하는 지역 주민의 입장을 반영하고 있는 작품이다. 보상금만 지급하면 그만 이라는 정

부의 태도는 오히려 순박한 주민을 그릇된 욕망에 빠뜨리고 자멸하도록 한다. 성장과 개발이 문명과 이어져서 인간을 억압하는 이러한 양상은 심층생태론에서 제기하는 문제의식과 통한다. 또한 이러한 정부의 고압적인 자세는 위계에 의한 지배를 반영한다는 점에서 사회생태론의 입장을 발견할 수 있다. 그리고 결국 한빈이라는 어린이의 땅에 대한 사랑을 통해 이 모순을 극복할 수 있는 가능성을 제시하고 있다는 측면을 고려한다면 에코페미니즘적 단초도 파악할 수 있다.

<동강은 황새여울을 안고 흐른다>

1. **작가소개 : 최성각**(崔性珏)

1955년 5월 7일 강릉에서 태어난 최성각은 중앙대학교 문예창작학과를 거쳐 예술대학원을 졸업했다. 1986년 『동아일보』 신춘문예 중편소설 부문에 당선한 이래, 창작집 ≪잠자는 불≫(1988), 엽편소설집 ≪택시 드라이버≫(1996)를 펴냈다. 1990년대 초 상계소각장 반대운동에 빠져들었으며, 1999년 환경단체 '풀꽃세상'을 창립했다. 4년의 시민운동 이후 단체를 회원들에게 넘긴 뒤, 2003년 풀꽃평화연구소를 개설해 이후 환경운동을 활발하게 실천하고 있다. 주요 저서로 ≪사막의 우물 파는 인부≫, ≪부용산≫ 등의 소설집이 있으며, 제2회 교보환경문화상을 받았다. 현재 『녹색평론』 편집자문위원으로 활동하고 있다.

2. **스토리**

환경운동과 시위 등에 참여한 바 있으며 그것과 연결고리를 지니고 있는 잡지사 편집위원 '나'는 친구인 최주간의 시화호 관련 글을 읽고 동강으로 향한다. 정선에 살고 있는 선배 승근의 도움으로 동강 일대를 지프를 타고 돌아보게 된 '나'는 선배의 설명을 들으며 동강 구석구석의 지명과 그곳에 얽힌 유래들을 듣게 된다. 그리고 댐 건설을 적극 지지하는 지역과 댐 건설 자체를 반대하는 지역을 지나며 다양한 사람들을 만난다.

댐 건설을 추진하는 측의 논리를 따라 댐이 건설되어야 각종 보상을 받을 수 있다며 강력하게 지지하는 세력과 댐 건설이 야기할 환경오염과 생태 파괴의 문제를 지적하며 삶의 터전을 지키고자 하는 사람들의 면면을 확인하게 된다. 그리고 댐 건설을 둘러싼 각종 세력 다툼과 이권 개입을 바라보며 '나'는 동강의 아름다움을 보존할 필요성을 다시금 깨닫게 된다.

동강 탐사에서 돌아온 '나'는 예전에 몸담았던 농심마니에 연락해 여섯 번째로 동강 일대에 산삼을 심고자 제안하며, 동강을 지키기 위한 노력을 시작한다. 하지만 댐 건설 강행의 발표가 나오자 이를 반대하는 환경운동연합회의 항의시위가 이어진다.

3. 담론

◆ 잡지의 편집위원인 작중화자 '나'는 오랜 친구인 시인 최주간의 글을 통해 시화호이야기를 접하게 된다. '구토물을 마시는 아침'이라는 현실인식이 동강 이야기로 번졌고, 이틀쯤 뒤 '나'는 동강으로 홀로 떠난다.

◆ '나'는 고향에서 교편을 잡고 있는 승근형 때문에 정선으로 향했고, 그의 도움으로 함께 동강 일대를 둘러볼 수 있게 된다. 식당에서 두 사람은 동강에 관한 이야기를 나누고, 농심마니에 관한 기사를 읽은 뒤 두 사람은 동강에 산삼을 심은 사람들에 관해 이야기를 나눈다.

◆ 선배와 함께 그의 지프를 이용해 동강 탐사를 시작한 나는 그곳의 지명과 '정선아라리'에 관해 이야기한다. 시인인 선배는 그곳과 관련된 이색과 허소유의 시들을 나에게 들려준다. 그리고 동강의 유

래를 제대로 알게 된다. 또한 동강댐 건설의 문제점 중 가장 심각한 것이 지형적 특수성으로 인한 안전문제였지만, 수자원공사의 환경영향평가서가 제대로 파악하지 못했음을 알게 된다.

◆ 동강 일대에는 댐 건설을 찬성하는 플래카드가 걸려 있고, 보상을 받기 위해 한약재나 화훼식물을 비롯한 각종 나무들을 심어놓은 풍경이 펼쳐져 있다. '나'는 선배를 통해 그것들이 대부분 보상을 노린 외지 사람들의 영향이라는 사실을 알게 된다.

◆ 고성리 부근에서 두 사람은 댐 건설을 강력하게 지지하는 일군의 청년들을 만나 험악한 현지의 분위기를 느낀다.

◆ '나'는 서울을 떠나기 전 최주간을 통해 본 환경련 조사국장에게 건네받은 공문의 내용을 생각한다. 그리고 댐 건설을 둘러싼 찬성과 반대 입장이 첨예하게 대립하고 있는 상황을 떠올리며 공문서를 통해 파악할 수 있는 저간의 상황을 선배에게 들려준다. 그들은 홍수를 막고 수도권 물 부족에 대처한다는 동강댐 건설의 논리가 보다 큰 재앙으로 귀결될 것임을 간과하는 사람들에 대해 생각한다.

◆ '나'는 계속해서 선배의 설명을 들으며 동강을 둘러본다. 그 사이사이 두 사람은 시화호에 대한 이야기를 통해 동강댐 건설의 환경문제를 되새긴다.

◆ 황새여울에 도착한 두 사람은 동강 댐 건설을 반대하는 주민을 만나기도 하고, 선배는 동강의 아름다움에 매료되었던 역사 속 인물들에 대한 이야기를 들려준다. 그리고 댐 건설을 반대하는 플랜카드도 다수 걸려 있음을 확인한다. 동강 댐 건설을 반대한다는 그 지역에서 만난 할머니에게 '나'는 아라리를 권유하고 구수한 정선 아라리를 듣게 된다.

◆ 하루 동안 동강을 두루 살펴본 '나'는 선배의 집에서 「동강댐 막으면」이라는 이하석 시인의 시를 보게 된다.

◆ 서울로 돌아온 '나'는 농심마니 대표에게 연락해 동강에 산삼을

한 번 더 심으러 가자고 제안한다. 이후 건설교통부에서 '영월댐 건설 강행'이 발표되고 환경운동연합의 항의시위가 이어진다.

4. 초점화

<동강은 황새여울을 안고 흐른다>의 초점 주체인 '나'는 환경운동에 관련된 인물로 동강댐 건설의 문제점을 드러내고 그것의 폐지를 위해 노력해야 될 인물로 표상된다. 공무원을 비롯한 각종 이권 세력들이 댐 건설을 추진하는 이면에 가려진 환경 파괴의 심각성을 드러내는 것이 '나'의 가장 중요한 역할인 것이다.

초점 주체 '나'가 무엇보다 중요하게 바라보는 대상은 바로 동강이다. 댐 건설을 둘러싸고 벌어지는 일련의 사건들과 대립들이 고스란히 드러나는 동강 탐사를 통해 '나'는 동강의 온전한 역사적·자연생태적 실체를 드러내고 있다. 황새여울로 대표되는 동강 일대의 지명을 상세하게 나열하고, 그것의 유래를 역사적 고증을 통해 제시하고 있는 동강의 본 모습은 단순히 댐 건설의 반대만을 위한 것을 너머 자연의 소중함을 일깨우는 매개로 확장되고 있다.

5. 주제의식

최성각의 <동강은 황새여울을 안고 흐른다>는 동강의 생태계를 파괴할 '동강댐 건설'을 둘러싼 다양한 사람들의 이해관계를 직접적·사실적으로 제시하는 작품이다. 소설가인 동시에 여러 환경운동에 관여하며 작품으로서만이 아니라 실제행동으로도 생태학적 실천을 지속적으로 해온 작가는 '동강댐 건설'의 문제점을 사실적으로 지적하는 동시에 작품을 통해 '동강댐 건설'이 백지화되기를 기도하는 실천적 목적을 함유하고 있다.

6. 시간과 공간

<동강은 황새여울을 안고 흐른다>는 1997년부터 1999년까지의 실제 동강댐 관련 기사와 공문서들을 작품 속에 그대로 제시하면서 당시 동강댐을 둘러싸고 벌어졌던 일련의 사건들을 형상화하고 있다. 이후 2000년 6월 동강댐 건설이 전면 백지화되기까지의 세부적인 전개는 빠져 있지만, 댐 건설을 강행하려는 시도들이 무수히 난무하던 1999년을 전체 서사의 중심에 놓고 있다. 작중화자가 실제로 동강 일대를 돌아보며 그곳에 정통한 인물을 통해 역사적 사실에서부터 환경문제의 심각성을 다양한 정보를 제공하며 드러내고 있다. 작품 속에 직접적으로 제시된 이러한 사실적 자료에서 확인할 수 있듯이 동강댐 건설을 둘러싼 실제 사건들이 소설의 시간적 공간적 배경을 이루고 있다.

7. 인물의 존재방식과 유형

초점인물인 '나'는 정선에 사는 선배를 찾아가 그와 함께 동강 일대를 둘러보며 동강의 아름다움을 직접 눈으로 보고, 설명을 들으며 동강을 그대로 지켜내야 하는 사명감을 갖게 된다. 즉 '나'는 '나'의 자각과 행동을 촉구하기 위한 조력자로 등장하는 선배 '승근'을 통해 주변부를 맴돌던 인물에서 주체적 인물로 변화한다.

조력자로 등장하는 '승근'의 역할은 이 작품에서 '동강'의 실체를 드러내기 위한 실질적인 정보들을 제시하는 데 있다. 단순히 '나'의 자각과 행동을 촉구하는 것을 돕는 데 그치지 않고, 방대한 지식을 제시하며 '동강' 자체의 존재를 부각시키고 있다.

8. 플롯의 방법과 종류

<동강은 황새여울을 안고 흐른다>는 일차적으로 '나'의 동강 기행

기라 할 수 있는 이야기지만, '나'와 고향(정선) 선배 '신승근' 두 사람이 '동강댐 건설'을 두고 찬성과 반대로 나뉜 동강 지역 사람들의 현실을 직시하는 과정을 함께 그리고 있다. '나'는 동강 지역에 새롭게 배치된 풍경들을 자연환경과 번갈아가며 묘사하고 있다. 그러나 두 묘사의 시선과 분위기는 사뭇 다르다는 사실을 쉽게 확인할 수 있다. 인위적인 풍경의 묘사에 있어서 '나'는 먼저 실제의 그것을 그대로 옮겨놓은 듯 객관적이고, 명확한 문구를 제시한 다음, 그에 대한 견해를 피력한다. 따라서 이러한 묘사의 경우 묘사라기보다 일종의 실제 사실의 제시에 가깝다. 이와 같은 실제 사실의 직접 제시가 두드러지게 나타나면서 발생하는 현상은 작품의 중심 서사에 이러한 실제 사실의 '기록'이 반복적으로 개입하는 양상을 보이는 것이다.

'수자원공사 쪽에서 환경련에 보내온 이상한 공문' 이야기가 직접적으로 제시된 부분을 보면 실제 사실의 직접 제시가 어떻게 중심 서사에 개입하는 지를 명확하게 확인할 수 있다. 수자원공사 쪽과 환경련이 주고받은 '공문'의 내용이 몇 번 더 직접적으로 제시된다. 그리고 화자인 '나'는 수자원공사 쪽에서 보내온 '공문'의 내용이 드러내지 않은 숨은 의도가 무엇인지를 해석하듯 제시하고, 그러한 술책에 넘어가지 않기 위한 환경련 쪽의 '공문'을 제시한다. 이러한 사실적 기록의 직접 제시는 작가가 지닌 친환경적 생태의식을 고스란히 드러내는 방식으로 서사를 전개시킨다.

이 작품에서의 실제 사실의 반복적인 제시가 그것 자체로 적절한 기능을 담당하고 있지만, 전체 서사에 녹아들지 못한 채 겉도는 느낌을 주는 이유는 유기적인 결합에 문제가 있음을 간접적으로 반증한다.

9. 문학생태적 비평의 의의

환경운동에 직접적으로 참여하고 있는 작가 최성각의 <동강은 황새여울을 안고 흐른다>는 '동강댐 건설'의 문제점을 지적하고 그것의 사회적 공론화를 제기함으로써 실제로 댐 건설의 백지화에 일조한 작품으로 평가할 수 있다. 생태학적 세계관을 담은 문학작품이 지향해야 할 부분은 인간과 자연이 '주체'와 '객체'로 나누어진 채 자연을 대상화하고 지배하려는 기존의 개발지상주의적 입장의 문제점을 지적하고 근원적인 세계관의 회복을 향해 나아가는 것이라는 측면에서 이 작품의 문학생태적 의의를 확인할 수 있다. 그러나 환경오염과 생태계 파괴의 우려를 제시하는 차원에서 한 걸음 더 나아가 다양한 인물층의 유기적인 결합이 이루어지지 않은 점은 작품의 전체 서사를 약화시키는 단점으로 자리하고 있다. 심층생태론적 견지에 입각한 환경운동의 실천적 측면만을 부각하는 것에서 나아가 보다 깊이 있는 서사 구성과 조화를 이루는 형상화 작업이 요구된다.

<불타는 폐선>

1. 작가소개 : 한정희(韓正熙)

1950년 경기도 강화에서 출생한 한정희는 이화여대 국문과를 졸업했다. 1989년 『동아일보』 신춘문예에 중편소설 <불타는 폐선>이 당선되어 문단에 데뷔했다. 소설집으로 ≪불타는 폐선≫, ≪유리집≫ 등을 펴냈다. 한정희의 작품들은 특유의 정치한 알레고리 기법을 이용해, 일방적으로 제시되는 삶의 조건들을 섬세한 감수성과 치밀한 구성으로 포착하고 재구성해 낸다는 평가를 받는다.

2. 스토리

점쟁이의 아들이라는 콤플렉스를 출세에 대한 야망으로 점철시킨 박인원은 40대에 대기업의 중역이 된다. 그러나 사장이 목표인 그는 비정상적인 철강수입을 성사시킨다. 고철수입이라는 명분으로 중금속 폐기물을 일본으로부터 반입하는 대신 염가로 철강을 수입하는 것이다. 그러나 폐선에서 인부들이 쓰러지거나 피부병이 발생하는 등 문제가 서서히 생기고 이러한 징후를 포착한 부산 지방지 오 기자는 인원을 추궁한다. 그러나 신문사 사장을 회유하는 방식으로 오 기자를 퇴직시켜 문제를 해결했으나 서울 일간지 기자가 목표인 오 기자는 특종을 일간지에 제공한다. 한편 동생 인희는 노동운동가인 남편을 감옥에 보내고 공장을 전전하다가 중금속 중독으로 쓰러지고 피폐한 그녀를 본 인원은 고뇌에 빠진다.

이튿날 신문은 박인원의 개인적 야망이 중금속 폐기물을 수입한 것으로 기사를 내고 회사는 빠지고 인원이 모든 비난과 야유를 받는다. 그러나 그는 이를 정면으로 수용하고 폐선이 불탄다는 전화를 받고 책임을 느껴 폐선에서 불타는 남자를 살려야 한다며 폐선으로 향한다.

3. 담론

◆ 박인원은 40대에 대기업 임원이 된 자신의 능력을 과신하며 고철 수입이라는 명분으로 중금속 폐기물을 사들이고 몰래 매몰하는 대신 염가로 철강을 수입하는 일을 성사시키고 젊은 회장의 신임을 산다.

◆ 수입한 폐선에서 폐기물 해체 작업을 하던 인부들이 질식하는 사건이 벌어지고, 하역작업 후 피부병에 걸린 인부가 등장한다. 윤 소장에게 보고를 들은 인원은 폐기물 문제가 부담으로 다가오고 하역 노조대표로부터 산업 쓰레기 수입에 대한 의심을 받는다. 사례를 약속하는 인원에게 노조는 경멸과 야유를 보낸다. 하지만 인원은 이를 무시하고 오히려 보다 당당해질 다짐을 한다.

◆ 지방지 오 기자가 산업폐기물 관련기사를 준비하고 있다는 소식을 접한 박인원은 오 기자와 만난다. 수입한 고철에 폐기물이 섞여 들었다는 인원의 주장에 오 기자는 야유하면서 그 의도성을 지적한다. 적당한 권위로 오 기자를 따돌린 인원은 젊은 회장의 칭찬과 회유에 자신의 욕망을 가속화시킨다.

◆ 사장과의 술자리를 끝낸 인원은 집으로 돌아와 아내 신애를 보면서 그녀에 대한 사랑이 실은 정상적인 가정에 대한 동경이었음을 회

상한다. 어린 시절 점쟁이 아들과는 놀지 말라던 친구 어머니의 목소리에 상처 입은 그는 자신과 동생 인희에게 출세하여 정상적인 가정을 가지리라 다짐했다. 한편 오 기자가 회유되지 않자, 인원은 신문사 사장을 회유하는 방식으로 오기자를 퇴직시킨다.

◆ 오 기자로부터 동생 인희가 중금속 중독으로 병원에 입원해 있다는 소식을 접하고 인원은 인희의 병원으로 달려간다. 척추 마비증세까지 보이는 인희의 처참한 모습에 인원은 그녀의 비참한 결혼생활을 떠올린다. 인희의 남편 강호식은 노동운동가였고 대학 2년 때 인희는 그의 사상에 경도되어 결혼했다, 강호식은 노동운동의 여파에 수감되어 7년형을 받는다. 이후 인희는 공장을 떠돌다 직업병을 얻게 된 것이다.

◆ 다음날 새벽 회장으로부터 호출을 받은 박인원은 폐기물 수입이 기사화되었다는 사실과 접한다. 기사의 내용은 박인원 개인의 출세욕에 맞춰진 것이었다. 검찰의 소환과 언론의 비난에 직접 맞서던 그는 오 기자로부터 기사 내용이 편집당한 것이었다는 소식을 듣는다. 동시에 박인원은 윤 소장에게 폐선에 불이 났다는 소식을 접한다. 순간 그는 불타는 폐선에 서 있는 남자의 환영을 보게 되고 그를 살리기 위해 불타는 폐선을 향해 달려간다.

4. 초점화

<불타는 폐선>은 박인원을 내적 초점화자로 일관하는 전지적 작가 시점을 선택하고 있다. 박인원의 야망의 시작과 결말을 줄곧 내적 초점화자의 시각으로 서술하고 있는 '고정초점화'의 전략을 사용하고 있다. 한편 오 기자와 젊은 회장의 모습은 '보여주기'를 통해 제시되고 있어서 서술자의 개입의 여지가 약하다. 초점화의 국면은 전체적으로 박인원이 중금속 폐기물을 수입하고 이를 처리하는 과정에서 체험하는 다양한 사건에 대한 '심리적 국면'에 입각해 있다. 특히 박

인원의 야망이 점쟁이 아버지에 대한 콤플렉스에서 시작되었고, 정상적인 가정에 대한 동경이 그 근본을 이루고 있어서 이에 대한 '감정적 요소'의 반영이 지배적이다.

5. 주제의식

<불타는 폐선>은 브레몽(Bremond)의 대기업의 이기적인 경영방식이 중금속 폐기물을 수입하는 비상식적인 현실을 통해 생태위기의 단면을 제시하고 있다. 또한 이러한 위기의 원인이 박인원이라는 한 개인이 품고 있는 출세에 대한 야망과 기업의 이윤이 우선인 경영방식의 이기성에 있음을 비판적으로 제시하고 있다. 한편 폐기물 수거작업을 하던 인부들이 질식하여 쓰러지고, 박인원의 동생이 중금속 중독으로 입원하게 되는 현실은 척박한 노동현실의 근저에 환경문제에 대한 무지가 있음을 반영하고 있다. 나아가 노동운동가인 인희의 남편이 탄압당하고 수감생활을 해야 하는 부당한 현실과 지방지 기자라는 이유로 오 기자가 추구하는 진실이 외압에 의해 탄압당하는 현실의 모순과 부조리에 대한 비판도 제기되어 있다. 그러나 진실을 추구하고자 하는 오 기자의 내면에 특종을 통해 일간지 기자가 되겠다는 욕망이 함께 존재하고 있다는 사실을 제시하고 있기도 하다. 결국 이 작품은 인간의 욕망이 환경문제와 노동문제의 원인이 되고 있으며 이것이 곧 생태위기로 이어지는 현실의 모순을 주제의식으로 담고 있다.

6. 시간과 공간

<불타는 폐선>의 시간적 배경은 1988년 올림픽을 전후한 시대를 토대로 하고 있다. 올림픽을 몇 달 남겨 놓은 시점에 폐선에서 폐기물을 처리하던 인부들이 쓰러지게 되는 사건이 발생한다. 이 시기는 이미 산업화를 이루고 대기업은 철강사업으로 특수를 노리고 있는

시점이었다. 또한 공간적 배경은 중금속 폐기물로 가득 차 오염물질을 내뿜고 있는 폐선이 정박해 있는 부산을 일차적 배경으로 하고 있다. 하지만 인희가 체험한 열악한 노동환경의 공간으로서 가죽공장, 진주공장 등도 그 배경으로 작용하고 있다. 이러한 배경 설정은 이 작품이 산업화의 과정에서 발생하는 모순보다는 산업화 이후 대기업의 비양심적인 경영원리가 각종 생태위기의 원인으로 작용하는 현실을 구체화하고 있다는 사실을 반영한다.

7. 인물의 존재방식과 유형

<불타는 폐선>은 브레몽(Bremond)의 '행위자'로서 박인원이 주요 인물로 등장하여 그의 야망을 실현하는 과정과 좌절을 담아내고 있다. 그는 아버지가 점쟁이라는 어두운 '그림자'(shadow)를 지니고 있고 이를 숨기기 위해 정상적인 가족을 지니고 천진하게 살아온 아내를 사랑한다. 나아가 이러한 가정을 만들고 지키기 위해 끊임없이 자신의 야망을 불태운다. 하지만 젊은 회장의 이기적 경영방식으로 인해 폐기물 수입이 마치 박인원의 개인적 야망으로 추진된 사건으로 조작된 후, 버려지는 프라이(N. Frye)의 '파르마코스'이기도 하다. 한편 오 기자는 정의라는 명분으로 박인원이 수입한 중금속 폐기물의 문제를 기사화하려 하지만 실은 그 자신의 내면 역시 특종으로 지방지 기자에서 벗어나 일간지 기자가 되려는 욕망이 내재해 있다. 이러한 점으로 볼 때 그는 '폭로자'로 존재하지만 정의라는 명분 뒤에 야망을 감추고 있는 '페르조나'를 지니고 있다.

박인원의 동생은 '수동자'로 존재하며 점쟁이 아버지에 대한 콤플렉스보다는 노동운동가인 남편 강호식의 '조력자'이자 '심퍼사이저'(sympathizer)로 존재한다. 한편 기업주인 젊은 회장은 박인원을 전면에 내세워 부당한 방법으로 기업의 이익을 추구하다가 모든 책임을 인원에게 돌리는 비정한 권력을 상징한다. 그는 '악한'의 모습을

한 프로프(V. Propp)의 '가짜 영웅'으로 존재한다.

8. 플롯의 방법과 종류

<불타는 폐선>은 현재와 과거가 박인원의 의식 속에서 자유롭게 교차하는 '역순행적 구성'을 기본으로 하고 있다. 한편 박인원이 불법적으로 중금속 폐기물을 수입하여 처리하는 과정과 동생 인희가 노동운동가인 남편을 위해 공장 노동자가 되어 전전하는 과정에서 중금속 중독으로 입원하게 되는 사건을 동시에 제시하는 '상관형태의 연결방법'을 취하고 있다. 또한 박인원이 결말에서 겪게 되는 야망의 좌절은 '비극적 플롯'의 양상을 하고 있지만 일면 기업으로부터 토사구팽으로 버려져 '고난의 연속'이 예견되는 '연민의 플롯'의 면모를 보이고 있다.

9. 문학생태적 비평의 의의

<불타는 폐선>은 일차적으로 중금속 폐기물 수입과 이를 매몰하는 과정에서 발생하는 유해가스 피해와 인희의 중금속 중독으로 인한 입원 등 중금속이 가져온 생태위기의 단면을 제시하고 있다. 이러한 표층적 위기의 모순은 단순한 환경고발차원으로 이해할 수 있다. 그러나 심층적으로 이러한 생태위기의 원인이 박인원의 욕망과 대기업의 이기적인 경영방식에 있다는 사실을 제시하면서 '위계'에 대한 개인의 집착과 이를 유지하기 위한 기업의 생존본능이라는 차원에서 그 원인을 조망할 수 있다. 이른바 사회생태론적 시각으로 생태위기의 모순을 확인할 수 있는 작품이다.

Ⅱ. 산업화와 문명화의 부작용

<숲의 왕>

1. **작가소개 : 김영래**(金榮來)

1963년 부산에서 출생한 김영래는 중동고등학교를 중퇴했다. 1997년 『동서문학』 신인상에 <소금쟁이> 외 4편의 시가 당선되었으며, 약 7년간의 창작과정을 거쳐 완성한 작품 <숲의 왕>으로 제5회 『문학동네』 소설상을 수상했다. 장편소설로 <씨앗>(2003)이 있으며 나무와 숲에 관한 신화 에세이 <편도나무야, 나에게 신에 대해 이야기 해다오>(2002), 시집으로는 ≪하늘이 담긴 손≫(2004)과 ≪두 별 사이에서 노래함≫(2006)을 출간했다.

2. **스토리**

'숲의 형제단'이 이룬 에피쿠로스의 정원은 닥터그린을 중심으로 토목기사였지만 시나리오 작가이기도 한 성준하, 환경운동가 박성우, 목수였던 가문비, 산림학자, 화가, 임노인, 그의 아들 성치 등을 중심으로 '나무심기운동'이나 '나무묘지 만들기 운동' 등 숲을 지키는 일을 해왔다. 그런데 이 숲이 개발된다는 소식과 함께 혼란이 일고 급기야 닥터그린이 의문의 죽음을 맞는다. 숲의 개발을 저지하는 시위가 있은 이후의 일이라 모두 개발업자의 짓이라고 의심을 하고 본때를 보여주어야 한다는 늑대 청년의 제안에 따라 개발업자 사장을 린치할 계획을 세운다.

그러나 단순히 겁을 주려던 계획과는 달리 사장의 심한 저항이 자동차 추락사고로 이어져 개발업자 사장은 죽게 된다. 그러자 얼마 후 개발이 백지화됨에 따라 숲에서는 잔치가 벌어지는데 준하와 성우의 문명 우선에 입각한 개발과 그 저항의 방법에 대한 분쟁이 있은 후, 성우와 화가 그리고 산림학자가 숲을 떠난다. 이날 밤 숲에 방화가 일어나고 세 명의 시신이 발견된다.

황기자가 경찰서에 연행되어 조사를 받고 돌아오자 임노인은 환각제의 일종인 말린 광대버섯을 넘겨주며 방화사건의 원인을 암시해준다. 한편 혼자 남은 임노인은 자살한 아들 성치의 나무무덤에서 도토리를 발견하고 숲을 다시 가꾸기 시작한다. 스스로 숲의 왕이라 자처하면서 아무리 산업화의 맥락으로 개발이 진행된다 하더라도 자신은 물과 풀의 세상을 만들라는 스님의 가르침에 따를 것을 다짐한다.

3. 담론

Ⅰ. 에피쿠로스의 정원

◆ 1장 : 환경운동단체 '늘푸른 사람들'의 사무국장 박성우는 대만 핵폐기물 북한 반입을 저지하기 위해 대만을 방문하고 돌아오자마자 정지운씨의 호출을 받는다. 그가 정해준 장소 묵안리 근처에서 숲속으로 들어간 그는 폭우로 엉망이 된 길을 자동차를 버리고 걷는다. 얼마 후 안내인 가문비를 만나 오두막집에서 하루를 보낸다.

◆ 2장 : 성준하는 박성우의 도착을 보고 받고 5년 전 그가 정지운씨를 알게 된 계기를 떠올린다. 성준하는 식물의 일대기 애니메이션 <위대한 여행>을 기획하고 유명해진 후, 2탄에 대한 주변의 권유를 거절하고 제목과 저작권을 제작사에 양도 후 2탄 시사회에서 정준하

를 만난다. 평창 주변의 숲에 있는 에피쿠로스의 정원을 보여주겠다는 그를 따라 이곳에 온 것이다.

◆ 3장 : 성우는 잠에서 깬 후 문밖에 놓여진 식사를 마치고 자연 발효식으로 만들어진 화장실의 구조를 보면서 라다크를 떠 올린다.

◆ 4장 : 새벽에 가문비는 수퇘지 다루를 데리고 산책을 한다. 그는 원래 목수 출신인데 이곳에 들어 온 후는 풀을 베는 것 외에는 일체 나무에 손대지 않는다. 한편 성우는 숲을 탐색하던 중 다루를 만나 놀라고 가문비와 다루를 좇다 정지운과 그의 당나귀 플라테로를 만난다.

Ⅱ. **숲의 형제단**

◆ 1장 : 성준하는 황기윤 기자로부터 '군훈련장' 건설이라는 엉뚱한 발표를 먼저 해서 민심을 동요시킨 후, 땅사기 운동을 선동한 지자체와 환경단체의 협잡으로 땅의 구입이 이루어 졌다는 것을 알게 된다. 그래서 대부분의 땅이 기업의 소유로 팔리고 난 뒤, 뒤늦게 개발을 저지할 요량으로 성준하가 시민운동으로 구입한 땅은 불모지에 불과하다는 사실을 황기자로부터 듣게 된다. 이어서 숲이 사라지고 있는 현실은 강원도의 문제만이 아니라 전 지구적인 문제라는 황기자의 성토에 당장 눈앞에 이익에 혈안이 되어 있는 대다수의 인간의 욕망이 더 큰 문제라고 성준하는 생각한다.

◆ 2장 : 십년 전 성준하는 토목기사였다. 강원도 화천에서 처음 공사를 맡은 그는 권소장과 함께 도로를 건설하던 중 '불우리'라는 마을의 성황림을 불도저로 밀어버리려다 세 사람의 뜻하지 않은 사고로 죽음을 당하자 그날로 공사장을 떠났다. 이후 그 도로는 성황림을 우회하여 건설되었다는 소식을 듣는다.

◆ 3장 : 성우의 일기는 숲의 형제단에 입단 후 계속 된다. 황기윤 기자로부터 정지윤씨가 영국의 내셔널 트러스트 운동을 한국에 가져 온 사실과 오랜 세월 환경운동에 투신한 내력을 듣는다. 향토 산림학자와

화가가 새로 입단하고 산의 침탈을 막겠다는 그들의 의지를 듣는다.

◆ 4장 : 성우는 산지기 노인의 아들 성우가 꽃으로 단장한 플라테로를 타고 정원으로 온 것을 보고 가문비와 함께 미소를 짓는다. 1987년 '한국내셔널리스트'의 명의로 정원을 공동매입한 원년 이후 '숲과 사람들'이라는 행사가 치러지고 오늘은 12번째 날이다. 오늘 행사의 일정은 리조트개발현장에서 이루어지게 되어 있다. 환경운동연합의 지구온난화문제와 환경호르몬에 대한 우려에 대한 강연에 시큰둥하던 사람들은 정부의 그린벨트 완화 정책이나 새만금 개발 정책의 전면 백지화처럼 정치가의 입지에 따라 달라지는 환경정책을 고려하여 환경운동이 정치 세력화되어야 한다는 주장에 관심을 보였다.

Ⅲ. **숲의 왕**

◆ 1장 : 이튿날 아침 준하는 리조트 현장의 소장과 인부들이 항의차 방문한 연유를 알고 당황한다. 집회가 끝난 후 불도저와 일체의 기계에 흙을 집어넣어 엄청난 손해를 보았다는 것이다. 준하는 모르는 일이라 의아했지만 닥터그린 정지운이 어제 이후 보이지 않는 것으로 보아 그를 의심해 본다. 준하가 이곳에 들어와 한 일 중 '내 나무심기운동'과 '나무묘지'만들기 운동은 숲을 훼손하지 않고 숲과 인간의 공존을 모색한 방법론이다. 그러나 이러한 운동의 중심에 있던 닥터그린의 행방이 묘연한 채 기계에 흙을 부어 버린 것이 늑대 청년이었음을 확인 한다. 하지만 숲의 입구에 현판이 마구 부서진 채 나무기둥들이 부서진 것을 발견한다. 최근 읍내의 분위기가 지역발전을 방해하는 환경단체의 퇴진을 요구한다는 말을 듣고 준하는 침울해 진다. 게다가 정지운은 실종 8일후 시체로 발견된다.

◆ 2장 : 상실감에 빠진 준하는 정지운이 '형제들의 묘지'를 가리키며 열정 없이 일하다 간 동료들을 이야기 한 기억을 떠올린다. 왜 준하 자신을 이곳에 오게 했느냐는 질문에 그가 희망을 믿지 않기 때문이라며 절망보다 우리가 먼저 절망을 보아야 한다고 말하던 그의

이야기의 참뜻을 고민한다.

◆ 3장 : 성우의 일기는 흙과 나무 그리고 황장봉산에 관한 이야기, 돼지 타루의 신이함과 성치가 보여준 숲의 또 다른 아름다움을 쓰고 있다. 또한 산림학자 진필영이 들려주는 이야기에 몰두하는 가문비는 닥터그린의 죽음과 길잡이 늑대의 '숲의 형제단' 합류 소식을 들려준다.

◆ 4장 : 닥터 그린의 장례식은 조촐히 끝났고 그의 사인은 미궁에 빠진 채 나무묘지에 안장된다. 다음날 준하는 임노인, 진필영과 함께 생태조사를 하고 경기도 지사와 기린 군수를 검찰에 고발한다. 정밀조사를 하지 않고 공사를 승인한 관계당국은 엄중문책 해야 한다는 입장에서였다. 한편 개발업자인 우림개발 사장이 현장에 내려오자 늑대는 그를 린치할 계획을 성우에게 말한다. 그러나 사장의 저항이 거세어 일이 계획대로 되지 않아 결국 그가 탄 자동차와 함께 사장은 계곡으로 떨어진다.

Ⅳ. **신성한 숲**

◆ 1장 : 황기윤은 경찰에 연행되어 조사를 받던 중 임노인을 통해 닥터 그린이 죽고, 리조트 사장이 죽었다는 소식, 그리고 공사의 무기한 연장을 축하하기 위한 축제가 있었다는 소식을 듣는다. 그리고 그날 '숲 속의 형제단'이 가문비의 요청에 의해 다루를 잡았다는 이야기도 듣는다. 경찰서를 나와 숲 속 토피집에서 하루를 보낸 뒤, 황기윤은 임노인으로부터 환각제의 일종인 말린 광대버섯이 든 봉투를 넘겨받는다. 아울러 숲의 형제단의 대부분이 죽거나 이곳을 떠난 비극의 진실을 이해하라는 충고를 듣는다.

◆ 2장 : 성치는 다루를 죽인 가문비를 저주하면서 플라테로와 함께 숲을 헤맨다. 그날의 의식의 단상이 순간순간 스친다. 준하와 성우의 언쟁, 성우가 떠나고, 화가와 산림학자가 떠난 뒤 준하는 사람들이 말려서 남았다. 그 때 불이 일어나고 불새가 날고 그런 기억의 틈사이로 태양을 향해 달리는 꿈을 꾼다.

◆ 3장 : 황기윤은 성준하가 남긴 미완성 시나리오 <태양의 집으로 가는 길>을 읽는다. 삶의 본질에 대한 의문을 가진 왕자가 숲의 왕에게서 신이 대지와 인간을 창조했을 때의 공존의 양상이 인간의 탐욕에 의해 악마적인 것들을 향해 가고 있다는 지적을 듣고 왕자는 형제인 자연과 사랑을 향해 길을 떠난다는 이야기이다. 이때 임노인에게 성치의 죽음을 알리는 전화를 받는다.
◆ 4장 : 임노인은 성치를 나무묘지에 묻고 근처에 도토리가 자라는 것을 보고 놀란다. 그리고 죽은 아들을 만난 듯 반가워하면서 다시 정원을 일구기 위해 고된 노동을 시작한다. 혼자서 고된 노동을 시작하여 숲을 일구기 시작하던 어느 날 플라테로가 잔뜩 그을음을 뒤집어쓰고 나타났다. 그는 30세에 시작한 숲을 일구기 위한 노력을 계속하리라 다짐한다. '풀과 물의 세상을 지켜라'는 스님의 글자를 떠올리면서 그 스스로를 숲의 왕이라 자처한다.

4. 초점화

<숲의 왕>은 총 3부, 각 4장으로 이루어져 있고, 각 장이 서로 다른 내적화자의 시선을 통해 서술되고 있는 '가변초점화'와 한 장에서 서로 다른 내적화자가 교체하기도 하는 '복수초점화'의 양상을 취하고 있다. 1부는 1장은 성우, 2장은 준하, 3장은 성우, 4장은 가문비의 시선이 교체되면서 서술되고 있다. 2부는 1장・2장은 준하, 3장・4장은 성우의 시선에 의한 내적 초점화가 이루어지고 있다. 3부는 1장과 4장은 외적 초점화자에 의해 서술되고 있으며 2장은 준하, 3장은 성우에 의해 서술되고 있다. 4부는 1장은 기윤, 2장은 성치, 3장은 외적화자, 4장은 임노인이 내적 초점화자가 되어 서술하고 있다. 초점화자의 국면은 '관념적 국면'으로 등장인물들이 환경운동에 투신하고 좌절하는 과정을 사실적으로 담아내고 있다.

5. 주제의식

<숲의 왕>은 개발지상주의에 입각한 현실에서 득세하는 정치가와 기업가에 대응하여 강원도 숲에 '에피쿠로스'정원이라 불리는 숲을 조성하여 자연을 지키는 '숲의 형제단'이 현실로부터 억압당하고 상처 입는 과정을 중점적으로 다루고 있다. 한편 숲으로 상징되는 자연에 대한 인간의 오만한 개발정책이 얼마나 인간중심의 이기성에 입각했는가에 대한 반성도 제시되어 있다. 또한 인간의 탐욕이 결국은 세 건의 살인사건을 야기하고 숲의 절반이 타버리는 엄청난 결과를 초래하지만 숲은 다시 조성되고 이를 지키는 숲의 왕은 반드시 숲이 인간과 공생하는 날이 올 것이라는 신념을 가지고 희망찬 미래를 전망한다.

6. 시간과 공간

<숲의 왕>은 새만금 개발의 동강 개발의 문제점을 이야기하는 시점으로 보아 1990년대 후반의 현실을 반영하고 있다. 또한 스키장이나 골프장 건설에 혈안이 된 기업과 정부의 모순은 강원도 기린근처에 입지해 있는 숲을 그 배경으로 가시화되고 있다. 이 작품에서 숲이라는 공간은 상처받은 영혼들이 자연으로부터 치유 받을 수 있는 공간으로 볼 수 있다. 따라서 이 작품은 숲이라는 현실과 단절된 공간을 생태적 삶의 그곳으로 설정하고 이를 훼손하려는 문명의 이기성에 대한 비판과 파괴된 공간에 대한 재생의 의지를 동시에 제시하고 있다.

7. 인물의 존재방식과 유형

<숲의 왕>은 숲으로 상징되는 자연의 생태적 공간을 지키려는 '숲의 형제단'의 정지운, 성준하, 박성우, 임노인, 가문비 등이 '행위자'의 모습으로 존재하고 있다. 또한 이들은 하나 같이 순수한 생태

의식을 지니고 있는 자들로 자연이 인간의 이기심에 의해 파괴되는 현실의 모순을 간과 할 수 없어 현실로부터 벗어나 숲으로 들어오는 프라이(N. Frye)의 '그리스도형'에 해당한다. 특히 정지운은 '숲의 형제단'의 중심인물로 이러한 성향으로 인해 끝내 살인을 당하는 '파르마코스'적인 면모를 지니고 있다. 한편 성준하는 모순된 현실의 문제에 직면해 생태파괴의 현실을 면밀히 조사해 경기도 지사와 기린 군수를 직무유기로 검찰에 고소하여 궁극적으로는 숲의 해체를 막는데 기여하고 있어 '프로메테우스'형의 양상을 보인다.

이에 비해 늑대는 극단적인 브레몽(Bremond)의 '행위자'로 개발 현장의 기계들에 흙을 집어넣어 못쓰게 만들거나 개발업체의 사장을 린치하여 궁극적으로 죽음에 이르게 한다. 그의 이러한 극단적 행동은 생태를 지키기 위해 반생태적 행동을 야기하는 것으로 왜곡된 생태의식을 반영한다.

그러나 임노인의 경우 훼손된 생태공간인 숲을 혼자의 힘으로 가꾸며 숲의 왕임을 자처하는 '원조자'이자 진정한 프로프(V. Propp)식의 '영웅'의 모습으로 존재한다. '세계사적 개인'을 향해 가는 인물이기도 하다. 한편 개발업체의 사장과 마을 청년들은 '적대자'로 인간의 이기심과 욕망을 위해 자연을 파괴하는 것에 대한 문제의식을 지니지 못한 '악한'의 양상으로 존재하고 있다.

8. 플롯의 방법과 종류

<숲의 왕>은 다양한 등장인물들의 이야기가 병렬적으로 나열되어 궁극적으로 숲이 훼손되는 현실에 대한 비판과 이에 대한 저항 혹은 재생의지를 담고 있는 '상관형태의 연결방법'에 의한 '목적론적 플롯'에 입각해 있다. 숲을 지키고자 하는 중심인물인 정지운과 성준하 등 숲의 형제단의 죽음과 해체, 그리고 숲의 훼손으로 이어지는 결말구조로 인해 '비극적 플롯'으로 볼 수 있으며, 현실의 모순을 인지한

인물들이 이를 개선하려는 의지를 보이고 있는 '개선의 플롯'의 양상도 보이고 있다.

9. 문학생태적 비평의 의의

<숲의 왕>은 개발이라는 명분으로 인간이 중심이 되어 자연을 훼손하는 현실의 모순을 생태위기의 근간으로 보고, 땅과 숲, 강과 하늘, 공기와 물 등의 자연적 요소들의 신화적 메시지를 강조하는 심층생태론의 입지에서 조망할 수 있는 작품이다. 또한 대지의 여신의 이미지나 살아 있는 숲에 대한 인물들의 생태의식은 에코페미니즘의 견지를 발견할 수 있는 부분이다. 특히 결말 부분에서 보이는 임노인의 '풀과 물의 세상'을 지키려는 의지는 이러한 생태의식의 편린이다. 또한 개발업체의 사장이 숲의 형제단에게 보였던 호기는 결국 그를 죽음에 이르게 한다. 이는 '위계'에 대한 사장의 집착이 가져 온 불행한 결말로 사회생태론적 견지를 발견할 수 있는 부분이다.

<갯벌에 관한 명상>

1. **작가소개 : 김웅**(金雄)

1940년 12월 22일 전남 무안군 운남면에서 출생한 김웅은 전남대학교 철학과를 중퇴한 뒤 8년간 입산수도에 임했다. 1968년 월간 『현대문학』을 통해 장편소설 <패자전>으로 등단했으며 한국문인협회, 울산문인협회 회원, 국제펜클럽 한국본부 회원, 한국소설가협회 회원, 울산소설가협회 회원으로 활동했다. 경남문학상과 흙의 문예상, 울산광역시문화상 등을 수상했다. 저서로 소설집 ≪고잔삽화≫(1989), ≪환상의 벽≫(1993), ≪초가≫(1993), ≪철수와 영이의 비둘기집≫(1994), ≪논두렁 밭두렁≫(1997), ≪보리수 그늘≫(2000), ≪땅 따먹기≫(2001) 등이 있다. 그리고 장편소설 <산사에 이는 바람>(1980), <우리들의 시대>(1990), <죽창>(1996), <영산회상>(『현대문학』 1975.11.–1977.8. 22회 연재)을 발표했으며, 실명전기소설 <고헌 박상진>(1996) 등을 출간했다.

2. **스토리**

허준은 함평 만에서 자란 어린 시절에 풍요로웠던 갯벌을 떠올리며 그곳의 운저리, 게, 숭어, 낙지 등에 관련된 낚시와 요리를 떠올리면서 그때는 함께 공유했던 풍요롭던 갯벌이 이제 각종 양식장으로 뒤바뀌고 서로 자신의 영역을 구분하는 이기적인 세태가 된 현실을 아쉬워한다. 특히 살기 어려웠던 시절 아버지가 낙지낚시를 하시면서 가족을 부양했던 생각을 하고 그때 힘들었지만 함께 했던 이웃 내동댁과 큰몰댁을 떠올린다. 아울러 후배에게서 새만금 개발을 둘러 싼 환경론자들과 개발론자들의 분쟁과 이에 대한 심각성을 전해 듣는다. 그리고 후배는 이렇듯 분열된 새만금 사업에 대한 주민의 의견을 풍요롭던 시절을 떠 올리며 하나로 통일해야 한다고 성토한다. 허준 역시 이에 동의하면서 아울러 인간의 문명과 개발에 대한 욕망이 풍요로웠던 과거를 파괴한 것이라고 생각한다.

3. 담론

◆ 허준은 5세 때 운저리(망둥어) 낚시를 즐기며 할아버지와 개펄에서 '원뚝 밑의 운저리'를 낚는 기쁨이 있었다. 그리고 운저리에 애호박을 넣어 끓여 먹던 일과 운저리 회를 먹던 일을 떠올린다. 아버지도 운저리 낚시로 집안 살림을 보태기도 했던 기억도 동시에 하면서 팔뚝만 했던 운저리가 놀던 개펄을 생각한다.

◆ 개펄은 게들의 낙원이었다. 숫자로는 서렁게가 으뜸이었다. 어머니는 서렁게로 시래국을 끓여 주시기도 하고 회를 주기도 하셨다. 한편 농게는 좀 더 고급으로 굳은 펄에서 서식한다. 집게발이 발달한 농게젖은 겨울철 밑반찬으로 일품이다. 허준은 모래게를 가장 좋아했는데 그것은 게 중에서 가장 여리고 데리고 놀기에 좋았기 때문이다. 게 중에 성질이 가장 사나운 것은 뻘떡 게인데 이는 굳은 팔에 구멍을 파고 살면서 운저리 새끼나 지렁이 등을 닥치는 대로 먹어치운다. 꽃게는 부서잡이 어부들이 가장 싫어하는데 그물을 찢어 놓기 때문이다. 돌밑에 사는 돌게는 평양에서 피난 온 사람들에게 인기가 있었

다. 뱀게, 갈게 모두 여름에는 노린내가 나서 먹지 못한다. 허준은 한 겨울 갈게 잡이를 해서 어머니에게 요리를 부탁하고는 했다.

◆ 해방 직후 허준의 아버지는 농사를 포기하고 낙지잡이 어부가 되었다. 당시 동네에는 과부 내동댁과 큰몰댁이 낙지를 잡았다. 가난 때문에 낙지를 잡는 덕석할미도 있었지만 본격적으로 낙지잡이인 어부는 아버지가 유일했다. 아버지는 겨울에도 방한장비를 갖추고 낙지 잡이를 했고, 어머니는 그것으로 요리를 했다. 낙지가 가난한 사람들과 생존에 허덕이던 많은 이들에게 식량이 되어 준 사연을 아버지로부터 듣기도 했다.

◆ 허준은 아버지와 새우사냥도 즐겼다. 하얀 쌀 새우와 고개미 새우를 잡거나 대하를 잡아 어머니와 요리하며 함께 했다.

◆ 낙지잡이인 아버지가 큰 마을 양반과 사옥도에서 민어를 잡았다가 구렁이에게 공격을 당한 이야기를 하면서 구렁이의 먹이로 점쳐둔 민어를 잡아 가려다 봉변당한 사연을 마을 사람들에게 이야기 했다. 허준은 아버지가 동생 석이가 어릴 적에 잡아 오셨던 민어를 떠올려 본다. 아버지는 소일거리로 숭어낚시를 시작했다. 아버지는 숭어낚시를 할 동안 나는 갯벌에서 까치집 놀이를 하면서 아버지를 기다리곤 했다.

◆ 아이들의 또 다른 행복은 고동을 잡는 일과 잡은 고동을 배불리 먹는 일이었다. 한 번은 너무 먹어 배탈이 났는데 아버지가 객귀에게 된장물을 먹이는 의식을 하자 설사가 멎은 일도 있다. 갯벌은 마을 사람들의 공유물로 함께 하며 행복했던 시절이었다. 그러나 지금은 갯벌이 석화 양식장이 되고 각각의 소유지를 구분하기에 여념이 없어지고 말았다.

◆ 감태는 먹을 수 있는 해초로 부녀자들이 주로 채취하고 말려 먹는 것이 가장 맛있다. 준이 또래의 아이들은 이것을 아삭거리며 씹으면서 허기를 달래곤 했다. 지금은 과자의 향신료로 쓰인다고 한다.

◆ 도깨비불이 많이 보이면 고기가 잘 잡힌다는 말이 있다. 그러나 아버지는 갯벌과 낚시에 대한 열정을 다시 농토로 바꾸기 시작했다. 갯벌을 막아 농토를 만들고 관청에 신고만하면 되는 것이라며 아버지는 농토 만들기에 열중하기 시작했다. 땅이 있어야 제대로 자식을 가르칠 수 있다는 믿음은 아버지의 신념으로 이어졌다.

◆ 새만금 간척사업에 대한 환경친화론자의 입장과 개발론자들의 대립이 심화되어 있는 시점에 전북 부안 군민들의 반응은 냉랭했다. 이는 자신들의 입장을 표명해 봐야 결국은 사후통보를 받을 것을 예측하고 있기 때문이다. 허준에게 편지를 보낸 후배는 다음 달에 새로운 단체를 만들어 개발론자와 환경론자를 모두 포용하리라 다짐하고 허준은 이에 동의를 표한다.

4. 초점화

<갯벌에 관한 명상>은 허준이라는 등장인물이 유년 시절에 체험한 내용을 내적 초점화 형식으로 회고 하는 방식으로 서술하고 있는 전지적 작가 시점을 택하고 있다. 시종일관 어릴 적 갯벌에서 보았던 각종 어패류의 종류를 제시하고 이를 잡는 법과 요리하는 법을 나열하고 있다. 이로 보아 초점화의 국면은 '심리적 국면'중에서 '인식적 측면'을 발견할 수 있다.

5. 주제의식

<갯벌에 관한 명상>의 주제의식은 작품의 말미에서나 발견된다. 즉 과거의 풍성했던 갯벌은 누구나 공유하는 공간이었으나 현재의 갯벌은 각종 양식장이 되어 개인의 소유권에 의해 치밀하게 구획되어 있는 현실에 대한 비판인 것이다. 인간의 욕망과 이기심으로 더 이상 풍요로운 갯벌로 돌아갈 수 없을 뿐 아니라 갯벌이 농토로 바뀌고 심지어는 새만금 간척사업처럼 대규모 공사로 인해 갯벌이 고

사당하는 현실에 대해 문제제기를 하고 있다.

6. 시간과 공간

<갯벌에 관한 명상>의 시간적 배경은 새만금 간척사업에 대한 논란이 가중되었던 1980년대 말을 구체적으로 제시하고 있으며 주인공 허준이 어릴 적의 갯벌에 대한 회상이 주를 이루고 있어서 그 시간적 배경의 구체성 보다는 과거와 현재라는 포괄적인 시간개념이 필요한 작품이다. 공간적 배경 또한 서해의 함평만과 무안만이라는 구체적인 장소를 선택하고 있어서 사실성을 더해주고 있다.

7. 인물의 존재방식과 유형

<갯벌에 관한 명상>의 등장인물은 주인공 허준과 주변인물이자 가족인 아버지와 어머니, 마을사람들 그리고 에필로그에 등장하는 후배 정도로 구성되어 있다. 그러나 허준이라는 인물이 작품에서 사건에 기여하거나 갈등을 빚는 인물로서 따로 존재하기 보다는 그저 어린 시절을 회상하는 수동적인 인물로 존재할 뿐이다. 아버지는 주로 낚시를 하고 어머니는 줄곧 요리를 한다. 허준은 이러한 과거의 기억을 세밀하게 제시하여 갯벌에서 서식하는 생명체를 나열하고 이를 포획하는 방법과 요리법을 백과사전식으로 나열하고 있을 뿐이다. 결국 인물이 정보를 전달하는 '전달자' 이상의 어떠한 의미도 지니지 못하고 있다.

8. 플롯의 방법과 종류

<갯벌에 관한 명상>은 허준이라는 인물이 과거를 줄곧 회상하면서 갯벌의 생태를 나열하고 있는 '병렬적 구성'을 취하고 있다. 작품의 시작부터 끝까지 사건의 발생은 존재하지 않으며 갯벌에서 서식

하는 생명체에 대한 관찰로 일관되어 있다. 게다가 마지막에 첨가되어 있는 에필로그의 내용은 발신자가 명백하지 않은 편지의 형식으로 새만금 개척에 대한 상반된 의견을 아우르려는 노력이 강조되는 메시지 전달의 형식을 일방적으로 취하고 있다. 보다 엄밀히 말해 소설이 갖추어야 할 기본적인 스토리도 파블라도 존재하지 않는 작품이다.

9. 문학생태적 비평의 의의

<갯벌에 관한 명상>은 제목 그대로 갯벌에서 서식하는 생명체에 대한 서술자의 관찰과 명상으로 일관되어 있다. 표층적으로 갯벌 생태의 파괴에 대한 우려가 다소 보이고 새만금 사업의 갈등양상에 대한 우려와 이를 포용하려는 의식만이 작품 말미에 존재한다. 이것이야말로 환경문제에 대한 소재적인 접근에 불과한 것으로 심층생태론적 단초를 확인할 수 있는 작품이다. 사건도 없고, 갈등도 없는 소재의 나열로 점철된 이러한 작품이 생태소설로 분류될 수밖에 없는 현실의 문제를 던져 주는 작품이다.

<가로등>

1. **작가소개 : 우애령**(禹愛玲)

1945년 서울에서 출생한 우애령은 1993년 『문화일보』 신춘문예에 단편소설 <오스모에 관하여>가 당선되어 본격적인 작품활동을 시작했다. 이화여대 독문과를 졸업한 후 KBS TV 방송국과 대학 여행사에서 근무한 바 있으며 1973년 미국으로 건너간 후 미국 간호사 자격증을 받고 미시건 주 메디컬센터 암병동에서 근무하였다.

미시건 주 가정법원 상담실과 해외입양아동부 상담실, 미시건 양로원에서 일하면서 사회사업 석사학위를 받고 귀국하였다. 이후 미국 샌프란시스코 AIDS 국제회의에 한국대표로 참가했으며, 연세대학교에서 사회사업 박사학위(부전공 심리학)를 받았다.

1994년 『여성동아』 장편소설 공모에 장편 <갇혀 있는 뜰>이 당선되었으며 주요 작품으로 장편소설 <행방>, 소설집 ≪당진 김씨≫, ≪정혜≫, 그림이 있는 소설집 ≪숲으로 가는 사람들≫이 있다. ≪결혼의 기술≫과 ≪행복의 심리학≫을 공동번역하기도 했으며, 최근에는 그녀의 소설 <정혜>를 원작으로 한 영화 <여자, 정혜>가 개봉되면서 작가에 대한 관심도 커졌다. 우애령의 작품이 지닌 특성은 여성 특유의 미세한 감성을 살린 관찰과 묘사에 있다.

2. 스토리

선거철을 이용해 문명의 이기 중 하나인 전깃불을 표상하는 가로등을 자신들의 집 근처에 설치하고자 하는 김씨는 공무원들을 찾아가며 노력한 끝에 가로등 설치 허가를 받아낸다. 그러나 김씨를 비롯한 가로등 설치 지지자들은 모두 마을을 비우고, 밭작물에 피해를 준다는 이유로 가로등의 설치를 반대하던 박씨만이 있던 오후에 가로등 설치 차량이 들어온다. 자신의 밭 옆에 가로등이 설치되는 것을 반대한 박씨는 마을 입구를 가리키며 엉뚱한 장소에 가로등이 설치되도록 한다.

도시 생활의 경험이 있는 '쉰 줄의 각시'를 새로 얻은 김씨가 선거철을 이용해서 간신히 허가받은 가로등 설치가 박씨 때문에 어긋난다. 김씨는 박씨를 원망하는 동시에 탄원서를 통해 예정했던 위치로 가로등을 옮겨 설치할 방책을 강구한다. 김씨로 대표되는 농촌 마을의 많은 사람들은 어둠이 내리면 깜깜한 세상을 밝혀줄 전깃불의 표상인 가로등의 존재를 절실하게 원하고 있는 것이다. 최노인의 경우는 살 날이 얼마 남지 않은 시점에서 '나라의 돈'으로 밝은 세상을 한 번 보고자 하는 욕망을 드러낸다.

하지만 서울생활에 지칠 때 가끔 내려와 지내곤 하는 소설가인 심선생의 도움을 받는 데 실패하고, 다른 누구의 도움도 받지 못한 채 가로등은 마을 입구에 그대로 서 있게 된다. 이장이 마련한 상량식에 모인 마을 사람들은 어색한 대화를 나누며 감정의 골을 드러낸다. 김씨는 어떻게든 가로등을 예정했던 곳으로 옮겨 설치할 것이라 주장하고, 박씨는 술에 취해 가로등 불빛이 밭작물에 피해를 준다는 이유를 다시 한 번 이야기한다.

3. 담론

<가로등>은 시간의 흐름에 따라 '가로등 설치'를 둘러싼 사건을 자연스럽게 서술하고 있다.

◆ 박씨 내외만 밭일을 하는 오후에 가로등을 설치할 차량이 마을로 들어온다. 평소 가로등 설치를 반대하던 박씨는 밭작물에 피해를 준다는 이유로 가로등 설치 위치를 임의대로 변경해서 알려주고, 임부들은 박씨가 지정해준 위치에 가로등을 설치하고 돌아간다. 가로등 설치를 위해 동분서주했던 김씨가 가로등이 엉뚱한 곳에 설치된 것을 보고 박씨에게 묻지만, 박씨는 모르는 체 한다.

◆ 다음날 읍에 다녀온 김씨는 자초지종을 알게 되고, 박씨를 찾아가 항의를 하지만, 가로등 설치를 반대하는 박씨의 완강한 태도에 두 사람의 대립이 시작된다. 최노인과 함께 가로등을 예정했던 위치에 다시 설치할 방도를 찾아 나선다.

◆ 김씨는 며칠 동안 공무원들을 찾아가기도 하며 최노인과 함께 가끔씩 마을에 내려와 지내는 소설을 쓰는 심선생을 찾아가 탄원서 작성을 부탁하지만, 환경오염이 심한 도시에 지쳐 내려오곤 하는 심선생은 분란을 일으키기 싫다며 정중히 거절한다.

◆ 대립의 골이 깊어지기만 하던 어느 날 마을 이장이 상량식에 그들 다섯 가구를 초대하면서 그들은 하나의 공간에 모이게 된다. '김씨'는 '박씨'에 대한 원망을 '촌눔'이라는 타박으로 대치하며 다른 방법을 통해 자신의 욕망을 실현하겠다고 말하고, '박씨'는 거나하게 취해 '곡식들에 대한 애정'을 다시 한 번 토로한다.

4. 초점화

삼인칭 전지적 작가 시점을 기본으로 서술되는 <가로등>은 각 인물들 간의 대화를 통해 '가로등 설치'를 둘러싼 대립 양상을 구체화하고 있다. 작품의 배경에 관한 설명들이 필요한 부분에 제시되고 있으며 '박씨'를 중심으로 한 산촌의 육화된 생태적 삶과 '가로등 설치'로 표상되는 산업화 이후 삶의 변화 양상을 드러내고 있다. 전체 작품의 시선은 밭작물에 피해를 준다는 이유로 '가로등 설치' 장소를 변경하는 '박씨'를 중심에 두고, 그와 대립된 욕망을 지닌 '김씨'를 대척점에 제시한다.

그러나 <가로등>의 중심 사건은 '가로등 설치'의 원천적 반대가 아닌 '가로등 설치 장소'에 대한 충돌 자체에 초점을 맞추고 있다. 다시 말해 '김씨'와 '박씨'의 대립은 '도시/농촌', '발전/조화'의 이항대립의 극단적 형태의 상징적 대립구도로 나아가지 않고, '가로등 설치' 문제가 초래한 공동체적 삶, 공동체 의식의 분열 양상의 조짐을 드러내는 방향으로 전개되는 것이다.

5. 주제의식

농촌을 배경으로 한 생태소설들이 대부분 토질오염과 수질오염의 측면에 초점을 맞춰 환경오염의 심각성을 고발하고, 해결책을 모색하는 방향으로 나아가는 것과 달리 <가로등>은 조금 다른 시각을 보여준다. 이 작품을 생태적 관점에서 바라볼 때 가장 문제가 되는 것은 '가로등 설치'가 가져올 논과 밭의 식물들이 입을 피해에 있다. 이러한 인식은 가로등 설치 공무원이나 김씨의 질문에 답하는 박씨의 말 속에 담겨 있다.

환경론자들은 토질오염이나 수질오염, 대기오염과 같은 실질적으로 증후가 드러나는 환경오염에 대한 지적에 이어 '과다한 빛'이 인간의 몸에 미치는 악영향을 이론적 토대 위에 지적하기에 이르렀다. 그들의 주장에 의하면 과도하게 사용되는 인위적인 빛으로 인해 '멜라토닌'이라는 면역체계를 강화하는 호르몬의 분비가 줄어들어 암의 발병확률을 높이게 된다는 것이다.

<가로등>에서 농사일에만 종사해오며 문명의 이기에 현혹되지 않

은 삶을 살아온 박씨가 '식물들도 잠을 자야' 보다 건강해질 수 있다는 논리를 펼치는 것은 이러한 환경론자들의 주장과 궤를 같이 한다. 박씨의 이야기는 어떤 특정 이론이나 근거에 입각한 것이 아니라는 점에서 '촌놈'의 그것으로 치부되고 있지만, 엄밀한 의미에서 볼 때 그의 주장은 틀린 부분이 없다. 때문에 "내 보기엔 밤새두룩 환한 도시에 서 있는 나무덜은 다 병들었시유. 다 지 정신이 아니유. 도시에서 건강한 나문 내 본 적이 없시유."라고 말하는 박씨의 말은 지극히 타당한 논리가 되는 셈이다.

'곡식들이 자식과 매한가지'라는 박씨의 주장은 생태론자들이 부르짖는 친환경적 운동이나 주장과 유사한 맥락이지만, 그 깊이에 있어 상당한 차이를 지니고 있다. 박씨의 삶은 흙과 함께 해 온 농촌의 삶 그것이기 때문에 그의 말들이 학문적 외피를 입지 않았음에도 불구하고 이론적 토대에 근거한 주장과 동일한 논리를 획득할 수 있다는 점은 중요하다. 에코페미니즘의 핵심 주장 중 하나가 '현재 우리가 인식하고 있는 자연과 여성의 이미지가 동일하다는 관점' 즉, 자연과 여성이 '생명 탄생'과 '돌봄', 그리고 '파토스적인 존재'라는 측면에서 동일한 이미지를 지니고 있다는 주장이라 볼 때 농촌의 삶은 바로 그러한 명확한 증거가 될 수 있다.

6. 시간과 공간

<가로등>은 산업화의 기세가 완전하게 미치지 못한 다섯 가구로 구성된 산골 마을을 공간적 배경으로 하고 있다. 전기의 보급은 이루어졌으나 가로등 설치가 미비한 마을로 산업화의 혜택보다는 공동체 의식이 자연스러운 친환경적 삶의 공간이다. '선거철'이라는 것으로만 제시된 작품의 시간적 배경은 특정 연대에 국한되어 있지 않고, 1990년대에도 충분히 찾아볼 수 있는 산촌의 시간임을 알 수 있다.

7. 인물의 존재방식과 유형

중심인물인 '박씨'는 가로등 설치 위치를 임의로 변경해 사건의 단초를 제공하는 인물로 '식물들도 밤에는 잠을 자야 한다'는 주장을 견지하고 있다. 논리적이거나 구체적으로 자신의 주장을 합리화시키지는 못하지만 생태론자들이 말하는 '빛 공해'의 심각한 문제점을 육화된 언어를 통해 밝히고 있다.

'김씨'는 선거철이라는 시기를 이용해 가로등 설치를 추진한 인물로 개인적 차원에서 비롯된 가로등 설치의 필요성을 근대화의 구현으로 확대 해석하며 자신의 주장을 관철시키고자 한다. 가로등 설치를 둘러싸고 벌어진 갈등에서 '김씨'와 '최노인'은 '박씨'를 '촌놈'이라 명명하며 반문명의 대리자처럼 취급한다. 그들의 입장에선 가로등의 밝은 빛을 싫어하는 '박씨'가 이해되지 않은 것이다. 그러나 '박씨'의 입장은 정 반대로 문명의 이기만을 쫓는 '김씨' 측의 행동을 받아들일 수 없다. 이처럼 '문명/반문명'의 이분법적 도식으로 갈린 두 측에 추가로 등장하는 인물이 바로 '심선생'이다.

도시에서 살았고, 소설을 쓴다는 '심선생'의 입장은 문명의 탈을 쓴 '김씨' 측이 아닌 '박씨' 측으로 기울어져 있다. '심선생'의 입장은 명확하다. '심선생'은 도시에서의 오랜 삶으로 인해 '빛 공해'로 대표되는 환경오염의 삶을 등지고 얼마 동안만이라도 자연의 삶을 원하는 인물이다. 그렇기 때문에 그의 입장에서 가로등의 설치는 역시 반가운 일일 수 없다. 이러한 인물설정에서 독특한 것은 '가로등 설치'를 둘러싸고 벌어진 사건의 중심이 도시와 농촌의 대립과 같은 차원으로 설정되지 않았다는 것이다. '심선생'의 존재는 도시를 대표하는 사람의 입장이 아니라 도시적 삶, 즉 각종 환경오염(특히 빛 공해)에 물들어 있는 삶에서 벗어나고자 하지만 완전히 빠져나올 용기는 없는 인물을 표상한다. 그는 완전한 도시적 삶만을 견디지 못한 채 가끔씩 한적한 산골마을을 찾아와 살다 가는 행위를 반복하고 있는 것이다. 때문에 그는 '가로등 설치'의 문제에 대해 자신의 주장을 내세울 입장이 아니라는 것이다.

결국 평면적으로 제시된 <가로등>의 인물 구도는 '박씨-김씨, 최노인'의 갈등·대립으로 나아가고 있는 것이다. 그들은 모두 산골마을의 농민이라는 공통점을 지닌 인물들로 '가로등 설치'의 문제를 두고 대립을 형성한다. 여기서 그들의 대립은 가로등의 설치를 하느냐 마느냐보다 어느 곳에 설치할 것인가 하는 '설치 공간'의 문제로 나아간다. 이것은 어차피 '가로등 설치'라는 문제를 수용할 수밖에 없다는 전제하에 변화된 문제인 것이다.

8. 플롯의 방법과 종류

<가로등>의 서사는 '가로등 설치'를 놓고 벌어진 사건을 시간의 흐름에 따라 기술하며 단순한 구성을 취하고 있다. '가로등 설치'라는 하나의 사건에 초점을 맞추고 그에 대응하는 각기 다른 인물들의 모습을 제시하고 있지만, 중심인물 중 박씨의 견해에 중심을 두고 있는 작품이다. 짧은 분량의 작품 내에서 빛 공해로 인한 식물들의 피해를 체험에 기초해 진술하는 박씨의 말들은 그것 자체로 생태적 의식의 발현이라 볼 수 있다. 이러한 측면에서 이 소설은 미흡한 면모를 지니고 있음에도 불구하고 사상의 플롯에 가까운 구성을 취하고 있는 것이다.

9. 문학생태적 비평의 의의

우애령의 <가로등>은 지극히 단순한 하나의 사건, 즉 산골마을에 가로등을 설치하는 문제에 초점을 맞춘 작품이다. 하나의 에피소드에 가까운 단순 사건을 중심으로 전개되고 있기 때문에 구체적인 생태학적 인식의 구현은 이루어지지 않지만, '가로등 설치'를 둘러싼 인물들의 대립과 갈등이 명확하게 제시되어 있다. 그러나 '박씨'와 '김씨'의 대립, 갈등은 '도시/농촌'의 대립과 같은 형태에서 찾아볼 수 있는 극단적인 사상적, 행동적 대립과는 다른 양상을 드러낸다. 다섯 가구가 모여 공동체의 삶을 영위해 왔던 인물들이 '가로등 설치'를 통해 대립된 욕망과 주장을 제시함으로써 공동체의식의 분열 양상이 드러나는 것이다.

즉 '가로등 설치' 장소를 두고 문명의 이기를 제대로 이용하자는 '김씨' 측과 밭작물의 생명성에 대한 발언에서 알 수 있듯이 육화된 생태적 삶을 살고 있는 '박씨'의 대립은 '발전/조화'의 이항대립적 상황에 그치는 것이 아니라 공동체적 삶이라는 그들의 존재방식의 변화를 가져오는 근본적인 문제가 되는 것이다. 특히 생태론적 입장에서 볼 때 농촌의 삶 속에서 우러나온 '박씨'의 주장은 다분히 피상적인 수준의 생태의식임에도 불구하고 '돌봄'의 윤리를 지향하는 에코페미니즘의 한 특성과 맞물리는 양상을 담지하고 있다고 보여 진다.

<일락서산>

1. **작가 소개** : **이문구**(李文求)

Ⅰ의 <해벽>을 참고.

2. **스토리**

바쁜 도시 생활로 인해 고향을 자주 찾지 못하던 '나'는 신정 연휴를 맞아 성묘를 목적으로 귀성열차에 오른다. 그리고 양력 정초에 성묘하는 것이 시절 탓이기는 하지만 왜놈 세력(歲曆)에 하는 성묘를 마땅치 않아 했을 할아버지를 회상한다.

고향에 도착하여 '나'가 처음으로 발견하는 것은 '옛 모습 제대로 지키고 있는 것이라곤 아무것도 없'는 고향 마을이다. 400여 년의 풍상을 다 부대껴내고도 어느 솔보다 푸르던 왕소나무가 사라지고, 그 자리에 '외양간만한 슬레이트 지붕의 구멍가게 굴뚝만이 꼴불견으로 뻗질러 서' 있는 것, 그리고 '옛집의 추레한 주제꼴'로 인해 '나'는 '실향의식'을 느낀다. 그리고 이 실향의식은 '내가 뛰놀며 성장했던 옛 터전들을 두루 살피되, 그 시절의 정경과 오늘에 이른 안부를 알고 싶은 순수한 충동'으로 이어져, 나로 하여금 산책길에 나서게 한다.

산책을 하면서 '나'는 고향산천의 변화를 확인하며 서글픔을 느낀다. 동시에 '위엄과 고고의 상징'이었던 '할아버지', '마음씨 너그럽고 착한 옹점이', 할아버지를 이해하고 성심으로 모셨던 '어머니', '벽장 속 음식'을 얻어먹기 위한 모의에 공범이 되곤 했던 '조카', 늘 어렵고 두렵기만 했던 '아버지' 등에 대한 그리움을 느낀다. 그리고 '변천하는 시대와 세월' 속에서 고향의 자연은 모두 변했지만, 할아버지의 넋만은 칠성바위 언저리에 아직도 묵고 있을 것만 같다는 생각을 하며 발길을 돌린다.

3. 담론

사변적인 소설이기 때문에 사건은 두드러지지 않는다. 다만 변모해 가는 자연과 사회현상에 대한 회한 속에 과거를 그리워하므로 약간의 내적 갈등을 드러낼 뿐이다. 하지만 이것마저도 극복의지라든가 소망과는 무관한 것이어서 갈등의 소지는 더욱 희박하다.

◆ 오랜만에 성묘를 하러 고향에 간 '나'는 고색창연한 이조인(李朝人)이었던 할아버지 한 분만으로 조상의 넋을 가늠한다.

◆ 13년 만에 둘러본 고향에 옛 모습을 제대로 지키고 있는 것은 아무것도 없었다. 그 중에서도 맨 먼저 가슴 아팠던 것은 왕소나무가 사라지고, 그 자리에 외양간만한 슬레이트 지붕의 구멍가게 굴뚝만이 꼴불견으로 삔질러 서 있는 것이었다. 그리고 자신이 살던 옛집의 추레한 주제꼴은 비감을 느끼게 했다. 퇴락한 고향 풍경은 '나'로 하여금 실향의식을 갖게 했다.

◆ 고향에 도착한 날, '나'는 갈머리를 찾아갔다. 그러나 그전 모습대로 남아있는 것은 한 가지도 없고, 알아볼 만한 얼굴도 없어 서글퍼졌다. 그러다가 예전과 똑같은 모습으로 제자리를 지키고 있는 칠성바위를 발견하게 된다.

◆ 옹점이는 외가의 행랑아범 딸로, 마음씨가 너그럽고 착한 아이였다. 그녀는 일곱 살 때 우리집에 왔는데, 맨 처음 그녀를 다잡아가면

서 안팎 범절과 행실을 가르치고 다스린 이가 할아버지였다.

◆ 할아버지는 자신의 안식처를 찾기 위해 지관을 수소문해 허다한 산을 뒤졌다. 그러다가 칠성바위 가운데 범바위 앞의 밭머리에서 명당을 찾아냈다. 그래서 나는 그 바위들이 무심한 자연 물질이 아니라 할아버지의 의지와 얼이 굳어져버린 영구불변한 영혼이거나 그 상징일 것 같이 느껴진다.

◆ '나'가 18년 동안이나 살았던 옛집도 많이 변해있었다. 그 집의 감나무는 어머니가 운명을 달리하실 때 죽었다. '나'는 그 죽은 나무를 자신의 손으로 베어 장작개비로 패를 쌓으면서 솟아나던 눈물을 걷잡지 못했던 일이 생각났다.

◆ 오랜만에 온 고향이지만 '나'는 마을을 돌지 않기로 작정했다. 마을을 떠날 때까지도 일가 손윗사람이 아닌 이에게는 경어나 존칭을 써 본 적이 없어, 새삼스레 하대하기도 어색할 뿐 아니라 마을 아이들과도 속을 트지 못해 친구도 없기 때문이다.

◆ 어머니는 원래 음식 솜씨가 뛰어났으며, 극노인을 모신 덕분에 시식(時食)과 절식(節食)에 남달리 유의를 하던 편이었다. '나'는 그 음식들을 먹기 위해 잔꾀를 내곤 했다. '나'는 조카 녀석을 충동질하거나 울려서 음식을 얻어먹기도 했다.

◆ 옛집의 별채에는 할아버지를 위해 마련해 둔 상수(喪需)들이 있어서 나는 그 방을 두려워했다. 할아버지는 1950년 겨울에 돌아가셨는데, 할아버지의 임종을 지키지 못 한 사람은 가족 중 '나' 혼자뿐이었다. 피난처에서 미처 귀가하기 전에 돌아가셨기 때문이다. 할아버지는 '족보를 잘 간수하라'는 유언을 남겼고, 그래서 '나'는 수십 년 동안 증보조차 안한 그 족보를 어떤 물건보다 소중하게 간수하고 있다.

◆ 할아버지의 직함은 사액서원인 화암서원의 도유사이며 보령향교의 직원이었다. 그러나 내가 서원이나 향교가 뭘 하는 곳이란 것을 알게 되었을 때 할아버지는 그 직함을 버리셨다. 할아버지는 고령도

고령이겠지만 그보다는 가운의 불황과 우왕좌왕하는 시대에 이미 적응할 수 없음을 스스로 터득하여 은둔하기로 결심했던 것 같다.

◆ 아버지는 사회주의자였고, 그래서 할아버지와 사이가 좋지 않았다. 이따금 총을 맨 순사나 형사들이 불시에 들이닥쳐 가택수색을 하거나 서로를 '동지'라고 일컫는 아버지의 친구들이 북적이는 속에서 할아버지는 내게 천자를 가르쳤다. 천자를 뗀 이후로 '나'는 새벽 네 시에 잠에서 깨어야 하고, 짜여진 일과에 따라 언행을 구속받기 시작했다.

◆ 아버지는 자식들에 대한 훈육만은 냉엄했다. '나'는 그런 아버지를 늘 어려워하고 두려워했다. 언젠가 아버지가 달포 가까이 예비 검속되어 읍내 유치장에서 구금생활을 한 적이 있었다. 그때 '나'는 조석으로 아버지의 사식을 차입하기 위해 경찰서를 출입했는데, 잡범이나 파렴치범의 자식이 아니란 데에서 자부심과 떳떳함을 느껴 주눅든 적이 없었다. 하지만 아버지에 대한 공포의식은 '나'를 소심한 성격의 인물이 되게 했다.

◆ '나'는 읍내로 나가는 과수원 울타리 어름에서 다시 한 번 옛집을 돌아보았다. 그리고 칠성바위 앞으로 시선을 보냈는데, 거기에 할아버지의 넋이 아직도 묵고 있을 것 같이 느껴졌다.

4. 초점화

일인칭 주인공 시점으로, 현재의 '나'가 공간의 이동 순서에 따라 그 공간과 관련된 과거사(過去事)를 회상하는 방식의 '고정초점화'의 방식으로 서술된다. 이 과정에서 '나'는 가족들에 대한 이해를 새롭게 하고, 자신의 삶에 대한 반성을 하게 된다. 그리고 변해가는 과정 속에서 변하지 않아야 할 정신을 확인하게 된다. 하지만 과거의 모든 것이 이미 돌이킬 수 없는 것임을 인식하고 단념하는 '나'의 모습으로 결말처리 됨으로써 다소 허무주의적 색채를 띠게 된다.

5. 주제의식

이 소설에서 '나'는 할아버지를 칠성 바위와 동일시한다. 칠성바위의 '한결같이 옛날 그대로 제자리를 지키고' 있는 모습이 '할아버지의 의지와 얼이 굳어버린 영구불변의 영혼이며, 아니면 최소한 그 상징일 것 같았으므로 신성하고 경건하게만' 보였기 때문이다. 그리고 그런 할아버지는 변해버린 현실과 대조되어 소설 내적으로 가치를 지니게 된다. 하지만 '나'는 이러한 가치를 회복하거나 재건하려는 의지를 보여주지 않은 채 단지 그리워할 뿐이다. 그러므로 이 소설의 주제는 '영원히 되찾을 수 없이 된 옛터와 할아버지의 넋에 대한 회한'이라고 할 수 있다.

6. 시간과 공간

서술하는 시간은 '나'가 고향에 도착한 1월의 어느 날 오후 세 시경부터 저물 무렵까지이다. 그러나 산책을 하는 동안 '나'는 과거를 회상하게 되는데, 이에 따라 서술된 시간은 1940년대부터 1970년대까지가 된다. 그리고 이 서술된 시간은 한국전쟁의 상처와 개발 위주의 산업화 정책과 밀접하게 관련된다. 따라서 이 소설의 시간적 배경은 전쟁이라는 사회적 혼란과 산업화 속에서 퇴락해버린 고향 및 인간관계를 드러내는 것과 유기적으로 관계된다.

공간적 배경은 한내의 읍내와 갈머리 일대이다. 이 공간에서 서술자 '나'가 과거를 회상하고 현재의 삶을 반추한다. 따라서 이 소설의 공간적 배경은 과거와 현재의 대비를 뚜렷하게 하고, 그럼으로써 무상한 인간성쇠 속에서도 변하지 말아야 할 정신을 확인하게 하는 공간이다.

7. 인물의 존재방식과 유형

<일락서산>은 서술자 '나'가 변화된 고향의 모습을 보며 산업화

의 모순을 제시하고 있다. 하지만 '나'는 할아버지를 이해하고 아버지를 두려워하는 다소 유약한 성격을 지니고 있으며 고향의 산업화의 모순을 인지는 하지만 과거로 돌아 갈 수는 없다고 느끼는 허무적인 태도를 지닌다. 이처럼 '나'는 브레몽(Bremond)의 '수동자'(patient)로 기존의 상태의 변화보다는 현실을 수용하려는 성향을 내포하고 있다. 그리고 '나'의 할아버지는 이러한 '나'에게 선의 '대표치'로서 수리오(E. Souriau)의 '사자'의 유형으로 이조시대의 명분과 전통적 가치를 상징하고 있다. 한편 '나'의 아버지는 사회주의자로서 신념을 지니고 있는 인물로 예비검거로 구치소에 있으면서도 다른 잡범과는 다르다는 자긍심을 지닌다. 이는 루카치(G. Lucas)식으로 '문제적 인물'이자 역사의식의 의식적인 담지자로 볼 수 있으며 궁극적으로 '세계사적 개인'의 면모를 보인다. 반면 '나'의 어머니는 조부를 이해하고 집안의 전통을 지키는 데 일조한 인물로 어머니의 죽음 후 마당의 감나무가 고사했다는 일화를 남길 정도로 그레마스(A. J. Greimas)의 '조력자' 이자 미덕의 '수용자'로 존재하고 있다. 한편 옹점이는 어린 시절 어머니로부터 버려진 기억이 있지만 '나'의 집안일을 도우면서 항상 명랑하고 건강한 삶을 견지하고 있는 인물이다. 이는 프라이(N. Frye)의 '익살꾼형'(bomolchoi)에 해당한다.

8. 플롯의 방법과 종류

이 소설은 연작 소설 <관촌수필>의 일부로서, 화자이자 주인공인 '나'가 고향 마을과 고향집을 둘러보며 옛일을 회상하는 단순구성의 소설이다. 이 소설에서 등장하는 인물은 '나' 한 사람 뿐이다. '나' 이외의 인물들은 '나'의 회상 속에서만 제시될 뿐, 현실적으로 등장하지 않는다. 따라서 이 소설에 갈등은 존재하지 않는다. '나'는 돌이킬 수 없이 변화된 고향의 모습에 서글픔을 느끼지만, 그런 고향을 위해 어떠한 능동적 의지도 지니지 않는다. 단지 할아버지의 넋이 칠성바위처럼 변하지 않고 존재할 것 같다는 생각으로 위안을 얻을 뿐이다. 그러므로 이 소설에 나타나는 것은 갈등이 아니라 회한이다.

9. 문학생태적 비평의 의의

이 소설의 생태문학적 의의는 6·25로 인해 파괴된 가문의 몰락, 그리고 산업화 속에서 피폐해진 자연과 농촌의 모습이 제시되는 데 있다. 즉 산업화 속에서 변화해가는 고향의 자연환경은 고향 사람들과 '나'의 관계 변화와 상응될 뿐만 아니라 보수적인 할아버지와 진보적인 아버지 사이가 소원해지는 것과도 상응된다. 따라서 이 소설은 자연의 붕괴가 사회의 붕괴로 이어질 것이라는 사회생태론의 시각과 관련된다. 하지만 서술자 '나'가 그리워하는 존재가 과거의 순수했던 자연 자체이기보다는 '고색창연한 이조인'이었던 할아버지에게 집중되어 있을 뿐만 아니라, 할아버지가 유교적 관념에 따른 위계질서를 철저하게 신봉하는 인물이므로, 이 소설을 사회생태론과 접맥하는 데는 한계가 따른다. 이 소설은 주제보다는 시간적·공간적 배경의 변화를 통해 약간의 생태의식을 드러내고 있을 뿐이다.

<관산추정>

1. **작가 소개** : **이문구**(李文求)

Ⅰ의 <해벽>을 참고.

2. **스토리**

'나'의 어린 시절에, 여우 울음소리가 들리는 날이면 동네 남자들은 소금막 아래 모여들곤 했다. 그리고 그렇게 여우 울음소리가 들린 날이면 꽃상여 행렬을 보게 되었는데, 복산 아버지 유천만이 운명을 달리하던 날에도 '나'와 대복은 여우 울음소리를 들었다.

복산 아버지 유천만은 징용을 다녀온 후로 일을 하지 않고 빈둥거릴 뿐 아니라 허튼 소리를 자주 해서 동네 사람들이 마뜩찮아 하는 사람이다. 가족을 위해 일하지 않아 아내와 장모도 그를 원망하고 무시한다. 하지만 유천만은 마을에 힘든 일이 생겼을 때면 누구보다도 앞장서서 일하는 사람이며, 남들이 꺼리는 일에도 신명을 내며 일하는 사람이다. 그는 내 일을 제쳐두고 남의 궂은일부터 하는 사람인 것이다. 그래서 '나'는 다른 사람들과 달리 유천만에 대해 절대적인 호감을 가지고 있다.

세월이 흐른 지금, '뷩재'에는 여자중고등학교가 서고, 여우가 우짖던 개펄은 농로와 논두렁으로 변했으며, 서낭당 터에는 라디오 가게가 차지하는 등 고향의 모든 것이 변했다. 하지만 유천만의 아들 복산이는 여전히 거연(居然)하게 고향을 지키고 있다. 복산은 이 동네 유일한 본토박이로서 아버지 유천만처럼 마을의 온갖 일을 두루 보살피며 살고 있다. 그래서 '나'는 변해버린 고향마을에서 복산이를 통해 위안을 얻는다. 복산은 '나'가 고향을 방문할 때, 반드시 거쳐야 할 관산(關山)의 의미인 것이다.

3. 담론

이 소설의 사건은 과거의 사건과 현재의 사건으로 구분된다. 과거의 사건은 마을의 눈치꾸러기였던 유천만의 삶에 대한 것이고, 현재의 사건은 고향의 산과 바다, 그리고 사람들이 변해버린 것에 대한 '나'의 착잡한 심회에 대한 것이다.

◆ 아직 학령기에 이르지 않았던 '나'는 도깨비불을 여간 두려워하지 않았다. 그래서 아무리 더워도 방으로 들어가 초저녁잠을 부르곤 했다. 그 시절 대복이는 무슨 일이 있을 때마다 뛰어와 소식을 알려주는가 하면, 내가 학질로 눕기만 하면 옹점이와 짜고 학질 떼는 이방(주술적 민간요법)을 하곤 했다.

◆ 여우 울음소리가 들린 날 새벽이면, 대복이는 '나'를 업고 여우가 개펄에 빠진 것을 확인하기 위해 소금막을 향해 뛰었다. 소금막 앞에는 벌써 여러 사람이 나와 있었지만, 누구도 개펄에 먼저 들어가지는 않았다. 군데군데 묻혀 있는 갈통 때문이었다. 날이 밝도록 이야기만 하다가 사람들은 여우에게 속았다는 느낌을 받으며 돌아가곤 했다. 그런데 그런 날이면 상여 행렬을 보게 되었다.

◆ 복산이 아버지 유천만은 마을 사람들이 모두 꺼리는 인물이다. 하지만 '나'는 그를 추접스런 사내로만 여기지 않는다. 그는 힘을 못 써 논다면서 뒷짐 지고 이웃 동네 마실마당만 어슬렁거렸지만, 막상 힘든 일

이 생길 듯하면 맨 먼저 걷어붙이고 덤비는 사람이었기 때문이다.
◆ 유천만의 아들 복산이도 너그럽고 자상할 뿐 아니라 예의바르고 정직했다. 또한 병치레가 잦던 '나'가 안질에 걸려도 외면하지 않고 대복이와 더불어 이방을 해주곤 했다.
◆ 여우 울음소리를 듣고 대복이와 소금막에 간 어느날, 복산이 아버지가 죽었다. 마을 사람들은 모두 일손을 놓고 상가를 도왔다. 복산이의 외할머니만이 술을 먹고 죽은 유천만을 원망했다.
◆ 어른이 된 '나'는 무엇이 변했는가 보다 무엇이 왜 안 변했는가를 더 중요하게 생각하게 되었다. 관촌부락은 많이 변했지만 유복산이는 여전히 근면 성실하고 후덕했다. 복산의 아내도 지악스럽고 억척스러워 살림을 규모 있게 일구는 데 일조를 했다.
◆ 복산이와 이야기를 하던 '나'는 도개비불을 발견하고 감격한다. 하지만 알고 보니 그것은 낚시꾼들의 간드렛불이었다. 복산이는 근대화 속에서 양산된 인간공해를 한탄했다. 그러면서도 복산은 이장 대신 마을의 궂은일을 마다하지 않고 하고 있었다.

4. 초점화

소설의 전반부에서는 어른이 된 '나'가 어린이였던 '나'를 초점대상으로 하면서 주변 인물, 특히 대복이와 옹점이, 유천만과 그의 가족들에 대해 서술한다. 그리고 후반부에서는 화자가 외적 초점자로 자연스럽게 바뀌면서 현재의 고향 모습과 복산의 가족을 초점대상으로 한다. 따라서 전반부에서는 '나'의 내면과 주변이 일인칭 주인공 시점의 방식으로 제시되고, 후반부에서는 고향의 변모와 복산이의 삶이 관찰자적 시각으로 제시된다.

5. 주제의식

근대화가 진보와 발전의 추동력이 아니라, 자연을 훼손하고 인간

공해를 발생시키는 원인임을 각인시키는 소설이다. 즉 시간의 흐름에 따라 모든 것은 변해가기 마련인데, 근대화는 그러한 변화에 부정적으로 작용한다는 것이 서술자의 생각이다. 따라서 이 소설에서 진정한 가치를 부여받는 것은 변하지 않고 거연한 인간의 정신과 태도이다. 그것만이 피폐해져가는 자연과 인정을 회복할 수 있는 가능성을 담지하는 것으로 인식되기 때문이다.

6. 시간과 공간

공간적 배경은 '나'의 고향 관촌이고, 시간적 배경은 관촌의 과거와 현재이다. 또한 과거의 시대적 배경은 1940–1950년대이며, 현재의 시대적 배경은 1970년대이다. 여기서 가장 주목되는 것은 근대화를 표방한 1970년대이다. 즉 사회적 배경이 가장 두드러진다.

근대화로 인해 관촌의 자연 경관은 크게 달라진다. 도깨비불이 난장을 치던 곳에는 낚시꾼들의 간드렛불이 그득하고, 조개가 풍성하던 갯벌에는 농로와 논두렁이 바둑판으로 그어졌으며, 수백 년을 버티며 견딘 왕소나무 자리엔 슬라브 지붕을 인 농지개량 조합청사가 들어앉아 있다. 사람들의 삶의 모습도 자연환경 못지않게 달라진다. 아이들의 콩서리도 고발 대상이 되고, 젊은이들이 어른의 꾸짖음에 대들기 일쑤이며, 낚시꾼 등이 버리고 간 콘돔을 아이들이 주워 가지고 놀거나 가축이 먹고 죽는 일이 생기는가 하면, 유수지에서의 살인사건이나 자살사건이 일상이 되어 버린다. 즉 이 소설에서 근대화는 자연의 훼손과 더불어 인간 공해를 일으킨 근원으로 인식되고 있다.

7. 인물의 존재방식과 유형

<관산추정>의 '나'는 현실의 비정함과 산업화의 모순에 대해 비판적 의식을 지니고 과거의 인정을 그리워하고 있지만 이를 변혁시키기 보다는 그저 과거를 추억하는 수동적인 인물이다. 현실의 변혁

보다는 현실의 모순을 알지만 이러한 현실을 수용하고 있다는 점에서 브레몽(Bremond)의 '수동자'(patient)에 해당한다. '나'의 친구인 복산이는 자수성가형으로 고향을 지키는 당당한 인물로 브레몽(Bremond)의 '행위자'(agent)중 부당한 현실을 조정하려는 의지를 지닌 '개선자'(improver)로서 '나'에게 위안과 신념이 되는 인물로 존재하고 있다. 한편 대복이는 '나'의 어린 시절 이웃 소년으로 동네의 소식을 전달하는 '매개자'의 역할과 '나'에게 웃음을 전달하고 있어서 프라이(N. Frye)의 '익살꾼'의 모습을 동시에 지니고 있다. 나아가 복산의 아버지와 어머니는 힘든 농촌생활을 이겨내는 능동적이고 의지적인 인물로서 복산의 신념의 근원이자 지지자로서 프로프(V. Propp)의 '조력자'로 볼 수 있다.

8. 플롯의 방법과 종류

일종의 액자소설이다. 소설의 전반부에 '나'의 유년이, 후반부에 현재의 삶이 제시되고 있기 때문이다. 내부 이야기가 자연과 인간이 합일된 세계, 인간이 다른 존재의 삶에 부정적 영향을 미치지 않으면서 공존하던 과거 세계에 대한 것이라면, 외부 이야기는 근대화의 물결 속에서 인간이 자연을 파괴하는 세계, 인간의 욕망이 다른 존재의 삶에 치명적 악영향을 미치는 현재 세계에 대한 것이다.

이러한 과거와 현재의 대비는 변해가는 자연과 인간 사회에 대한 비판적 안목을 드러내고 있을 뿐만 아니라 모든 것이 변해가는 것에 대한 안타까움과 변하지 않는 것에 대한 간절한 소망을 두드러지게 한다.

9. 문학생태적 비평의 의의

이 소설은 자연의 붕괴가 사회의 붕괴로 이어질 것이라는 사회 생태론과 접맥될 수 있다. 전반부에서는 자연과 사람이 공생하는 모습이 치밀하게 묘사된다. 이러한 정경 묘사는 후반부에서 제시되는 고향의 모습과 대조되어 근대화의 문제점을 부각시킨다. 즉 후반부에서는 근대화로 인해 피폐해져가는 자연과 인간의 삶을 구체적으로 제시함으로써 생태파괴의 심각성을 드러낸다. 근대화 이후 아이들의 장난감은 돼지오줌통에서 콘돔으로 바뀌고, 도깨비불과 여우의 울음소리 속에서 잠을 깨던 동네 사람들은 이제 낚시꾼들의 간드레불(카바이트불)과 고성방가 소리에 잠을 설친다. 그리고 산의 도토리를 줍거나 갯벌의 조개를 줍는 등 자연을 훼손하지 않는 노동에 종사하던 예전 사람들과 달리, 근대화 이후의 사람들은 생계와 상관없는 욕망을 지니고, 이익을 위해 철저하게 계산된 행동을 함으로써 자연을 인위적으로 훼손시키는 자연의 약탈자가 되어 있다. 이러한 변화는 사람과 사람 사이의 관계마저도 변화시킨다. 예를 들어 논두렁에서 콩서리한 아이들도 고발 대상이 되고, 어른들 역시 젊은이들에게 망신당하기 일쑤이며, 살인사건이나 자살사건이 일상의 사건이 되어버린다.

따라서 이 소설은 근대화에 대한 비판 의식과 생태보존의 중요성에 대한 인식의 심화과정을 드러냄으로써 생태소설로서의 의의를 획득한다고 할 수 있다. 그러나 서술자가 현실의 변화를 비판적으로 관망하고 있을 뿐 적극적인 극복의지를 드러내지 않는 점과 생태파괴의 현실을 변하지 않는 인심에 의지하여 극복하고자 하는 감상성은 한계로 지적될 수 있다.

<못>

1. 작가소개 : 이승우(李承雨)

1959년 전남 장흥에서 출생한 이승우는 중앙대학교 부속고등학교를 거쳐 서울신학대학을 졸업했다. 1981년 『한국문학』 신인상에 중편 <에리직톤의 초상>이 당선되어 등단했으며 1993년에는 <생의 이면>으로 제1회 대산문학상을 수상했다. 2002년 <나는 아주 오래 살 것이다>로 동서 문학상을 수상했으며 현재 조선대학교 문예창작과 교수로 재직 중이다.

주요 저서로는 중단편집 ≪심인광고≫, ≪나는 아주 오래 살 것이다≫, ≪사람들은 자기 집에 무엇이 있는지도 모른다≫, ≪미궁에 대한 추측≫, ≪목련공원≫이 있다. 그리고 장편소설 <식물들의 사생활>, <생의 이면>, <에리직톤의 초상>, <가시나무 그늘>, <내 안에 또 누가 있나>를 발표했다.

2. 스토리

'나'는 한 줄의 취재 기사가 문제가 되어 공권력의 개입에 의해 잡지사가 문을 닫아 실업자가 된다. 일상 자체가 기도거리인 아내는 고난주간을 맞아 또다시 기도원으로 향하고 '나'는 그런 아내를 이해할 수 없지만 반대하지도 못하는 처지다. '나'는 바다가 보고 싶다는 충동에 월미도를 찾는다. 더럽고 탁한 바다를 보고 나서야 월미도행을 후회한 '나'는 카페 유리창을 통해 바다로 뛰어들려는 남자와 그를 저지하는 남자를 본다.

더러운 바다를 한 번 더 보려는 마음은 거센 바람에 밀려나고 '나'는 여관으로 들어간다. 잠에 빠져들던 '나'는 문 두드리는 소리와 여자의 목소리에 깨어난다. 원하지 않았지만 막무가내로 들어오는 여자를 말리지 않은 '나'는 그녀를 통해 월미도의 을씨년스런 모습에 담긴 음습함을 듣는다. 여자와 관계를 갖고 난 후 '나'는 2층에서 들려오는 괴성과 군가소리 등을 듣고, 여자의 이야기를 통해 그것이 정신이 좀 이상한 여관집 외아들의 발작증상임을 알게 된다.

다시 잠에 취해 있던 나는 근처 교회에서 들려오는 기도소리와 찬송가 소리에 깨어난다. 그리고 교회에서 들려오는 소리와 함께 어디선가 들려오는 못을 박는 듯한 둔탁한 탁음을 듣는다. 이른 시간 여관을 나선 나는 교회당으로 들어가 2천 년 전 못에 박혀 죽은 예수에 관한 목사의 설교를 듣고 무수한 기도소리에 알 수 없는 평온함을 느끼며 잠이 든다. 잠에서 깨어난 '나'는 교회당을 나서 거리를 걷다 여관 앞에 모인 사람들을 보고 여관집 아들이 자살했음을 알게 된다. 그리고 지난밤 함께 보냈던 여자가 소복을 입고 있는 모습을 보고서 그곳을 떠난다.

3. 담론

◆ 바다를 보고 싶다는 충동으로 월미도를 찾은 '나'는 그곳에서 병색이 완연한 상처투성이 바다를 본다. 실망감에 빠진 '나'는 젊은이들에게서 사진 촬영을 부탁받고, 건네받은 카메라 렌즈에 포착된 평화로운 바다를 보게 된다. 카페 '하리케인'에 앉아 창밖으로 풍경을

보던 '나'는 교회 차임벨 소리를 듣고 아내를 떠올린다.

◆ '나'의 아내는 고난주간을 맞아 기도원으로 떠났다. 한 줄의 취재 기사로 인해 잡지사가 자진 정간에 들어감에 따라 실업자가 된 '나'로 인해 아내의 기도원 행은 명분을 얻은 셈이다. 꼭 산에 있는 기도원에 가서 기도를 해야만 하느냐는 '나'의 말에 아내는 '겪어 보지 않은 사람은 알지 못 한다'는 말로 응수하고 '나'는 대꾸 할 말을 찾지 못 한다.

◆ 카페 안에서 '나'는 창 밖에서 펼쳐지는 남자 A와 남자 B의 기이한 모습을 본다. 왜소해 보이는 남자 B는 바다를 보고 있고, 우락부락한 남자 A는 그를 지켜보고 있다. 그러다 남자 B가 바다로 뛰어들려 하자 남자 A가 저지하고, 남자 B는 괴성을 지르며 발악한다. 그들이 사라지고 난 후 군인들이 호루라기 소리에 맞춰 군가를 부르며 지나간다.

◆ '나'는 더러운 바다일망정 한 번 더 구경을 하려다 폭력적인 바람에 돌아서서 여관을 찾아든다. 이불 속에 누운 채 '나'는 기도원에 있을 아내와 2천 년 전 예수의 수난을 생각한다. 잠에 빠져들었던 '나'는 여자의 목소리에 깨어난다. 막무가내로 들어온 여자는 자신의 고향이 영종도라는 사실에서부터 월미도에 대한 이야기를 들려준다. 육지와 연결되어 있지만 여전히 섬인 월미도의 공기가 음습하고 질환적이라는 사실을 '나'에게 알려준다. 여자와 관계를 갖고 난 '나'는 2층에서 들려오는 이상한 소리를 듣는다. 정신이 이상한 여관집 아들이라는 여자의 말에 '나'는 그가 낮에 본 남자 B라는 사실을 알게 된다.

◆ 여자는 울먹이며 2층 청년에 대한 이야기를 '나'에게 들려준다. 청년은 한국전쟁 당시 빨갱이로 몰려 남편을 잃고 악착같이 살아온 여관집 주인의 외아들로 공부도 잘해 서울의 좋은 대학에 합격했다. 하지만 유일한 희망인 아들이 학생운동에 빠진 것을 알고서 여관집 주인은 아들의 마음을 돌리기 위해 서둘러 결혼을 시켰다. 그러나 삼청교육대가 회자되던 당시 가정에 정착하지 못한 청년은 다시 집을

나가고 수개월 만에 정신이 이상해진 모습으로 돌아왔다. 소집영장을 받고 입대하여 훈련을 받던 중 사고로 다쳤다는 군인들의 말은 사실 여부를 확인할 수조차 없었고, 어머니는 아들을 고치기 위해 백방으로 손을 써보다 급기야 교회에 빠져들게 되었다고 한다.

◆ '나'는 기이한 웅성거림에 깨어나 그것이 교회에서 흘러나오는 소리임을 알게 된다. 그리고 찬송가와 함께 둔탁한 탁음을 듣고 여자를 깨워 묻지만 여자는 대수롭지 않게 수난절을 맞은 교회의 새벽 기도 시간임을 이야기하고 다시 잠을 청한다. '나'는 옷을 챙겨 입고 밖으로 나서 을씨년스런 새벽 풍경 속에서 교회당을 발견하고 아내를 떠올린다.

◆ 교회당 안으로 들어간 '나'는 맨 뒷자리에 앉아 못에 박혀 죽은 예수에 대한 목사의 설교를 듣는다. '나'는 단순히 물리적인 못이 아닌 정치적, 종교적 못이 예수를 죽음에 이르게 했으며, 예수가 못 박힌 이래로 여전히 못의 시대가 이어지고 있다는 목사의 설교에 이끌린다. 수난찬송가와 주기도문이 지나간 뒤 교회 안의 모든 사람이 절규와 애원, 울부짖음으로 가득한 기도를 올리자 '나'는 고역스럽게 견뎌내다 기이한 평온을 느끼며 잠 속으로 빠져든다.

◆ 열 시가 다 되어서야 잠에서 깨어난 '나'는 교회당을 벗어나 거리를 걷다 간밤에 묵었던 청수장 앞을 지난다. 여관 앞에 사람들이 모여 웅성거리고 있다. '나'는 사람들의 웅성거림을 통해 여관집 아들이 스스로 목숨을 끊었으며, 어젯밤 들었던 그 소리들이 죽음으로 향하는 소리였음을 깨닫게 된다. 월미도를 떠나기 전 장의사에서 나온 작은 버스에 올라타는 유가족들 속에서 '나'는 소복을 입은 어젯밤의 여자를 발견한다. '나'는 여자의 가슴께에도 크고 뾰족한 못이 하나 박혀 있을지 모른다는 생각을 하며 그곳을 떠난다.

4. **초점화**

<못>의 초점화 주체는 일인칭 화자인 '나'로 월미도에서 마주 한

풍경과 기이한 사람들을 초점화 대상으로 하고 있다. ‘나’의 1차적 초점 대상은 더럽고 황폐한 월미도의 풍경이며 2차적 초점 대상은 그곳에서 보고 마주하게 된 사람들이다. 바다로 뛰어들려는 남자와 여관집에서 늦은 밤 자신의 방으로 들어온 여자, 그리고 교회당에서 들려오는 찬송가소리와 목사의 설교가 ‘나’의 초점화 대상으로 자리한다.

하지만 그러한 초점화 대상들은 기도원으로 떠난 아내에 대한 생각으로 연결되고, 다시 못에 박혀 죽었다는 예수로 수렴된다. 이와 같은 초점화 대상의 전치를 통해 ‘나’는 여전히 못의 시대를 살아가고 있는 현대인의 지울 수 없는 한계상황을 토로하고 있다.

5. 주제의식

더럽고 황폐한 바다를 보고 그곳에서 만난 기인한 풍경과 사람들을 통해 <못>은 여전히 자유롭지 못한 현대인의 삶을 형상화하고 있다. 단 한 줄의 취재기사가 문제가 되어 잡지사가 문을 닫고, 젊은 청년은 빨갱이로 몰려 어딘가로 사라졌다가 정신이상자가 되어 돌아온다. 많은 사람들은 현실의 무게를 견디기 위해 교회에 빠져들고, 교회당과 기도원의 기도소리는 그칠 줄 모르고 높아만 간다. 예수가 죽은 이후로 여전히 못의 시대라는 목사의 설교에 알 수 없는 이끌림을 느끼며 그 속에서 짧은 평온함을 느끼는 ‘나’의 모습은 권력과 종교가 극성한 한국사회의 전형적인 상황을 반증하고 있다.

6. 시간과 공간

<못>의 표면적 중심 공간은 더럽고 음습한 바다가 보이는 월미도이다. 육지와 닿아 있지만 섬인 월미도는 오염된 바다와 그곳에서 불어오는 거센 바람으로 인해 음습한 공간으로 변질되어 있다. 그곳에서 마주친 여관집의 내력은 한국전쟁에서부터 1980년대의 군사정권

의 횡포를 지나며 권력의 보이지 않는 힘에 의해 죽거나 정신이상자가 되었던 이들의 시간을 담고 있다. 마치 한국현대사의 굵직한 시점을 관통하듯 형상화된 내력은 다시 교회와 기도원 등 종교의 영역으로 확장되어 일시적인 평온함을 갈구하는 현대인의 표상을 그리고 있다.

7. 인물의 존재방식과 유형

초점화 주체인 '나'는 월미도를 찾아가 오염된 바다를 보고, 그곳에서 기이한 행동을 하는 여관집 아들을 본다. 그리고 여관집 여자와의 대화와 새벽 교회당에서의 설교 등 직접적 행동을 통해 세계와 마주하는 인물이다. 잡지사 기자라는 직업에서 유추할 수 있듯이 사회 문제에 민감하며 종교적 이해와는 거리가 먼 '나'는 월미도 여행을 통해 신적인 요소와 인간적 요소의 변증법적 추구로 나아가려는 징조를 보인다. 지극히 인간적인 성향에서 프라이(N. Frye)가 말한 비극적 인간유형 중 욥형으로 변화하려는 과도기적 인물이라 할 수 있다.

초점화 대상으로 등장하는 인물들 중에서 여관집 아들은 상징적인 인물로 권력의 힘에 의해 정신이상자가 되었고, 급기야 스스로 못을 박아 죽음에 이른다. 교회당에서의 목사의 설교, 즉 못에 박혀 죽은 예수의 이야기와 중첩되며 '나'의 인식 속에서 여관집 아들의 죽음은 숭고함을 갖게 된다. 다분히 의도적인 상징이긴 하지만, 비극적 인간유형 중 '그리스도형' 인물이라 할 수 있다.

8. 플롯의 방법과 종류

<못>은 월미도 여행을 통해 권력의 문제에서부터 사회에 만연해 있는 문제적 요소들, 그리고 종교적 측면에 이르는 인식의 변화를 담고 있는 작품이다. 종교에 심취해 있는 아내를 이해할 수 없던 '나'는 여관집 아들의 기이한 행동과 죽음을 마주하고, 교회당에서 들은

목사의 '못의 시대'라는 설교를 접하고 나서 이해의 단초를 마련한다. 노먼 프리드먼의 플롯 유형 중 사상의 플롯에 해당하는 작품으로 특히 '나'의 사고와 인식에 변화가 형성된다는 측면에서 정감의 플롯으로 볼 수 있다.

9. 문학생태적 비평의 의의

이승우의 <못>은 오염된 바다로 둘러싸여 있는 월미도라는 공간 속에서 살아가는 인간들의 변질된 삶의 모습을 형상화하고 있다. 권력의 보이지 않는 힘에 의해 죽음에 이르는 인물은 여전히 섬이지만 육지에 붙어 있는 월미도의 운명처럼 비극적이다. 단지 카메라의 렌즈 속에서만 평온하게 보일 수 있는 오염된 바다는 실제로 심각한 위기에 놓여 있지만, 발전이라는 미명 하에 그럴 듯하게 포장되어 있는 현대 사회의 본질과 다르지 않다.

이 작품은 권력에 기초해 추진된 발전이라는 맹목성이 초래한 환경적 오염과 정신적 측면의 이상증상은 이미 그 한계를 넘어선지 오래이며, 그럼에도 불구하고 이를 해결하기 위한 노력은 어디에서도 찾아볼 수 없다는 점을 다시 한 번 확인시켜 주고 있다. 외지인들에게는 단순한 여행지 정도로 인지되는 월미도라는 공간이 사실은 오염된 바다만큼이나 위험한 곳이라는 인식은 생태학적 위기의식과 궤를 같이 한다. 이러한 현실 인식이 종교적 차원의 구원과 연결되어 '보이지 않는 못이 가슴에 박혀 있는 것'을 인식할 수 있는 방향으로 나아가는 서사 전개에서 긍정적인 방향의 해결책이 모색될 수 있음을 작가는 드러내고 있다.

<목수의 집>

1. **작가 소개 : 이청준**(李清俊)

1939년 8월 9일 전남 장흥에서 태어난 이청준은 광주 제일고등학교와 서울대학교 독문과를 졸업하고, 1965년에 『사상계』 신인상에 <퇴원>이 당선되어 등단하였다. <병신과 머저리>(1966), <굴레>(1966), <석화촌>(1968), <매잡이>(1968) 등의 초기작에서 현실과 관념, 허무와 의지 등의 대응관계를 구조적으로 파악하였다. 경험적 현실을 관념적으로 해석하고 상징적으로 표현하는 경향이 강하였으며, 그의 진지한 작가의식이 때로는 자의식의 과잉으로 나타난다거나 지적 우월감으로 느껴지기도 한다.

이청준의 소설적 작업은 1970년대에 들어서면서 매우 활발하게 전개되어 <소문의 벽>(1971), <조율사>(1972), <들어보면 아시겠지만>(1972), <떠도는 말들>(1973), <이어도>(1974), <낮은 목소리로>(1974), <자서전들 쓰십시다>(1976), <서편제>(1976), <불을 머금은 항아리>(1977), <잔인한 도시>(1978), <살아있는 늪>(1979) 등의 무게 있는 작품을 발표하였다.

이청준은 그의 소설에서 정치·사회적인 메커니즘과 그 횡포에 대한 인간 정신의 대결 관계를 주로 형상화하였다. 특히 언어의 진실과 말의 자유에 대한 그의 집착은 이른바 언어사회학적 관심으로 심화되고 있다. 이러한 작업을 거치면서 ≪잔인한 도시≫에서 닫힌 상황과 그것을 벗어나는 자유의 의미를 보다 정교하게 그려내기도 하고, ≪살아있는 늪≫에서는 현실의 모순과 그 상황의 문제를 강조하기도 한다. 그렇기 때문에 그의 소설은 사실성의 의미보다는 상징적이고도 관념적인 속성이 강하게 나타난다.

주요 저서로 소설집 ≪별을 보여 드립니다≫(1971), ≪가면의 꿈≫(1975), ≪당신들의 천국≫(1976), ≪예언자≫(1977), ≪남도 사람≫(1978), ≪춤추는 사제≫(1979), ≪흐르지 않는 강≫(1979), ≪낮은 데로 임하소서≫(1981), ≪따뜻한 강≫(1986), ≪아리아리 강강≫(1988), ≪자유의 문≫(1989) 등이 있으며 수필집 ≪작가의 작은 손≫을 비롯해, 희곡 ≪제3의 신≫(1982) 등이 있다. 1978년 이상문학상, 1994년 제2회 대산문학상, 1998년 21세기문학상, 2004년 제36회 대한민국 문화예술상, 2007년 제17회 호암상 예술상, 제1회 제비꽃 서민 소설상 등을 수상했다.

2. 스토리

소설가 허세훈 씨는 자신의 취재 수첩 속에 있던 인물인 김승조 씨에 관한 꿈을 꾼다. 꿈속에서 김승조 씨는 북녘의 고향과 닮은 곳을 찾았으나 자기 집의 위치를 생각하지 못하고, 그런 김승조 씨를 허세훈은 안타까워한다. 꿈에서 깬 허세훈은 꿈속에서 본 마을이 자신의 고향 마을이었음을 상기하며, 소설 쓰기의 욕망을 잠재우기 위해 실제의 고향을 향해 여행을 떠난다.

고향으로 가는 길에 허세훈은 목수 최봉수의 얼굴을 떠올린다. 최 목수는 나무집만 고집하는 목수로서 평생을 집을 지으며 살았지만 정작 자신의 집은 지은 일이 없는 인물로 허세훈의 취재 수첩 속에 존재하고 있다. 최 목수를 생각하면서 허세훈은 더 강렬해지는 소설

창작에 대한 욕구와 함께 최 목수에게 자신의 마지막 집을 부탁하고 싶다는 욕망을 느낀다.

그러나 고향에 도착한 허세훈은 쓰레기장과 매립장 시설 공사가 한창인 모습을 보고 절망감을 느낀다. 노년을 위한 집을 짓기는커녕 선산부터 다른 곳으로 옮겨야 할 상황이기 때문이다. 하지만 아무런 대책을 강구할 수 없는 무력감 때문에 서둘러 고향을 떠난다.

글을 쓸 수밖에 없다는 강박을 느끼며 우록 선생에게 전화를 한 허세훈은 우록 선생의 제안으로 땅 끝에 사는 동천과 무등산골의 계산까지 만나 더 없이 따스한 술자리를 갖는다. 그리고 이들의 오연스러우면서도 따뜻하고 아름다운 집들을 보며 새로운 집을 꿈꾸기 시작한다. 그것은 자신의 시체를 해부학 수업 실습용으로 사용하고 그 뼈대는 교실에 표본으로 남기라고 유언한 신촌의 ㅅ의과대학 해부학과의 한 노교수가 지은 집이며, 그런 아버지의 뒤를 이어 자신의 몸을 기증할 아들 부자가 지은 집일 뿐만 아니라 시신기증서류에 서명을 한 후 아버지도 그렇게 해 주기를 바라는 허세훈의 아들이 짓고자 하는 집이다.

3. 담론

◆ 허세훈은 김승조가 고향마을과 닮은 동네를 찾았는데도 자신의 집터를 말하지 않는 꿈을 꾸다 깨어난다.

◆ 김승조는 황해도 안악 고을에서 살다가, 그가 열여섯 살 되던 해인 1950년 겨울 남하하는 국군을 따라 부모님과 어린 누이동생을 고향마을에 남겨두고 혼자 남쪽으로 왔다. 어느 땐가부터 그는 넋을 놓고 지도를 들여다보며 고향을 떠올리곤 했는데, 30년의 세월이 흐른 뒤부터는 고향에 대한 기억이 사라지기 시작했다. 그때부터 김승조는 지도를 보는 대신 고향마을과 비슷한 곳을 찾기 위해 전국 방방곡곡을 다녔다. 그러나 쓰레기로 뒤덮여 원래의 땅심과 지덕을 잃어가고,

더러는 위험한 공해 시설 개발 사업 따위로 곪아 썩고 맥이 크게 잘려나간 상처투성이의 황무지가 흔해진 이 땅에서 고향마을과 닮은 곳을 찾기는 어려웠다.

◆ 허세훈은 10년 가까이 취재노트 속에 끼어있던 김승조 씨의 인생행로를 기억해냈지만, 소설 집필을 마감하려는 터라 그의 이야기를 소설로 쓸 수 없었다. 그래서 김승조의 일을 잊으려고 했지만 잘 되지 않았다.

◆ 김승조의 꿈을 쫓고 머릿속을 씻기 위해 허세훈 씨는 자신의 고향을 찾아간다. 고향 찾기를 가족들에게 말하지 않은 것은 아들의 몰이해 때문이다. 우리나라 사람들의 사자숭상(死者崇尙) 정서를 못마땅하게 생각하는 아들은 허세훈의 고향 찾기가 묻힐 곳을 찾는 것이라며 못마땅해 했다. 하지만 허세훈은 자신이 그런 동기만으로 고향을 찾는 게 아니라고 생각한다.

◆ 허세훈의 고향살이 꿈의 중심은 집이다. 그래서 허세훈은 출판사 친구 홍 사장에게서 들은 최봉수 노인을 떠올린다. 일제 초기 강원도 원성 고을에서 무작정 서울길을 나선 최봉수는 우연히 목수 일을 배우게 되고, 서른 살을 넘겼을 땐 제법 이름이 알려진 목수가 되었다. 그는 갈수록 좋은 집을 짓는 데만 몰두했고, 그만큼 자기 주견이 분명한 괴벽쟁이 대목으로 늙어갔다. 그는 언제나 전통적인 목조건물 짓기만을 고집했다. 그리고 고희를 넘어선 후에도 목수일을 놓지 못했다. 그런데도 정작 자신의 집은 한 번도 지은 일이 없었다.

◆ 허세훈이 그의 이야기를 끝내 소설로 쓰지 못했던 것은 최 노인에 대한 의심과 숨은 욕심 때문이었다. 하지만 최 노인을 직접 만나본 허세훈은 그가 한 번도 자신의 집을 지은 일이 없다는 것을 가슴으로 확인했다. 그리고 남의 집을 짓는다는 생각으로 지은 집이 한 채도 없다며 세상천지가 내 집이라는 최 노인의 말을 듣고 부끄러움을 느낀다.

◆ 고향에 도착한 허세훈은 군내 쓰레기 소각과 매립장 시설 공사가 한창인 모습에 실망하고 절망감과 아쉬움을 느낀다. 그리고 해남의 우록 선생을 만나기 위해 땅 끝 쪽 동천의 집으로 갔다. 그리고 동천의 집에서 붓그림 일 한 가지에 묻혀 사는 무등산골의 계산까지 만났다. 이날 밤 허세훈은 동천네 일가의 기이한 풍물거리 합주에 뜨거운 전율을 느낀다.
◆ 허세훈은 우록과 계산과 동천이 서로 공유하는 오연스러우면서도 따뜻하고 아름다운 집으로 말하자면 척박하고 궁벽한 곳에 사람의 마음을 심어 세운 집을 깨닫는다. 그리고 서울 집에 돌아오자 자신의 노년기에 대한 아득한 체념 속에 내일의 그의 집을 새삼 아프게 꿈꾸기 시작했다. 신촌의 의과대학 해부학과의 한 노교수는 세상을 떠나면서 자신의 사체를 해부학 수업 실습용으로 사용하고 그 뼈대는 교실에 표본으로 남기라 유언했다. 그의 아들은 유골 표본 앞에서 자신의 아들과 사진을 찍고는 '언젠가는 우리도 여기 이렇게 설 수 있어야 한다'고 말했다. 이 이야기도 허세훈이 소설화하지 못한 얘기 중의 하나였다.
◆ 허세훈은 집에 대한 꿈꾸기로 소설 쓰기를 다시 시작한다. 아버지의 소설 쓰기에 불편함을 토로하는 가족들에게 허세훈은 자신이 구상한 소설 내용을 들려준다.

4. 초점화

전반적으로 전지적 작가 시점으로 서술되고 있지만, 서사 내에서 초점화자 허세훈이 다른 인물들이나 사건들을 초점 대상으로 하고 있기 때문에 인물 초점자 형식으로서의 면모를 지닌다. 허세훈의 첫 번째 초점대상은 김승조의 망향(望鄕)의식이다. 김승조는 이북의 고향마을과의 모습과 흡사한 곳을 찾아 집을 짓고자 했던 사람이다. 김승조가 소망을 이루었는지의 여부가 궁금해진 허세훈은 자신 역시 귀향을 욕망하고 있음을 느끼며 고향을 찾아 나선다. 고향을 찾아가면서 허세훈은 두 번째 초점대상인 최 목수를 떠올리는데, 최 목수는 목조집만을 고집하는 괴벽쟁이 장인이다. 그의 기벽(奇癖)들이 좋은 집을 짓기 위한 노력일 뿐 세속적인 욕망과는 동떨어진 것임을 아는 허세운은 자신이 거처할 노년의 집을 그에게 맡기고 싶다고 생각한다.

그러나 고향에 도착했을 때, 허세훈이 발견한 것은 군내 쓰레기 소각과 매립장 시설공사로 인해 묘소들마저 파헤쳐진 모습이었다. 실망을 한 허세훈은 해남의 우록을 찾아가 동천과 계산을 더불어 만난다. 이들이 그의 세 번째 초점대상인데, 허세훈은 그들이 꾸밈없지만 오연스러운면서도 따뜻하고 아름다운 자연의 집을 공유하고 있다는 것을 발견한다. 집으로 돌아오는 과정에서 허세훈은 네 번째 초점대상으로 아들의 스승인 노교수를 떠올린다. 자신의 사체를 실습용으로 사용하고 그 뼈대는 교실에 표본으로 남기라는 유언을 했고, 그의 아들이 또한 그의 뜻을 이어받았다는 노교수의 이야기를 생각하며, 허세훈은 자신이 꿈꾸어온 노년의 집이 그 혼자 힘으로나 사람의 손으로 지을 수 없는 것, 즉 마음의 집임을 깨닫게 된다.

허세훈의 네 명의 초점 대상은 각기 다른 개별적 존재들이지만, 이들의 삶과 이에 대한 허세훈의 인식변화는 전체적 틀 안에서 유기적 관계를 맺으며 삶과 죽음 그리고 일상과 예술의 진정성 회복이라는 의미를 생성하고 있다. 즉 체험의 가치를 관계 속에서 도출해내는 격자소설로서의 양태를 드러내고 있는 것이다.

5. 주제의식

허세훈은 김승조의 끈질긴 고향 찾기 행로가 부질없음을 느끼면서도, 또한 최봉수에게 고향집 건축을 부탁하는 것이 헛된 욕망임을 알면서도 그를 통해 고향에 번듯한 집을 짓고 싶어 한다. 그러나 우록선생 등을 만나면서 '집이란 사람이 먹고 자고 자식을 기르며 살아가는 일상의 보금자리요, 그 희로애락 과정과 형식의 표상'일 뿐 요란한 욕망의 징표가 아니라는 것을 깨닫게 된다. 또한 자신의 몸을 기증한 한 노교수의 일화를 떠올리면서 사람이 손으로 지은 집과 땅에 대한 집착이 허망한 것임을 깨닫게 된다. 즉 이 소설은 허세훈의 집에 대한 인식변화과정을 통해 마음을 심어 세우고 가꾼 마음의 집이 진정한 집이며, 이러한 집에 대한 인식이 인간의 영혼을 자유롭게 할 것임을 역설하고 있다.

6. 시간과 공간

이 소설에서는 사회적·정치적·경제적 배경들이 부각된다. 즉 주인공 허세훈은 쓰레기 소각장과 매립장 시설 공사로 인해 파헤쳐진 고향의 모습을 목격하게 되고, 김승조는 분단으로 인해 고향과 가족을 잃었으며, 최봉수는 궁핍한 현실 때문에 고향을 떠나 목수가 된다. 이들은 다양한 고향 상실의 경험을 통해 피폐해지는 인간의 내면과 그에 따른 욕망을 보여준다.

7. 인물의 존재방식과 유형

<목수의 집>의 허세훈은 소설쓰기와 노년의 집짓기에 대한 욕망을 견지하고 이를 위해 고향에 가 보지만 고향이 쓰레기 소각장으로 변해 있는 현실에 대해 절망한다. 하지만 우록, 동천, 계산이 공유하는 집을 보면서 자신의 집에 대한 욕망에서 벗어난다. 또한 허세훈은 아들이 들려준 노교수의 시신 기증에 대한 이야기를 듣고 자신의 욕망에 대해 반성하기도 하는 인간적인 모습을 보인다는 점에서 프라이(N. Frye)의 '아담형'에 해당한다. 허세훈의 아들은 스스로 시신 기증에 대한 서약을 하고 아버지인 허세훈에게도 이를 권유하여 소유와 사후에 대한 집착을 비판하는 인물로서 허세훈에게 욕망에 대한 집착에서 벗어나도록 하는 계기를 제공하는 프로프(V. Propp)의 '영향

자'로 존재한다. 한편 조상이 전하는 재래의 목조집만을 짓고 재료 또한 인위적인 것을 거부하는 목수인 최봉수는 생태적인 인물로서 주체가 추구하는 선의 대표치로서 수리오(E. Souriau)의 '태양'에 해당한다. 물질적 욕망에서 벗어나 탈인간중심주의에 천착하고 있는 우록 선생과 자연 속에서 무욕의 삶을 추구하는 계산 역시 생태적 인물로서 '태양'의 모습을 반영하고 있다.

8. 플롯의 방법과 종류

행복하고 풍요로운 노년의 집을 꿈꾸는 주인공이 그것을 해소하기 위해 노력하는 동안 스스로의 욕망이 지닌 모순을 인식하고 그것을 지양함으로써 바람직한 지향점을 찾게 되는 과정을 드러낸 소설이다. 근본적으로 단순구성이지만, 허세훈을 주인공으로 한 기본 서사 속에 김승조 씨 이야기, 최봉수 목수 이야기, 우록 선생과 동천 김창섭 등의 이야기, 신촌의 ㅅ의과대학 해부학과의 한 노교수 등이 삽입되어 있어서 피카레스크식 구성처럼 보인다. 하지만 삽입된 이야기들은 주인공 허세훈이 자신의 내적 갈등과 외적 갈등을 해결해 나가는 과정을 드러내는 데 중요한 모티프로서 기능할 뿐 그 자체로 독립성을 지닌다고 하기는 어렵다.

9. 문학생태적 비평의 의의

이 소설은 군내 쓰레기 소각과 매립장 시설 공사로 인해 토양이 오염되고, 오물 쓰레기로 뒤덮여 원래의 땅심과 지덕을 잃는가 하면, 위험한 공해 시설 개발 사업 따위로 곳곳이 곪아 썩고 맥이 크게 잘려나간 상처투성이의 황무지와 함께 강파르고 매섭게 변해가는 인심을 제시하고 있다. 나아가 이러한 현실을 극복할 수 있는 방법이 개인적 욕심과 편견에서 벗어나 더불어 살아가는 나눔과 무소유의 삶을 지향하는 데 있음을 제시하고 있다. 즉 개인적 차원에서의 변화와 이를 바탕으로 한 사회적 차원의 변화에 대한 유기적인 관계 인식을 드러내는 작품으로서 사회생태론에 접맥된다고 할 수 있다.

<가수>

1. 작가소개 : 전성태(全成太)

1969년 전남 고흥에서 태어났으며, 중앙대학교 예술대학 문예창작학과를 졸업했다. 1994년 농촌 젊은이의 한나절을 해학적 필체로 그린 단편 <닭몰이>로 '실천문학 신인상'을 받으며 등단한 그는 이후 탄탄한 구성력과 묘사력으로 <가문 정월>, <태풍이 오는 계절> 등 정제된 단편들을 발표해 왔다. 이들 단편은 기층 민중의 삶을 전통정서에 기반한 시각으로 일관되게 그리고 있으며, 나아가 개인의 실존을 껴안는 집단에 대한 모색으로써 농촌공동체에 천착하는 면모를 보이고 있다. 사회적 변방으로서의 농촌을 김유정· 이문구를 잇는 해학적 문체로 묘파해낸 그의 작업은 요즘의 문학 지형도에서는 꽤나 이채로운 것이며, 전통의 단호한 단절을 경험하고 있는 세기말에 더욱 값지고 빛난다.

탄탄한 구성과 치밀한 묘사력, 토속적 언어와 해학적 문체로 소외된 농촌 현실과 민중의 삶을 밀도 있게 그려왔다. 소설집으로 ≪매향(埋香)≫, ≪국경을 넘는 일≫, 장편소설 <여자 이발사>가 있다.

2. 스토리

'나'의 고향 중부리에서는 매년 가요 콩쿠르가 열렸다. 가요 콩쿠르는 향리를 떠나 척박한 객지생활을 하는 동향민들이 다시 한 데 모여 어우러질 수 있는 구실이 되었고, 나락 수매나 부역, 물꼬 싸움 등으로 앙금이 진 마을끼리도 화해하고 무난히 새 농사철을 맞이할 수 있게 하는 동네 잔치였다. 그런 콩쿠르가 오공화국의 사회정화운동의 일환으로 폐지됨으로써 놀이문화는 말라가고, 이와 더불어 농촌 사회는 삭막하게 되었다. 그리고 고향의 이러한 변화들은 '나'로 하여금 실향민 의식을 지니게 했다.

그러나 다시 재개된 '중부리 가요 콩쿠르'는 '나'와 면 전체 사람들의 향수를 자극했다. 그 향수의 핵심에 '정애'라는 여자가 있었다. 정애는 간척지 너머 죽도에 사는 갈치젓 장수 '옥돌매'의 실성한 딸로, 매일 노래를 부르며 돌아다녔는데, 술집에 앉아 술을 얻어 마시며 노래를 부르기도 했고, 들일 새참거리 먹는 자리에서 술과 밥을 얻어먹고는 보답이라도 하듯 노래를 불렀다. 그리고 콩쿠르 중간이나 끝머리에 초대가수로 무대에 올라와 노래를 불렀으며, 아이들 소풍 때도 어김없이 행렬에 끼여 있었다. 정애는 아무에게도 존대 받지 못한 존재, 그러나 그녀가 있는 자리가 어디이든, 그곳을 윤이 나게 했던 존재였다. 콩쿠르에 참가한 '옥동'이 정애의 애창곡 '울고 넘는 박달재'를 선곡한 것, 콩쿠르가 끝난 후 '정갑출 선생'이 15년이나 지난 정애 실종에 대해 언급한 것, '나'의 동무들이 정애 없는 콩쿠르를 허전해 한 것 등은 정애의 존재가 적잖은 의미를 내포하고 있었음을 드러낸다. 정애는 '고향'이 품고 있던 넉넉한 웃음과 포용력의 상징이며, 산업화 속에서 실종된 인정과 놀이문화의 상징이었던 것이다.

3. 담론

◆ 지난 해 늦가을, 변산반도를 돌아오는 여행에서 가장 인상 깊었던 것은 신재효 선생의 고택이었다. 선생의 고택이 자아내는 고적하고

깊이 있는 면모들은 오래도록 잊혀지지 않았다.

◆ 옥돌매는 키가 작고 낯이 얽은 갈치젓 장수다. 어른들은 종종 '갈치젓갈 팔러 다니는 엄씨가 니 에미'라고 말해 아이들을 울리곤 했다.

◆ 설 명절을 며칠 앞두고 고향 친구 옥동에게서 '중부리 가요 콩쿠르'가 재개되었으니 낙향하라는 전화를 받았다. 실향민 의식에 젖어 있던 나는 처음엔 선뜻 내키지 않았지만, 척박한 객지생활을 하는 동향민들이 한데 어우러질 수 있는 구실이었던 그 콩쿠르가 자꾸 눈에 밟혀 가기로 결정한다.

◆ 고향마을은 십여 년 만에 다시 열리게 된 잔치에 한껏 들떠 있었다. 다방에서 옥동을 만나 정애에 대해 이야기를 하게 된다. 정애는 갈치젓 장수의 딸로, 죽도라는 곳에 산다고 했다. 정애는 마을을 돌아다니며 노래를 불렀는데, 콩쿠르가 열릴 땐 초대가수로 노래를 부르기도 했고, 마을 여자들에게서 서방질을 하고 다닌다며 봉변을 당하기도 했다. 정애의 노래를 마지막으로 들을 수 있었던 콩쿠르는 무척 어수선했다. 면장이나 지서장이 시국이 어수선하다는 이유로 콩쿠르를 철회해 줄 것을 요구했음에도 불구하고 강행했기 때문이다. 결국 정전(停電) 속에서 콩쿠르는 막을 내렸다.

◆ 노래자랑이 끝나고, 운동장 한 켠에 모여 술을 마시던 동창들은 초등학교 때 은사인 정갑출 선생의 제안으로 실비식당에 가서 노래자랑 뒷이야기를 하다가 정애 이야기를 하게 된다. 정애는 항구가 갑자기 번창을 시작하던 칠십년대 막바지에 항구의 술집에서 노래를 부르다가 칠십년대 마지막 초겨울 상처투성이의 몸으로 다시 나타났다. 그때 정애와 놀아주던 아이는 옥동뿐이었고, 나를 비롯한 다른 아이들은 정애를 보면 돌팔매질을 하곤 했다.

◆ 이튿날 여관에서 아침을 맞은 나는 옥동의 제안으로 죽도에 간다. 그곳에서도 정애의 종적을 찾을 수 없었다.

4. 초점화

일인칭 주인공 시점으로 서술되고 있지만, 사실상의 초점 인물은 서술자의 회상 속에 등장하는 '정애'이다. 하지만 정애는 서술자와 가깝게 지낸 인물도 아니고, 서술자의 회상 속에 존재하는 인물이기 때문에 서술자와 정애의 거리는 비교적 먼 편이다. 이 소설에서 초점화자와 초점인물 간의 거리는 현실과 과거, 실향과 망향의 거리와 상응함으로써 주제를 부각시키는 기능을 담지한다.

5. 주제의식

고향에 가도 따뜻한 인정이 남아있지 않기 때문에 '고향'의 의미가 옛말 그대로 온전할 수 없다는 비판적 의식을 드러내는 소설이다. 이러한 실향 의식은 1970년대 이후의 산업화 및 정치적 변화와 밀접하게 관련되어 있다. 즉 급변하는 정치적·사회적·문화적 환경이 고향 본연의 자연과 풍속을 사라지게 하고, 자연을 파괴할 뿐 아니라 인심을 변화시킨다는 데 대한 안타까움이 강조되는 소설이다.

6. 시간과 공간

전라북도 고창의 중부리, 비더리, 죽도 등을 공간적 배경으로 한 소설이다. 이곳은 1970년대의 산업화 과정 속에서 급격하게 변모된 공간이다. 즉 이곳은 1970년대의 산업화와 1980년 광주민주화운동, 제5공화국의 사회정화운동, 문민정부의 일방적인 정책 속에서 그 본연의 모습을 잃은 공간으로서, 실종된 '고향'과 '자연'의 의미를 부각시킨다.

7. 인물의 존재방식과 유형

<가수>는 실향민 의식에 빠져 있던 '나'가 산업화로 피폐해지기

이전의 고향에 대한 향수를 느끼며 그 시절로 회귀하고자 그 근원을 탐색하고 있다는 점에서 브레몽(Bremond)의 '행위자'의 모습을 보인다. 옥동은 내게 고향의 소식을 전달하고 있는 '전달자'로서 고향의 의미를 유지하려고 애를 쓰는 프로프의 '유지자'(maintainer)로 존재한다. 정애는 비록 실성하기는 했으나 순수하며 자연 그대로의 모습을 지니고 있는 인물로서 산업화로 인해 상실된 농촌문화를 반영하는 인물이다. 또한 정애는 산업화로 인해 피폐화되고 희생되었다는 점에서 프라이(N. Frye)의 '파르마코스'에 해당하는 인물이다.

8. 플롯의 방법과 종류

오공화국의 사회 정화운동의 물결 속에서 폐지되었던 '중부리 가요 콩쿠르'가 재개된 것을 계기로 고향을 찾아가게 된 서술자 '나'의 이야기와 고향의 풍경 및 인물들에 대한 회상내용이 교차되면서 제시되는 구성이다. 외부 이야기라고 할 수 있는 현재의 상황들은 서술자 '나'가 고향과 정애의 의미를 깨달아가는 과정을 드러내고, 내부 이야기라 할 수 있는 회상 부분은 산업화의 과정 속에서 잊혀져 간 고향의 정겨운 인물들과 상황들을 재현함으로써 서술자의 인식상황을 구체화한다. 결국 실종된 고향과 그 의미를 확인하는 액자형식의 단순구성의 소설이다.

9. 문학생태적 비평의 의의

급변하는 정책들에 의해 파괴되어가는 풍속과 자연 및 인간을 문제 삼는다는 점에서 사회생태론적 접근방법으로 해석할 수 있는 소설이다. '정애'라는 허구적 인물을 중심으로 서술되고 있지만, 이 소설의 정치적·사회적·공간적·시대적 배경 등은 모두 실증적 성격을 지니고 있으며, 따라서 이 소설은 사실주의적 성격을 강하게 지니고 있을 뿐만 아니라 비판적 생태의식을 드러내고 있다고 할 수 있다. 이 소설에서 주목되는 것은 풍속과 자연 및 인정의 변화 양상을 동궤에 놓고 있다는 점이다. 즉 이 소설은 자연의 변화가 인간 사회의 다양한 행태변화와 분리될 수 없다는 의식을 저변에 깔고 있다.

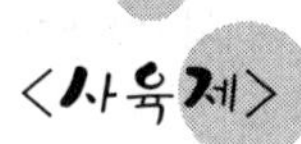

1. **작가소개 : 전성태**(全成太)

Ⅱ의 <가수>를 참고.

2. **스토리**

탄광마을이 폐광되고 관광특구를 만들겠다는 정부의 발표에 광부들은 연이은 시위를 하고, 마을의 온갖 유흥업소가 문을 닫아도 마을의 부자인 여관 청년은 그러나 끄떡 않고 마을을 지킨다. 언어와 신체에 장애를 지니고 있는 '나'는 문명으로 상징되는 버스사고로 아이가 죽자 버스 운전자만 보아도 공격하는 기복엄마와 통하는 사이이다. 아무도 기복 엄마의 이야기를 들어주지 않지만 어린 아이인 '나'는 기복 엄마의 말을 이해하고 저수지에 앉아 이야기하는 것을 즐기기 때문이다. 그런데 어느 날 내가 왕개구리를 잡게 되는데 여관 청년이 '나'의 왕개구리를 빼앗아 가고 이를 찾기 위해 전전긍긍 하게 된다. 이때 '나'는 기복엄마로부터 마을 저수지에 이무기가 운다는 소리를 듣는다. '나'는 이 소리가 왕개구리가 우는 소리라고 확신하며 더욱 애가 탄다. 이무기 소리로 마을이 흉흉해 가던 어느 날 여관에서 일하던 청년이 죽자 굿판이 벌어진다. 산업화로 인해 마을이 광산으로 바뀌고 또 관광특구로 변화되는 과정에서 기복엄마가 희생되었듯이 굿판에서도 그녀가 제물로 바쳐지고 이를 저지하던 '나'는 창고에 갇히게 된다. 그리고 거기서 '나'는 왕개구리의 시체를 보고 그것을 저수지에 띠우며 왕개구리의 영혼이 승천하기를 바란다.

3. 담론

◆ 언어와 신체장애를 가지고 있는 '나'는 마을에서 미친 여자 취급을 당하는 기복엄마와 친한 사이다. 내가 최근에 잡은 왕개구리에 대해 기복엄마는 믿지 않는다. 그러나 그것을 여관 청년에게 빼앗겼기 때문에 보여 줄 수 없어 안타깝다. 여관 청년은 마을에서 제일 부자인데 할아버지 말씀에 의하면 돈에 걸신들린 것들은 바보라 하였기에 '나'는 그를 바보로 본다.

◆ 마을의 광부들은 매일 띠를 두르고 읍내로 나가 모여서 북을 치고 노래를 부르며 그들이 읍의 주인이라 외친다. 할아버지는 광부들이 땅을 파괴한 자들이라며 그들을 경멸했다. '나'는 동네를 관광특구로 개발하면서 광산을 폐광한다는 이야기를 아저씨들에게서 듣는다.

◆ 저수지에서 이무기가 운다는 기복엄마의 이야기를 듣고 '나'는 자신의 왕개구리일 것이라 생각한다. 얼른 찾아 치료해 주어야 한다는 생각에 학교도 가지 않고 왕개구리를 찾는 일에 매달린다. 기복엄마는 도로를 무서워해서 방죽으로만 다닌다. 도로에서 4년 전 기복을 교통사고로 잃고 운전기사를 증오해 한번은 운전기사를 물어뜯고 공격한 적이 있다.

◆ 마을은 우-하는 이무기 소리에 흉흉해지고 여관에서 일하던 청년이 죽는 일이 발생하자 여관 청년이 급기야 굿판을 벌이고 기복엄마는 굿판의 제물로 바쳐진다. '나'가 그녀를 구하러 달려들자 '나'는 여관 청년들에 의해 음습한 창고에 구금당한다. 그리고 그곳에서

'나'가 찾던 왕개구리의 시체를 본다. 몰래 빠져 나온 '나'는 왕개구리 시체를 저수지에 놓아 준다. 이때 왕개구리의 소리가 들리고 '나'는 물속에 갇힌 영혼은 다른 영혼을 대신 물속에 넣고 승천한다는 기복 엄마의 말을 떠올리며 왕개구리가 무사히 승천하기를 바란다.

4. **초점화**

<사육제>는 내적 서술자 '나'가 폐광마을의 붕괴과정과 문명에 의해 상처 입은 기복엄마의 모습을 '고정초점화'의 방식으로 서술하고 있다. 그런데 '나'가 지진아라는 사실과 기복엄마가 정신을 놓은 사연, 폐광되고 관광특구가 된다는 소식, 저수지의 울음이 수입종 황소개구리라는 사실은 마을사람들의 대화를 통한 서술자의 외적 초점화에 입각해 있다. 초점화의 국면은 '나'의 '심리적 국면'에 입각해 있고, 그중 인식적 요소가 강하게 반영되어 있다.

5. **주제의식**

<사육제>는 문명의 이기가 가져온 인간성 파괴의 문제를 우선적으로 제시한다. 기복엄마가 버스사고로 아이를 잃고 정신을 놓은 것을 통해 문명의 이기가 인간의 생명을 위협하는 현실의 모순을 제시하고 있는 것이다. 또한 자연을 남획하는 인간의 모순이 땅속 자원을 마음껏 사용하다 그것이 고갈되자 폐광하고 이번에는 인간의 유희를 위한 관광특구로 개발하고자 하는 인간중심주의에 대한 비판을 표명하고 있다. 나아가 그 근저에 인간의 욕망에 대한 경계와 각성을 동시에 촉구하고 있다.

6. **시간과 공간**

<사육제>는 폐광마을이 등장하고 황소개구리가 극성을 부리던

1990년대 초반을 그 시간적 배경으로 하고 있다. 또한 공간적 배경은 폐광마을이 관광특구로 변한 태백지대를 반영하고 있다. 현재 강원랜드로 불리는 엄청난 관광단지로 탈바꿈한 이 공간의 이전의 모습을 확인할 수 있다는 점에서 다분히 실증적 사실에 입각한 배경을 통해 주제의식을 전달하고 있다.

7. 인물의 존재방식과 유형

<사육제>는 언어와 신체장애를 지니고 있는 순수하고 정직한 '나'라는 인물이 신처럼 완전무결해서 사회로부터 추방당한 프라이(N. Frye)의 '그리스도형'으로 존재하고 있다. 또한 브레몽(Bremond)의 '행위자'로서 여관청년에게 포획당한 왕개구리를 살리려는 노력과 죽은 영혼의 승천을 기도하여 모순된 현실을 개혁하려는 모습을 보인다. 한편 도시문명의 피해자이자 희생자인 기복엄마는 프라이(N. Frye)의 '파르마코스'의 전형으로 존재한다. 마을의 여관 청년은 물욕의 화신으로 자신의 탐욕을 위해 무엇이든 포획하는 프라이(N. Frye)의 '알라존'(alazons)으로 '나'와 기복엄마에게 위해를 가한다는 점에서 그레마스(A. J. Greimas)의 '적대자'로 존재하고 있다.

8. 플롯의 방법과 종류

<사육제>는 탄광마을의 폐광과정에 맞물린 인간의 욕망과 문명에 의한 인간성 훼손의 모순을 '인과론적 계승방법'에 입각해 서술하고 있는 '연속적인 플롯'의 양상을 하고 있다. 또한 순수하고 천진한 내가 여관청년의 탐욕을 인지해 가는 과정에 초점을 둘 때 '폭로의 플롯'을 확인할 수 있다. 한편 기복엄마의 문명으로 인한 상처는 '비극적 플롯'에 입각해 서술되고 있다.

9. 문학생태적 비평의 의의

<사육제>는 문명의 이기에 의한 기복엄마의 상처에서 '에코페미니즘'적 접근을 시도해 볼 수 있다. 남성이 여성을 지배하는 방식으로 인간이 자연을 지배하듯이 문명이 오히려 인간의 생명을 위협하고 있고 자연의 가치를 훼손한다는 생태의식이 이를 반영하고 있기 때문이다. 또한 탄광마을의 해체과정은 인간의 이기적 욕망에 기인하고 있으며 이러한 생태위기에 대한 접근은 '사회생태론'적 시각을 차용할 때 의미를 갖는다. 인간의 욕망은 위계에 대한 지배욕에 있다는 사회생태론적 견지로 접근할 때 이 작품의 심층적 주제와 만날 수 있다.

<별들의 냄새>

1. **작가소개 : 정찬**(鄭贊)

I 의 <산다화>를 참고.

2. **스토리**

'나'는 40대가 된 후 정신적 허망과 육체적 무기력으로 나약해 지는 자신을 다잡기 위해 친구의 정신병원에 입원을 하게 된다. 그리고 그곳에서 별들의 냄새를 맡았다는 강문규와 만난다. 그는 교통사고 후 예민해진 후각기능으로 문명사회에서 도태된 인물이며 인간의 체취로 상대의 내밀한 감정을 읽어 내는 행위로 인해 주변으로부터 소외된 자이다. 그러나 그의 주장은 문명으로 단절된 인간의 거리를 극복할 수 있는 방법은 각자의 체취를 통해 서로가 연결되어 있다는 사실을 인지해야 한다는 것이다. 그의 말에 동의한 적이 없는 '나'이지만 병원을 나온 후 강문규처럼 사람들 속의 향기를 찾아다니는 '나'를 발견하고 '나'는 인간의 문명이 파괴한 인간 사이의 고리와 인간과 자연의 고리를 찾아야 한다고 생각한다.

3. **담론**

◆ 1장 : 작년 어느 날 '나'는 삶에 대한 허망감과 육체적 무기력을 정신과 의사인 친구에게 털어 놓자 거꾸로 된 세상을 체험해보라는 그의 권유에 정신병원에 입원한다. 일상의 일탈을 맛보기위해 '나'는 아내에게 해외출장을 핑계로 열흘간을 작정으로 정신병원에 입원한다.

◆ 2장 : 깔끔한 5층 건물로 된 친구의 병원은 검소한 호텔방으로 느껴진다. 갖가지 오락시설과 창밖의 일상적인 풍경은 별다른 것이 없었지만 사람들은 가지가지였다. 자기만의 세계 속에 빠진 그들은 다양한 현실의 모습을 만들어 내고 있었다. 그들은 실패한 사람들이고 '내'가 그들과 다르다는 깨달음은 피로한 정신을 각성시키는 효과적인 치료법이 되었다.

◆ 3장 : 병원에서 나흘째 되던 날 '나'는 별들의 냄새를 맡고는 이후 코의 기능을 상실했다는 남자를 만난다. 그의 황홀해 하는 표정에 감동을 받은 '나'는 친구에게 그가 강문규이고 실제로 그의 후각기능은 이상이 없지만 그의 정신이 이를 방해하고 있다는 설명을 듣는다. 또한 그 역의 경우도 있다는 사실 속에서 인간정신이 사실을 초월하는 힘이 있다는 것을 깨닫는다.

◆ 4장 : '나'는 다음날 작업 요법실에서 그림을 그리고 있는 그를 발견한다. 순결한 생명체로서 하얀 빛 별을 그리고 있다는 그의 말을 듣고 '나'는 그에게 별의 냄새를 맡을 수 있는 방법에 대해 묻는다. 그는 생명의 동등성에 대한 자신의 의식을 과거의 사냥을 예로 설명한다. 하지만 인간의 문명이 생명을 파괴하고 그 동질성을 훼손했다는 주장을 한다. 또한 이러한 문명의 껍질을 벗고 자신은 새롭게 태어났으며 그 순간 땅의 향긋한 냄새로 치환된 별의 냄새를 맡았다고 주장한다.

◆ 5장 : 친구로부터 강문규가 병원에 오기 전에 은행원이었다는 사

실과 교통사고 후 지나치게 예민해진 후각으로 꽃향기와 같은 생명의 향기를 맡게 되었고 개인의 체취를 통해 감정을 읽어내게 되자 인간의 문명과는 다른 방식으로 대인관계에 임하고 이로 인해 동료나 고객으로부터 외면당하게 되었다는 이야기를 듣는다. 강문규는 급기야 혼탁한 사무실의 냄새로 질식하게 되고 감원대상자가 되어 전문성과 생산을 추구하는 자본주의의 중심으로부터 밀려나게 된 것이다. 친구로부터 강문규의 불행이 단순히 후각기능이나 정신질환의 문제가 아니라 자본주의의 속성인 욕망에 의한 것이라는 진단과 이에 대한 엄정한 반성이 필요하다는 첨언을 듣는다.

◆ 6장 : '나'는 부인이 면회를 오지 않아 굳어버린 표정을 하고 있는 강문규와 더 이상의 대화를 나누지 못한 채 병원을 나온다. 일상으로부터의 일탈은 '나'에게 처음과는 달리 자신이 그다지 강한 인간은 아니라는 사실을 깨닫는 계기가 되었을 뿐이다. 또한 '나'는 강문규처럼 사람들에게서 나는 향기를 찾아 두리번거리고 있음을 알게 된다.

4. 초점화

<별들의 냄새>는 서술자 '나'의 내적 초점화로 일관되어 있는 일인칭 주인공 시점으로 서술되고 있다. 시종일관 초점화자인 '나'의 시각이 일정하게 유지되는 '고정초점화' 방식을 취하고 있다. 또한 정신과 의사인 친구의 문명비판과 자본주의가 초래한 욕망에 대한 문제제기 부분은 보여주기 방식을 취해 서술자가 등장인물의 목소리를 통해 작가의 의식을 반영하는 방식을 선택하고 있다. 강문규가 자신의 입장을 서술하는 부분도 내적 초점화의 방식을 취하지 않고 그가 '나'에게 대화하는 방식으로 간접제시의 방식으로 서술하고 있다. 초점화의 국면은 '나'와 강문규, 그리고 정신과 의사의 '심리적 국면'에 입각해 있으며 주로 '인식적 요소'를 반영하고 있다.

5. 주제의식

<별들의 냄새>는 인간의 문명이 초래한 인간과 자연과의 단절에 대한 비판에서 그 핵심적인 주제의식을 발견할 수 있다. 또한 이러한 단절의 문제를 생명에 대한 평등성에 입각해 극복할 수 있는 가능성을 제기하고 있다. 강문규의 예민해진 후각으로 인해 알게 된 생명의 다양한 냄새는 인간이 경시하는 다양한 생명체에 대한 존중을 암시하며 이를 통해 문명이 조장한 이기적 욕망의 현실이 가져온 생태위기를 극복할 수 있다는 주제의식을 제시하고 있다.

6. 시간과 공간

<별들의 냄새>는 특별한 시간적 배경이 감지되지는 않지만 산업화가 상당히 진행되고 인간의 문명이 자본주의 속에서 극치를 이루는 시대를 그 배경으로 하고 있다고 보는 것이 타당할 것이다. 한편 공간적 배경은 자본주의와 문명이 극치를 이루는 도시와 그 자본의 핵심인 은행이라는 사회적 공간에서 배척당한 강문규가 정신병원이라는 고립된 공간에서 살 수 밖에 없는 비정한 현실이다. 따라서 이 작품은 공간적 배경을 통해 문명과 반문명의 문제가 인간들 사이의 거리를 조장한다는 사실을 비유적으로 제시하고 있는 것이다.

7. 인물의 존재방식과 유형

<별들의 냄새>는 강문규라는 너무나 인간적인 존재로 순수했기 때문에 문명사회에서 추방당하는 '그리스도형'인물이 중심인물로 설정되어 있다. 서술자인 '나'는 강문규의 생명중심사상을 인정하고 자신도 그와 동화되어 가는 '수용자'(recipient)의 모습으로 존재한다. 한편 정신과 의사이자 나의 친구는 '조언자'로 작용하고 있으며 동시에 강문규를 이해하고 그의 정신적 회복과 사회복귀를 추구하는 '원조

자'의 역할을 수행하고 있다.

8. 플롯의 방법과 종류

<별들의 냄새>는 '나'가 강문규를 만나서 그의 생명중심사상을 듣고 이해하게 되는 과정을 시간의 순서에 입각하여 전개하고 있는 '단순구성'의 '연속적 플롯'의 방식을 취하고 있다. 또한 강문규의 과거를 정신과 의사의 입을 통해 전하고 있는 점으로 볼 때 '첨가형태의 연결방법'을 취하고 있다. 플롯의 종류는 강문규가 문명사회의 모순을 모르고 있다가 교통사고 후 예민해진 후각 탓에 이를 자각하는 과정을 담고 있다는 점에서 '폭로의 플롯'(the revelation plot)을 택하고 있다. 또한 삶의 허망과 무기력에 빠졌던 '나'가 생명의 평등사상을 통해 인간들 사이의 관계를 형성하려는 의지를 갖게 된다는 점에서 '성장의 플롯'이 감지된다.

9. 문학생태적 비평의 의의

<별들의 냄새>는 시종일관 인간의 문명이 인간과 자연의 관계를 단절시키고 있다는 문제의식을 제기하고 있다. 또한 인간의 문명이 조장한 자본주의적 삶의 양태 속에서의 욕망에 대한 경도가 생태위기의 한 현실임을 제시한다. 이는 심층생태론의 기본적인 시각과 일치한다. 존재하는 모든 것들 사이의 연결고리를 찾고 이의 관계회복을 목표로 하는 심층생태론의 생명평등사상을 구현하는 강문규와 이를 계승하고자 하는 '나'의 모습이 이를 반영한다. 따라서 이 작품은 심층생태론적 견지에서 접근할 때 보다 능동적인 생태소설 읽기에 접근할 수 있다.

<깊은 강>

1. **작가소개 : 정찬**(鄭贊)

Ⅰ의 <산다화>를 참고.

2. **스토리**

작가인 '나'는 우연히 주막에서 만난 하진우로부터 영혼과 새, 그리고 황금빛 길로 비유된 융합과 화해의 세계에 대해 듣는다. 꿈속에서도 그를 만난 '나'는 어라연이 동강 하류에 있는 섬이자 강줄기라는 사실을 확인하고 그곳으로 향한다. 그리고 김영식을 만나 하진우의 동면과 그 의미에 대해 듣게 된다. 하진우가 동면한 이유는 유년의 순수했던 시간으로 회귀하여 문명으로부터 받은 상처와 피곤함을 치유하고자 하는 행위였음을 깨닫는다. 특히 하진우가 어라연을 동면의 장소로 택한 이유는 이곳에 전기가 들어오지 않기 때문이라는 것이다. 문명으로부터 벗어나 자연으로 치유 받고자 하는 하진우의 의도인 것도 듣게 된다.

한편 '나'는 신문기사를 통해 미국의 플루토라는 남자가 실제로 동면을 하고 있다는 기사를 접하고 다시 어라연으로 향한다. 그러나

'나'는 하진우가 이곳에 전기가 들어오자 예전처럼 동면이 어려워지고 동강에 댐이 건설된다는 소식에 충격을 받고 어라연 작은 섬에 배를 대고 사라졌다는 소식을 듣게 된다. 또한 하진우가 사라지기 전 자신이 소설가라는 말을 남겼다는 말을 듣고 '나'는 궁극적 존재를 의미하는 작가라는 단어의 중의성에 대해 고민한다.

3. 담론

◆ 1장 : 천태만상의 인생을 기계문명이 유형화해 왔다고 믿는 '나'는 희귀한 만남을 경험한다.

◆ 2장 : 지난 3월 '나'는 주막에서 이마에 상처가 있는 그를 만나고 그에게서 영혼의 모습을 본적이 있느냐는 질문을 받는다. 이어서 직업이 작가라면 '황금빛 길'을 보여주어야 한다며 그곳이 강 너머에 있다는 이야기를 취중에 나눈 후 헤어진다. 다음 날 아내는 '어라연'에 가야 한다는 '나'의 술주정에 대해 묻는다. 그날 밤 '나'는 그 사내를 꿈에서 만나 둥근 시간의 섬이자 마술의 섬인 어라연에 대해 이야기한다. 또한 영혼의 새를 운운하면서 동면이 재생의 시간이라는 이야기를 남긴다. 이때 '나'는 영월의 어라연을 떠올리고 동강의 한 부분이 어라연임을 확인한다.

이듬해 4월 '나'는 어라연으로 향한다. 그리고 어라연이 '물고기가 비단처럼 보이는 연못'이라는 뜻을 가진 동강이 바위절벽인 '뼝대'가 막고 있어 섬이라 느껴지는 신비한 지형을 하고 있다는 사실을 알게 된다. '나'는 어렵게 어라연에 도착하고 그곳에서 사는 김영식을 만나 도시와는 다른 원시적 공간으로서의 어라연의 모습에 대해 듣게 된다. 전기가 들어온 지 2년 밖에 안 되었다는 이야기 끝에 김영식은 도시를 지옥에 비유하며 전기가 들어오기 전의 원시적 시간이 전기가 들어온 후의 문명적 시간에 비해 소중했음을 말한다. 특히 잠이 줄어들었다는 안타까움을 토로한다.

그리고 동면에 대해 이야기 하면서 이를 실천한 하진우 이야기를 듣게 된다. 마치 동물의 겨울잠처럼 먹지도 씻지도 않고 동면한 그가 잠에서 깨어났을 때 중년 남자의 얼굴은 사라지고 어린 아이의 얼굴을 보는 것 같은 맑고 투명함을 느꼈다는 것이다. 이후 하진우는 11월에 와서 동면을 시작하고 이듬해 4월에 떠나가고는 했다는 것이다. 그러던 중 마을에 전기가 들어오자 하진우는 유년의 길을 찾을 수 없다며 그동안의 동면이 유년의 집으로 가기 위함이었다는 말을 남기고 다음해 2월 떠났다는 것이다. '나'가 그를 작년 3월 주막에서 만났으니 그가 하진우임에 틀림이 없다는 심증을 갖게 된다.

집으로 돌아온 '나'는 우연히 신문기사를 통해 12월 초에 동면을 시작하여 이듬해 4월에 잠을 깬다는 워싱턴에 거주하는 플로터 이야기를 읽는다. 다음날 '나'는 다시 어라연으로 향하고 김영식으로부터 하진우의 죽음을 전해 듣는다. 동강에 댐이 건설된다는 소식을 듣고 넋을 잃은 하진우는 '틈'을 통해 유년의 길에 갈 수 없다며 충격을 받는 눈치더니 어라연에 배를 대고는 실종되었다는 것이다. '나'는 김영식을 따라 하진우가 사라진 어라연에 도착해서 어라연의 모습이 어머니의 팔에 안겨있는 아기형상을 하고 있음을 발견한다. 김영식은 소설을 쓴다는 하진우가 작가였고 그래서 자살한 것이 아니냐고 내게 반문한다.

◆ 3장 : 하진우와 주막에서 나눈 대화로 볼 때 그가 말한 작가는 궁극의 존재라고 생각한 '나'는 '나' 스스로 작가인가에 대해 자문한다.

4. 초점화

<깊은 강>은 '나'를 내적 초점화자로 하는 일인칭 주인공 시점에 입각해 있다. 그러나 하진우에 대한 이야기를 김영식의 발화를 통해 전달하는 보여주기 방식의 외적 초점화를 병행하고 있는 '가변초점화'의 양상을 보인다. 초점의 국면은 '나'가 하진우에 대한 의문을 풀

어가는 과정의 '심리적 국면'에 입각해 있고 그 중 '인식적 요소'에 치중해 있다. 또한 김영식을 통해 하진우의 내면을 전달하고 김영식에게 이야기 하는 형식으로 하진우의 내면을 투시하도록 하는 서술자의 외적 초점화는 객관적 시선을 견지하여 문명에 대한 비판이라는 문제의식인 '인식적 요소'를 보다 신빙성 있게 전달하고 있다.

5. 주제의식

<깊은 강>은 문명비판이라는 대의적 주제에 입각해 있는 작품이다. 원시의 시간인 생체 시간이 전기로 상징되는 문명의 시간으로 대체되면서 김영식이 겪는 수면부족은 하진우가 문명사회에서 겪은 피곤과 상처를 반영한다. 생체의 시간에 맞추어 14시간 정도 잠을 자야하는 것이 타당한데 문명의 발전은 인간의 이러한 수면 시간을 앗아가고 결국 인간은 문명에 지배되어 피폐해 진다는 것이다. 하진우는 이러한 피곤함을 동면이라는 방법으로 자연에 귀의하면서 해소하려 한다. 그가 어라연을 동면의 장소로 택한 것은 전기조차 들어오지 않는 자연이 존재하는 곳이기 때문이다. 그러나 이곳 역시 전기가 들어오고, 심지어 동강댐까지 건설된다는 소식을 접하자 하진우는 섬에서 실종된다. 문명으로부터 받은 상처를 치유할 수 있는 공간을 상실한 그는 더 이상 문명의 공간으로 나올 자신과 용기를 잃은 것이다.

6. 시간과 공간

<깊은 강>은 1990년대 동강 댐 건설 발표가 있던 시기를 시간적 배경으로 설정하고 있다. 1990년대는 이미 산업화를 이루고 다양한 문명의 혜택을 경험하면서 인간 스스로 자연의 생태로부터 벗어나 기계와 문명에 지배당하고 있으면서 그 억압과 피폐를 인지하지 못하고 있는 시대이다. 도시라는 공간 자체가 이러한 문명이 극치를 이루는 곳으로 인간의 본성이 훼손되는 장소이다. 하진우는 도시의 문

명으로 인해 피폐해진 정신을 동강의 한 부분인 '어라연'에서 치유받고자 한다. 이때 '어라연'은 반문명의 공간이자 자연의 생태적 삶이 가능한 공간으로 제시되고 있다. 즉 하진우는 '어라연'을 문명으로 오염된 육체와 영혼을 정화할 수 있는 공간으로 인식하고 이곳에서 동면을 취하는 것이다. 따라서 이 작품은 문명의 공간인 도시에 대비되는 반문명적 공간으로 '어라연'을 설정하여 이를 통해 그곳의 섬으로 사라져 버린 하진우의 반문명적 세계관과 궁극적인 존재의 실체에 대한 문제의식을 동시에 제시하고 있다.

7. 인물의 존재방식과 유형

<깊은 강>은 너무나 인간적이어서 인간의 세계로부터 추방당한 '그리스도형'의 양상을 지니고 있는 하진우라는 인물을 중심인물로 설정하고, '행위자'로서의 그를 우연히 만나 그의 삶의 양태를 추적하고 있는 '수용자'(recipient)인 '나'를 통해 하진우의 의식을 계승하도록 하고 있다. 한편 하진우의 소식을 전하는 '정보제공자'인 김영식은 도시적 삶에 패배 후 어라연에 정착하면서 자연의 생태적 삶을 취득한 인물이다. 김영식과 하진우는 모두 반문명적 세계관을 견지하고 있으며 이들을 통해 궁극적으로 인간존재에 대해 고민하는 '나'는 '아폴론적'인 인물의 속성을 반영하고 있다.

8. 플롯의 방법과 종류

<깊은 강>은 '나'가 하진우와의 만남을 계기로 그의 삶을 추적하여 어라연이라는 공간에 가서 그의 삶을 확인하는 과정을 '첨가형태의 연결방식'에 입각해 전개하고 있다. 또한 반문명적 세계관을 지닌 하진우의 삶을 추적하는 과정에서 '나'는 김영식을 만나 하진우의 지난 날을 듣게 되는 형식을 취하고 있는 '목적론적인 플롯'의 양상을 하고 있다. 하진우라는 인물에 초점을 둔다면, 그의 세계관과 현실의

대결, 그리고 좌절에서 오는 '비극적 플롯'의 양상을 발견할 수 있다. 하지만 '나'의 사상과 신념을 중심에 두면 '나'가 궁극적인 존재에 대해 고민하는 철학적 영감을 주는 '정감의 플롯'에 입각해 있다.

9. 문학생태적 비평의 의의

<깊은 강>은 도시의 문명으로 황폐해진 내면을 반문명의 공간인 '어라연'에서 동면이라는 방법으로 치유하고자 하는 하진우의 세계관을 중심으로 하고 있다. 일차적으로 도시의 문명에 대한 반감 자체는 '심층생태론'에서 제시하는 생태의식의 근간을 이룬다. 그러나 본질적으로 이 작품은 하진우가 추구하는 화합과 융합의 세계에 대한 동경과 어머니로서의 동강에 안겨있는 '어라연'이라는 반문명적 공간의 설정을 통해 '에코페미니즘'의 근간을 발견할 수 있는 작품이기도 하다.

<약사여래는 오지 않는다>

1. **작가소개** : **최성각**(崔性珏)

Ⅰ의 <동강은 황새여울을 안고 흐른다>를 참고.

2. **스토리**

건강상의 문제로 약수를 길어 먹기로 결심한 '그'는 유락산에 오른다. 그곳에서 제일 먼저 만난 약수터는 물을 얻고자 하는 사람들 사이의 신경전과 적의로 '그'를 그곳에서 벗어나고 싶은 충동을 느끼도록 한다. 결국 다른 약수터를 찾아 나선 '그'가 처음 대면한 '청심약수회' 약수는 독점 관리되는 것이라 먹을 수 없다는 이야기를 약수회 회원에게 듣는다. 약수를 자물쇠로 잠그면서 관리하는 그들을 보면서 언제부터 물을 먹기 위해 줄을 서야 했는지에 대한 회의와 이러한 수질오염의 심각성의 배후에 산업화라는 문명의 허상이 존재하는 것에 대해 우려를 표명한다.

결국 '그'는 정상의 광덕 약수터까지 오르게 된다. 그곳은 비교적 한갓지고 약사전의 벽화의 신비로운 분위기가 마음에 들기도 했다. 그러나 어느 날 관계당국으로부터 수질부적합 판정을 받아 식수로 먹을 수 없다는 이야기를 듣는 순간 벽화의 그림이 변해 버린 것을 발견한다. 비상식적인 체험을 하게 된 '그'는 탐욕스러운 인간의 이기심이 벽화 속의 여인과 나무로 이어진 팽팽한 실을 끊어 놓은 것이라 여긴다.

3. 담론

◆ '그'가 바라 본 사회는 지옥의 형상을 하고 있는 경쟁과 이기적 욕망으로 가득 찬 전쟁터이다. '그'는 이러한 현실로부터 벗어나 마들평 부근으로 이사한다. '그'는 글을 쓰는 일을 직업으로 하고 있으므로 낮에 산에 갈 수 있다는 사실에 감격한다. 실은 몸에 이상을 느껴 선배의 병원을 찾은 '그'는 술을 줄이고 물을 많이 먹으라는 진단을 받는다. 좋은 물을 얻고자하는 욕심에 유락산에 오르기 시작한 '그'는 약수를 깃는 과정에서 사람들 사이에 신경전을 발견하고 염오를 느낀다.

◆ 한편 '그'는 신문기사에서 식수원 한강의 오염 상태가 뚜껑 없는 거대한 죽음의 하수구인 것을 깨닫고 분노한다. 감사원의 지적에 따른 몇몇 공무원의 징계로 끝나는 현실이 한심하기만 할 뿐이다. '그'는 식수병을 유리병으로 바꾸면서 플라스틱의 유해성에 대한 사람들의 경계심에 대해 알게 된다.

◆ '그'가 유락산을 다시 찾은 어느 날 물 다툼과 직면한다. 야영하는 젊은 친구가 약수로 쌀을 씻으려다 차례를 기다리던 노인과 시비가 붙은 것이다. 물에 대한 사람들의 집착과 조급함이 '그'를 줄에서 벗어나게 했다. 다른 약수터를 찾아 나선 '그'는 쇠 자물쇠로 잠긴 약수를 발견하고 50대 남자의 선심으로 물맛을 볼 수 있게 된다. '유락산 청심 약수회'가 독점하고 관리한다는 말을 들은 '그'는 인간의 독점욕과 소유욕에 대해 침울한 마음을 지닌 채 산위로 발길을 돌린다.

◆ 산 위에서는 '그'는 광덕 약수터를 발견 한다. 이후 '그'는 사람들

이 붐빌 아침시간을 피해 그곳의 약수를 먹기 시작한다. 약사전 벽면의 불화를 보면서 문수동자의 이야기를 떠올려 보기도 한다. 그림 속의 나무에게 소우주를 느낀 '그'는 광덕약수터를 자주 오른다. 그러던 중 신비로운 체험을 하게 된다. 어느 날 갑자기 식수부적합 판단을 받게 된 광덕 약수터를 뒤로 하고 약사전을 지나치는 순간 벽화의 여인의 모습이 달라져 있음을 발견한 것이다. 과일나무에 연결되어 있던 팽팽한 실이 끊어져 있고, 그녀의 손목은 힘없이 땅에 쳐져 있었던 것이다.

4. 초점화

<약사여래는 오지 않는다>는 '그'를 내적 초점화자로 한 전지적 작가 시점을 취하고 있다. '지속적인 내적 시각'을 유지하고 있는 '그'는 자신의 체험을 초점화하여 서술하고 있다. 특별히 서술자가 따로 등장하여 외적 초점화의 방식을 취하는 부분은 보이지 않고, 신문기사의 수질오염에 대한 '그'의 생각과 약수터에 오는 사람들에 대한 '그'의 시각을 중점적으로 제시하고 있다. 초점화의 국면은 '심리적 국면'에 입각하여 수질오염에 대한 '그'의 '인식적 측면'을 중점적으로 서술하고 있다.

5. 주제의식

<약사여래는 오지 않는다>는 수질오염 문제를 중심으로 한 생태위기의 현실을 중심으로 그 원인에 인간의 욕망이 배태한 산업문명이 있음을 제시하는 작품이다. 환경 고발적인 성격을 '이념소'로 하고 있지만 약수터의 커피 파는 여인의 타락과 개를 마구 도살하는 장면, 단지 자신의 물을 가져가려는 이유로 상대를 배려하지 못하는 현대인의 조급성과 이기성을 동시에 비판하고 있다. 나아가 경제적인 여유가 있는 계층이 물을 독점하고 다른 사람들과 공유하기를 거부

하는 세태에 대한 야유와 경멸도 동시에 제시되고 있다.

6. 시간과 공간

<약사여래는 오지 않는다>의 시간적 배경은 80년대 말 경제적 여유가 어느 정도 생긴 이후 산업화의 결과가 나타나기 시작하는 수질오염의 문제를 유락산의 약수터를 공간적 배경으로 하여 제시하고 있다. 산의 초입, 중턱, 그리고 정상에 이르는 각각의 약수터에서 물떠가기 전쟁의 모순은 단지 수질오염만의 문제가 아니라 인간들의 이기적 욕망에 있다는 작가의 비판적 잣대를 확인할 수 있도록 한다.

7. 인물의 존재방식과 유형

<약사여래는 오지 않는다>에 등장하는 인물은 초점화자인 '그'와 약수터에 오르는 사람들이 전부이다. 특별히 '그'와 대립하거나 '그'를 방해하는 반동인물이 존재하기보다는 현실을 비판적으로 바라보는 '깨어 있는 인물'로서 '그'가 작품의 중심을 형성하고 있다. 반면 약수터 주변의 탐욕적인 인물들이 프로프(V. Propp)의 악한' 혹은 '가짜 영웅'으로 작용하고 있다.

8. 플롯의 방법과 종류

<약사여래는 오지 않는다>는 현재의 시점에서 과거를 넘나드는 '역순행적 구성'에 입각해 있다. 또한 수질오염문제에 대한 일관된 초점화자의 문제제기는 '단순구성'의 양상을 보이고 있으며 '첨가 형태의 연결방법'에 의해 과거와 현재가 이어지는 사건진행방법을 택하고 있다.

9. 문학생태적 비평의 의의

<약사여래는 오지 않는다>는 수질오염의 문제를 제기하는 환경고발

소설의 양상을 취하고 있다. 그러나 생태위기 자체만을 고발하거나 문제 삼고 있는 것이 아니라 이러한 상태의 원인으로 인간의 욕망을 제시하고 있다 이는 사회생태론의 위기의식과 통하는 부분이다. 또한 약사전의 그림 속의 여인이 쥐고 있는 실타래가 끊어지고 그녀의 손목이 아래로 쳐진 장면의 제시를 통해 생태위기의 극복 대안으로 '여성의 신성성'이 필요함을 암시하고 있기도 하다. 생태적 전망을 구체적으로 제시하고 있지는 않지만 위기의 현실을 분명히 제시함으로써 그 극복 대안을 에코페미니즘에서 찾아야 함을 암시하고 있는 작품이다.

<연꽃바다>

1. **작가소개** : **한승원**(韓勝源)

1939년 10월 13일 전남 장흥에서 출생한 한승원은 장흥고등학교를 거쳐 서라벌 예술대학 문예창작학과를 졸업했다. 이후 광주동신중학교 교사로 재직했으며 1998년부터 조선대학교 국어국문학 초빙교수로 교직에 몸담은 바 있다.

1966년 『신아일보』 신춘문예에 <가증스런 바다>가 입선하면서 본격적으로 시작된 한승원은 1968년 『대한일보』 신춘문예에 <목선>이 당선되면서 그 이름을 문단에 올리게 된다. 그리고 최근까지 35년이 넘는 세월 동안 꾸준히 작품을 발표해왔다. 남도 고향에서의 삶이 그의 작품 속에 고스란히 묻어 있는 것이 특색이며 역사적 흐름을 거스르지 않고 깨어있는 의식을 작품 곳곳에서 발견할 수 있다. 특히 운명에 순응하며 살아가는 사람들의 이야기를 기본 구조로 그들의 지난한 삶의 흔적과 산업화 이후의 변화된 모습들을 조명하고 있다.

주요작품으로는 장편소설 <불의 딸>, <포구>, <아제아제 바라아제>(전3권), <아버지와 아들>, <해일>(전3권), <시인의 잠>, <동학제>(전7권), <아버지를 위하여>, <해산 가는 길>, <꿈>(전2권), <한승

원 중단편전집>(전6권), <사랑>, <멍텅구리배>, <물보라> 등이 있다. 그리고 어른을 위한 동화 <어린 별>, <우주 색칠하기>와 시집 ≪열애일기≫, ≪사랑은 늘 혼자 깨어 있게 하고≫, ≪노을 아래서 파도를 줍다≫가 있다.

왕성한 작품활동과 함께 한국소설문학상(1980), 한국문학작가상(1983), 현대문학상, 대한민국문학상, 이상문학상(1988), 한국해양문학상(1997), 현대불교문학상(2001) 등을 수상했다.

2. 스토리

윤석은 매실농장의 매실나무를 주살하고 이곳에 콘도와 각종 위락시설을 만들겠다며 이른 아침부터 매실농장의 나무들을 잘라내고 있다. 이를 바라보는 젊은 박새는 자신들의 삶의 터전이 인간의 이기심 앞에서 무참히 파괴되는 현실이 놀랍기만 하다. 윤석의 이러한 주살 행위를 막기 위해 형 윤호와 누나 윤혜가 서울에서 내려왔지만, 그들 역시 매실나무를 보존하기 위해서라기보다는 의식을 잃고 쓰러진 아버지의 재산인 매실농장의 소유권이 윤석에게 모두 넘어갈 것을 두려워 한 나머지 이곳에 달려 온 것이다. 이들의 아버지 박주철은 국회의원이 되기 전과 그 이후 각종 비리로 재산을 축적하여 매실농장을 자신의 소유로 만들었다. 그러나 그의 여성 편력은 이복 남매들을 재산 싸움으로 몰아넣고, 마지막 재산인 매실 농장을 한예린이라는 여성에게 빼앗긴 채 충격으로 의식불명에 빠진 것이다. 그는 의식 불명 상태에서 이승과 저승을 넘나들며 축생지옥을 체험하고 아귀지옥을 경험한 후 잠시 의식을 찾는다. 이승에서 죄지은 자가 저승에서 당하는 형벌을 체험한 그는 이제 요가를 통해 '해인'을 이루리라 다짐하면서 눈을 감는다. 한편 매실 농장을 둘러싼 이복남매의 분쟁과 암투는 조카 토말이를 납치하여 유기하려는 계획을 세우기도 한다.

이러한 인간의 욕망과 좌절을 젊은 박새는 공포와 연민의 시선으로 바라본다. 새둥지를 백양나무 숲에 틀어도 좋을 지를 고민하던 박새는 이러한 박주철 일가의 암투와 좌절을 지켜보면서 인간의 탐욕과 이기심에 대해 두려움을 느끼지만 용기를 내어 암컷 박새와 함께 생명력 있는 삶을 살 것을 다짐한다.

3. 담론

◆ 1장 : 땅 끝 매실농장에서 매실나무가 베어지고 있는 가운데 이 교살 장면을 젊은 수컷 박새 한 마리가 바라보고 있다. 수컷 박새는 백양나무 숲의 새 둥지에 알을 낳고 싶어 하는 암컷 박새가 새끼를 많이 낳아 박새의 여왕이 되기를 소망한다는 사실을 떠 올리며 농장주의 아들 윤석에 의해 베어지는 매실나무를 안타깝게 바라보지만, 휴양지의 인간들은 이러한 사실에 관심이 없다. 다만 이집 손자인 토말이 만이 무의식 상태인 박주철을 깨울 뿐이다. 백양나무 숲은 안전할 것이라는 늙은 백양나무의 말을 듣고도 젊은 박새는 쉽게 둥지를 결정하지 못한다. 닥치는 대로 개발하는 인간을 예측할 수 없기 때문이다.

◆ 2장 : 외면당했던 매실농장이 청정해역 개발과 함께 가치 있는 땅으로 변모하자 농장주인 박주철의 아들인 윤호와 딸 윤혜가 이에 관심을 갖고 내려온다. 위악적이며 권위적인 윤호와 이기적이고 영악한 윤혜는 의붓동생 윤석을 몰아내기 위해 이곳에 온 것이다. 한편 농장주 박주철은 의식불명의 상태에 빠져 있고 그를 깨우는 토말이는 어머니를 그리워하며 할아버지인 박주철을 전지불로 깨우는 일을 한다. 아버지 윤길은 어머니를 참새라 불렀으나 삼촌 윤석과의 관계를 의심하다 의처증으로 죽음에 이른 상태이다. 젊은 수컷박새는 모든 희망을 윤호에게 걸어보며 암컷 박새와 틀 둥지에 대해 고민한다.

◆ 3장 : 호수 같은 바다를 연꽃이 둘러싸고 있는 섬의 아름다움과는 달리 박주철 일가는 농장을 차지하려는 치열한 싸움을 벌인다. 윤호의 야심을 어린 토말이도 농장관리인 풍장이 영감도 알고는 있지만

할 수 있는 일이라고는 박주철 영감을 깨우는 것뿐이다. 그러던 중 박주철이 눈을 뜬다.

◆ 4장 : 박주철이 눈을 뜨자 젊은 박새는 백양나무숲에 둥지를 틀 수 있다는 희망을 발견한다.

◆ 5장 : 한편 박주철이 뜬 눈을 다시 감아버리자 토말이는 윤호를 원망하고 측량기사는 매실농장에서 측량을 한다. 윤호는 농장이 누군가에게 넘어간 것이라는 생각을 하게 된다.

◆ 6장 : 젊은 박새는 쉽게 백양나무에 둥지를 틀지 않은 것이 다행이라 여긴다.

◆ 7장 : 윤호는 측량기사에게 항의해 보았지만 땅주인에 의한 측량이라며 사무적으로 대할 뿐이다. 윤호는 바른말 하는 풍장이 영감에게 겁을 주고 영감은 '업'이론을 설명한다. 윤혜는 토말에게 온 소포에 지종이라는 이름을 발견하고 토말의 어머니인 '참새'가 악녀이고 마녀라며 토말을 설득하려 하지만 토말은 오히려 윤석이 제일 좋다며 윤혜에게 제발 서울로 올라가라고 반박한다. 한편 윤호는 윤석이 계속해서 매실나무를 베어버리자 공기총을 장전하고 그를 향해 쏘아대기 시작한다.

◆ 8장 : 젊은 수컷 박새는 이러한 인간의 모습에 공포를 느끼며 나뭇가지에 몸을 숨기고 결말을 지켜보기로 한다.

◆ 9장 : 윤호는 윤길이 조성한 매실나무를 파괴하는 이유에 대해 윤석에게 묻는다. 새로운 것을 위해 해체한다는 윤석은 휴양객들을 위한 콘도나 방갈로를 지어서 분양할 것이니 모두들 서울로 올라가라 재촉한다. 윤석은 토말을 위한다는 명분으로 풍장이 영감을 무시한다. 윤석의 무례함에 놀란 윤혜와 윤호는 당황한다. 풍장이 영감은 이러한 혈육의 각축을 지옥이라 생각한다. 윤길의 죽음을 둘러싼 윤호의 추리에 윤혜와 풍장이 영감은 경악한다. 즉 윤길의 자학으로 참새 임승희의 가출과 윤길의 자살이 발생했다는 윤석의 입장과는 달리 윤호

는 윤석이 임승희를 강간하고 윤길을 타살했다고 믿는 것이다.

◆ 10장 : 젊은 수컷 박새는 자신의 전생이 황소였으며 그때 주인 사내의 부정을 보다 못해 주인을 뿔로 받아 죽이고 그 업보로 지금의 박새가 되었다는 풍장이의 말을 듣고 혼란에 빠진다.

◆ 11장 : 윤혜는 윤호 역시 그녀와 어머니가 다르다는 사실을 윤석에게 듣게 된다. 윤혜의 어머니인 김선화라는 여인의 기구한 운명의 중심에 박주철이 있었다는 사실과 윤석이 임승희와 부도덕한 관계였다는 진술을 듣고 윤혜는 윤호에게 이 농장을 윤석에게 줄 수 없다는 신념을 거듭 밝힌다. 풍장이 영감이 마음을 비우라는 충고에 이들 남매는 이를 무시한다.

◆ 12장 : 젊은 수컷 박새는 암컷 박새에게 인간들의 각축전에 대해 얘기한다.

◆ 13장 : 토말이가 실종되자 윤석은 윤호와 풍장이 영감을 의심한다.

◆ 14장 : 늙은 백양나무와 젊은 수컷 박새는 토말이가 죽었을 지도 모른다는 사실에 당황하고 백양나무가 자신의 오감에 따른 판단이 중요하지 선입견을 버려야 한다는 충고를 하자 박새는 이를 수용한다.

◆ 15장 : 윤석에게 의심을 받은 풍장이 영감은 자신이 풍수지리에 능통해서 사람들이 자신을 그렇게 부른다며 자신의 내력에 대해 얘기한다. 오랜 세월 땅을 사고파는 거간꾼으로 살아오면서 지세를 보아왔는데 이곳의 지세가 너무 기운이 센 까닭에 박주철 일가의 불운이 계속된다는 주장을 한다. 연꽃이 핀 땅의 기세가 너무 드세어 이를 제압하지 못하면 죽게 된다는 것이다. 인간의 욕망을 경계하는 풍장이 영감의 말에 윤석은 윤호와 윤혜를 추궁한다. 그때 윤혜의 남편인 정태길이 토말이를 데려온다. 수면제를 먹여 고아원에 데려다 놓으려 했으나 인간으로서 할 수 없었다는 것이다. 토말은 정신을 차리자 바로 박주철을 깨우는 일을 한다.

한편 주철이 단잠을 자고난 듯 깨어 일어나 기지개를 편다. 잠에서 깬 박주철은 이승과 저승의 지옥 사이를 넘나든 이야기를 한다. 축생지옥의 모습을 설명하면서 아귀지옥의 체험을 들려준다. 그리고 그는 임승희가 그곳에서 관세음보살의 모습을 하고 있더라고 전한다. 나아가 그가 다시 깨어난 이유는 사람들에게 요가를 통해 '해인'에 이르기 위해서임을 덧붙인다. 그리고 다시 눈을 감아 버린다.

◆ 16장 : 젊은 박새는 자생적으로 조성된 백양나무 숲은 결코 인간이 건드릴 수 없을 것이라는 백양나무의 허세를 알고는 있지만 결국 아내와 함께 생명력이 왕성한 알을 낳고 이곳에서 새로운 삶의 터전을 이룰 것을 다짐한다.

4. 초점화

<연꽃바다>는 총 16장으로 구성되어 있는데 홀수 장은 윤호, 윤석, 윤혜의 갈등과 상황을 서술자에 의해 전달하는 외적 초점화 양상을 보인다. 한편 짝수 장은 젊은 박새와 암컷 박새, 그리고 늙은 백양나무의 생각을 젊은 수컷 박새의 고정된 시선을 통해 전달하는 내적 초점화의 방법을 취하고 있다. 전지적 작가 시점에 입각한 초점화의 국면은 박주철의 이복 남매가 벌이는 암투의 과정과 박주철의 지옥체험을 외적 서술자가 초점화 하면서 '관념적 국면'을 지닌다. 또한 서술자는 자신의 세계관을 등장인물 외부에서 관찰하면서 등장인물의 행동양상을 통해 제시하고 있는 한편 박새와 백양나무의 시선을 통해 자신의 세계관에 대해 논의하고 있다.

5. 주제의식

<연꽃바다>는 탐욕적인 인물인 박주철이 국회의원이라는 신분에 이르는 과정에서 부당하게 치부한 것들이 그의 약점인 여성편력에 의해 한순간에 붕괴되는 현실의 모순을 주된 주제로 담아내고 있다. 또한 인간의 탐욕이 가져온 가족의 붕괴와 이를 바라보는 젊은 박새

의 시각을 교차하여 인간이 발전이나 개발이라는 명목으로 자연을 파괴하고 남획하는 현실과 그 이기성을 비판하고 있다.

한편 지옥을 체험하고 온 박주철이 강조하는 인과응보의 진리와 요가를 통해 '하나'가 되자는 주장은 진정한 해인을 통해 구원을 얻을 수 있다는 긍정적 전망을 제시하고 있다. 나아가 젊은 박새가 견지하는 새로운 삶에 대한 의지는 암컷박새의 건강한 생명력과 연계되어 이를 부각시키고 있다.

6. 시간과 공간

<연꽃바다>는 땅 끝 마을 매실농장을 배경으로 휴양지 건설과 골프장 건설로 산림이 훼손되던 시대의 모순을 담아내고 있다. 1980년대 극치를 이루었던 골프장 건설과 콘도미니엄 개발사업을 구체적인 시대배경으로 삼고 인간을 위해 자연을 남획하는 것을 당연시하는 인간중심주의에 대한 비판을 노정하고 있다.

7. 인물의 존재방식과 유형

<연꽃바다>는 프로프(V. Propp)식으로 보면 '가짜영웅'인 박주철이 작품의 중심 사건의 요인으로 작용하고 있다. 한편 윤호, 윤혜, 윤석은 각자의 욕망을 추구하면서 협박을 일삼는 프라이(N. Frye)의 '알라존'(alazons)의 모습을 하고 있다. 로망스의 악마적 인물을 연상하는 이들은 조카를 납치하거나, 형수와 불륜을 저지르는 등 반윤리적 양상을 띠고 있다. 한편 풍장이 영감과 토말이는 건전한 사고를 지니고 있는 긍정적인 인물로서 작용하고 있다. 특히 토말이는 할아버지인 박주철 영감을 전짓불 충격을 주어 깨어나게 하는 '행위자'로 존재한다. 또한 풍장이 영감은 이러한 토말이를 옆에서 지지하고 도움을 주는 '조력자'로 존재하면서 박주철의 모순을 전달하는 '전달자'의 역할을 동시에 수행하고 있다.

젊은 박새는 작가의 의식을 대변하는 인물로 새로운 삶의 터전을 갈망하는 그레마스(A. J. Greimas)의 '주체'로 존재한다. 암컷 박새 역시 건강한 생명력을 견지하고 있는 인물로 동일한 위상을 견지한다. 이들은 부정적인 현실 속에서도 긍정적인 전망을 획득하는 '살아있는' 인물이다. 반면 늙은 백양나무는 자생적으로 조성된 숲에 대한 자긍심을 지니고 젊은 박새에게 인간의 악마성을 배워야 한다고 말할 정도로 인간의 휴머니즘에 경도되어 있는 '권위적'인 인물이다.

8. 플롯의 방법과 종류

<연꽃바다>는 박새의 이야기와 박주철의 이야기가 교체되어 병행되는 '병렬적 구조'를 기본으로 하고, 우화적인 시선으로 박새와 백양나무를 등장시키고 있다는 점에서 '상관형태의 연결방법'을 감지할 수 있다. 플롯의 유형은 박주철의 위선적 삶이 지옥이라는 공간을 체험하고 난 후 요가를 통한 해인에 이르게 된다는 점에서 '개선의 플롯'(the reform plot)의 양상을 띠고 있다. 또한 박새의 새로운 삶에 대한 의지로 끝나는 결말구조로 인해 '정감의 플롯'(the affective plot)의 모습도 보이고 있다.

9. 문학생태적 비평의 의의

<연꽃바다>는 인간의 욕망이 생태위기의 원인으로 작용한다고 보는 사회생태론의 견지에서 시작되고 있다 하지만 박주철이 지옥 체험 이후 해인에 이르기 위한 방법으로 요가를 통해 하나가 되는 것이라는 전언을 하고 있는 점은 심층생태론에서 강조하는 모든 것이 연결되어 있다는 전제가 함축되어 있는 것으로 보인다. 불교의 '연기'이론과도 통하는 심층생태론적 견지는 박새와 백양나무의 인간중심주의에 대한 비판과 일맥상통하는 모습을 보이고 있다.

<누이와 늑대>

1. **작가소개 : 한승원**(韓勝源)

Ⅱ의 <연꽃 바다>를 참고.

2. **스토리**

소설의 첫 두 단락에서 제시된 이야기는 전체 소설의 기본 줄거리를 형성한다. 구체적으로 바닷가라는 설정이 없어 이야기의 중심공간이 되는 농촌은 광주의 위 혹은 아래쪽 어딘가로 파악된다. 그 농촌을 배경으로 쇠장사를 다니는 아버지와 광주에서 학교를 다니는 두 형제를 위해 바쁘게 다니는 어머니, 그리고 시집도 못 간 채 머슴처럼 집안일과 농사일을 모두 해야만 하는 누이, 화자인 소년 '나'까지 포함해 네 식구(광주에 있는 두 형제는 중심공간에 포함되지 않는다)가 '세균 감염'으로 인해 발생한 '묘한 병'을 앓게 되는 것이 <누이와 늑대>의 한 축을 담당하는 이야기로 자리한다.

소년 화자 '나'의 시점에서 제시되는 이야기는 아버지와 어머니, 누이로 구성된 농촌의 가족공동체를 중심으로 전개된다. 여기서 아버지와 어머니는 농촌을 배경으로 한 소설의 인물들과 달리 농사일이 아닌 외부의 일들로 바쁘다. 아버지는 쇠장사로 늘 집을 비우고, 어머니 역시 광주에서 일하고 공부하는 두 형제의 뒷바라지로 분주하다. 때문에 농촌이라는 공간의 수많은 일들을 담당하는 인물은 자연스럽게 시집을 가지 않은 누이가 된다. 마치 머슴처럼 모든 일들을 혼자서 하는 누이는 그래서 이 소설의 핵심적 인물이 될 수밖에 없다. 기이한 병이 누이에게서 시작된 것 역시 같은 맥락에서 이해할 수 있다.

아버지와 어머니는 자신들에게 발생한 '기이한 병'에 대해 문제의식을 지니고 있음에도 불구하고 그것을 적극적으로 타개하려는 의지를 보이는 대신 적당히 순응하며 살아가려고만 한다. 물론 이러한 양상은 누이에게서도 마찬가지로 나타난다. 하지만 누이의 경우는 의사결정권이 없는 인물이기 때문에 아버지와 어머니의 그것과는 상황이 다를 수밖에 없다.

<누이와 늑대>의 이야기를 전체적인 맥락에서 지배하고 있는 정서의 중심은 '늑대의 울음소리'에서 시작되고 전이된다. '늑대의 울음소리'를 통해 소년 가족의 '기이한 병'과 '황새의 멸종위기', '누이와 만석의 관계'가 여러 겹을 이루며 주제를 형성하게 된다.

3. 담론

◆ 1장 : '나'의 가족은 누님을 시작으로 온 가족이 세균감염으로 인한 묘한 병에 걸린다. 그것이 병인 줄도 모르고 처녀인 누님이 아기를 배었다는 소문이 돌고 누님은 머리가 아프다고 한다. '나'는 두 해전부터 황새를 보며 그것들을 스무 마리 정도 키우고 싶다는 생각을 했다. 하지만 해가 지나면서 황새의 수는 부쩍 줄어들었다. '나'는 황새가 줄어드는 이유가 궁금했다.

◆ 2장 : 황새들이 죽어가기 시작하면서부터 늑대 울음소리가 들리기 시작했다. '나'는 멱감고 온다는 누님을 기다리던 밤 늑대 울음소리

를 듣고 그것이 지호네서 머슴을 살고 있는 만석이가 내는 소리일지도 모른다고 생각한다. 어느새 늑대 소리는 누님의 목욕하는 모습과 함께 내 머릿속에 그려진다.

초여름 어느날 학교에서 돌아온 '나'는 뒤란 우물가에서 비누거품을 하얗게 만들어 목욕하는 누님의 알몸을 봤다. 집안일을 도맡아 하는 누님은 농약을 뿌리고 왔는지 농약통이 보였다. 언젠가부터 병치레가 심해진 농작물에 농약을 한껏 뿌리기 시작했고 그 일은 누님의 몫이었다.

'나'는 방학을 앞둔 어느 일요일 아침나절에 산밭으로 누님을 찾으러 갔다가 옷을 추스르며 내려오는 만석을 본 적이 있다. 보이지 않던 누님 역시 옷을 추스르며 밭에서 나왔는데 상기된 얼굴을 하고 있었다. '나'는 만석과 누님의 어색한 모습을 보았다.

◆ 3장 : 점심 무렵 집에 들어가니, 어머니는 누님에게 이것저것 타박을 하고 계신다. 밭일 이며 집안일에 대해 나무라던 어머니는 누님이 김치 담그기를 마치자 쌀과 이것저것을 챙긴 뒤 누님을 앞세워 광주로 향한다. 내가 홀로 남은 집에 황새를 와이셔츠 안에 감추고서 만석이 나타난다. 무슨 병에 든 것 같은 황새는 기운이 없어 보였고 잡아서 먹으라는 만석의 권유에 '나'는 그것을 뒤란에 숨겨두고 키우겠다고 말한다. 만석이 동의하고 떠난 뒤 '나'는 황새를 뒤란에 숨겨두고 먹이로 줄 개구리를 잡으러 나간다. 잡아온 개구리를 주자 황새는 간신히 몇 마리를 삼킨다. 황새 이야기를 들은 아버지가 황새가 약효가 있다며 잡아먹자고 했지만, '나'의 강력한 주장으로 계속 키우게 된다.

◆ 4장 : 황새를 키우기 시작한 며칠 후부터 누님이 아프기 시작한다. 이때부터 누님이 아기를 배었다는 소문이 돌기 시작하지만 누님은 결백을 주장한다. 만석을 의심한 아버지는 만석이를 불러 다그치지만 누님을 좋아한다는 말을 듣고 어머니와 함께 두 사람은 절대로

맺어질 수 없다고 소리친다. 그날 밤 '나'는 부모님의 대화를 통해 만석이 아버지에 얽힌 이야기를 엿듣게 된다.

◆ 5장 : 황새 키우는 일에 자신이 붙은 '나'는 동네에 소문이 나자 밤 사이 누가 훔쳐갈까 두려워한다. 그러던 중 어머니가 갑자기 쓰러지며 병색을 드러낸다. 어머니의 증상은 누님의 그것과 같았지만 원인을 알 수 없다. 밭일을 하던 중 어머니와 누님의 통증이 심해지자 아버지는 '나'에게 약을 사오라고 심부름을 시킨다.

◆ 6장 : 구와노찡과 뇌신을 먹은 어머니와 누님은 다소 병세가 호전된 듯했으나, 시력에 문제가 생긴다. 누님이 먼저 증상을 보이면 곧 어머니도 동일한 증상을 보인다. '나'는 그러한 모습이 마치 고개를 모로 비틀어 젖히면서 움츠리는 황새의 모습과 같다고 생각한다. 그리고 호르흐 하는 늑대 울음소리를 듣는다. 누님이 잠깐만 나갔다 온다며 부모님 몰래 나가고 '나'는 하얀 비누거품 속에 묻혀 있는 누님의 몸과 털 돋은 짐승을 떠올린다.

◆ 7장 : '나'는 황새를 기증받아 박제하고 싶다는 선생님의 제안을 듣고 고민에 빠진다. 아버지 역시 똑 같은 증상을 보이자 가족들은 알 수 없는 일이라며 혼란스러워 한다. 급기야 광주에서 자취하는 큰 형이 찾아와 동일한 증상으로 병원에 다녀왔으며, 작은 형도 머리 통증과 속앓이를 시작했다고 말한다.

◆ 8장 : 아버지가 큰 형과 함께 광주로 간 이튿날부터 마을 안에 우리 집 식구들이 염병을 앓는다는 소문이 돌기 시작했고, '나'는 동무들로부터 따돌림을 받는다. 광주에서 돌아온 아버지는 영험한 의사에게 진찰을 받은 결과 무언가에 중독된 것 같다는 사실을 들려준다. 그리고 임시방편으로 받아온 약을 먹고 효과가 있는 듯한 기분에 빠진다.

◆ 9장 : 학교에서 돌아온 '나'는 제사와 굿을 준비하기 위해 분주한 집을 나와 황새에게 줄 먹이를 잡기 위해 아버지가 만들어놓은 둠벙의 물을 퍼내 물고기를 잡는다. 굿판을 무시하고 잠들었던 '나'는 무

당의 소리에 깨어나 모여 앉은 가족들에게 식칼을 들고 굿을 하는 그의 모습에 놀란다. 굿판이 마당을 지나 냇둑까지 이어지고 '나'는 무당이 귀신을 달래며 내쫓고 있는 말을 들으며 정씨들에게 맞아 죽었다는 만석이 아버지를 생각한다. 작은형의 손에 이끌려 돌아서던 '나'는 시커멓게 서 있는 만석과 부딪쳐 놀란다.

◆ 10장 : 하교하는 길에 본 검은 탑차가 마을로 들어서고 '나'는 녹음기를 든 남자가 집으로 들어갔다는 말을 듣고 달려간다. 방송국에서 나왔다는 남자는 가족들에게 먼저 아프기 시작한 사람과 농약을 뿌리는 사람이 누군지 등등을 묻고, 방송이 나가면 도움이 좀 될 거라는 말을 남기고 떠난다. 며칠 뒤 많은 사람들이 찾아와 사진도 찍고 검사도 하고, 쌀과 김치, 우물물 등을 담아달라고 한다. '나'는 식구들과 비슷한 증상을 보이는 황새 이야기를 하려다 참는다.

그날 밤 유달리 슬프게 들려오는 늑대 울음소리를 들은 '나'는 부엌에서 일하던 누님의 행동이 빨라지고, 늑대 울음소리가 가까운 곳에서 들려옴을 느낀다. 다음날 '나'는 식구들이 말했던 증상처럼 머리가 아파왔고, 학교에서 다리에 마비가 와 주저앉아버린다. 선생님의 도움으로 일어선 '나'는 집으로 돌아와 부모님께 있었던 일을 말한다.

◆ 11장 : 학교로 찾아온 남자를 따라 부모님과 누님을 태운 차를 타고 어디론가 가면서 '나'는 남겨진 황새를 걱정한다. 하얗고 네모난 병원 건물에 입원하게 된 '나'는 벌써 입원해 있던 두 형을 만난다. '나'는 큰 형으로부터 가족의 중독이 전국적으로 화제가 되어 창피하다는 말을 듣는다. 저녁을 먹던 중 구역질을 하는 누님을 본 '나'는 우연히 간밤에 낙태에 대해 부모님끼리 나누는 이야기를 듣고 누님의 임신 사실을 알게 된다.

◆ 12장 : '나'의 식구들은 모두 본격적인 검사를 받는다. 저녁식사 이후 아버지가 바지저고리를 챙겨 입고 몰래 나가려 할 때 '나'는 아버지에게 황새 먹이를 챙겨주라고 부탁한다. 침대에 누운 '나'는 절

름거리며 집으로 향하는 아버지를 상상하다 늑대의 모습을 한 만석이를 보고 아버지가 그를 쫓는 걸 떠올린다. 식칼을 들고 킹콩처럼 보이는 늑대를 뒤쫓는 아버지에게 '나'는 죽이면 안 된다고 외치며 아버지를 뒤쫓지만 아버지의 칼에 등을 찔린 만석을 본다. 급기야 자신을 향해 오는 아버지를 보고 겁에 질려 소리치던 '나'는 간신히 꿈에서 깨어난다. 아버지의 외출이 의사와 간호사에게 들켜 주의를 듣는다. 아버지는 만석이가 집안을 차지하고 집안일을 돌보고 있는 게 못마땅해 뭐라고 해준 뒤 돌아왔다고 말한다. 또 다른 의사와 간호사가 아버지의 비밀 외출을 타박하고 나간 뒤 '나'는 황새를 생각한다.

◆ 13장 : 병원에 입원한 지 한 달째가 되던 날 간호사와 함께 온 아버지가 누님을 어디론가 데려가려고 한다. 눈치를 채 누님은 아기를 낳아서 기를 거라고 울면서 버티지만 어쩔 수 없이 끌려간다. 큰 형은 어머니에게 진작 알려주기 않은 걸 뭐라 하며 화를 내고는 성난 표정으로 창밖을 내다본다.

◆ 14장 : 겨울이 깊어갈수록 아버지와 식구들은 안달을 하며, 몇 달치 약을 받고 퇴원을 하고 싶다고 의사들에게 지속적으로 건의한다. 병원 사람들은 식구들을 답답하게만 했고, 정확한 병명이나 자세한 사항을 알려주지 않는다. 어머니와 '나'는 병세가 나아진 것 같았지만, 아버지와 형들은 별 효과가 없다고 한다. 의사를 만나고 온 아버지는 처음 보는 병이라 의사들도 이름붙이기가 곤란해 한다는 얘기를 하며 다음날은 반드시 퇴원할 거라 말한다. 큰 형은 얼마 전까지 떠들썩하던 식구들의 일이 시들해졌으며, 여러 기관에서 서로 수은중독이다 생물학적인 세균의 감염에 의해 생긴 병이라 하며 어느 사이부터 별 관심이 없다고 말하며 퇴원하자고 한다. 다음날 식구들은 열흘 분의 약을 타서 병원을 나오려다, 의사들과 간호사들의 저지를 받지만 간신히 빠져나온다.

어머니와 형들을 광주로 보내고 집으로 돌아온 아버지와 누님,

'나'는 외양간에서 나오는 만석을 본다. 만석이 한 달 넘게 집안을 돌봐온 듯 집안이 깨끗하다. 아버지는 만석이를 방으로 불러 무언가를 다짐받은 뒤 내보내고, 다시 누님을 불러 이야기를 한다. '나'는 황새가 있는 곳으로 가서 가득 차 있는 미꾸라지와 붕어 새끼들을 보고 놀란 뒤, 자기의 약을 한 봉지 꺼내 물에 타서 황새에게 먹인다. 한참 뒤 마을 사람들이 찾아와 그동안 양복 입은 사람들이 날마다 찾아와 식구들이 먹던 김치와 우물물 등을 싸가고 농약병들도 조사하고 자기들에게 귀찮게 물어대곤 했다고 전해준다. 그리고는 신문이나 방송에서도 한동안 식구들의 얘기가 나왔다고 한다.

시장에서 만난 만석이의 말(저녁밥 먹고 정씨네 선산으로 나오라는)을 누님에게 전한 '나'는 서둘러 저녁상을 차린 뒤 부엌으로 나간 누님에게 신경을 쓴다. 늑대 울음소리가 들리고 '아부지, 나 가요'라는 누님의 울음 섞인 목소리가 들린다. 아버지는 두 눈을 감고 숨이 거칠어지다 아랫목에 눕는다. 마당으로 나온 '나'는 정씨네 문중산 쪽으로 귀를 기울리면서 하늘을 보고 누님이 가르쳐주던 북두칠성을 발견한다.

누님이 헝클어진 머리와 맨발을 하고 힘없는 모습으로 돌아왔다. 마루로 올라서던 누님은 오른손에 거무스레한 것을 쥐고서 쓰러진다. '나'는 농약 냄새를 생각해냈고, 누님은 아버지에게 자신을 묻을 준비나 하라며 방으로 들어간다. 누님은 자신은 틀렸으니 만석에게 돈이나 좀 주어서 먼 데로 보내달라고 한다. 밖으로 나온 '나'는 가까이서 들리는 호르흐 소리를 듣고 킹콩처럼 털이 난 만석이를 떠올린다. 그리고 부엌방에서 나오는 푸른 듯한 불덩이가 정씨네 문중산 쪽으로 날아가는 것을 환각처럼 본다. 자신을 자책하는 아버지의 목소리가 부엌방에서 흘러나온다.

◆ 15장 : 누님의 장례식이 끝나고 돌아온 아버지는 머리의 통증을 느끼며 안방에 드러누웠고, 어머니도 머리에 수건을 동인 채 부엌방

에서 울어대고 있다. '나'는 흰 꽃으로 덮인 누님의 관을 떠올리며, 그것이 누님의 마지막 부탁이었다는 이야기를 생각한다. 평생 집안일만 했으니 마지막으로 그렇게 해달라는 누님의 말에 구두쇠 같던 아버지가 돈을 아끼지 않고 그렇게 해주었다고 한다. '나'는 사람이 죽으면 별이 된다고 했던 누님의 말을 떠올리며 북극성 주변에서 별 하나를 바라본다. 늑대 울음소리가 정씨네 문중산 중턱에서 들려오자, '나'는 아침나절 들었던 만석이가 미쳤다는 말을 떠올린다. 아버지 옆에서 잠든 '나'는 황새처럼 하늘을 날며 누님을 뒤쫓아가던 환각에 빠졌다 눈을 뜬다. 황새가 생각나 뒤란으로 간 '나'는 황새 날갯깃 속에서 온기를 느끼며 또 다시 호르흐 하는 늑대 울음소리를 듣는다.

◆ 16장 : 다음날 '나'는 멸종 위기에 놓인 황새를 보호해야 하기 때문에 가져가야 한다고 순경과 함께 온 점퍼 입은 남자에게 황새를 빼앗긴다. '나'는 누님의 주검을 보고도 나오지 않던 울음을 터뜨린다. 이틀 뒤 영철이가 가져온 신문에서 자신이 키우던 황새 사진을 본 '나'는 사진 아래 기사에서 농약중독에 걸린 황새를 한 소년이 삼 개월 동안 키워왔으며 치료하면 건강해질 거라는 수의사의 이야기를 본다. 그리고 자신도 모르는 사이에 고개를 모로 틀고 거꾸러지듯 주저앉은 '나'는 머리와 배의 통증을 느낀다. 그 순간 '나'는 늑대의 울음소리를 듣는다. 그날 밤 늑대 울음소리를 들으면서 잠든 '나'는 황새가 되어 하늘을 날다 누님의 아기별이 떠 있는 북극성 근처도 가본다.

4. 초점화

농약에 의한 중독으로 발생한 병과 황새의 멸종 위기, 그리고 '만석'으로 대표되는 인간적 계층의 위계질서에 의해 핍박받는 삶에 이르는 다양하고 복잡한 이야기를 초점화 주체 '나'(소년)를 통해 제시하고 있다. 초점화 대상으로 등장하는 누이와 만석은 화자 '나'의 경험과 상상력의 사이에서 혼합되고 제시된다. 화자인 소년 '나'는 그 스스로의 성장보다는 자신을 둘러싸고 벌어지는 사건들에 대한 소년적 판단과 상상력을 드러낸다. 이러한 설정이 의미 있는 이유는 현실과 환상의 경계를 넘나드는 중층구성에 적합하기 때문이다. 그리고 보다 더 근본적으로 각각의 사건들을 아우르는 심층적 주제의식으로 나아가려는 양상이 소년의 꿈과 환상을 통해 제시되기 때문이다.

마찬가지로 소설 전체를 지배하듯 반복적으로 등장하는 '늑대 울음소리'에 대한 소년의 상상 역시 누이와 만석으로 이어지고, 나아가 황새의 삶과 연결된다. 때문에 <누이와 늑대>의 화자가 어른이 아닌 소년으로 설정된 것은 이 작품의 경계 넘나들기(현실에서 환상으로, 꿈으로)가 보다 용이하고 자연스럽게 서술될 수 있는 중요한 역할을 하고 있는 것이다.

5. 주제의식

<누이와 늑대>는 농촌의 가난하고 무지한 가족을 중심으로 그들이 겪게 되는 알 수 없는 질병과 '늑대 울음소리'로 대표되는 본질적인 삶의 문제를 담고 있는 작품이다. 작품 전체를 지배하듯, 그리고 성장기 소년의 삶 자체를 지배하듯 끊임없이 울려오는 '늑대 울음소리'를 통해 구체적인 형상이나 물체로 표상될 수 없는 보다 근원적이며 원초적인 생명력에 대한 인식을 담아내고 있다.

'황새의 죽음'이 '늑대 울음소리'로 자연스럽게 연결되고, 나아가 '황새'의 병든 모습에서 누이의 모습을 보게 되는 것, 그리고 '기이한 병'에 걸린 가족들이 마치 힘을 잃은 '황새'처럼 묘사되는 것은 이러한 시스템적 사고에 바탕을 두고 있는 생태학적 세계관으로 볼 수 있다. 특히 '늑대의 울음소리'의 경우 상징적·은유적이면서 작품 전체를 관통하는 전일적 세계관의 투영물로 자리하고 있다.

6. 시간과 공간

화학 약품이 농약으로 무분별하게 사용되기 시작하던 시기의 광주 인근 농촌 마을을 배경으로 한 <누이와 늑대>는 산업화의 영향이 침투되어 점차 훼손되기 시작하는 농촌 생태를 배경으로 설정하고 있다. '나'의 집을 중심으로 늑대 울음소리의 근원지로 표상된 정씨네 문중산과 들과 밭 등은 모두 농촌공동체의 삶을 형성하는 부분으로 등장한다. 이러한 공간 속에서 점차 사라지는 황새와 마찬가지로 그곳의 사람들도 농약으로 인한 중독으로 병에 걸리는 모습들을 그리고 있다.

7. 인물의 존재방식과 유형

초점화 주체인 '나'는 누님과 만석에 대한 환상과 병든 황새를 치료하는 과정 속에서 균열을 일으키고 있는 농촌공동체의 삶을 경험하게 된다. 이러한 경험을 통해 '나'는 성장의 과정을 겪고 있으며 실제와 환상의 경계를 넘나들며 자유로운 성향을 드러내고 있다.

화자인 '나'의 누이는 환상의 욕망을 실현시켜주는 인물인 동시에 농촌사회에서 흔히 볼 수 있는 여성캐릭터의 전형적인 모습을 보여준다. 급기야 수은중독에 걸려 몸이 망가져가는 상태에서도 그것의 원인을 알지 못할 정도로 무지한 기질적 성향을 지니고 있다.

8. 플롯의 방법과 종류

<누이와 늑대>의 이야기는 환경문제를 전면에 내세우지 않고, 소년 화자의 설정을 통해 자연 속에서 살아가는 인간의 본질적인 문제로 나아간다. 그 과정은 우선 화학비료의 과다한 사용과 농약의 중독, 그로 인한 농작물의 끊을 수 없는 반복구도를 단적으로 드러낸 후 우렁이나 메뚜기기 사라지는 현상 등에 대한 이야기로 넘어간다.

하지만 이러한 직접적인 진술들은 소년의 관점이 아닌, 소년이 어른들을 통해 들은 이야기를 전달하는 방식으로 묘사된다. 소년은 그러한 현상들에 대해 직접적인 판단을 유보하거나 적절한 판단을 내릴 만한 위치가 아님을 확인할 수 있다.

알 수 없는 증상의 원인을 찾아가는 과정과 정체불명의 늑대 울음소리를 규정하고 있는 '나'의 욕망은 '운명의 플롯' 중 '연민의 플롯'과 유사한 형태를 띠고 있다. 동시에 초점화자 '나'의 '성장의 플롯' 역시 한 축을 담당하고 있다.

9. 문학생태적 비평의 의의

한승원의 <누이와 늑대>는 농약중독과 토질오염 및 수질오염과 같은 특정 환경문제의 징후들을 직접적으로 내세울 수도 있는 이야기를 담고 있다. 하지만 작가는 소년 화자를 설정하고 그러한 현실적 문제들에 대한 직접적인 언급을 명확하게 시각화하지 않는다. 따라서 이 작품은 소년 화자를 중심으로 한 농촌의 가정 공동체와 자연 속에서 멸종위기에 몰린 '황새'의 삶, 그리고 그 두 이야기 축을 넘나드는 비표상적 '늑대 울음소리'의 설정을 통해 인간과 자연의 구분 자체를 무시하고 보다 근본적인 전일적 공간 내의 연결성으로 나아간다.

때문에 <누이와 늑대>의 주제는 보다 본질적인 삶의 문제로 귀결된다. 여기서 삶의 주체는 '인간'이거나 '자연이거나', '동물'이거나 하는 부분으로 나뉘지 않고, 보다 근원적인 생명의 그물 자체로 수렴된다.

<돈 낚는 어부>

1. **작가소개 : 한창훈**(韓昌勳)

1963년 전라남도 여수에서 출생한 한창훈은 한남대학교 지역개발과를 졸업했다. 1992년 『대전일보』 신춘문예에 단편소설 <닻>이 당선되어 문단에 들어섰다. 2003년부터 민족문학작가회의 사무국장으로 활동했으며 1998년 <홍합>으로 제3회 한겨레문학상을 수상했다. 그는 제대로 문학수업을 받지 않았지만 고교시절에 겪은 5·18과 고기잡이배 선원을 비롯한 거친 직업들을 두루 체험한 것이 훗날 작품에 많은 영향을 주었다. 방황의 시간을 보낸 이후 문학에 심취해 경험에서 우러나오는 소설을 쓰기 시작했다. 농어촌과 소도시 하층민들의 밑바닥 삶을 진솔하게, 그리고 해학적으로 그려내는 작가로 특히 바다에 관한 이야기가 중심을 이루고 있다. 탄탄한 작품 구성력과 섬세한 문체, 전라도와 충청도의 질박한 사투리 구사도 한창훈 문학의 주요한 장점들이다.

대학 문학 동아리에서 만난 부인 최은숙도 1990년에 『한길문학』 신인상으로 등단하여, 1996년에 ≪집 비운 사이≫라는 시집을 냈으며 현재 중학교 국어교사로 재직중이다. 한창훈의 주요 작품집으로는 ≪바다가 아름다운 이유≫(1996), ≪가던 새 본다≫(1998), ≪홍합≫(1998), ≪청춘가를 불러요≫(2005) 등이 있다.

2. 스토리

섬에서 물고기를 낚으며 살아가는 어부는 오랫동안 지속된 물고기 흉년에 칠 년 전부터 돗낚시를 다녔다. 한 마리만 잡으면 온 동네 사람을 배불리 먹일 수 있다는 돗은 어부의 꿈과 같은 존재였다. 어부는 바다 흉년의 원인이 모두 사람들이 고기를 너무 많이 잡아왔기 때문이라고 생각하며, 언제가 자신의 육신을 바다에 돌려주는 것도 괜찮겠다고 생각한다. 이미 아내와 자식을 잃고 홀로 살고 있는 어부에게는 함께 살고 싶은 잠녀라는 여자가 있다. 어부는 돗을 낚는 날을 그녀와 동침하는 날로 마음먹고 돗을 낚기 위해 항상 바다로 나갔다. 상을 치룬 잠녀가 노루섬으로 나갔으면 한다는 제안에 다음날 어부는 잠녀를 태우고 노루섬으로 간다.

잠녀가 가져온 소주를 마시며 이야기를 나누던 어부는 물옷으로 갈아입는 잠녀의 모습을 보고 그날따라 돗을 낚고 싶은 욕망을 더 품게 된다. 잠녀는 물속으로 들어가고 어부는 낚시 바늘에 오징어를 통째로 끼어 바다에 던진다. 그렇게 기다리는 시간 동안 졸면서 돗을 낚는 상상을 하던 어부는 엄청난 기운으로 손가락을 압박하는 힘을 느끼고 그것이 돗이라는 것을 직감했다. 하지만 한 번도 낚아본 적이 없는 돗의 엄청난 힘을 이기지 못해 어부는 바다로 끌려들어가 죽음에 이르게 된다.

3. 담론

◆ 아내와 자식을 잃고 홀로 지내는 어부는 어떤 소리를 듣고 잠에서 깨어난다. 그리고 그것이 지난밤 다녀간 잠녀의 흔적이라는 결론을 얻고 웃고 만다. 어부는 어제 산날맹이에 사는 노인 내외의 죽음으로 그곳을 찾았다가 죽은 이의 조카인 잠녀를 보았다. 그녀가 지난

밤에 찾아왔고, 문득 늙어 있는 그녀의 모습에서 어부는 흘러간 시간을 떠올렸다. 두 사람은 낮에 보았넌 질네의 이상한 춤에 대해 이야기를 했다. 잠녀는 다음날 노루섬으로 가지 않겠냐며 그곳으로 갈 때 태워달라고 부탁했다.

◆ 어부는 낚시를 챙겨 바다로 나가 여러 달째 변함없는 바다를 본다. 버릇처럼 신선대를 바라보며 일기를 살핀다. 배를 몰고 섬의 반대쪽으로 가 기다리고 있던 잠녀를 배에 태운다. 노루섬에 도착한 어부는 낚시 도구를 꺼낸다. 그는 칠 년째 돗을 낚으러 다니고 있다. 고기가 확연하게 줄어든 바다에서 돗 한 마리만 낚으면 온 동네 사람들 배를 불리고도 남는다고 한다. 섬 사람들이 시름시름 앓기 시작하고 젊은이들이 섬에서 사라져 간 뒤부터 어부는 돗을 낚으러 다녔지만 한 번도 낚은 적은 없었다.

◆ 어부는 잠녀가 가져온 소주를 마늘과 함께 마신다. 그리고 꼭 돗을 낚을 것이라고 말한다. 술로 말이 많아진 어부는 물고기가 줄어든 이유가 그동안 너무 많이 잡았기 때문이라고 말한다. 잠녀는 물에 들어가기 위해 옷을 갈아입자 어부는 그 뒷모습을 바라본다. 물옷으로 갈아입은 잠녀는 준비를 마치고 물 속으로 들어간다.

◆ 오징어를 통째로 끼운 바늘을 멀리 던진 어부는 오지 않는 무엇을 기다리고 있다. 어부는 물고기들을 먹고 살아온 육신과 시간을 돌려주는 것도 나쁘지 않겠다고 말했던 초상집의 일을 떠올린다.

◆ 잠녀와 자고 싶었던 어부는 오래전부터 돗을 낚는 날을 동침의 날로 정해놓았다. 오늘따라 유독 그 밤을 앞당기고 싶어진 어부의 손가락 매듭에 묵직한 신호가 온다. 거대한 그 힘에 어부는 돗이라는 것을 본능적으로 알아차린다. 칠 년을 기다린 돗이 왔다는 사실에 기쁜 어부는 긴장의 와중에도 풍요의 세상을 꿈꾼다. 하지만 엄청난 힘에 이끌려 어부는 바다로 빠져든다. 어부는 그렇게 죽었고, 잠녀는 종일 자맥질로 바다를 뒤졌지만 어부를 찾지 못했다. 물속에서 떠다

니는 낚시 바늘엔 가느다란 살점 하나만 달려 있었다.

4. 초점화

삼인칭 시점으로 제시되는 <돗>의 초점화 주체는 어부로 그의 행동과 회상을 중심으로 서사가 전개된다. 대상이 되는 초점 인물은 주로 그가 마음에 두고 있는 잠녀이다. 어부의 관점에서 제시되는 잠녀는 어부와 마찬가지로 세월의 흔적을 고스란히 육체에 지니고 있는 섬마을의 여인이다. 그들은 무계획적인 포획으로 인해 더 이상 물고기가 잡히지 않는 바다가 유일한 삶의 근거이자 희망인 인물들이다.

어부의 이야기를 통해 제시되는 초점 대상인 흉년이 든 바다에 대한 어부의 인식은 바닷가의 삶을 잘 알고 있는 작가 자신이 바라보는 시각을 대변하고 있다.

5. 주제의식

<돗 낚는 어부>는 무분별하게 진행되어온 어획이 초래한 바다 흉년의 문제가 섬을 터전으로 살아가는 이들의 삶을 황폐하게 만드는 과정을 그린 작품이다. 치어들까지 잡아서 더 이상 물고기가 나지 않는 바다는 눈앞의 이익에만 눈이 멀어 순환론적 자연생태의 질서를 제대로 이해하지 못한 인간의 이기적 행태의 결과물임을 어부의 이야기를 통해 드러내고 있다.

6. 시간과 공간

섬이라는 공간은 바다에서 물고기를 잡아 생계를 유지해야만 하는 인물들의 제한된 삶을 형상화하기에 적합한 배경으로 설정되어 있다. 이 공간은 그곳에서 살아가고 있는 인물들의 운명론적 삶을 구체적으로 드러낸다. 특히 '돗'이라는 전설의 물고기에 희망을 걸 수밖에 없는 어부의 반복된 일상은 섬이라는 공간의 제한성과 마찬가지로 벗어날 수 없는 것이다.

<돗 낚는 어부>에서 어부의 회상을 통해 길게 묘사된 과거의 시간은 과도한 물고기잡기가 초래한 바다의 기근현상을 적확하게 보여준다. 이러한 어부의 회상 시간은 곧 실제 현실의 시간을 형상화한 것으로 점차 줄어들고 있는 어획량의 문제를 제시하고 있다. 따라서 작품 속에서 제시된 시간은 물고기가 줄어들어 조금씩 먼 바다로 나아가야만 하는 실제 현실의 심각한 상황과 다르지 않다. 결국 과도한 물고기잡이가 초래한 바다생태의 변화가 이와 같은 바다기근을 만들었으며 그로 인해 바다를 삶의 터전으로 살아가는 인물들의 삶 또한 피폐해졌음을 말하고 있는 것이다.

7. 인물의 존재방식과 유형

초점화 주체인 어부는 섬에서의 삶이라는 주어진 운명에 길들여져 살아가는 전형적인 바닷가 사람으로 그려진다. 황폐해진 바다를 터전으로 살아가고 있지만 풍요를 상징하는 돗을 낚겠다는 의지를 버리지 못하며 마음 속에 품은 잠녀에게 적극적으로 다가가지 못하는 인물이다. 평면적 인물로 볼 수 있는 어부는 그럼에도 불구하고 돗을 낚고자하는 희망을 버리지 않고 실행에 옮기는 긍정적인 사고를 지닌 브레몽(Bremond)의 '행위자' 유형에 가깝다.

잠녀 역시 주어진 운명에 순응하며 살아가는 인물로 현실의 개혁을 도모한다거나 하는 적극적인 행동은 없지만 어부와의 관계를 유지하려고 노력하는 인물로 등장한다. 잠녀는 자신의 삶 자체에 대한 변화의 의지가 미비하지만 어부의 행위를 암묵적으로 인정하고 있는 인물로 어부가 지속적으로 돗 낚는 행위를 할 수 있도록 해주는 소극적인 '조력자'로 볼 수 있다.

8. 플롯의 방법과 종류

잠녀의 흔적으로 인해 잠에서 깨어나는 장면으로 시작하는 <돛낚는 어부>은 어부의 입장에서 더 이상 물고기가 나지 않는 바다에서 돛을 낚아 풍요를 되찾고 싶은 욕망과 잠녀와의 사랑을 이루겠다는 의지가 어떻게 비극적으로 귀결되는가를 순차적인 구성으로 그리고 있다. 인물의 어떤 변화과정이나 커다란 사건의 개입 없이 어부와 잠녀로 대표되는 섬 사람들의 삶의 모습을 평면적으로 형상화하고 있다.

9. 문학생태적 비평의 의의

이 작품에서 바다의 기근이 나타난 원인은 무계획적인 포획으로 더 이상 물고기를 찾아볼 수 없는 바다의 황폐화를 인간의 탐욕스러운 욕망에서 바라보고 있다. 이러한 바다의 형상은 공업화로 인한 오염과는 궤를 달리 하는 것으로 인간에 대한 지배가 곧 자연에 지배로 귀결되는 사회생태론적 접근이 가능하다. 또한 많은 물고기를 잡으면 그것이 어획량 감소로 이어진다는 단순한 원리에 대한 인식을 통해 순환론적 시각의 필요성을 제기하고 있다.

<그대의 콧구멍>

1. 작가소개 : 홍성암(洪性岩)

1942년 3월 3일 강원도 강릉에서 출생한 홍성암은 강릉사범학교를 거쳐 고려대학교에서 국어국문학 학사를 받고 한양대학교대학원에서 석사, 박사를 받았다. 동덕여자대학교 인문과학대학 인문학부 국어국문학전공 교수로 재직하다가 2007년 8월 31일에 정년을 맞아 퇴임하였다. 1980년 소설 <겁화경>으로 등단하였으며 1997년 한국소설가협회 한국소설문학상을 수상했다. 주요 작품으로는 소설집 ≪모깃불≫(2001), ≪가족≫(1999), ≪어떤 귀향≫('97 한국소설문학상 수상작품집)이 있다.

2. 스토리

선천적으로 코가 막히는 증상으로 호흡까지 곤란해진 '그'는 용하다는 침술장이에게 시술을 받은 후 증상이 호전되어 냄새를 맡고, 호흡도 할 수 있게 된다. 그런데 이전에는 맡을 수 없었던 냄새가 '그'를 역겹게 하고 심지어는 대인관계에 문제를 가져온다. 문명이 가져온 다양한 냄새가 '그'에게는 이제 악취로 다가오고 자연의 냄새 외에 인공적인 어떤 냄새도 '그'에게는 참을 수 없는 것이 되고 만다.

그리고 급기야 주변 사람들의 온갖 체취를 맡고 반응하는 것이 사회생활의 저해를 가져온 것이다. 이에 '그'는 침장이 노인에게 코를 다시 막아 달라고 요청하기 위해 노인을 찾아간다. '그'는 어차피 현대사회의 문명을 떠나 살아갈 수는 없는 것이기 때문에 예민해진 후각을 무디게 하여 문명사회에 적응할 결심을 한 것이다.

3. 담론

◆ '그'는 어린 시절부터 코가 기형이라 냄새를 제대로 맡지 못하고, 심지어는 호흡까지 곤란한 정도이다. 고무제품 업체의 영업 대리인 '그'는 점점 코로 인한 불편이 심화된다. 급기야 병원을 찾은 '그'는 축농증에 비염이라는 진단을 받고 기형적인 코를 수술하려면 장기입원을 해야 한다는 진단을 받는다. 하지만 영업사원인 '그'로서는 생계를 포기해야 하는 일이라 난감해 한다.

◆ 친구로부터 용한 침술장이가 있다는 말을 듣고 '그'는 퇴계원에 있는 침술장이 노인을 찾아가 병석에 있는 노인에게 어렵사리 시술을 받는다. 그리고 엄청난 양의 콧물을 쏟고는 차츰 정상을 찾아 간다. 그런데 문제는 콧물이 그친 대신 온갖 사물의 냄새가 적나라하게 '그'의 코에 반응하는 현실과 직면한다. 자동차 매연, 화장실의 나프탈렌, 심지어 식용유냄새와 프로판 가스 냄새까지 거리의 모든 것의 근본적인 냄새를 모두 맡게 된 것이다.

◆ 평소 동경하던 미스 박에게서 나는 추저분한 체취, 아내의 적나라한 체취, 지하실 방의 습내 등 세상의 온갖 사물의 냄새가 '그'를 옥죄기 시작한다. 영업사원인 '그'로서는 고객에게서 나는 악취에 반응할 수 없는 것이 곤혹스러웠다. 게다가 아내는 냄새에 코를 쥐고 인상을 찌푸리는 '그'에게 변심한 것이라며 윽박지른다. 결국 '그'는 뚫린 코를 막기 위해 침술장이 노인을 찾아간다.

4. 초점화

<그대의 콧구멍>은 '그'가 내적 초점화자가 되어 자신의 막힌 코가 뚫려 겪게 되는 사회부적응의 과정을 서술하는 전지적 작가 시점의 작품이다. 코로 인해 겪게 되는 불편을 '그'의 일관된 시선으로 처리하고 있는 '고정초점화'의 양상을 하고 있으며 초점화자의 국면은 그의 '심리적 국면'을 중심으로 주로 냄새에 반응하는 '그'의 의식을 감정적 요소를 중심으로 서술하고 있다.

5. 주제의식

<그대의 콧구멍>은 콧병을 치료한 '그'가 문명사회의 각종 냄새를 적나라하게 맡게 되면서 사회부적응의 단계의 이르는 과정을 통해 악취로 상징되는 문명의 모순과 폐해를 제시하고 있다. 또한 '그'가 일하는 회사가 고무제품을 생산하는 공해업소로 주변 주민들로부터 집단항의를 받아 환경청의 제재를 받는 현실을 통해 문명의 이기가 양산하는 부정적 측면을 생태위기의 모습으로 서술하고 있다. 결국 이 작품은 문명이 풍기는 각종 악취에 대한 문제제기를 통해 문명비판과 아울러 이러한 악취에 만연되어 그 냄새 자체를 인식하지 못하는 현대인의 불모성을 동시에 표명하고 있다.

6. 시간과 공간

<그대의 콧구멍>은 환경청이 공해업소를 지정하고 유해공장에 대한 주민의 항의가 수용되는 것으로 보아 1980년대 후반의 현실을 반영하고 있다. 또한 지하실 방에서 세를 사는 열악한 환경과 매연, 유해가스로 가득 찬 도시라는 공간의 오염의 현실을 냄새를 통해 사실적으로 제시하고 있다.

7. 인물의 존재방식과 유형

<그대의 콧구멍>은 중심인물 '그'의 비정상적인 코가 정상으로 돌아오게 됨으로써 체험하는 현실의 모순을 반영하고 있다. 여기서 '그'는 브레몽(Bremond)의 '개선자'로서 존재하며 '입체적 인물'로 기능한다. '그'의 아내와 '그'의 상사인 부장은 '그'의 상황을 오해하여 '그'를 억압하고 방해하는 브레몽(Bremond)의 '위협자'로 존재한다. 또한 너무나 제대로 기능하는 후각기능으로 인해 사회생활에 적응하지 못하는 '그'의 모습은 일종의 프라이(N. Frye)의 '파르마코스'적인 양태를 보이고 있어 브레몽(Bremond)의 '수동자'의 모습을 동시에 지니고 있음을 확인할 수 있다.

8. 플롯의 방법과 종류

<그대의 콧구멍>은 퇴계원의 침술장이를 찾는 장면에서 시작하여 그가 침술장이를 찾게 된 연유를 역순행적으로 제시하고 있는 '역순행적 구성'에 입각해 있다. 또한 과거와 현재를 넘나들면서 그의 코가 제대로 기능하지 못하는 이유를 설명하고 있는 '첨가형태의 연결방법'에 의해 서술하고 있으며 문명비판에 입각한 '목적론적 플롯'의 양상을 취하고 있다.

9. 문학생태적 비평의 의의

<그대의 콧구멍>은 문명비판이라는 명시적인 주제의식으로 인해 심층생태론적 견지의 생태의식을 발견할 수 있는 작품이다. 또한 환경오염의 문제를 주민들이 항의하여 개선하고 있는 장면을 삽입함으로써 환경에 대한 문제를 인식하는데서 나아가 행동으로 해결방법을 모색한다는 측면에 의의를 발견할 수 있는 심층생태론의 입지가 강한 작품이다.

<남도기행>

1. **작가소개 : 홍성원**(洪盛原)

1937년 12월 26일 경남 합천에서 태어나 강원도 김화에서 어린 시절을 보냈다. 이후 경기도 수원으로 이사해 수원북중학교를 거쳐 1956년 수원농림고등학교 축산과를 마치고, 같은 해 고려대학교 영문학과에 입학하였으나 가난으로 인해 1958년 중퇴하였다.

1961년 단편소설 <전쟁>이 『동아일보』 신춘문예에 가작으로 입선한 뒤, 1964년 단편 <빙점지대>가 『한국일보』 신춘문예에 당선되어 등단하였다. 이후 전업 작가의 길을 걸으면서 주로 대하 역사소설을 많이 썼는데, 단편과 중편도 수십 편에 달한다.

대표적인 작품에는 1969년 『창작과 비평』에 발표한 중편소설 <폭군>, 1970년부터 5년간 『세대』에 연재해 1987년 <남과 북>(전6권)으로 제목이 바뀌어 출간된 <육이오>, 1992년 이산문학상 수상작품인 <먼동>(전6권)을 비롯해 <달과 칼>(1993, 전5권), 친일과 애국의 문제를 다룬 <그러나>(1996, 전2권) 등이 있다. <폭군>은 늙은 포수와 호랑이 사이의 대결을 그린 작품이고, <남과 북>은 6·25전쟁이 남긴 부정적 유산과 상처 등을 포괄적으로 다룸으로써 전쟁의 의미를 되새기게 하는 작품이다. <먼동>은 동학농민운동, 의병운동, 개화기, 3·1운동을 거치는 동안의 한국 근대 사회사를 조명한 작품으로, 그의 작품은 대부분 인문주의적 휴머니즘을 바탕으로 현대 사회의 비인간적인 허위의식을 날카롭게 비판하고 있다는 평가를 받는다.

그 밖에 <역조>(1966), <산신의 딸>(1967), <흔들리는 땅>(1978), <꿈꾸는 대합실>(1981), <막차로 온 손님들>(1982), <잃어버린 출발>(1983), <마지막 우상>(1985) 등의 장편소설을 출간하였고, 소설집으로는 ≪서울 즐거운 지옥≫(1985), ≪폭군≫(1984), ≪투명한 얼굴들≫(1994), ≪남도 기행≫(1999) 등이 있다. 대한민국문학상, 현대문학상, 이산문학상 등을 받았다.

2. 스토리

서울 낚시꾼인 '그'는 여러 해 동안 남도 섬에서 낚시를 즐기는데 최근 해양오염 때문에 사라진 종의 고기가 많다는 사실에 문득 분노를 느낀다. 김선두와 낚시를 하면서 듣게 된 것은 기름 유출 사건이나 폐기된 양식장을 방치하면서 해양오염이 가속화된다는 것이다. 또한 김선두가 바다에 쓰레기를 버리는 것에 대해 '그'는 못마땅하다는 의사를 전달한다. 이에 김선두는 폐기된 양식장과 기름 유출로 이미 오염된 바다에 대한 자포자기적 심정이라는 의사를 표명한다. 심지어 대학생들까지도 공장의 폐수유출을 빌미로 공장주에게 돈을 타낸다는 이야기를 김선두에게서 듣는다. 한편 '그'는 광주사태에 대한 정부의 부당한 횡포를 최씨에게 들었던 기억을 떠올리며 '그'는 이순신의 유적을 답사한다. 특히 거북선을 보면서 장렬한 이순신의 죽음에 대해 생각하면서 개인에 대한 집단 혹은 국가의 횡포에 개인은 죽음이라는 극단적인 방법으로 저항할 수밖에 없다는 사실을 깨닫는다.

3. 담론

◆ 1장 : 서울 낚시꾼인 '그'는 김선두의 배에서 낚시를 하는 것이

취미이다. 70년대 초반까지 풍성했던 바다는 최근 오염 일로를 치닫고 있다. 그래서인지 몇 종의 고기는 발견하기 어렵다. 작년만 해도 이 바다에 외국 화물선의 기름 유출사고로 바다생물이 질식하는 일이 있었다는 김선두의 말에 '그'는 분노한다. '그'는 김선두를 좋아하지만 그가 바다에 쓰레기를 마구 버리는 것에 대해서는 이해하기 힘들어 그를 힐책하자 김선두는 바다오염에 대한 구체적인 원인을 제시하면서 쓰레기를 방기하는 이유가 자포자기적 발상임을 밝힌다. 즉 폐기된 양식장을 방치하고, 기름유출로 인한 기름띠의 형성으로 이제 바다는 오염될 만큼 다 되었다는 것이다.

◆ 2장 : 감성돔을 비롯해 적잖은 고기를 잡은 김선두와 서울 낚시꾼은 멸막으로 가서 회를 먹기로 한다. 서울 낚시꾼은 남면 최씨와의 안면을 떠올리며 광주사태 직후에 낚시꾼들과 최씨와 나눈 대화를 떠올린다. 최씨는 계엄군의 인민 학살 행위에 대해 열을 올렸고 서울 낚시꾼들은 믿지 않았다. 그러나 몇 년 후 정권교체 후 청문회에서 최씨의 말이 사실이었음을 알게 된 일을 떠올린다. 한편 김선두로부터 석유화학단지에서 폐수를 배출한다는 사실을 빌미로 대학생들이 공장으로부터 돈을 얻어간다는 이야기를 듣는다.

◆ 3장 : 서울낚시꾼 '그'는 이순신에 대해 관심과 존경을 지니고 친척의 소개로 향토사학자 Y를 만난다. 충민사를 소개받고 이곳이 충무공 '사액사당' 중 가장 먼저 세워진 곳이라는 설명을 듣는다. 그리고 거북선을 도설에 입각해 실물크기로 복원한 것을 보면서 순신에 대한 서로 다른 사관과 거북선 모형에 대한 이설에 대해 듣게 된다. 돌아오는 길에 '그'는 순신의 죽음을 떠올리며 집단이 개인에게 가하는 폭력을 극복하는 방법은 죽음밖에 없다는 사실을 확인해 본다.

4. 초점화

<남도기행>은 서울 낚시꾼인 '그'의 내적 초점화의 방식으로 전

개되는 전지적 작가 시점을 취하고 있다. 김선두와 멸막의 최씨와 대화의 방식으로 각각 해양오염과 광주사태의 진상이 전달되기기도 하는데 이는 보여주기 방식을 부분적으로 선택하여 서술자의 외적 초점의 양상을 반영하고 있는 것이다. 초점화의 국면은 '심리적 국면'으로 서울 낚시꾼인 '그'가 바라 본 해양오염의 실태와 왜곡되었던 광주사태의 진실이 밝혀지는 현실을 '인지적 측면'에서 제시하고 있다. 한편 이순신의 업적에 대한 평가와 거북선 복원에 대한 이설들을 '그'가 Y로부터 설명 받고 재해석하는 방식의 내적 초점화 방식을 취하고 있어서 비교적 '고정초점화'의 양상을 보이고 있다.

5. 주제의식

<남도기행>은 그 주제의식이 표면적으로는 '그'가 인식한 해양오염의 문제와 김선두가 제기하는 기름띠와 폐기된 양식장의 방기에 있다. 그러나 심층적으로 파악해 보면 광주사태의 문제와 이순신의 죽음의 문제를 서술하는 저변에 국가나 집단이 개인에게 가하고 있는 폭력의 문제를 제시하고 있다. 나아가 이러한 폭력은 궁극적으로 개인의 희생을 일방적으로 강요하고 있다는 것이다.

6. 시간과 공간

<남도기행>은 독재정권의 교체와 문민정부의 출현이 가져온 청문회 이후의 시대를 반영하고 있다. 실증적으로 1990년 직후를 시대적 배경으로 하고 있는 것이다. 산업화의 결과로 해양은 오염의 정도가 심해지고 있고, 대학생들이 폐수를 버리는 공장과 타협하여 돈을 갈취하고 있는 시대적 상황을 제시하고 있다. 공간적 배경은 제목에서 암시하듯이 남도 해안 유역이며, 공단 지역 또는 여수나 이순신의 유적지가 있는 곳으로 보아 한산도 주변으로 볼 수 있다.

7. 인물의 존재방식과 유형

<남도기행>은 해양오염에 대한 문제의식을 지니고 있는 서울 낚시꾼인 '그'가 주동인물로 설정되고 김선두와 최씨를 보조적 인물로 등장시켜 해양오염의 현실과 광주사태의 문제가 별개의 것이 아님을 제시하고 있다. 특히 최씨는 광주사태를 체험한 인물로 당시 군사정권의 비인간적 행위에 대한 브레몽(Bremond)의 '정보제공자'의 역할을 수행하고 있다. 또한 김선두 역시 해양오염의 실태를 전달하고 광주사태의 모순을 제시하는 '정보제공자'이자 '조력자'의 역할을 수행하고 있다. 한편 서울 낚시꾼인 '그'는 이순신의 죽음의 의미를 통해 집단이나 사회로부터 억압당하는 개인의 무기력에 대해 고민하는 모습을 보이는 그레마스(A. J. Greimas)의 '주체'이자 '아폴론적'인 역할을 수행하고 있다.

8. 플롯의 방법과 종류

<남도기행>은 서울 낚시꾼 '그'가 주시하는 현실의 모순을 '연속적인 플롯'의 양상으로 제시하고 있다. 해양오염의 문제, 광주사태에서 군사정권의 억압문제와 인권유린 문제, 이순신의 죽음의 문제를 에피소드 식으로 나열하여 처리하고 있다. 이는 '상관형태의 연결방법'을 선택하고 있음을 반영하고 있다. 또한 '인물의 플롯'에 입각해서 해양오염의 문제와 관련된 억압적인 사회의 문제를 개선하고자 하는 '개선의 플롯' 양상을 제시하고 있다.

9. 문학생태적 비평의 의의

<남도기행>은 표층적으로 해양오염의 문제를 제기하는 환경소설의 양상을 보이지만 심층적으로 오염의 원인이 되는 억압적인 사회구조의 모순과 기업의 비양심적인 경영방식을 제시하여 이순신의 죽

음으로 환치되는 억압적 사회구조의 모순을 제시하고 있다. 이는 이 작품이 단순히 환경고발소설에 머무르지 않고 생태소설로 자리하게 한다. 광주사태로 표상되는 인간에 대한 억압과 지배의 문제는 남도의 해양오염의 문제와 상관관계를 지니고 있다는 작가의 인식은 사회생태론적 생태의식에 입각해 있다. 한편 이순신의 죽음의 의미를 되새기는 마지막 장은 다소 인과론적 시각으로 보기에는 무리가 있는 부분이다. 그러나 집단이나 사회가 개인과 충돌하는 경우 개인의 죽음을 초래할 수밖에 없다는 생태위기의 현실로 치환할 수 있다는 점에서 생태소설적 성격을 인정할 수 있다.

Ⅲ. 도시화와 왜곡된 욕망의 분출

<붕어>

1. 작가소개 : 서정인(徐廷仁)

1936년 12월 20일 전남 순천에서 출생한 서정인(본명: 정택)은 1955년 순천고등학교를 졸업한 후 서울대학교 문리과대학 영어영문학과를 졸업했으며 동대학원에서 석사학위를 취득했다. 1968년부터 전북대학교에서 영문학 강의를 시작했으며 1971-1973년에는 미국 하버드대학교에서 객원연구원으로 수학했다. 1992년에 전남대학교에서 문학박사학위를 취득했으며 현재 전북대학교 영어영문학과 명예교수로 재직하고 있다.

1962년 『사상계』의 신인작품공모에 현대인의 주체의식의 문제를 다룬 단편소설 <후송>이 당선되어 등단했다. 이어 <물결이 높던 날>(1963), <미로>(1967), <나주댁>(1968), <강>(1968), <분열식>(1968) 등의 작품을 발표해 이청준, 김승옥 등과 더불어 1960년대를 대표하는 작가로서 문학사적 중요성을 인정받았다.

사건전개에 의한 줄거리보다는 작가 특유의 절제미를 갖춘 독특한 문체로 소설의 분위기를 주도했던 초기작품들과는 달리 연작소설 <철쭉제>(1983)와 <달궁>(1985) 등의 후기작품들에서는 현실적 문제를 구체화함으로써 점차 관용과 해학이 깃들인 인간적 교감을 그려내는 변화를 보여준다. 이후의 작품 <베네치아에서 만난 사람>(1997), <용병대장>(2000), <말뚝>(2000)에서도 새로운 소설양식을 추구하는 실험적인 방법을 도입, 기존소설에서 볼 수 없는 구어적 화법을 시도함으로써 '말'과 '소리'로 독자와의 교감을 이루어내고 있다.

한국문학작가상(1976), 월탄문학상(1984), 한국문학창작상(1986), 동서문학상(1995), 김동리문학상(1998), 대산문학상(1999) 등을 수상했다. 작품집으로 ≪강≫(1976), ≪가위≫(1977), ≪토요일과 금요일 사이≫(1980), ≪벌판≫(1984), ≪철쭉제≫(1986), ≪해바라기≫(1992), ≪붕어≫(1994), ≪베네치아에서 만난 사람≫(1999) 등이 있다.

2. 스토리

'그'와 정여사는 눈이 침침하고 몸이 여기 저기 시원치 않아 진맥을 잘 본다는 노인의 약방을 찾아 혹한의 추위를 무릅쓰고 이른 아침 집을 나선다. 우여곡절 끝에 노인의 약방을 찾기는 하지만 예약제 시스템을 접하고 막연히 가다리기만 한다. 그러던 중 '그'는 병원 근처 강가에서 수질오염으로 죽어가는 붕어를 보고, 교통사고 장면과 도시의 교통체증, 그리고 인간보다 차가 우선인 현실을 접하고 혐오감을 느낀다. 아내가 운 좋게 얻었다는 내일 대기자 일번의 순서도 '그'는 무의미하다고 느낀다. 모든 것이 인간 중심으로 돌아가지 않고, 기계나 자본, 그리고 권력 등에 의해 움직이는 도시화가 가져 온 부정적 현실이 '그'에게는 모순으로만 느껴진다. 결국 이튿날 어렵사리 얻은 진맥 순서를 포기한 '그'는 정여사의 닦달을 들으면서도 아픈 것이 오히려 낫다고 생각한다.

3. 담론

◆ 혹한의 겨울 날씨임에도 불구하고 '그'와 정여사는 외출차비를 한

다. 명의열전에서 본 명의에게 가기 위해 정류소로 향한다. 명의의 주소를 확인하고 부여행을 결정하면서 직행이 아니라 공주로 돌아가는 버스를 타고는 난폭 운행에 위협을 느낀다. 또 시장 입구에서 교통사고를 목격하기도 한다. 인간보다 차가 우선인 현실에 '그'는 노여워한다. 진맥 잘하는 노인을 찾아 겨우 청양에 도착하지만 '그'가 공주로 이사를 갔다는 소식을 접한다.

◆ 공주로 가서 겨우 약방을 찾지만 초진 환자는 진맥을 보지 않는다는 것과 모든 환자는 예약에 의해 철저히 관리되고 있는 현실과 직면한다. 환자와 접수 받는 여자, 그리고 약을 짓는 노랑 옷을 입은 사내로 구성된 대기실의 분위기에 '그'와 정여사는 의기소침해 진다. 간이식당에서 점심을 해결한 그들 부부는 다시 약방으로 돌아오지만 진맥 순서가 까마득함을 알고 거리를 배회한다.

◆ 큰길 건너 강을 발견한 '그'는 강가에 뒹구는 깡통과 청량음료 합성수지 병, 폐타이어 등으로 오염된 강변과 만난다. '그'는 젊은 시절 익사체험을 떠올리며 강변을 걷던 중 교각 밑 음산한 그늘에서 소년 두 명을 발견한다. 다리주위의 웅덩이에 붕어와 피라미 새끼들이 살아 있는데 주변은 쓰레기 더미를 방불한 모습을 하고 있다. 찢어진 모기장으로 고기잡이를 하고 있는 소년들을 발견한 '그'는 신기하여 다가간다. 그러나 곧 붕어가 죽는 것을 보게 된다. 물의 오염으로 살아 있어도 병든 붕어였던 것인데 모기장에 걸려 죽게 된 것이다. 물의 오염에 대해 개탄하고 있는 '그'에게 소년들의 랩송이 들린다. 말의 오염이라 느낀 '그'는 씁쓸한 기분으로 약국으로 돌아온다.

◆ 아직도 순번이 돌아오기를 기다리고 있는 정여사는 젊은 여성 환자들과 이야기를 나누면서 이 노인이 불임전문인 것을 알게 된다. 고정 환자가 천명이라는 노인의 명성을 듣고 정여사는 접수하는 여자에게 사정하여 내일 대기환자 일번으로 배정받고는 '그'와 집으로 향한다. 내일 새벽 첫차를 타고 다시 진맥을 하러 올 참이다. 귀가하는

도중 '그'는 도시의 교통체증과 수질오염, 대기오염의 현실을 악취로 느낀다. 이튿날 '그'는 진맥을 받으러 가는 것을 포기한다.

4. 초점화

<붕어>는 정여사와 '그'가 내적 초점화자로 등장하는 전지적 작가 시점을 노정하고 있다. 그러나 전반적으로 '그'의 내적 초점화자의 모습이 강하게 등장하며, '그'와 정여사의 대화를 중심으로 보여주기 양식을 통해 사건을 전달하고 있다. 초점화의 국면은 '그'의 '심리적 국면'에 입각해 있으며 도시적 비정성과 각종 오염의 현실에 대한 '그'의 인식적 요소와 감정적 요소가 적절히 표출되어 있다. 정여사에 대한 불만을 표출하는 '그'의 내적 초점화는 일인칭 주인공의 모습을 보이기도 한다.

5. 주제의식

<붕어>는 농촌에 거주하는 '그'가 바라본 도시의 비정상적인 삶의 양태에 대한 비판이라는 주제의식에 입각해 있다. 그리고 그 비판의 구체적인 모습으로 수질오염과 대기오염의 현실을 제시하고, 인간보다는 차가 중심인 도시의 양태를 비판하면서 아이들이 랩송을 읊조리는 것이 말의 오염이라 개탄하는 것을 볼 수 있다. 결국 도시화가 가져온 결과는 붕어 한 마리 살지 않는 쓰레기더미로 변한 강변과 인간보다는 차가 우선인 8차선 도로, 그리고 시간에 지배당한 인간이 고속버스의 질주와 난폭운행의 원인이라는 것을 지적하고 있다. 또한 명의라는 자의 약방은 예약제라는 시스템을 통해 인간의 생명에 대한 존엄성보다는 허울 좋은 제도를 우선시하는 주객전도의 현실에 대한 비판도 동시에 제기하여 도시화의 부정적인 측면을 여실히 보여주고 있다.

6. 시간과 공간

<붕어>는 80년대 도시화의 양상을 그 시간적 배경으로 하고 있다. 8차선 도로가 지방의 소도시에도 생기고 강 위에 교량이 건설되었던 국토개발 사업 이후를 배경으로 하고 있다. 구체적인 공간적 배경은 공주시내와 금강 유역으로 설정하고 있다. 공주시내는 도시화가 되면서 시내에 8차선 도로가 생기고 차들은 속도를 내고 질주하지만 사람들은 오히려 차에 밀려 걸어 다니기가 겁나는 현실이 노정되어 있다. 또한 쓰레기더미로 변한 강변에서 붕어와 피라미가 간신히 살아남는다 해도 동네 소년들에 의해 포획당하는 현실을 '그'의 시선을 통해 보여주고 있다. 또한 무허가로 추정되는 약방을 공간적 배경으로 거기서 행해지는 주객전도의 진료행위가 실은 자본의 논리에 입각해 있음을 간접적으로 제시하고 있다.

7. 인물의 존재방식과 유형

<붕어>는 '그'라는 인물의 비정한 사회현실에 대한 비판으로 일관되어 있다. '그'는 시종일관 이러한 '비판자'로서의 기능을 유지하고 있다는 점에서 고전적인 '평면적 인물'의 모습을 하고 있다. 한편 '그'는 브레몽(Bremond)의 관점으로 보면 '수동자'(patient)로서 작용하고 있다. 도시화라는 거대한 변화의 물결이 각종 오염의 원인이 되고, 사회모순으로 발전하여 '그'에게 비판적 시각을 종용하고 있기 때문이다. 그러나 '그'는 '행위자'로 발전하는 모습을 보이지는 않는다.

또한 부인인 정여사는 이러한 '그'의 성격을 부각시키기 위한 보조적 인물로서 작용하고 있으며 '조력자'로 '그'와의 대화를 이끄는 역할을 한다. 그녀는 '그'와는 달리 현실의 모순에 대해서는 전혀 인식하지 못하고 있는 프라이(N. Frye)식의 '촌뜨기'(agroikos)유형에 속한다.

8. 플롯의 방법과 종류

<붕어>는 하루 동안의 일을 시간적 순서에 따라 배열하고 있는 '스토리 유형의 슈제트' 형식을 취하고 있다. 또한 '그'가 현실의 문제점에 직면할 때 마다 과거의 상황과 대조하는 '첨가형태의 연결방법'에 입각해 있다. 비정한 현실에 대해 비판적인 시각을 유지하던 '그'가 비록 적극적인 저항의지는 아닐지라도 다음날 어렵사리 얻은 대기 번호 1번의 순서표를 거부하고 아프더라도 진맥을 받지 않겠다고 거부하는 행동에서 '사상의 플롯'이 실현되고 있음을 확인할 수 있다. 주인공의 신념이 비교적 희망적인 방향을 암시하고 있기 때문에 '정감의 플롯'(the affective plot)의 양상이 보이기도 한다.

9. 문학생태적 비평의 의의

<붕어>는 인간의 인간에 대한 지배가 자연을 훼손하고 있다는 사회생태론적 입지에 그 생태위기의 원인을 두고 있다. '그'가 직면한 도시의 비정성 저변에 있는 수질오염과 쓰레기문제가 인간사회의 말의 오염과 기계에 의해 지배당하는 개인들의 모순, 나아가 풍속의 교란으로 인한 살인이 난무하는 현실과 모두 연계되어 있다. '그'가 확인한 이러한 사회의 모순은 생태위기가 자연의 파괴와 황폐화만의 문제가 아니라 이것이 인간 사회의 풍속의 교란과 맞물려 있다는 사실이다. 이 작품은 이러한 사회생태론의 견지에 입각해 생태위기의 원인을 제시하고 있다는데 그 의의를 발견할 수 있다.

<새의 선물>

1. **작가소개 : 은희경**(殷熙耕)

1959년 전라북도 고창에서 출생했다. 초등학교 3학년 때 <내동생>이라는 첫 작문을 쓰고 나서 문예반에서 글쓰기 연습을 하였다. ≪강소천 전집≫을 즐겨 읽었고, 일기 쓰는 것을 좋아했다. 이야기 꾸며내기에 재능이 있음을 안 문예반 교사는 소설 쓰기를 권했으나, 시 쓰는 것을 더 좋아했다. 숙명여자대학교에 입학하여 1977년 창작 모임을 만들어 시를 쓰고 문집을 만들기도 했다. 졸업 후 출판사와 잡지사에서 근무했다.

1994년 한 달간 휴가를 내어 일기장과 메모를 챙겨 들고 서울을 떠나 다섯 편의 단편을 썼고 서울로 돌아와 중편 <이중주>를 써서 1995년 『동아일보』 신춘문예에 당선되었다. <새의 선물>(1996)은 열두 살에 성장을 멈춘 어린 화자를 통해 생의 이면을 날카롭게 풍자한 소설이다. <타인에게 말 걸기>(1997)는 특유의 속도감 있는 문체, 의뭉스러운 유머, 해학적 풍자가 잘 나타난 개성 있는 작품이다.

<마지막 춤은 나와 함께>(1998)는 장면전환이 빠른 에피소드식 구성으로 겉으로는 강한 듯하지만 내적으로는 약한 주인공의 복잡한

성격을 잘 그려냈다. 결혼과 가족제도의 문제를 다룬 <행복한 사람은 시계를 보지 않는다>(1999)는 경쾌한 유머와 등장인물의 섬세한 심리묘사가 돋보이는 작품이다.

그녀의 소설에는 인간의 본성이 날카롭지만 유머러스하게 그려져 있다. 그 때문에 평론가들은 그녀의 작품이 신랄하고 가차 없으며 냉정하다고 평가한다. 그녀가 다른 작가들과 구별되는 점은 유머를 통해 섬세하게 심리묘사를 하는 데 있다. 그것은 이야기꾼으로서 재능과 서정적 감수성이 잘 섞여 있기 때문에 가능하다. 등단하자마자 문학적 인정을 받았으며 독자로부터 폭발적인 인기를 얻었다. 풍부한 상상력과 능숙한 구성력, 인간을 꿰뚫어보는 신선하고 유머러스한 시선, 감각적 문체 구사가 뛰어난 소설가이다. 그 밖의 작품으로 <아내의 상자>(1997), <서른 살의 강>(공저, 1996) 등이 있다. 또한 1996년에 제1회 문학동네 소설상, 1997년에 제10회 동서문학상, 1998년에 제22회 이상문학상, 2000년에 제26회 한국소설문학상, 2002년에 제35회 한국일보문학상, 2006년에 제18회 이산문학상 등을 수상했다.

2. 스토리

이 소설의 중심사건은 주인공 '나'(강진희)의 성장과 세계관의 형성 과정이다. 강진희는 우울증에 걸려 자살한 어머니와 재가하여 따로 살고 있는 아버지에 대한 상처를 안은 채 외가에서 12살까지 성장했다. 그녀는 자신의 상처를 극복하기 위해 '보여지는 나'와 '바라보는 나'를 구분하여 인식하는데, 이러한 자아 인식은 그녀를 조숙하게 만들었고, 따라서 세상과 사람들을 바라보는 시각이 남다르게 예리하다. 그래서 그녀는 12살 이후 성장할 필요가 없었다고 술회한다.

그녀의 조숙한 세계관을 형성하는 데 기여한 주변의 사건들이 이 소설의 보조사건이다. 순진하고 단순한 이모의 사랑과 이별, 경자 이모와 이형렬의 배신, 장군이 엄마와 최 선생의 불륜, 주인 집 돈을 갖고 도망간 미스 리와 종구, 그리고 유지공장의 화재와 그 이후의 사건 등은 모두 '나'로 하여금 세상을 인식하게 하는 사건들로서 기능하고 있기 때문이다. 특히 소설 속 배경의 전반을 통어하고 있는 유지공장은 산업화 속에서 돈에 의해 피폐화되어가는 사람들의 모습과 생존을 위협하는 대기오염의 실태를 드러내는 동시에 주인공 '나'가 진정성 대신 타락한 세계의 타락한 삶을 비판적으로 수긍하는 과정을 드러낸다. 즉 이 소설은 인간에 의한 자연의 타자화가 결국은 인간 스스로를 세계 속의 타자로 전락하게 만들게 된다는 것을 보여줄 뿐만 아니라 생태 파괴가 산업화라는 인간의 욕망에 의한 사회구조적 모순과 밀접한 관계가 있음을 드러내기 때문에 사회생태론의 입장에서 구명해볼 수 있는 작품이다.

3. 담론

총 22장으로 구성되어 있으나, 프롤로그와 에필로그까지 합하면 모두 24장이라고 할 수 있다. 프롤로그와 에필로그를 포함한 모든 장에는 소제목이 있다.

◆ 프롤로그 : '열두 살 이후 나는 성장할 필요가 없었다'에서는 '그'와의 데이트 중인 '나'가 자신의 삶에 대한 사념을 간략하게 표현한다.

◆ 1장 : '환부와 동통을 분리하는 법'에서는 작중 화자가 12살인 1979년의 상황이 전개된다. '나'는 두 채의 살림집과 가게채로 이루어진 외가에서 외할머니, 이모, 외삼촌과 살고 있다. 어려서부터 깊은 상처를 통해서 조숙해진 '나'는 스스로 자아를 분리함으로써 상처를 덜 받고 자신을 지킨다. 즉 '보여지는 나'와 '바라보는 나'로 구분하여 세상을 바라보는 것이다. 이런 이중적 시각으로 '나'는 어른들의 비밀을 털어놓겠다고 예고한다.

◆ 2장 : '자기만 예쁘게 보이는 거울이 있었으니'에서는 이모의 비밀이 서술된다. 이모는 '나'에게 모든 비밀을 털어놓는 가장 대표적

이고도 중요한 인물이기 때문에 '나'는 누구보다도 이모에 대해 잘 알고 있다. 여기서 주된 모티프는 이모의 펜팔 사건이다.

◆ 3장 : '네 발밑의 냄새나는 허공'에서는 '장군이 엄마의 비밀'이 서술된다. 탐욕적이고 험담 잘 하는 장군이 엄마를 골려 주기 위해 '나'는 장군이의 질투심을 자극해서 장군이를 똥통에 빠지게 한다.

◆ 4장 : '까탈스럽기로는 풍운아의 아내 자격'의 주된 내용은 광진테라 아저씨에 관한 이야기이다. 가게 일을 모두 아내에게 맡겨놓고 외도를 일삼고 다니면서도 집에 돌아오면 아내를 구타하는 광진테라 아저씨와 그것을 모두 참는 것이 바로 자기의 삶이라고 생각하는 아줌마를 보면서 '나'는 아줌마들이 자기의 삶을 너무 빨리 결론짓는다고 생각한다. 그리고 '그렇게 가슴 속에 고통을 꾹꾹 눌러 저장하고 있다는 것이 아줌마가 품고 있는 진정한 비밀일지도 모른다'고 생각한다.

◆ 5장 : '일요일에는 빨래가 많다'에서는 빨래를 널다 바지랑대를 넘어뜨린 이모의 모습 등 이모의 처녀다운 신경질과 미모, 그리고 어리숙함에 관한 에피소드들이 소개된다.

◆ 6장 : '데이트의 어린 배심원'에서는 어린 여자아이들의 치기 어린 행동과 더불어 이모와 이형렬의 첫 데이트에 '나'가 동반하게 된 상황을 서술한다. 이형렬과의 만남을 위해 성안으로 가는 도중 홍기웅과의 우연한 만남에서 빚어진 위기를 '나'의 기지로 모면함으로써 이모와 이형렬과의 데이트는 성공적으로 끝났다.

◆ 7장 : '그 도둑질에는 교태가 쓰였을 뿐'에서는 뉴 스타일 양장점에서 일하는 미스 리(정금례) 언니의 이야기가 전개된다. 미스 리는 대담성과 교태를 수단으로 뉴스타일양장점에 온 지 얼마 안 돼 자기가 늦게 출근해도 문화사진관 아저씨가 대신 양장점의 문을 열어놓도록 만들었으며, 풍년 쌀집과 붙어 있는 석유가게의 심부름꾼 종구에게 공짜로 석유를 얻어 쓰거나 극장 매표원인 영근이에게 영화표

를 선물 받는다. 심지어 광진테라 아저씨에게도 다리미나 자 같은 것을 아무 때나 빌려 쓰고 양복 재단할 때 쓰는 초크를 마음대로 갖다 쓸 만큼 수완이 좋았다. 그리고 '나'의 학교 무용선생인 최 선생님과 사귀어 신분상승욕구를 실현시켜보려고 했으며, 지금은 삼촌을 상대로 욕망을 실현하고자 한다.

◆ 8장 : '금지된 것만 하고 싶고, 강요된 것만 하기 싫고'에서는 성(性)에 대한 관심이 증가한 '나'의 이야기가 전개된다. '나'는 자신이 싫어하는 선생님을 상상 속에서 가학하고는 죄책감에 시달리지만, 그것이 단지 어린애에게 부과된 금기일 뿐임을 인식하고, 스스로 금기를 이기기 위한 훈련을 한다.

◆ 9장 : '희망 없이도 떠나야 한다'에서는 가출을 시도하는 광진테라 아줌마의 이야기가 중점을 이룬다. 떠나고자 했으나 떠나지 못하는 광진테라 아줌마를 목격한 '나'는 할머니에 대한 배신감과 이모에 대한 질투, 장군이 모자에 대한 질투, 그리고 부모에 대한 원망을 느끼면서 자신도 떠나고 싶다는 생각을 하게 된다. 그러나 서울에서 온 삼촌 친구 '허석'을 보고 설렘을 느끼면서 감정이 전환된다.

◆ 10장 : '운명이라고 불리는 우연들'에서는 허석에 대한 '나'의 연정과 이모에게 관심이 있는 허석에 대한 질투가 주된 내용을 이룬다.

◆ 11장 : '오이디푸스, 혹은 운명적 수음'은 허석과의 장터, 성안 등을 구경하러 다니는 내용이다. '나'는 장터에서 미친 여자를 보고 엄마를 연상하게 되고, 성안에서는 수음하는 남자를 목격했던 과거를 회상한다. '나'는 허석에게 어른다운 면모를 보여주기 위해 애쓰지만, 그것은 이모와 허석의 관계에 대한 위기의식과 무관하지 않다.

◆ 12장 : '내 렌나 죽어 땅에 장사한 것'은 허석의 첫사랑에 대한 이야기이다. '나'는 삼촌, 허석, 이모 등과 영화구경을 하고 오는 과정에서 이모와 허석에 대한 질투를 느끼는가 하면, 허석의 슬픈 첫사랑 이야기에 화를 내는 삼촌을 보고, 삼촌이 자신의 누이 즉 '나'의

엄마를 사랑했던 것은 아니었는가에 대한 생각을 하게 된다

◆ 13장 : '슬픔 속의 단맛에 길들여지기'는 자신이 주연을 맡은 무용대회에 오기로 한 허석이 오지 않은 것에 대한 상처와 극중 배역과는 상관없이 공주 옷을 입고 무대에 오르려는 동기 신화영의 옷을 '나'가 찢어버림으로써 무용대회를 성공적으로 치러낸 이야기가 전개된다. 그리고 허석과의 작별을 통해 '단맛이 있는 슬픔'을 느끼는 '나'의 심정이 서술된다.

◆ 14장 : '누구도 인생의 동반자와는 모험을 하지 않는다'에서는 삼촌이 군대에 간 후 미스 리 언니가 뉴스타일 양장점의 돈을 훔쳐 야반도주를 한 내용이다. 동시에 풍년쌀집 종구도 돈통을 챙겨서 도주했는데, 동네 사람들은 다들 미스 리가 종구를 꼬드겨서 한 짓이 분명하다고 이미 결론을 냈다. 하지만 '나'는 미스 리 언니가 종구를 인생의 동반자로 생각한 것이 아니라는 생각을 한다.

◆ 15장 : '모기는 왜 발바닥을 무는가'에서는 할머니의 암묵적인 허락 하에 열렬해진 이형렬과 이모의 관계에 대해 서술하고 있다. 이모는 이형렬과의 첫키스 후 쌍꺼풀 수술을 하고, 가라앉지 않은 수술자국 때문에 경자 이모가 이형렬에게 면회를 가도록 한다.

◆ 16장 : '태생도 젖꼭지도 없이'에서 광진테라 아줌마는 드디어 가출을 한다. '나'는 아줌마의 가출을 마음속 깊이에서는 응원하면서 엄마를 찾는 재성이를 돌본다. 하지만 그 과정에서 서너 살 때 엄마가 자신을 묶어놓고 사라진 일을 회상하면서 재성이를 때리게 된다. 한편 단 이틀 만에 집에 돌아온 아줌마는 변함없는 삶을 살았고, 아저씨의 목소리는 더욱 커졌다.

◆ 17장 : '응달의 미소년'은 모퉁이 방의 세입자 혜자 이모와 그 남동생 정현석의 이야기다. 정혜자는 미모의 전화교환수이고, 정현석은 15살이지만 학교에 다니지 않는다. 조용히 지내는 이 남매에 온 가족들은 호감을 갖기 시작했는데, 어느날 갑자기 들이닥친 아줌마에 의

해 정혜자가 유부남과 관계가 있다는 것이 밝혀지게 된다. 떠나기로 결정한 남매가 애처로워 할머니가 보낸 고구마를 들고 갔다가 '나'는 정현석과 키스를 하게 된다. 그러나 첫경험에 매이지 않음으로써 금기에 얽매이지 않겠다고 다짐한다.

◆ 18장 : '가을 한낮 빈 집에서 일어나기 좋은 일'에서는 장군이 엄마와 최 선생의 정사(情事)장면을 장군이와 '나'가 목격을 하게 된 이야기다. 이 사실을 여화 아줌마가 알게 되고, 이어서 할머니가 알게 됨으로써 장군이 엄마와 최 선생은 얼굴을 들지 못하게 됐지만, 할머니가 소문이 퍼지는 것을 꺼렸기 때문에 사건은 조용히 정리됐다.

◆ 19장 : '빛은 밝을수록 그림자도 깊은 것을'에서는 이형렬의 편지가 뜸해지면서 신경질이 늘어가는 영옥 이모와 달리, '나'는 허석에 대한 그리움을 키워 나간다. 결국 경자 이모가 친구인 영옥 이모를 배신하고 이형렬과 연애한다는 사실이 밝혀짐으로써 이모는 시름에 잠기지만, '나'는 다음 주에 열리는 군민의 날 행사에 허석이 오게 된 사실을 알고 들뜨게 된다.

◆ 20장 : '사과나무 아래에서 그녀를 보았네'에서 이모에게 관심을 두는 허석 때문에 질투심을 느끼는 '나'의 심리가 전개된다. 허석과 이모의 모습을 본 홍기웅이 집에 와서 행패를 부렸지만, 이 사건으로 인해 허석과 이모는 더욱 가까워지게 된다. 그런데 유지공장에 화재가 발생하고, 이로 인해 경자이모가 죽게 되자 이모는 충격을 받아 허석과 더 이상 가까워지지 못한 채 허석을 떠나보낸다.

◆ 21장 : '죽은 뒤에야 눈에 띄는 사람들'은 유지공장 화재로 인해 죽은 사람들에 대한 이야기다. 이 선생님은 정여사를 살리겠다고 불속에 뛰어들었다가 죽었는데, 이로 인해 이 선생은 무능교사에서 이상적인 스승상으로 추모를 받게 됐다. 한편 이모는 경자이모의 죽음으로 인해 죄책감에 시달리고, '나'는 유지공장의 화재에서 직접 죽음을 목도한 후 죽음에 대한 두려움에 사로잡힌다.

◆ 22장 : '눈 오는 밤'의 중심사건은 이모의 중절수술이다. 할머니 몰래 읍내에 나가 중절수술을 하고 돌아오는 길에 버스가 고장 나서 눈발 속에 읍내로 돌아가야 하는 상황이 발생했다. 하지만 몸이 부실한 이모는 쓰러지고 말았는데, 그때 홍기웅의 트럭이 나타나 이모와 '나'를 집까지 데려다 주었다. 그렇게 돌아온 집에서 기다리고 있었던 것은 '나'의 아버지였다.
◆ 에필로그 : '상처를 덮어가는 일로 삶은 이어진다'는 여든 여덟 살의 '나'가 불륜관계인 '그'와의 섹스 중 자신의 과거를 회상하는 내용이다. 열 두 살의 '나'는 아버지를 따라 '집'으로 떠났다. 그 집에는 엄마라고 불러야 할 계모가 있고 아직은 계모의 뱃속에 들어 있는 곧 태어날 동생도 있었다. '나'는 할머니와 이모를 떠나야 한다는 사실도 순순히 받아들였다. 그리고 성실한 삶을 살아 자신에게 주어진 모든 것에 대체로 적응했다. 그 결과 소도시 전문대학에 자리를 얻어 생활하고 있다. 그러나 '나'는 지금의 세상이 '나'의 유년과 하나도 다를 바가 없다고 생각한다.

4. 초점화

12살 여자 아이 '나'가 화자로 되어 있는 '내적 초점화'에 입각해 있는 일인칭 주인공 시점의 소설이다. 하지만 서술자는 나이에 어울리지 않는 조숙함과 통찰력을 지니고 있다. 자기 자신을 '보여지는 나'와 '바라보는 나'로 구분하여 인식할 뿐만 아니라 현실에 대한 거리를 일정하게 유지함으로써 사실적이면서도 해학적으로 서술한다. 따라서 초점화의 국면은 '심리적 국면'에 입각해 있으며 '심리적 요소'와 '인지적 요소'가 동시에 반영되어 있다.

5. 주제의식

시대적 격변기를 거치는 동안 생활의 표면은 달라지지만, 삶은 여전히 어이없고 하찮은 우연에 의해 끌려갈 뿐 아니라 가치 없는 금기들로부터 자유롭지 못하다는 인식을 바탕으로 하고 있다. 하지만 주어진 삶을 방기하기보다는 성실하게 살아나감으로써 상처를 덮어나가야 한다는, 냉소적이지만 비관적이지 않은 삶의 태도를 드러낸다.

6. 시간과 공간

이 소설의 시간적 배경은 1969년 한 해 동안이고, 주된 공간적 배경은 작은 시골 도시의 '감나무집'이다. 하지만 이 작은 시골 도시도 반공의 기치 아래 산업화되어 가는 한국 사회의 한 부분으로서 변화를 겪게 되는데, 이러한 변화는 서술자 강진희의 성장과정에 긴밀하게 연결되어 있다. 양복점, 양장점, 미장원, 다방, 당구장 등은 물론이고 마을에 들어선 유지공장에서 일하는 사람들의 생활모습들이 강진희의 비판적인 시각을 통해 사실적으로 전개된다.

7. 인물의 존재방식과 유형

<새의 선물>은 브레몽(Bremond)의 '수동자'에 해당하는 인물 유형이 주를 이루고 있다. 친구에게 애인을 빼앗기고 원하지 않는 임신 후 중절수술까지 하는 전영옥과 남편의 구타와 외도로 시달리는 '광진테라' 아줌마인 순분이, 유부남과의 불륜으로 구타까지 당하는 교환수 정혜자가 이에 해당한다. 이들은 모두 사건의 행위자로부터 희생을 당하거나 억압을 당하는 모습으로 존재하고 있다.

한편 서술자 '나'인 강진희는 위악을 통해 내면의 상처를 씻고자 하는 냉소적인 인물로서 성장과정을 통해 산업화의 모순을 피력하는 '문제적 인물'이자 그레마스(A. J. Greimas)의 '주체'에 해당한다. 또한 박광진은 아내를 구타하며 여성편력을 지닌 인물로서 병역기피자라는 약점을 허풍을 통해 숨기려는 '실없는 자'로 프라이(N. Frye)의 '알라존'(alazons)에 해당한다.

이 선생은 무능한 교사로 인지되어 있지만 친구 부인인 정여사를 경제적으로 원조하고, 부랑자들을 돕기도 하는 그레마스(A. J. Greimas) 식의 '원조자'(helper)에 해당한다. 또한 이 선생은 유지공장에 화재가 나자 정여사를 돕다가 생명을 잃는 정의로운 주체에 해당한다는 점에서 브레몽(Bremond)의 '행위자'(agent)의 모습을 보이기도 한다.

8. 플롯의 방법과 종류

이 소설은 액자 구성의 장편 소설이다. 외부 이야기의 서술자는 38살의 강진희이고, 내부 서술자는 12살의 강진희이다. 또한 내부 이야기는 주인공이자 서술자인 강진희가 겪는 여러 가지 통과의례—첫사랑, 첫키스, 생리, 이별, 죽음 목격 등—들을 중심으로 서술되는 가운데, 강진희가 지켜보는 주변사람들과 그들에 의해 벌어지는 여러 가지 사건들이 에피소드 형식으로 제시된다.

9. 문학생태적 비평의 의의

이 소설은 성장소설, 세태소설, 생태소설로서의 의의를 모두 지니고 있다. 12살 여자 아이가 여러 가지 통과의례를 거치고, 주변 인물들을 관찰하면서 삶에 대한 통찰의 깊이를 지닌 성인으로 자라나는 측면에서 본다면 이 소설은 분명 성장소설이다. 한편 1960년대 서민사회의 생생한 풍속도와 시대적 기호들에 대한 섬세한 묘사 등을 중심으로 봤을 때, 세태소설로서의 가치를 충분히 지니게 된다. 그런가 하면 소읍에 들어선 유지공장으로 인해 망가져가는 대기와 토지, 그리고 이로 인해 고통 받는 사람들의 모습에 대한 치밀한 묘사는 생태소설로서의 의의를 확인시켜준다. 이 소설의 공간적·시대적 배경은 산업화 과정에 있는 한국의 전형을 보여주고 있기 때문이다. 소읍에 공장이 들어서면서 공장부지로 땅을 판 사람들이 목돈을 거머쥐기도 하고, 적지 않은 사람들이 일자리를 얻어 좋아하기도 하지만,

그 대가로 모든 사람들이 역한 냄새에 시달려야 할 뿐만 아니라 급기야는 화재로 인해 수많은 인명을 잃게 되는 현실에 부딪치는 모습은 산업화의 이면이 얼마나 어두운 그늘을 지니고 있는지를 깨닫게 한다.

<수퍼마켓에서 길을 잃다>

1. **작가소개 : 이남희**(李男熙)

Ⅰ의 <바다로부터의 긴 이별>을 참고.

2. **스토리**

<수퍼마켓에서 길을 잃다>는 후기자본주의시대의 도시를 배경으로 소비광고시대의 결코 채울 수 없는 공허한 삶을 살아가는 세 여성의 병적 징후를 적나라하게 드러낸 소설로 포스트모던적 성격을 지니고 있다.

등장인물인 '나' 김선영과 오인자, 오현수는 각각 세 인물이지만 동일시되는 인물이라고 볼 수 있다. 세 인물이 모두 유령같은 미로의 도시에서 욕망이라는 전차를 타고 정상궤도를 이탈한 인물들이기 때문이다.

'나' 김선영은 35세 주부로 대학생시절에는 운동권학생으로서 제법 인생의 열기를 지녔던 인물이었다. 대학시절 한 남자를 사랑했으나 현실적인 이유로 헤어지고 현재의 남편과 무덤덤한 삶을 살고 있다. 그녀와 남편 사이에는 아이도 없고 대화 역시 형식적인 건성의 말 뿐 변화없는 생활이며 그녀는 불면증에 시달린다. 이런 '나'를 자극하는 것은 오로지 자신에게서 탈출하고 싶은 욕망 뿐이다. 그런 '나'에게 남는 것은 오직 소비광고시대 감각에 따라 물건을 훔치는 도벽행위이다. 도벽만이 허망한 그녀의 가슴을 채워주는 도구가 될 수 있기 때문이다.

오인자 역시 49세의 가정주부로서 경제학자로 유명한 남편을 두고 있으나 남편은 아내에게 냉랭하다. 이들은 집안일조차 상의가 안 되는 부부관계를 갖고 있다. 밖에서는 경제컬럼니스트로 명성을 날리지만 집안에서는 늙고 피곤한 남편의 얼굴에 오인자의 허전한 마음은 달랠 길이 없다. 오히려 제자의 친절한 말에 감동해서 집안일을 상의할 정도이다. 이런 상황의 오인자에게 대형수퍼마켓에서의 충동적인 쇼핑은 소비심리를 자극시키며 그녀의 불안한 마음을 편하게 해준다.

오현수는 뚱뚱하고 키가 작아 절망하는 20대 여아이다. 그녀는 아르바이트를 해서 키크나기계를 살 정도로 외모와 신장에 목숨을 건다. 외모로 모든 것을 재단하는 현대사회의 가치관에 좌절한 오현수는 부모의 언니와의 차별 때문에 가출한다. 결국 댄서로 취직을 하지만 높은 하이힐 때문에 그것마저 계속 못하고 비슷한 상황의 남자아이를 만나 납치범 하수인으로 전락한다.

이 병리적인 세 인물이 그들의 스트레스를 해소할 수 있는 공간이 바로 미로의 백화점 수퍼마켓이다. 김선영은 수퍼의 물건을 도둑질 하는 것으로 오인자는 대형수퍼의 유혹적인 디스플레이의 눈요기로 오현수는 허황된 구매욕에서 벗어나지 못하는 오인자 납치극을 벌리는 것으로 자신들의 공허함을 대치시키려고 한다. 김선영은 오현수가 오인자를 수퍼에서 납치하는 장면을 목격하지만 짜릿한 흥분까지 느끼며 도벽을 즐긴 죄의식 때문에 형사의 목격자 심문에도 모른 체 한다.

결국 오인자는 황폐화된 화학공단에 감금된 채 유기되어 죽고 오현수는 납치공범인 중근의 위험신호 삐삐호출에 도망치는 신세가 되고 김선영은 양주를 훔치다가 대학시절 운동권 남자친구의 도움을 받아 간신히 도둑혐의 위기에서 벗어난다.

<수퍼마켓에서 길을 잃다>는 대형수퍼마켓이란 공간을 중심으로 세 여자의 무료한 일상생활에서의 탈출시도가 인간의 근원적인 욕망과 맞물려서 정신적으로 파괴되는 것에 초점을 두고 있다. 이것은 곧 현대후기 정보소비사회를 살아가는 인간들의 근원적인 갈증과 결핍과의 관계에서 다루어진 이야기라고 볼 수 있다.

3. 담론

<수퍼마켓에서 길을 잃다>는 9장으로 구성된 중편소설이다.

◆ 1장 : '나' 김선영은 수퍼에서 주부를 유인한 범인을 현장에서 목격한 인물로 지목되어 형사실에서 취조를 받는다.

◆ 2장 : 김선영은 강하구의 경의선 기차역에 위치한 20층 아파아트에서 잡다한 여러 가지 생각들을 머리 속에 떠올린다. 가족주의에 목을 매다는 형사와 그의 아내, 20세가량의 납치범 오현수의 악동의 미소, 남편과의 무료한 일상성과 불면상태의 도시생활 등이 꼬리를 물고 '나'를 괴롭힌다.

◆ 3장 : '나' 김선영이 납치범 오현수의 시각에서 또한 납치당한 오인자의 시각에서 작중화자의 얼굴을 드러낸다. 오현수가 아르바이트를 하며 키크나회사의 키크기기계를 마련해서 혼신을 다해 키크기를 시도했으나 그것은 광고선전에 지나지 않을 뿐 아무 소용이 없고 두 살 위인 언니에 대한 열등의식이 더욱 심해지고 두 자매 간에 불화만 생긴다는 것을 화자는 수다스럽게 떠벌린다. 이어서 오현수의 외모가 좀 더 나았다면 오인자의 납치사건도 일어나지 않았을 것이고 '내'가 수퍼에서 오인자를 재빠르게 납치하는 장면을 목격하지도 않았을 것이며 납치 다음날 조간신문에 난 신문기사도 읽지 않았을 것이라고 설명한다. 말하자면 세 여자의 관계를 키 작은 컴플렉스로 인

생이 망가져버린 오현수와의 관계에서 작중화자 김선영이 이야기하는 형식이다.

◆ 4장 : '나' 김선영은 정부인 '그'와의 채워지지 않는 허전한 관계를 수퍼를 방황하는 오인자와 같은 심정일 것이라고 생각한다. '나'의 자책, 회한, 갈증으로 즉사라도 하고 싶은 심정을 토로한다.

◆ 5장 : 오인자의 고뇌가 오인자의 시각에서 전개된다. 경제학교수인 남편과의 대화 없는 소원한 관계가 자녀문제, 남편의 제자 경민청년과 연관되어 클로즈업된다. 명문가 차남과 결혼해 미국에서 거주하는 큰 딸에게 집도 사주지 못하는 경제적 고민과 유학의 꿈을 저버리지 못하는 둘째 딸을 뒷바라지 할 수 없는 경제 콤플렉스 등의 문제를 남편의 제자인 경민에게 호소하고 허한 마음을 달랜다. 경민은 순수하고 우수하지만 기성교수들에게 도전한 이유로 교수가 안 된 인물이다.

◆ 6장 : 오현수와 종근은 납치대가에 따른 돈을 갖고 외국으로 탈출하는 꿈을 꾸지만 경찰과 두 인물의 두목격인 방여사와 최부장이란 인물을 두려워한다. 오인자를 폐쇄된 공단 속에 유폐시켰으나 앞으로 어떻게 해야 할지 불안한 마음을 감추지 못한다.

◆ 7장 : 오인자의 시각에서 서술된다. 아내로서, 엄마로서 가족만을 위해 희생적으로 한평생을 바쳤는데 왜 자신이 이런 납치를 당해야 하는지 유기된 장소에서 몸부림을 친다.

◆ 8장 : 오현수는 방여사 패거리에게 미행을 당하지만 위급상황을 모면하고 오인자를 인적 드문 곳에 감금시키고 도주한다.

◆ 9장 : 김선영은 수퍼를 돌아다니며 계속 물건을 훔치는 행위를 하다 들켜 수퍼직원에게 몸수색을 당한다. 그러나 십 년 전 학생 운동권 시절에 친구였던 한 청년의 도움으로 위기를 모면한다, '나' 김선영은 납치된 오인자가 청년이 존경하는 교수 김성호의 부인이라는 것을 알게 되고 모든 것은 변하고 잊혀지는 것이라고 자위하며 유령

의 도시 한 구석의 찻집에서 삭막함을 달랜다.

4. 초점화

본 작품은 1–9장에 걸쳐서 화자와 보는 자가 다양하게 엮어져 있다. 1, 2장은 1인칭화자 '나' 김선영이 초점의 주체이고 초점대상은 취조하는 형사, 납치범 오현수이다. 3장은 화자초점자 김선영이 인물초점자 형식으로 바뀌면서 '나' 김선영, 납치범 오현수, 또한 납치당한 오인자의 이야기를 꺼낸다. 4장은 '나' 김선영이 초점의 주체이고 초점화 대상은 그녀의 정부와 납치된 오인자가 된다. 5장의 초점화 주체는 오인자이다. 화자는 분명 외적 초점화이지만 내적 초점자 말하자면 인물초점자 오인자로 자연스럽게 바뀐다. 초점화 대상은 교수인 남편, 그리고 남편의 제자인 경민이다. 6장은 서두에 외적 초점화가 얼굴을 드러내지만 내적 초점화로 전환, 납치범 오현수가 초점화 주체가 되어 납치 공범 중근, 최부장, 방여사가 초점의 대상이 된다. 7장은 납치 당한 오인자가 초점화 주체가 된다. 초점화 대상은 오현수와 중근이다. 8장은 오현수가 초점자 주체가 되고 초점화 대상은 오인자가 된다. 9장은 '나' 김선영이 초점화 주체가 되고 초점대상은 대학시절 운동권 동료였던 남자친구이다.

1–9장에 걸친 이야기 속의 서술자위상이 비교적 다양하며 인물초점자 위치에서 나름대로 개성을 발휘하고 있다. '나'가 곧 오인자이고 오현수가 될 수 있으면서 세 여성 작중인물이 서로 교차된다. 세 인물이 존재를 각각 드러내고 있으나 동일 인물의 서로 다른 면모라는 느낌이 든다.

5. 주제의식

<수퍼마켓에서 길을 잃다>는 후기정보사회, 소비사회를 살아가는 현대인들의 근원적인 고독과 병적인 심리, 정신적 결핍을 대도시의

미로 같은 수퍼마켓이란 공간을 도구로 적나라하게 구현한 소설이다. 김선영, 오인자, 오현숙, 세 여성인물을 중심으로 특히 도시의 양계장 같은 아파아드, 주차장으로 변한 도로, 공룡의 모습으로 현대인을 욕망의 구렁텅이로 유혹하는 대형수퍼마켓 등이 주요 배경이다. 광고로 소비를 유인하고 공허를 메꾸기 위해 진열대의 물건을 훔치거나 충동적인 구매욕에 자신을 제어 못하는 현대인의 처절한 결핍과 공허, 무료한 일상생활에서의 권태가 도벽과 납치, 남편 아닌 다른 남자와의 정사 등으로 나타난다. 이런 현대인의 왜곡된 모습이 미로 같은 수퍼마켓으로 형상화된다. 대형수퍼마켓은 현대 광고, 소비사회를 살고 있는 인간의 말초신경을 자극하여 끝없는 유혹의 충동에 휘말리게 하며 심신의 공허와 황폐는 물론 정신적 가치를 무시하는 결과를 초래하는 공간이 될 수 있기 때문이다.

6. 시간과 공간

다양하고 급격하게 변화하는 현대후기 정보 문화사회가 주요 세팅이다. 도덕적 정신적 가치보다 물질과 소비가 주조를 이루고 소비문화와 광고문화의 영향력이 지대한 도시공간에서 그것이 현대인에게 과연 어떤 영향을 끼치고 있는지가 주요 배경이 된다.

표면적으로는 소비가 현대인에게 공허를 메꿀 수 있는 탈출구가 될 수 있으나 결과적으로 개인의 허망한 욕망만을 조장할 뿐 역사적 사회적 존재로서의 인간의 정체성은 상실하게 된다. 현대후기자본주의 소비문화에서의 왜곡된 욕망의 노예가 돼버린 인간의 모습이 미로를 연상하게 하는 대형수퍼마켓에서 적나라하게 부각된다.

7. 인물의 존재방식과 유형

<수퍼마켓에서 길을 잃다>의 작중인물들은 사실주의소설의 반영론적 성격이 강하다. 후기 정보사회를 살아가는 현대인들을 실제로

모방한 것처럼 리얼하다.

본 작품에서 가장 주동이 되는 인물은 '나' 김선영, 오현수, 오인자 세 여성인물이라고 볼 수 있다. 그러나 '나'를 제외한 두 여성인물은 '나'의 다른 모습으로 실상 동일인물로 보아도 무방할 만큼 결손된 마이너스형 인물들이다. 세 인물이 근본적인 결핍을 채우기 위해서 대형수퍼마켓을 찾는 것만 봐도 알 수 있다.

'나' 김선영은 대학을 졸업한 인텔리여성으로 대학생시절 운동권으로 활동했던 인물이다. 그러나 막상 결혼을 한 남자와의 무미건조한 생활에서 벗어나지 못하는 단조로움과 애정없는 생활이 그녀를 미로 같은 수퍼마켓의 현란한 물건소비에 현혹되게 했으며 그것으로도 충족되지 않는 공허는 도벽으로까지 발전하게 된다.

납치범 오현수는 키콤플렉스와 외모컴플렉스에 절망하는 인물이다. 작은 키 때문에 번번이 취업에 실패하는 자신에 비하여 비교적 잘나가는 언니에 대한 열등의식 등이 절망을 초래, 가출과 납치라는 행위를 저지르는 결말을 초래하게 된다.

이런 오현수에게 납치된 오인자는 대학교수부인으로 아내, 두 딸의 엄마로서 충실하게 살아 온 여인이지만 대화불통인 남편과 무리한 요구만 하는 두 딸 사이에서 공허와 결핍에 시달리는 인물이다.

이 세 여인들은 현대소비사회에서 정체성을 잃은 채 방황하는 인물로 히포크라테스식으로 언급하면 우울질과 점액질 기질을 지녔다. 황폐화된 정신을 가누지 못하는 이들 세 여인을 정신분석학적으로 얘기하면 콤플렉스, 페르조나 또는 전치, 저항, 투사, 왜곡, 분열성 환상 등과의 관계에서 연구할 가치가 있다.

8. 플롯의 방법과 유형

<수퍼마켓에서 길을 잃다>는 9장으로 구성된 중편소설로 주동인물인 세 여성의 사건이 동시적으로 교차하면서 다양하게 복합적으로

엮어져 있으나 실제로는 9장을 제외하고 2장부터 8장까지 순환구조의 성격을 띤 단순구조로 인과론적 형태를 띠고 있다.

텍스트 자체가 포스트모던한 인상을 주지만 구성의 방법과 유형은 상관형태의 연결방법으로 전위적이 아니다.

9. **문학생태적 비평의 의의**

사회생태적, 도시생태적 관점에서 텍스트분석이 가능하다.

사회생태적 시각에서는 인간의 정신적 파괴의 원인을 사회문제와 관련시킨다. 즉 후기정보사회의 사회구조가 인간의 사고방식과 생활방식을 지배하고 억압한다는 관점에서 말하자면 사회가 인간 개인을 만드는 환경결정론과 유기체적 사회관에 의해서 본 텍스트를 분석해야 하는 관점이다.

또한 도시생태적인 관점은 세 여성인물의 비극적 삶이 대도시의 대형수퍼마켓에서 보여지고 있는 점이다. 유령 같은 도시, 성냥갑 같은 도시, 포스트모던 건축 양식의 미로인 수퍼에서 인간이 모두 사물화되어 버린 곳. 끝없이 탈출하고 싶은 욕망을 불러일으키는 도시. 주말이면 주차장이 되어버리는 도시의 도로, 도시는 인간들에게 '건성의 말'만 나누게 하는 공간이다. 무료한 일상에서 벗어버리기 위해 안간힘을 쓰는 대도시의 수퍼는 본 텍스트에서 '공룡'에 비유된다. 도시는 출구를 찾을 수 없는 수퍼마켓과 같다. 통장의 잔고가 감당할 수 없는 상품들이 소비자의 눈을 유혹하는 곳. 이런 관점에서 도시생태적 관계에서의 분석을 요하게 한다.

<장천리 소태나무>

1. **작가 소개 : 이문구**(李文求)

 Ⅰ의 <해벽>을 참고.

2. **스토리**

이송학 씨는 서울에서 온 낚시꾼 김 아무개가 땅(먼논)을 구입할 때 자신의 명의를 빌려주는 대신, 장차 땅 값이 몇 배로 뛰어서 땅을 내놓을 때까지 그 땅에서 농사를 짓기로 했다. 그런데 부동산 실명제법이 실행된 지 삼년이 지나도록 김씨에게서 아무런 소식이 없자, 이송학 씨는 먼논이 자기 땅이 될지도 모른다는 기대감과 언제 연락이 와서 땅을 내놓으라고 할지 모른다는 초조감을 느낀다. 복잡하고도 미묘한 심정 때문에 이송학 씨는 먼논의 물꼬를 보고 올 때마다 뚱뗑이네 포장마차에 가서 소주 한 병을 마시는 일이 잦아졌다.

오늘도 이송학 씨는 뚱뗑이네 포장마차에서 술을 마시며 혼란한 정치세태와 문란해진 성문화를 비판하며 소주 한 병을 비우고 나와 집으로 향하는 버스를 탔다. 버스에서 한필만의 아내를 만나, 그녀가 막내딸의 국제 폰팅 때문에 칠십만 원의 전화요금을 내고 오는 길이라는 것을 듣는다. 한필만은 지난 해 이송학의 제안으로 깻잎장아찌 장사를 시작했다가 실패한 일이 있었기 때문에, 이송학의 한필만에 대한 미안한 마음이 되살아난다. 그러다가 저수지에 줄지어 선 낚시꾼들의 차를 보고 버스에서 내린다. 이송학 씨는 마을 분위기를 문란하게 만드는 도시 사람들을 단속하는 사건반장을 맡았기 때문이다. 그러나 도시 사람들 단속에 나서기도 전에 이송학 씨는 '산천초목가든' 사장 김광세와 '싸개싸개들밥' 사장 양흥춘을 만나, IMF로 낚시꾼이 부쩍 늘었는데도 식사 주문이 없다는 푸념을 듣는다.

집에 돌아온 이송학 씨는 김씨로부터의 전화가 오지 않았다는 것을 확인한 후, 먼논에 대한 기대감으로 기분이 유쾌해진다.

3. 담론

이 소설의 중심 사건은 명의를 빌려주는 대신 경작권을 얻었던 이송학이 부동산실명제 이후 소식이 없는 먼논의 소유주로 인해 땅에 대한 소유권을 기대하는 데서 비롯된다. 즉 땅을 되돌려줘야 할지도 모른다는 초조감과 이대로 자신의 땅이 될 수도 있다는 기대감의 상충 속에서 흔들리는 이송학의 내면이 이 소설의 중심축을 이룬다. 그러나 서사는 이송학의 욕망만으로 전개되지는 않는다. IMF로 인해 피폐해져가는 도시와 농촌의 경제상황, 그리고 농촌으로 몰려드는 도시인들로 인해 문란해지는 마을의 분위기가 또 하나의 서사축으로 자리 잡고 있다.

◆ 이송학 씨는 주말이면 자기 집 앞의 저수지로 낚시를 다니던 김아무개라는 사람에게 명의신탁 제의를 받고 먼논의 가짜 주인이 되었다. 그런데 부동산 실소유자 명의의 등기에 관한 법률이 생겼는데도 김아무개는 삼 년이 지나도록 명의 이전을 하지 않은 채 기별을 하지 않는다. 그래서 이송학 씨는 은근히 먼논에 대한 소유욕을 지니게 되었다.

◆ 먼논에 갔다가 집으로 돌아가는 버스에서 이송학 씨는 한필만의 아내를 만나 불편해졌다. 예전에 노태우 전대통령이 깻잎장아찌를 좋아한다는 말을 듣고, 들깨를 갈아서 깻잎장아찌를 팔자고 한필만을 부추겼다가 품값도 건지지 못했을 뿐 아니라 그 일로 이송학 씨의 아내와 한필만의 아내 사이가 나빠졌기 때문이다.

◆ 한필만의 아내가 막내딸이 한 국제폰팅 때문에 칠십만 원이나 되는 전화요금을 내고 오는 길이라며 푸념을 하자, 궁핍한 처지를 아는 이송학 씨는 마음이 더욱 불편해진다. 그러던 차에 저수지에 부쩍 늘어난 낚시꾼들을 보고 버스에서 내린다. 그런데 한필만 씨를 본 '산천초목가든'의 김광세와 '싸개싸개들밥'의 양창복 부자는 낚시꾼이 늘었는데도 장사는 전혀 안 된다는 한탄을 한다.

◆ 마을에 들어와 카섹스를 하는 외지 사람들이 동네에 부쩍 늘어나자 마을 사람들은 대책회의를 하게 되는데, 이때 마을 연장자인 최점동 옹이 한필만 씨에게 사건반장이라는 감투를 씌웠다. 그러나 한필만 씨는 카섹스를 하던 사람들에게 오히려 무안만 당한다. 오히려 그런 차들이 사라지게 하는 데 일조를 한 것은 '싸개싸개들밥'의 양흥춘이었다. 그가 이동 주방차를 몰고 동네 구석구석을 다니며 광고방송을 틀어대는 통에 길가에 서 있던 차들이 사라지곤 했기 때문이다.

◆ 집에 돌아온 한필만씨는 김아무개에게서 전화가 오지 않았음을 확인하고 안도의 한숨을 내쉰다.

4. 초점화

기본적으로 '외적 초점화자'에 의한 전지적 작가시점으로 서술됨으로써 주인공 이송학의 내면을 면밀하게 드러내고 있다. 하지만 주인공 이외의 인물들은 '내적 초점화' 방식에 입각해 있다. 즉 다른 인물이나 세태에 대한 주인공의 입장이나 생각을 직접적으로 제시함으로써 독자로 하여금 주인공을 비판적으로 바라보게 하며, 이것이 풍자 효과를 생성하게 한다. 나아가 이러한 비판의식은 초점화의 국면이 '관념적 국면'에 있음을 반영한다.

5. 주제의식

변해가는 농촌 사회와 인심에 대한 풍자를 주제로 한 소설이다. 이러한 풍자 의도는 제목 <장천리 소태나무>에서부터 드러난다. 즉 작가는 불륜을 저지르고도 부끄러운 줄 모르고 오히려 큰소리를 치거나 낚시꾼으로 위장하고 와서는 몰래 쓰레기를 버리는 도시인들의 몰지각한 행동은 물론이고, 그런 도시인들을 대상으로 돈을 벌기 위한 대상으로 생각하거나 도시인의 타락한 욕망을 선망하는 농촌의 세태에 대한 '쓴 맛'을 표현하고 있는 것이다.

6. 시간과 공간

이 소설의 중요한 시대적 배경으로 우선 부각되는 것은 IMF다. IMF로 인해 도시 실업자가 늘어나게 되고, 그 영향으로 농촌의 경제 상황이 변모해 가는 모습을 보여주고 있기 때문이다. 즉 농촌은 도시인의 퇴폐적 욕망에 의해 본질을 잃어가는 공간으로 변해버린다. 그곳은 도시인들이 쓰레기를 가져다 버리는 오염된 공간이고, 도시인들이 불륜을 저지르는 타락한 공간이며, 도시인들의 금욕적 투자의 대상이 된 공간인 것이다. 그리고 농촌에 유입된 도시인의 욕망은 농촌 사람들에게 전이된다. 농민들에게 도시인들은 상호협력의 대상이 아니라 적대적 혹은 경멸의 대상이 되고, 땅은 먹거리를 생산하는 신성한 자연이 아니라 돈을 벌기 위한 욕망의 대상이 된다. 급속한 산업화의 결과에 의해 발생한 국가적 위기(IMF)와 농촌사회의 변화가 이 소설의 중요한 시대적 배경으로 제시된다.

7. 인물의 존재방식과 유형

<장천리 소태나무>는 이장을 세 번이나 연임한 덕망 있는 이송학이 서울사람에게 빌려준 논의 명의를 부동산 실명제가 실시되자 은근히 자신의 땅이 되기를 바라는 욕망을 표명하고 있다. 한편 이송학의 친구 한필만은 변해버린 도시인의 식습관이 농촌을 피폐하게 하는 원인임을 인지하고 있는 '문제적 인물'이며 브레몽(Bremond)의 '행위자'로서 '개선자'(improver)의 모습을 하고 있다. 또한 한필만의 아내는 마을에서 처음으로 핸드폰을 구입하여 버스에서 큰 소리로 통화하면서 우쭐대는 모습을 보인다. 그녀는 도시 문명의 혜택을 누리며 과시하는 인물로 농촌의 도시문명에 대한 맹목적인 동경을 반영하고 있다.

8. 플롯의 방법과 종류

먼논으로부터 집으로 향하는 이송학의 행로를 따라 서술되는 소설이다. 즉 이송학의 행로는 먼논–뚱뗑이네 포장마차–버스–저수지–물들이 골짜기–집으로 이어지는데, 이 과정에서 이송학은 한필만의 아내, '산천초목가든'의 사장 김광세, '싸개싸개들밥'의 사장 양흥춘 등을 만나 대화를 나누기도 하고 과거를 회상하기도 한다. 이러한 과정에서 피폐해져가는 농촌경제와 문란해져가는 성 풍속이 드러난다. 그리고 땅에 대한 이송학의 욕망이 구체화된다. 의식의 흐름수법과 여로의 구성을 이용한 단순구성의 소설이다.

9. 문학생태적 비평의 의의

이 소설은 농촌을 불륜을 저지르거나 쓰레기를 버리는 장소, 또는 도피의 장소, 투기의 대상으로 생각하는 도시인들에 의해 피해를 입으면서도, 도시인에 의해 형성되고 주조된 욕망을 쫓아가는 농촌사람들의 모습을 보여주고 있다. 그래서 이 소설의 등장인물들은 도시적 욕망을 드러낸다. 그들에게 토지는 삶의 근거가 아니라 이용 대상일 뿐이며, 농작물은 신성한 먹거리가 아니라 재화를 늘려줄 생산수단인 것이다. 즉 농지와 농작물이 지닌 사용가치는 망각되고 교환가치만이 중시된다. 하지만 이들의 욕망은 하나도 이루어지지 않는다. 이송학이 계획한 깻잎장아찌 판매는 도시인의 변해버린 입맛 때문에 좌절되고, 저수지에 몰려든 도시인들을 대상으로 돈을 벌어보겠다고 나선 '산천초목가든'의 사장 김광세는 IMF로 인해 늘어난 실업자 때문에 울상이며, '싸개싸개들밥'의 사장 양흥춘은 늘어난 야식업체들의 경쟁 속에서 도산의 위기를 맞고 있다. 따라서 먼논을 완전한 자기 소유로 하고 싶어 하는 이송학의 욕망이 쉽사리 실현되지 않으리라는 것을 짐작할 수 있다. 작가는 헛된 욕망을 좇는 이들 인물들, 즉 '타자의 욕망'을 욕망하는 농촌 사람들을 통해 병들어가는 풍속과 자연을 풍자하고 있는 것이다. 그러므로 이 소설은 사회생태론의 시각에서 이해될 수 있다.

<불의 전차>

1. 작가소개 : 이혜경(李惠敬)

1960년 충남 보령에서 태어나, 경희대학교 국어국문학과를 졸업한 뒤 2년 동안 고등학교 교사로 재직했다. 1982년 무기력한 아버지를 중심으로 벌어지는 가족의 갈등과 화해를 그린 중편소설 <우리들의 떨켜>를 『세계의 문학』에 발표하면서 등단했다. 이후 붕괴의 위기에 빠진 가족 관계를 그린 장편소설 <길 위의 집>(1995), 서출인 주인공과 시어머니의 불화, 청력을 잃어가는 남편과의 갈등 및 극복 과정을 치밀하게 그린 중편소설 <그 집 앞>(1998), 현대 사회의 가족 문제를 깊이 있게 탐구한 단편소설 <고갯마루>(2001) 등을 발표하였다.

그 밖의 작품으로 <떠나가는 배>, <그늘바람꽃>, <노래하는 여자 노래하지 않는 여자>, <일식>, <대낮에> 등의 중단편소설이 있다. 작품을 많이 쓰지 않는 작가로 알려져 있으며, 작품 대부분이 해체되어 가는 가족과 그 속에서 고립되어 가는 구성원들의 모습을 그리고 있다. 이 과정에서 무기력하거나 가해자인 아버지가 등장하는데, 대개의 경우 아버지의 세계로 편입하는 것을 원칙적으로 봉쇄하거나 거부하여 부성적인 것을 부정한다.

또 죽음을 작품 전면에 내세우거나 배경으로 삼고 서사적 구성이나 이야기보다는 문체에 힘을 실어 다채로운 은유와 이미지를 만들어내는 작가라는 평가를 받는다. 오늘의 작가상(1995), 한국일보문학상(1998), 현대문학상(2001)을 받았다.

2. 스토리

오래 전에 교편을 잡았던 현순은 전업주부로 안정된 생활을 하던 중 과거의 제자 수한에게 연락을 받고 그를 만나 저녁을 먹는다. 현순이 근무했던 한진고등학교는 시골 소도시로 대부분의 학생이 가난으로 인해 학업을 중단해야 했던 곳이다. 그 시절 현순은 그들에게 공부에 대한 희망을 설파했지만 갈수록 늘어나는 휴학생을 감당할 수 없어 학교를 퇴직했다. 그리고 자본과 이로 인한 풍요의 도시에서 그녀는 안정된 결혼을 하고 평온한 삶을 영위하던 중이다. 이에 비해 어렵게 살아온 수한의 삶을 듣고 스스로 부끄러움을 느낀다. 또한 살수대첩이야기에 열을 올리는 수한을 보면서 남편과의 만남과 결혼을 생각한다. 식당에서 나와 집으로 오면서 자신의 돈에 대한 욕망을 멈추어 달라는 수한에게 스스로의 일이라는 충고를 하고 행복해 보인다는 수한의 말에 현순 스스로의 삶을 반추해 본다. 자신 역시 일상이라는 공간에서 평온과 안정만을 추구하면서 이러한 자신을 정당화해 온 것이라는 생각을 하면서 자신의 이기적 욕망과 수한의 욕망인 '불의 전차'를 교차해 보면서 도시화가 가져온 음영을 떠올려 본다.

3. 담론

◆ 1장 : 열대어가 든 어항을 청소하러 온 청년의 능숙한 솜씨를 바라보고 있던 현순은 죽은 열대어를 버리는 문제를 고민한다. 청년을 보낸 후 비린 냄새를 청소하던 중 과거 한진고등학교에서 교편을 잡던 시절의 제자인 김수한의 전화를 받는다. 서른 남짓한 나이가 되었

을 수한을 떠올리며 오늘 만나자는 수한의 제안을 수락한다. 한편 그 시절 가난에 찌든 아이들에게 대학 말고도 인생을 배울 곳은 많다는 신념을 심어주기는 했지만 늘어나는 자퇴생 앞에서 그녀는 무력해지고 말았고 고개를 숙인 채 교단을 물러났던 것이다.

◆ 2장 : 약속한 찻집에서 수한을 만나 현순은 한진고등학교 시절의 아이들에 대한 안부를 묻고 수한의 근황을 묻는다. 수한은 현순이 당선된 제과점 백일장에서 연락처를 알았다면서 반가움을 표한다. 수한의 거친 손을 보면서 남편과의 만남을 떠올린다. 선영의 소개로 만난 남편 역시 고생한 손을 하고 있었다. 수한에게 현순이 첫사랑일 수 있다는 생각을 하면서 현순은 고등학교 때 첫사랑이었던 국어선생님을 떠올린다. 대학합격 발표 날 찾아 간 선생님의 집에서 뵌 그의 모습은 초라하기 그지없었던 기억을 더듬던 중 수한으로부터 자신의 눈빛이 변했느냐는 질문을 받는다. 수한은 재수하던 중 아버지가 빚에 쪼들려 농약을 마시고 세상을 등지고 야간 상대에 진학해 주경야독 했다는 것이다. 지금은 도매상에서 받아온 재료를 음식점에 대는 일을 하고 있다는 수한은 이제 형편이 조금 나아졌다는 이야기를 하면서 동창을 만나리라 다짐한다. 현순은 가난한 집의 장남인 남편이 자신에 가졌던 경계심을 생각하면서 전업주부가 되어주길 바란다는 남편의 청혼을 되새긴다.

◆ 3장 : 식사 후에 수한은 살수대첩에 대해 말하고 현순은 을지문덕의 한시를 기억할 뿐인데 수한이 열을 올리는 것이 다소 부담스럽다고 느낀다. 카운터의 시계가 자정을 가리키자 현순은 상가집에 간 남편생각을 해 본다. 결혼 후 3년 만에 제 집을 지니고 안정된 삶을 살면서 전업주부로서 자신감을 가지려 노력하는 자신의 모습이 초라하다고 느낀 순간 종업원이 영업시간이 끝났음을 알린다.

◆ 4장 : 수한은 1톤짜리 트럭의 문을 열며 집에까지 현순을 바라다주면서 자신은 돈이 최고의 목적이라고 생각하고 달려 왔지만 멈출

때가 언제인지 두렵다며 현순에게 그것을 알려 달라고 한다. 또한 현순에게 행복해 보인다는 말을 덧붙이자 현순은 자신의 욕망과 이기성, 그리고 나태함에 대해 스스로 혐오를 느낀다. 자신이 추구하고 가장하고 은신해 있는 현실이 과연 행복인지에 대해 자문한다. 수한을 보내며 그의 트럭이 욕망을 가득 실은 '불의 전차'로 느껴진다.

4. 초점화

<불의 전차>는 현순의 시선을 중심으로 한 내적 초점화자에 의한 전지적 작가 시점이다. 현순의 의식을 중점적으로 행복과 일상의 안온함에 젖어드는 것이 개인의 이기적 욕망이라는 자성과 제자 수한의 이야기를 현순의 입장에서 전달하고 있는 것이 이러한 시점을 유지하도록 한다. 초점화자의 국면은 '심리적 국면'으로 현순의 감정적 요소가 중점적으로 제시되어 있다.

5. 주제의식

<불의 전차>는 제목에서 상징하는 바와 같이 인간의 욕망과 이기성에 대한 자성이 그 주제를 이루고 있다. 오래 전 제자인 수한을 만나 현순이 그의 삶의 역경과 주경야독의 결실로서 이루어 낸 일 톤짜리 중고 트럭이 그를 돈을 향해 질주하게 하는 매개로 느끼는 부분이 이를 반영한다. 또한 현순 스스로 남편이 원하는 전업주부로서의 삶을 합리화하는 과정에서 어쩌면 남편을 핑계로 안온한 삶에 안주하고 있는 자신의 이기성이 또 다른 욕망일 수도 있다는 의구심과 자성에 휩싸인다. 이 역시 도시의 풍요가 가져온 인간의 이기적 욕망에 대한 비판이자 엄중한 질타로 강한 주제의식을 이루고 있다.

6. 시간과 공간

<불의 전차>는 90년대의 풍요로운 현실을 반영하는 제과점의 주부 공모 백일장을 시간적 배경으로 설정하고 있다. 한진 고등학교에서 현순이 체험한 가난은 농촌의 모순을 반영하는 것으로 농촌이라는 공간의 피폐함을 상징하고 성공한 수한과 현실의 평온함에 안주한 현진이 거주하는 서울이라는 도시적 공간은 물질의 풍요와 욕망이 공존하는 곳으로 작용하고 있다.

7. 인물의 존재방식과 유형

<불의 전차>의 중심인물은 현진이다. 그녀는 자신의 이기적 욕망에 대해 회의하고 자성하는 인물로 '주체'적인 인물의 양상으로 존재하고 있다. 나아가 수한에게 정신적인 지표가 되는 인물로 '조력자'의 역할을 수행하고 있기도 하다. 한편 수한은 물질을 추구하는 삶이 사람을 변질시킬 수 있으므로 자신을 붙잡아 달라는 부탁을 하는 것으로 보아 현순에게 정신적인 도움을 얻고자 하는 그레마스(A. J. Greimas)의 '수용자'로 존재하고 있다.

8. 플롯의 방법과 종류

<불의 전차>는 수한을 만나 수한의 이야기 사이사이로 현순의 의식의 흐름을 동시에 제시하고 있는 '상관형태의 연결방법'에 입각해 있다. 플롯의 종류는 '개선의 플롯'으로 현순이 자신의 삶의 이기적 욕망에 대해 자성하고 이러한 삶의 모순을 개선하려는 의식이 이를 반영하고 있다.

9. 문학생태적 비평의 의의

<불의 전차>는 가시적인 생태의식이나 표층적인 환경문제를 다루

고 있는 작품은 아니다. 그러나 심층적으로 욕망을 추구하는 인물들의 모습은 각자의 삶을 위태롭게 하고 이를 인지한 수한은 현순에게 자신을 책려해 달라 부탁하고 현순은 자신만이 그러한 욕망에서 벗어날 수 있다고 말한다. 이는 현순 스스로 이기적 욕망에 의해 남편에게 안주해 있다는 의식이 자신을 괴롭히고 있기 때문이다. 이렇듯 인간의 욕망이 현실 모순의 원인이 되고, 결국 이것이 인간 사이의 관계를 손상하게 된다는 점이 사회생태론에서 제시하고 있는 생태위기의 원인으로 볼 수 있다.

<가문 정월>

1. **작가소개 : 전성태**(全成太)

Ⅱ의 <사육제>를 참고.

2. **스토리**

부부싸움 후 아내가 서울 아들네로 간 지 이레째 되는 날, 달우는 이태 전부터 면의 명망가들 중심으로 구성된 '서정면 산악회'의 산행에 참가하기 위해 집을 나섰다. 출발할 때부터 자신의 초라한 차림새 때문에 마음이 불편했던 달우는 계속해서 안 좋은 일을 겪게 된다. 열흘 전 깨끗이 청소한 후 잡도리를 해 놓은 야문네함씨의 빈 술청 문이 누군가에 의해 부서져 있는 것을 발견하게 되고, 배탈 때문에 출발 시간을 지연시키거나 일행을 잃어 산악회원들의 눈총을 받는가 하면, 장두진과 막내아들 일로 싸움을 하게 된다. 그리고 급기야 볼일을 보러 억새밭에 들어갔다가 괜한 오해를 받아 장두진에게 따귀를 맞는다. 분에 겨워 술을 마시고 누워 있던 달우는 자신이 부르려는 노래를 장두진이 부르려 하자 행패를 부리다가 된매의 통증을 느끼고 기절한다.

게다가 이런 과정 중에 달우는 자식들만 위하느라 남편은 뒷전인 아내에 대한 서운함과 아내에게 살갑게 대해주지 못한 미안함을 느낀다. 그리고 자신과는 점점 멀어지는 자식들에 대한 서운함이 떠올라 자괴감에 빠지기도 한다. 급기야 도시인들에 대한 시샘으로 낚시·등산은 물론이고 사냥까지 하겠다며 큰소리를 쳤던 자신에 대한 부끄러움을 느끼기도 한다.

기절 후 사람들의 도움으로 겨우 집에 도착한 달우는 자신의 집에 불을 지르고 자살을 한다. 전원도시의 개발로 피폐해진 자연이 결국은 각박한 인간관계를 형성함으로써 달우는 자살에 이른 것이다.

3. **담론**

◆ 예순네 살의 달우는 알록달록한 배낭을 지고 새벽길을 나섰다. 지금은 비어 있는 야문네함씨의 가게 앞에서 달우는 과거를 생각한다. 달우가 혼례일 받아놓은 처녀와 여수로 야반도주했다가 한 해 만에 죄인처럼 다시 고향에 돌아왔을 때, 야문네함씨는 만삭의 달우 처 심포댁의 해산을 도왔을 뿐 아니라 마을에 기별을 넣어 귀향을 도왔다. 그래서 달우는 야문네함씨의 점방만 보면 집에 온 것처럼 마음이 편안해지곤 했다. 그러나 지금은 그곳에 서정건설 삼층 건물이 들어서고, 산중턱을 까 내리고 조성한 면사무소 이전터가 자리를 잡고 있다.

◆ 열흘 전에 달우는 야문네함씨의 점방에 모여 술 마시고 담배를 피던 고등학생 다섯 명을 야단쳐 청소시킨 후 점방 문에 널빤지 두 장을 엇대어 잡도리를 해 놓았었다. 그런데 또 누군가 문을 뜯고 들어가 점방을 어지렵혀 놨다.

◆ 서울 자식들 집에 가면서 심포댁이 넷이나 되는 꾸러미를 챙겨들자 이를 못마땅하게 여긴 달우는 자신의 옷가방 하나만 들고 앞서 걸었다. 달우의 무심함에 화가 난 심포댁은 혼자서 서울로 가버렸고, 이레째가 되도록 돌아오지 않고 있다. 어미만 편드는 자식들 때문에

달우는 더욱 처량하다. 오늘 '서정면산악회'에 참가하게 된 것도 이런저런 허무감들을 잊기 위해서다.

◆ 배탈 때문에 늦게 버스에 올라탄 달우는 장두진 내외를 보고 불쾌해진다. 피도 눈물도 없는 산감(山監)이었던 장두진은 산악회의 등반대장 노릇을 하고 있었고, 잡화상 하는 박가는 산악회 내에서 장사를 했으며, 차창 밖에선 서정건설이 빈 집을 허물고 있는 정경이 펼쳐지고 있었다. 그 속에서 달우는 심포댁과 여행 한 번 하지 못했던 것이 생각나 외식을 제안했다가 중국집이 휴업하는 바람에 그냥 돌아왔던 일을 생각한다.

◆ 배탈 때문에 일행을 잃어버렸던 달우는 사람들의 따가운 시선을 받으며 합류한다. 장두진은 달우의 막내아들이 지방선거판 싸움판에 휩쓸렸던 일을 들먹여 달우의 심사를 불편하게 한다. 장두진과 말다툼을 하고 난 후 배탈 때문에 억새밭에 들어간다는 게 짝귀의 처 삼봉댁이 소변보고 있는 곳이라 달우는 장두진에게 뺨을 맞는다. 그 후 산악회의 노래자랑이 벌어지는 한 쪽에서 졸고 있던 달우는 자신이 부르려던 노래를 장두진이 부르자 훼방을 놓다가 또 한 번 뺨을 맞고 정신을 잃는다.

◆ 승용차에 실려 와 집 앞에 짐짝처럼 부려진 달우는 세상을 원망하다가 불을 지르고 자살한다.

4. 초점화

삼인칭 전지시점으로 서술되고 있으나, 달우를 '내적 초점화자'로 하고 있기 때문에 서술자와 독자 간의 거리가 가깝게 느껴진다. 이를 통해 변해가는 세태와 부도덕한 인간들의 행태를 '내적 초점화자'인 달우를 통해 전달하고 있다. 이로 인해 초점화의 국면은 '심리적 국면' 가운데 '인식적 요소'에 입각해 있다.

5. 주제의식

세태 변화 속에서 자아정체성을 상실한 개인이 자멸해가는 모습을 보여주는 소설이다. 그러나 보다 중요한 것은 자멸 원인이 개인적 과오나 부족함에 있는 것이 아니라 부정적으로 변해가는 사회구조 및 이에 대한 부적응에 있다는 점이다. 즉 소외의 극한으로 내몰리고 있는 현대인의 비극을 드러내고 있는 소설이다.

6. 시간과 공간

이 소설의 주된 공간적 배경은 서정면이다. 이곳은 원래 평범한 농촌이지만, 전원도시로 개발되고 있다. 서정면의 이러한 변화는 푸근한 인심과 소박한 자연 풍경의 소멸을 의미한다. 즉 각박해지는 세태와 서정면의 개발은 동궤를 이루면서 이 소설의 주제를 부각시키는 배경으로서 기능한다.

7. 인물의 존재방식과 유형

<가문정월>의 달우는 평생 농사일에 성실하게 임했지만 형편없는 살림살이를 꾸리며 가족과 지역사회로부터 외면당하고, 성품이 고지식하여 기민하게 변화하는 농촌의 근대화에 편승하지 못한 인물이다. 또한 이러한 달우의 성향은 그를 자살이라는 극단적인 방법을 선택하게 한다. 이는 산업화로 인한 농촌의 붕괴와 자연의 훼손이 인간관계를 단절시키는 가운데 달우가 겪는 딜레마에 의한 것으로 프라이(N. Frye)의 '파르마코스'에 해당한다. 한편 야문네할씨는 달우 부부가 이 마을에 정착하도록 도와준 인물이며 달우에게 위안을 주는 존재로 그레마스(A. J. Greimas)의 '원조자'(helper)에 해당한다. 또한 장두진은 사회적으로 덕망 있는 인물로 보이려 하지만 그의 실체는 성추행 전범이 있는 이기적이고 파렴치한 인물이다. 이는 프로프(V. Propp)의

'가짜 영웅'이자 '악한'에 해당한다.

8. 플롯의 방법과 종류

이 소설은 현재의 사건과 과거의 사건이 교차·제시되는 가운데, 자연과 인간·과거와 현재의 세태가 대조되는 구성방식으로 전개된다. 산악회 산행이라는 화려한 행락과는 어울리지 않는 달우의 초라함이 부각되고, 메마른 인간들의 세태와는 달리 가문 겨울인데도 평화롭고 아름다운 모습을 잃지 않는 자연이 대조되며, 야문네함씨의 푸근한 인심 대신 남의 일에 상관 않는 일이 미덕으로 인식되는 세상임이 강조된다. 그리고 이러한 세태의 변화는 달우의 자괴감을 심화시키는 요인으로 작용한다.

9. 문학생태적 비평의 의의

이 소설에서 자연의 피폐화는 세태의 변화와 상동성을 지닌다. 즉 '전원도시 같은 서정면 건설'은 곧 야문네함씨의 소박하고 푸근한 점방의 소멸 및 오염과 동시성을 지니고, 산악회의 산행은 도시적 욕망의 실현으로서 농촌 경제의 와해 및 자연훼손을 동반한다. 이러한 변화는 농민이면서도 가뭄 걱정보다 산행이나 서정면의 건설사업, 또는 제주도 여행 경비에 관심을 두고 있는 서정면 사람들의 모습으로 구체화된다. 폭력으로 치닫는 선거공세 또한 피폐해진 자연만큼 각박해진 세태를 드러낸다. 결국 이러한 모티프들은 진정성이 사라진 세상을 파괴되는 자연과 동일시하는 시각이라 할 수 있으며, 따라서 이 소설은 사회생태론의 입장에서 분석할 수 있다.

<망원경>

1. **작가소개 : 조경란**(趙京蘭)

1969년 서울에서 출생한 조경란은 서울예술대학 문예창작과를 졸업하고, 1996년 『동아일보』 신춘문예에 단편 <불란서 안경원>이 당선되어 등단했다. 이후 <환절기>, <아름다운 칼>, <당신의 옆구리> 등 중단편을 발표하며 미묘한 인간관계의 내면을 탁월한 문체의 미학으로 보여주었다. 1996년 장편 <식빵 굽는 시간>으로 제1회 『문학동네』 신인작가상을 수상했다.

2003년에 <좁은 문>으로 현대문학상을 수상했으며, 주요 작품으로 소설집 ≪나의 자줏빛 소파≫(2000), ≪우리는 만난 적이 있다≫(2001), ≪국자 이야기≫(2004), ≪환절기≫(eBook, 2003)가 있다. 그리고 2007년에 새로운 변화를 모색하는 작품으로 장편소설 <혀>를 발표한 바 있다.

2. **스토리**

아파트 단지의 도로 확장공사로 인해 철거를 앞둔 건물의 우체국에 근무하는 '나'는 또 다시 홀로된 시점에서 시력이 나빠짐을 느낀다. 단지 신경적인 문제로 일시적인 현상이라는 의사의 진단에 나는 안경을 맞추는 대신 망원경을 산다. 그리고 가끔씩 옥상에 올라 주변의 풍경을 관찰한다. 그렇게 건조하고 반복되는 생활을 하던 '나'는 어느날 밤 수많은 옥상에서 검은 형상의 사람들이 망원경을 들고 있는 환상을 본다.

'나'는 캐나다에서 일 년 동안 일을 하러 온 잭스라는 외국인과 사귀고 있다. 사흘에 한 번씩 캐나다의 보모와 애인에게 보내는 잭스의 편지를 '나'는 보내지 않고 분쇄기에 넣어버린다. 그와 함께 동물원에서 홍학의 군무를 보고서도 낭만적인 아름다움을 말하는 잭스와 달리 '나'는 그렇지 못하다. 매사에 그런 '나'에게 잭스는 5층 건물의 옥상에 지어진 가건물에 마련된 자신의 방에서 한 쪽 만을 바라보기 때문에 다른 쪽 세계를 보지 못한다고 말한다.

교통사고로 일찍 떠난 부모 대신 자신을 돌봐준 할머니마저 세상을 떠나 홀로 남겨진 아이가 우체국을 매일 찾아와 할머니의 편지를 기다린다. 저능아처럼 보이는 그 아이에게 '나'는 우체국이 철거되니 더 이상 찾아오지 말라고 말하고 할머니에게서 편지는 오지 않는다는 사실을 알려준다. 아이와 함께 나선 거리에서 '나'는 태양을 향해 망원경의 초점을 맞춰 바라본 뒤 온통 빛 속을 헤매다 현실로 돌아와 그 망원경을 아이에게 걸어준다.

3. 담론

◆ 우체국에서 일하는 '나'는 시력이 떨어짐을 느끼고 안과를 찾지만 신경적인 문제라는 진단을 받는다. 이별로 혼자가 된 '나'는 안경을 맞추는 대신 망원경을 산다. 대형 서점에서 본 녹색 망원경과 똑 같은 것을 중국대사관 근처 만물상에서 이만 원이나 싸게 산다.

◆ '나'는 망원경을 통해 주변을 관찰하기 시작한다. 아파트 공사와 도로 확장공사로 인해 우체국 건물은 철거될 예정이라 우체국은 한

산하다. 어려서 교통사고로 부모를 잃고 할머니 손에 자란 아이가 얼마 전 할머니의 죽음 이후 홀로 우체국을 자주 찾아온다. 평범한 저능아로 보이는 아이는 할머니의 편지를 기다린다. '나'는 캐나다의 부모와 애인에게 사흘에 한 번씩 편지를 보내는 잭스의 편지를 모아 두었다가 분쇄기에 넣는다. '나'는 잭스와 동물원에서 홍학의 군무를 본다. 낭만적이고 다정한 잭스와 달리 '나'는 건조하고 냉소적인 말들만 건넨다.

◆ '나'는 저녁 무렵 망원경을 들고 옥상에 올라가 주변을 관찰하곤 한다. 겨울이 오자 망원경에 들어오는 아파트의 창들이 커튼으로 가려지기 시작한다. 관찰 대상이 줄어들던 어느 날 '나'는 렌즈 속으로 들어온 한 사내를 본다. 사내 역시 망원경으로 이쪽을 보고 있다. '나'는 수많은 옥상 위에 서 있는 검은 물체의 형상들이 망원경을 들고 있는 환상에 빠진다.

◆ 일요일 오후 '나'는 망원경을 메고 지하철 순환선을 탄다. 가방을 놓고 내린 것을 뒤늦게 알게 된 '나'는 택시를 타고 유실물센터를 찾아간다. 서류를 접수한 '나'는 수없이 많은 유실물들을 본다. '나'는 5층 건물의 옥상의 가건물에 살고 있는 잭스를 찾아간다. 잭스는 거울에 '나'를 비추며 한쪽 방향을 잃어버린 사람 같다고 말한다. 잭스와 관계를 갖던 나는 자신이 편지를 부치지 않고 있다는 걸 알고 있다는 목소리가 먼 곳에서 들려오는 걸 느낀다.

◆ 겨울비가 내리기 시작했고, 나는 사흘 동안 식은땀을 흘리며 앓고 있다. 며칠 뒤 출근한 '나'는 우체국의 철거 날짜가 결정되었으며 몇몇이 퇴사했음을 듣는다. '나'는 무심히 창밖으로 보이는 풍경을 본다. 형체도 없이 사라져가는 산을 보고 훗날의 일들을 생각한다. 점심시간이라 홀로 있던 '나'는 우체국 안으로 들어서는 아이를 본다. 건물이 철거될 거라며 더 이상 이곳에 오지 말라고 말하며 '나'는 아이를 데리고 밖으로 나선다. '나'는 흰 빛의 태양을 향해 망원경의

초점을 맞추었다 온통 반짝이는 환상에 빠진다. 아이가 손을 흔들어 대서 간신히 현실로 돌아온 '나'는 아이의 목에 망원경을 걸어준다. 그리고 녹색불이 깜박이는 횡단보도로 아이의 등을 떠밀고 햇살의 파동에 오래 몸을 내맡긴다.

4. 초점화

<망원경>의 초점화 주체인 '나'는 시력이 나빠진 뒤 망원경을 사 그것을 통해 세상을 관찰하는 습관을 갖게 된다. '내'가 망원경을 통해 세상을 바라보는 행위 속에서 초점화 대상인 아이와 잭스의 모습이 그려지고, 아파트 건설을 위해 파괴하는 산의 형상이 보여진다. 동시에 '나'는 망원경을 통해 환상을 보기도 하며 어느 것이 현실인지 혼동하기도 한다.

초점화 대상으로 등장하는 아이는 부모와 할머니를 잃은 다소 모자란 인물로 아파트 건설을 위해 파헤쳐지는 산의 형상과 닮아 있다. 그리고 그것은 다시 캐나다에서 일하러 온 잭스에게서 문제점을 듣게 되는 '나'의 현재와 닮아 있다. 이들과의 관계를 통해 초점화 주체인 '나'의 삶의 변화하는 과정이 중심을 이룬다.

5. 주제의식

<망원경>은 시력에 문제를 느낀 주인공이 망원경을 통해 그동안 바라보지 못했던 진실에 눈을 떠가는 과정을 그리고 있다. 아파트 건설과 도로 확장을 위해 잔혹하게 파헤쳐지는 산의 형상과 함께 돌봄으로 존재를 모두 잃어버린 한 아이의 모습을 통해 도시 공간의 비정함과 인간성 훼손의 심각성을 드러내고 있다.

6. 시간과 공간

아파트 건설과 도로 확장 공사가 한창인 한 지역의 공간을 중심으로 맹목적으로 진행되는 개발로 인한 산림의 파괴와 그로 인한 인간성 훼손을 이야기하고 있다. 도시화의 상징적인 존재로 표상되는 아파트 건설로 인해 무수한 산림이 파괴되고 있는 시간 속에서 시력을 잃고 진실을 온전하게 바라볼 수 없는 증상을 지닌 인물의 세상 바로보기 과정이 그려지고 있다.

7. 인물의 존재방식과 유형

건조하고 나른함을 드러내는 중심 인물 '나'는 다분히 우울질의 기질을 지니고 있으며 동시에 외부자극에 민감하게 반응하면서도 의욕과 활기가 부족한 특성을 드러낸다. 자신이 상처받는 것이 두려워 '나'는 망원경을 통해 세상을 바라보는 행위로 점차 개선의 방향성을 찾아가고 있는 인물이다.

초점화 대상으로 등장하는 인물인 아이는 상처받은 '나'의 정신적인 표상으로 '나'로 하여금 긍정적인 성향으로 나아가게끔 하는 역할을 담당하고 있다. 잭스 역시 조력자로 '나'의 정체성 확립에 도움을 주고 있다.

8. 플롯의 방법과 종류

<망원경>은 세상을 바라보는 방식에 문제를 느낀 초점화자 '나'가 망원경을 통해 세상과 소통하는 또 다른 방법을 배워가는 과정을 그린 작품으로 노먼 프리드먼(N. Friedman)의 플롯 유형에서 인물의 플롯 중 성장의 플롯에 가까운 구조를 지니고 있다.

9. 문학생태적 비평의 의의

이 작품은 각종 공사들로 인해 하루가 멀게 변해가는 거리의 풍경 속에서 일상적인 삶의 의미를 찾지 못하는 현대인들의 정신적 건조함을 망원경이라는 매개체를 통해 세상을 바라보고 소통하는 방식을 찾아가는 과정을 형상화하고 있다. 눈에는 이상이 없으나 신경적인 문제로 부분적인 것을 잘 보면서도 전체적인 것은 제대로 못 본다는 시각적 실인증은 현대를 살아가는 인간이 지닌 병리적 문제 중 하나를 대변하고 있다.

도시화와 발전이라는 이유로 산을 깎고 자연을 훼손하는 것이 부분적으로는 의미를 획득할 수 있겠지만, 그것에만 매달려 자연과의 조화 속에서 살아갈 수밖에 없는 존재라는 전체적인 시각을 잃어버리고 있음에 대한 생태학적 인식이 담겨 있는 작품이다.

<철길을 흐르는 강>

1. **작가소개 : 한강**(韓江)

1970년 전라남도 광주에서 태어난 한강은 1993년 연세대학교를 졸업했고, 그해 『문학과 사회』 겨울호에 시가 당선되어 문단에 데뷔했다. 1994년 『서울신문』 신춘문예에 단편소설 <붉은 닻>이 당선되어 본격적인 작품 활동을 시작한 한강은 '소설가 한승원의 딸'이라는 꼬리표를 달고 있었다.

그러나 지속적인 창작 활동으로 점차 자신만의 작품 세계를 추구하면서 소설집 ≪여수의 사랑≫(1995), 장편소설 <검은 사슴>(1998), 소설집 ≪내 여자의 열매≫(2000), 장편소설 <그대의 차가운 손>(2002), 소설집(시적인 이야기) ≪붉은 꽃 이야기≫(2003), 산문집 ≪사랑과, 사랑을 둘러싼 것들≫(2003), 어른을 위한 동화집 ≪내이름은 태양꽃≫(2003) 등을 출간했다. 그 동안 여러 문학상을 수상했으며 2005년 <몽고반점>으로 이상문학상을 수상하기까지 지속적인 창작욕망을 드러내왔으며 2007년 소설집 ≪채식주의자≫를 출간했다.

2. 스토리

유년시절 철길에 몸을 던져 자살한 어머니에 대한 기억이 강하게 남아 있는 '나'는 항구도시의 주택가에 살며 서울 외곽의 출판사에 다니는 인물이다. 죽은 어머니의 외투를 입고 다니며 새로운 가정에 적응하지 못하던 '나'는 어머니와 함께 갔었던 성당을 찾아가고, 그곳에서 지나치게 투명한 성당 유리창에 부딪쳐 떨어진 모가지가 부러진 박새를 보았다. 자주 일어나는 일이라 대수롭지 않게 생각하는 성당사람들을 이해할 수 없는 '나'는 죽어가는 박새를 오래도록 외투 주머니에 넣고 다녔다.

그렇게 강렬한 죽음의 기억을 가지고 있는 '나'는 계속해서 낡아가는 집에 살면서 떠나간 남자 P를 기다린다. '서울 시민이 되는 것'과 '지상으로 올라가는 것'이 꿈인 P는 서울의 비정함을 담은 영화이야기를 한다. 그리고 P는 그러한 서울을 떠나 강줄기가 시작되는 자신의 고향으로 함께 떠나자고 하지만, 그녀는 거절하고 홀로 남는다.

눈이 멀게 되는 것을 상상할 정도로 눈의 고통에 시달리던 그녀는 회사를 그만두고 강렬한 기억이 담긴 고향으로 떠난다. 그곳에서 예전 아버지가 운영하던 수제화점을 지나 P에게 자신의 고향이라고 말했던 바로 그 차량기지의 철길로 향한다. 그리고 그곳에서 P의 고향인 강줄기와 자신의 고향인 철길이 만나 어우러지는 광경을 목격하게 된다.

3. 담론

◆ 작중화자 '나'는 강가의 끝이 고향인 남자와 이별하고 마치 혼잣말을 하듯 중얼거리는 어투로 이야기를 시작한다. '그녀'의 어머니는 열세 살에 철길에 몸을 던져 자살을 했고, 그 후 아버지는 의붓어머니와 의붓동생들을 데리고 집에 온다. 아버지가 의붓어머니와 싸울 때마다 '그녀'는 달그림자가 진 골목으로 나와 죽은 어머니가 입었던 외투에 몸을 웅크린 채 책을 읽는다.

◆ '그녀'는 항구도시의 주택가에 살고 있지만, 서울 외곽에 위치한 사무실로 매일 출퇴근을 해야 하는 고단한 현실을 살고 있다. 아침저녁으로 '시내버스와 국철과 마을버스를 차례로 갈아타야'만 하는 그녀의 일상은 그 여정 하나만으로도 충분히 고통스러워 보인다. 하지만 '이미 낡아' 있었던 그녀의 집은 '더욱 급격하게 낡아'가고 있다. 그리고 연인이었던 P는 어디론가 떠난 채 돌아오지 않고 있다.

◆ 어머니와의 기억에서 시작된 '나'의 회상이 어머니와 함께 갔었던 성당으로 이어지고, 그 성당의 기억이 다시 '모가지가 부러진 박새'로 전환되고 있다. '단단한 돌주먹으로 두꺼운 현관의 유리문을 내리치는 것 같은 소리'를 내며 '나'의 삶에 들어온 박새는 모가지가 부러진 채 퍼덕이고 있었고, 성당 사람들조차 어쩔 수 없는 일이라며 방치한 그 박새를 '나'는 주머니에 넣는 행동을 취한다.

◆ P가 지니고 있던 두 가지 희망, '서울 시민이 되는 것'과 '지상으로 올라가는 것'은 현실 속의 존재가 삶을 영위하기 위해 원하는 것에 다름 아니다. 그러나 P의 희망은 단 한 번도 현실화되지 못한 채 그가 구상했다는 흑백 단편영화줄거리처럼 '비정하게' 소멸되어 버린다.

◆ P는 '서울의 겨울'이란 제목을 붙인 영화이야기를 하며 수백만의 불행을 만들어내는 도시, 수백만의 피로한 인간들을 뱉어내는 도시, 겨울뿐인 도시를 벗어나 자신과 함께 고향으로 내려가자고 설득한다.

◆ '나'는 죽은 어머니의 외투를 입고 다니며 가로등 아래서 책을 읽고, 외투 주머니에 죽은 박새를 넣고 다닌다. 그러다 죽은 어머니의 외투를 입고 다닌다는 이유로 아버지에게 뺨을 맞는다.

◆ '그녀'는 고향인 항구도시를 찾아오고, 아버지의 수제화점을 지나며 과거를 떠올린다.

◆ 그러나 '나'는 남기로 결정하고 P가 없는 빈 방에서 그의 칫솔, 그의 흔적들을 그대로 느끼며 외로움을 견뎌낸다. '그녀'의 눈은 계속 나빠져서 더 이상 책을 통한 구원도 없고 매일 아침 눈을 뜰 때

마다 언제 눈이 멀게 될까 생각한다. 더 이상 회사를 나갈 수 없을 정도에 이르게 되자 회사에 사직서를 낸 후 회사건물의 옥상에 올라 자신의 인생을 회고하며 '나의 옥상'이라는 표제로 영화를 찍고 싶다며 담담하게 이야기한다.

◆ 통굽이 닳은 구두를 신은 '그녀'는 어딘가를 향해 걷기 시작한다.

◆ '나'는 P에게 자신의 고향이 '철길'이라고 말하며 철길의 풍경을 이야기한다.

◆ '그녀'는 자신의 고향인 '철길'과 P의 고향인 강줄기가 만나는 장면을 바라보며 노래를 부른다. '그녀'의 몸이 투명하게 변하고 물살이 '그녀'를 덮친다. 강줄기가 사실은 새떼로 변하는 환상 속에서 '그녀'는 계속 나아간다.

4. 초점화

<철길을 흐르는 강>의 초점 주체는 '나'로 현실과 과거의 제시 상황에 따라 각각 '나'와 '그녀'로 등장한다. 죽음에 대한 체험을 통해 상처를 입는 과거의 '나'와 건조한 삶의 반복만을 영위하는 현실의 '그녀'는 각각 다른 방식으로 자신을 억압해오는 외적 현실에 휘둘리며 상처 받는 인물이다. 이와 같은 일인칭과 삼인칭 서술의 교차 반복은 단순한 인과성을 넘어 상호 침투하여 영향을 주는 과거와 현실의 인물을 형상화하는 기능을 한다.

초점화 대상은 비정한 공간으로 표상된 도시 '서울'로 '나'의 현실을 이루는 공간인 동시에 P의 꿈이 실현될 수 있을 것 같던 공간이다. 그러나 산업화로 인해 규격화되고 비인격화된 도시 공간은 건조한 현실의 반복만을 조장할 뿐 아무런 꿈도 가능하지 않음을 확인하게 된다.

5. 주제의식

P의 원초적 공간인 '강'과 '나'의 원초적 공간인 '철길'은 분명 그들에게 있어 하나의 상처로 남아있는 시간이다. 고향이라는 말은 그 안에 이미 공간성과 시간성을 동시에 담고 있기 때문에 '강'과 '철길' 역시 P와 '나'에서 공간인 동시에 시간으로 자리하고 있다. 그리고 두 사람의 상처가 만나는 지점이 바로 '나'의 영화 속 한 장면인 '어머니의 죽음'으로 묘사되고 있다. 다시 말해 P의 고향과 '나'의 고향이 '상처'로 수렴되며 비로소 '철길을 흐르는 강'이 완성되는 것이다.

차량기지가 있는 고향 항구도시를 찾아와 지나간 시간을 마주하고 나서 다시 앞으로 걸어가기 시작한 '나'의 마지막 모습에서 P가 떠난 공간 역시 같은 맥락에서 유추할 수 있다. 그러나 '나'의 어머니가 죽음을 선택할 수밖에 없었던 이유가 밝혀지지 않은 '어머니의 고향'처럼 모호하게 남아있는 것은 전체 서사의 완결성에 흠이 되고 있다.

6. 시간과 공간

<철길을 흐르는 강>의 '그녀'는 황폐하고 건조한 도시 공간에서 무의미한 나날을 보내고 있으며, 그녀의 연인인 P는 비정한 도시 서울의 부정적인 모습을 토로한다. 특정 시기의 사회적 시간과 공간을 담지하고 있지는 않지만 도시를 중심으로 산업화되어 있는 공간이 과거의 '고향'으로 표상되는 공간과 대조적으로 제시된다. 때문에 '강줄기'와 '철길'로 표상되는 '그녀'와 'P'의 고향은 상처입은 인물들이 상처를 모른 채 살아가던 근원적인 시공간을 의미하게 된다. P가 자신의 고향 '강줄기'를 향해 떠났듯이 '나' 역시 '철길'로 표상된 고향으로 가는 행위를 통해 치유할 수 없을 것 같던 자신의 상처를 마주하게 되는 것이다.

7. 인물의 존재방식과 유형

작품 속 현재의 중심인물 '그녀'와 과거의 중심인물인 '나'는 각각의 챕터에 등장해 각기 다른 인물인 듯 존재한다. 그러나 어머니의 죽음 이후 깊은 상처를 지닌 채 살아온 '나'가 곧 현실 속의 '그녀'임을 확인할 수 있다. 이처럼 <철길을 흐르는 강>의 중심인물은 '나'와 '그녀'로 분열되어 서술되고 있지만 P와 아버지를 매개로 하나의 성장형 인물로 나아간다.

현실 속 '그녀'의 연인이었던 P는 서울이라는 공간이 지니고 있는 비정한 현실을 견디지 못한 채 '서울 시민이 되는 것'을 포기하고 강줄기가 시작되는 고향으로 떠난다. P는 결국 죽음의 기억으로 상처입은 여성인 '그녀'가 자신의 상처를 마주하고 앞으로 나아갈 수 있도록 도와주는 역할을 담당하고 있다.

8. 플롯의 방법과 종류

과거의 시간을 돌아보는 것과 현실의 '구원받을 수 없는 삶'을 동시에 진행시키고 있는 <철길을 흐르는 강>은 시점의 변화·반복을 통해 모호성으로 점철된 서사를 전개한다. 1인칭 시점과 3인칭 시점의 반복적인 변화를 통해 '나'의 기억과 '그녀'의 현실/기억이 전체 서사를 형성하고 있다. 텍스트에서 화자가 인물로서 자신을 명시적으로 언급하지 않을 때, 즉 '나'라는 기표가 등장하지 않을 경우 그 화자를 이야기 외적 화자라고 할 수 있다. 그리고 반대로 화자가 인물로서 자신을 명시적으로 언급할 때, 즉 '나'라는 기표가 등장해 '나'와 인물이 동일하게 제시될 경우 그 화자를 이야기 내적 화자라고 할 수 있다. <철길을 흐르는 강>의 '나'와 '그녀'는 각각 이러한 이야기 내적 화자와 이야기 외적 화자의 경우로 두 초점화자의 변화 반복은 화자의 위치가 이야기의 내부에서 외부로 위치 바뀌기를 반복하는 것으로 해석할 수 있다.

'나'와 '그녀'로 구분된 초점인물의 기능은 이야기 내적화자와 이야기 외적화자의 구분과 마찬가지로 이야기 내부와 외부의 경계를 넘나드는 역할에 있었다. 하지만 8번째 단락에서 '아버지의 수제화점', '아버지의 넋 잃은 시선' 등의 서술은 이 단락의 초점인물이 '그녀'라는 설정과 어긋나고 있다. 그리고 이어지는 9번째 단락에서 '나'와 '그녀'의 경계는 완전히 사라지게 된다. 그리고 '나'를 초점인물로 내세운 마지막 단락(전체에서 11번째 단락)에서 P가 '당신'으로 등장해 '나'의 이야기를 듣게 되는 대상으로 설정되어 있다. '나'의 이야기 속의 중심 대상 중 하나였던 '아버지'가 '그녀'의 이야기 속으로 편입된 이후 '나'의 이야기 속에 비로소 'P'가 등장하게 된 것이다. 결국 '나'와 '그녀'의 이야기는 하나로 수렴된 것이다.

9. 문학생태적 비평의 의의

한강의 초기 작품인 <철길을 흐르는 강>은 '나'와 '그녀'라는 두 초점화자의 반복 변화를 통해 초점인물의 현실의 삶과 과거의 기억을 엮어나가는 방식으로 구성되어 있다. 어머니의 죽음과 아버지의 보이지 않는 폭력의 질서로 각인되어 있는 '나'의 과거 이야기가 '그녀'의 현실 이야기와 맞물려 이어지면서, 두 초점화자가 결국은 하나의 인물로 수렴되는 양상을 드러내고 있다. 특히 현실의 '그녀'와 관계가 있었던 P가 떠나버린 일과 '나'의 과거 속 상징적 매개체의 하나인 '모가지가 부러진 박새'는 모두 '구원받을 수 없는 존재'들로 표상되면서, '박새', 'P'의 그러한 현실인식이 결국은 '나'의 자아에 대한 성찰로 연결된다.

이러한 서사의 중심에 자리한 근본적인 요소는 바로 '상처'로, P의 고향인 '강'과 '나'의 고향인 '철길'이 하나의 공간과 시간에서 만나 비로소 '철길을 흐르는 강'이 형성되는 것이다. '삶과 죽음'의 문제에 대한 천착과 '식물성의 추구'로 나아가는 한강의 이후 작품 세계와 함께 논의할 때, 생태적 상상력의 구체적 형상화가 이루어지는 과정의 단초가 마련되고 있는 작품이라 할 수 있다.

<내 여자의 열매>

1. **작가소개** : **한강**(韓江)

Ⅲ의 <철길을 흐르는 강>을 참고.

2. **스토리**

항상 외롭게 자란 '나'는 '아내'를 만나 행복의 의미를 알게 되고 조심스럽게 사랑을 고백한다. 바닷가 빈촌의 삶을 버리고 도시로 나와 살아오던 '아내'는 자신의 피를 모두 갈아버리고 싶다는 욕망에 이국의 삶을 꿈꾸고 있었지만 '나'의 청혼에 자신의 꿈을 포기하고 결혼에 응한다. 똑 같이 생긴 단지에 똑 같은 구조의 고층 아파트가 싫다는 '아내'의 말에도 불구하고 '나'는 13층의 아파트를 이상적인 공간으로 선택하고, 그곳에서 결혼 생활을 시작한다.

아내가 말 수가 적어지고 조금씩 기운을 잃어간다는 것 말고는 별다른 문제없이 살아가던 결혼 생활이 4년째 이르던 오월의 어느 일요일에 '나'는 아내의 몸에 피어난 푸른 멍자국들을 본다. 통증은 없지만 온 몸으로 퍼져간다는 '아내'의 말을 '나'는 대수롭지 않게 여기다 초여름의 어느날 '아내'의 몸이 온통 푸르게 변해있음을 확인하고 병원에 가보라고 말한다. 그러던 중 출장에서 돌아온 '나'는 베란다에 마치 화부에 심은 식물처럼 변해 있는 '아내'를 보고 충격에 빠진다.

화분 속에 뿌리를 내리고 햇빛을 향해 벌린 두 팔이 나무의 가지처럼 변해 있는 '아내'에게 물을 끼얹은 '나'는 한 번도 본 적이 없는 아름다움을 느낀다. 그렇게 식물처럼 변한 '아내'는 인간의 형상이 거의 사라진 채 퇴화된 입 부위에서 연두색 열매를 떨군다. '나'는 작은 화분들을 '아내'의 화분 옆에 나란히 놓고 열매들을 그곳에 심는다.

3. **담론**

◆ '나'는 오월의 어느 일요일에 아내의 몸에 든 피멍을 본다. 원인을 알 수 없는 피멍들은 아내 몸의 곳곳에 자리하고 있었다. 문득 결혼생활 4년 만에 동안이던 아내의 얼굴에 피로의 흔적이 역력하게 드러나 있다. 실로 오랜만에 아내의 벗은 몸을 보고 있지만, '나'는 온 몸에 번져 있는 피멍을 보고 욕망을 느끼는 대신 가엾고 서글픈 마음만을 갖는다.

◆ 아내의 몸에 대한 충격을 잊고 지내던 '나'는 어느 초여름밤 아무래도 이상하다는 아내의 말과 함께 그녀의 몸을 본다. 작은 연두색이던 피멍들이 어느새 커다랗고 둔탁한 녹색을 띠고 아내의 온 몸을 뒤덮고 있었다. 아내는 자꾸만 알몸인 채로 햇빛으로 나가고 싶고 마시는 물의 양만 늘어날 뿐 식욕도 없다고 말한다. '나'는 아내의 푸석해진 머리를 빗어내리며 병원에 가보라고 말한다.

◆ 아내는 상계동 아파트에 사는 것이 싫다고 말하며 눈물을 흘렸었다. 수많은 사람들이 수천 동 똑같은 건물에 모든 것이 똑같은 실내에서 살아가는 것이 싫다고 했다. 십삼층에서 살다간 그곳에서 빠져나오지 못한 채 시름시름 앓다가 죽어갈 것 같다고 아내는 눈물을 흘리며 말했었다. 그리고 그곳 아파트에서 결혼 생활 첫 해를 보내며 아내는 잔병을 자주 앓았다. 결혼 전 아내는 직장을 그만두고 저축해 둔 돈과 퇴직금으로 이 나라를 떠날 생각을 해왔었다. 자신의 혈관을

흐르는 피를 갈고 자유로운 공기로 낡은 폐를 씻고 싶다고 했지만 결혼 때문에 포기했다. 하지만 아내는 아파트에서의 결혼 생활 동안 시들어가고 있었다.

◆ 결혼 전 '나'의 조심스런 고백에 아내는 정착하지 않고 살고 싶다고 대답했었다. '나'는 아파트 베란다에 화분을 들여 화초와 채소를 키울 거라고 응수했었다. 그리고 결혼 후 '나'는 베란다에 화분을 들여놓았지만 고층 아파트라 땅의 기운이 부족해서인지 관리가 소홀해서인지 채소들은 어쩐지 쉬 죽어버렸다. 아내는 죽어버린 채소들을 보며 우울해했다. 아내는 답답해서 살 수가 없다며 먼 데로 떠나자고 재촉했지만, 낡은 우울질의 피가 흐르는 그녀의 깡마른 몸뚱이를 참을 수 없어 아내의 부탁을 거절했었다. 병원에 다녀왔냐는 나의 물음에 아내는 아무 이상도 못 찾겠다는 의사의 말을 짧게 전한다.

◆ 아내는 차츰 말수를 잃어갔고, 얼굴색도 나빠져 갔다. 지난 삼 년간의 결혼 생활이 평화로운 시간이었다고 생각하는 '나'는 아내의 문제가 무엇 때문인지 이해할 수가 없다. 육박칠일의 해외출장을 앞둔 일요일 아침에 '나'는 말 할 수 없을 정도로 진한 푸른 빛깔로 변해버린 아내의 몸을 보고 충격을 받는다. 장모님께 연락한다는 '나'를 말리며 아내는 자신이 알아서 할 거라고 말한다. 그러나 '나'는 자신의 말이 과자 부스러기처럼 거실바닥에 흩어지는 소리를 듣는다.

◆ 출장에서 돌아온 밤 '나'는 초인종을 눌러도 대답이 없자 서운한 마음을 누르며 열쇠로 현관문을 열고 들어선다. 유난히 집안 공기가 싸늘함을 느낀 '나'는 아내를 찾지만 집안 어디에도 아내의 흔적은 없다. 존재의 고독을 느끼고 있던 찰나 베란다로부터 아내의 작은 음성이 들려온다. '나'는 베란다의 쇠창살을 향해 무릎을 꿇은 채 두 팔을 만세 부르듯 치켜 올리고 있는 온몸이 진초록색으로 변한 아내를 본다. 뒷걸음질치는 '나'에게 아내의 새파란 입술 속에서 퇴화된 혀가 수초처럼 흔들리며 물을 원한다. 싱크대에서 물을 가져와 아내의 몸

에 끼얹은 '나'는 그토록 아름다운 아내를 본적이 없다고 생각한다.

◆ 어머니에게 보내는 '나'의 독백이 전개된다. '나'(아내)는 따뜻한 빛을 좀 더 깊숙이 받아들이고 싶어 베란다로 나가 옷을 벗었고 그 자리에서 무릎을 꿇고 앉아 며칠 동안 어머니만 불렀다. 남편은 커다란 화분을 구해와 '나'를 심어주었고 흙도 갈아주었다. 오래전부터 바람과 햇빛과 물만으로 살 수 있기를 꿈꾸었다. '나'는 낯선 사람들이 가득한 도시 속에서 한 번도 행복한 적이 없었다. 의사는 모두가 정상이라고 말했지만 상태는 나아지지 않았다. '나'는 미루나무처럼 계속 자라나는 꿈을 반복해서 꾸었다. '나'는 겨울이 오기 전에 자신이 죽게 된다고 말한다.

◆ 아내의 허벅지에서 흰 잔뿌리가 무성하게 돋아나왔고 가슴에서는 검붉은 꽃이 피어 있다. 어렴풋한 빛이 남아 있는 눈을 마주보며 괜찮냐고 묻는 '나'에게 아내는 희미하게 웃고 있다. 시간이 지나면서 아내의 몸은 한때 두 발 동물이었던 흔적이 남아 있지 않은 채 하나의 식물이 되어간다. 입이 오그라붙었던 자리가 벌어지면서 한 움큼의 열매가 쏟아져 나온다. 다음날 작은 화분들을 사와 아내의 화분 옆에 배열한 '나'는 처음 보는 그 연두색 열매를 심는다.

4. 초점화

외로운 삶을 살아오다 아내를 만나 비로소 가정을 이루고 행복을 찾아가는 '나'가 초점화 주체로 등장한다. 그리고 13층의 아파트에서 점점 생기를 잃어가고 식물화해가는 '아내'가 초점 대상으로 '나'의 눈을 통해 제시된다. 홀로 고독할 수밖에 없었던 '나'의 삶과 마찬가지로 어쩔 수 없이 이국의 삶을 꿈꿀 수밖에 없었던 '아내'와 고층 아파트에서 결혼생활을 시작하는 것이 중심 서사의 발단으로 자리한다.

모든 것이 똑같은 모양으로 만들어진 고층 아파트 공간 속에서 땅의 기운을 받을 수 없는 식물이 죽어가듯 아내는 점점 식욕을 잃고 식물성으로 변하기 시작한다. 초점화 주체 '나'를 통해 제시되는 이러한 아내의 변화과정은 고도로 발달한 개인의 주체성과 독자성이 인정되지 않는 현대 도시 사회 속에서 삶의 의미와 방향을 찾지 못하는 인간의 한 형상을 담고 있다. 전체 8장의 구성에서 7장에서만 화자가 '나'에서 '아내'로 바뀌며 '아내'의 내면 이야기가 진솔하게 서술되고 있다.

5. 주제의식

바닷가 빈촌의 삶을 거부하고 도시로 나와 획일화되고 단절된 도시 공간의 아파트 속에서 삶의 의미와 기운을 잃어가는 인간의 모습을 통해 도시 문명에 길들여진 삶의 피폐함을 식물화의 현상과 대비해 조망하고 있는 작품이다.

6. 시간과 공간

<내 여자의 열매>는 도시 속 13층 아파트에서 살아가는 부부의 삶의 변화를 통해 도시적 삶의 소통불가능성 및 자연치유의 불가능함을 드러내고 있다. 바닷가 빈촌으로 상징되는 전대의 삶의 방식과 대비되는 공간으로 설정된 도시 속 아파트는 산업화된 현대 사회의 전형적인 공간이다. 더 크고 더 높은 아파트를 꿈꾸는 도시민들의 욕망에 부합하듯 거대하게 늘어가는 아파트는 발전이라는 미명하게 인간 삶의 방식 자체를 변화시키는 공간이다.

베란다에서 키우고자 했던 식물들이 제대로 자라지 못하듯 아파트 공간 속의 인간들 역시 삶의 중요한 기운을 잃어가고 있지만, 정작 그것을 몸으로 느끼는 사람들은 많지 않다. 태어나서 한 번도 행복한 적이 없다고 말하는 아내를 화자인 내가 이해할 수 없듯이 의사는 온몸이 푸르게 변해가는 아내의 병명을 찾아낼 수 없는 것이다.

7. 인물의 존재방식과 유형

초점화 주체로 등장하는 '나'는 현대 도시 사회에서 살아가는 전형적인 남성의 표본이라 할 수 있을 만큼 단조로운 평면적 인물로 등장한다. 때문에 '나'는 자신이 행복이라 느끼는 삶에서 '아내'가 무엇 때문에 생기를 잃어가고 있는지를 이해할 수 없다. 이에 반해 초점화 대상으로 등장하는 '아내'는 바닷가의 삶을 버리고 도시로 나와 끊임없이 이국의 삶을 꿈꾸며 무언가를 향해 탈출하고자하는 입체적 인물로 제시된다.

7장의 독백에서 단적으로 드러나듯이 '아내'는 획일화, 단절화된 현대 도시 사회의 표상인 아파트 공간 속에서 식욕과 말을 잃어가며 아무런 의미도 획득하지 못하는 인물로 그려진다. 그녀가 햇빛과 바람과 물만 있으면 살아갈 수 있는 식물로 변해가는 과정은 산업화된 도시 공간 속에서 삶 자체를 유지할 수 없는 극도로 민감한 인간임에 다름 아니다. 또한 자연의 품에서 멀어진 인간이 어쩔 수 없이 받아들일 수밖에 없는 문제들을 거부하고자 하는 근원적인 인간의 본성을 담고 있다.

8. 플롯의 방법과 종류

<내 여자의 열매>는 노먼 프리드먼(N. Friedman)이 체계화한 플롯 유형중 '운명의 플롯'에 가까운 구조를 지니고 있다. 초점화 주체인 '나'를 통해 제시되는 '아내'의 삶은 그녀의 선택과는 무관하게 결정된 것이며 그녀의 몸이 식물로 변해가는 과정 역시 어쩔 수 없는 운명의 그것이라 할 수 있다. 작가는 이러한 '아내'의 변화 과정을 현대 도시 사회 속에서 행복을 꿈꾸는 '나'를 통해 순차적으로 제시하며 인과성을 띤 회상 장면을 첨가하고 있다.

9. 문학생태적 비평의 의의

한강의 <내 여자의 열매>는 자신의 아내가 화분 속의 식물처럼 변해버리는 과정을 통해 고층 아파트로 상징되는 현대 도시 사회의 단절감과 반자연성의 문제점을 드러내고 있다. 바닷가의 삶을 탈출해 도시로 온 '아내'가 점점 도시 공간의 삶에 익숙해지는 것과 동시에 이국의 삶을 꿈꾸는 것은 도시사회의 비인간화와 맹목성에 대한 거부감의 표현으로 볼 수 있다. 그러한 변화 이유 자체를 이해할 수 없는 '나'는 생태적 위기에 직면해 있음에도 불구하고, 그것을 직시하지 못하고 살아가는 대다수의 인간들의 표상이다.

이처럼 이 작품은 식물화, 식물성으로 상징되는 자연의 세계에서 벗어난 인간의 삶이 피폐할 수밖에 없음을 지적하고 그러한 공간 속에서 상처받는 여성을 그리고 있는 것이다.

<침묵>

1. 작가소개 : 한수산(韓水山)

1946년 11월 13일생으로 강원도 인제군 기린면 하남리에서 출생했다. 춘천고등학교, 경희대학교 영문학과를 졸업하고 현재 세종대학교 국어국문학과 교수로 재직 중이다.

1967년 『강원일보』 신춘문예에 시가 당선되었고 1972년 『동아일보』 신춘문예에 단편소설 <4월의 끝>이 당선되어 문단에 데뷔하였다. 1973년 『한국일보』 장편소설 현상공모에 <해빙기의 아침>이 가작으로 입선하였다. 1977년 <부초>로 오늘의 작가상, 1984년 녹원문학상, 1991년 제 36회 현대문학상을 수상했다.

<부초>를 발표하면서 짙은 감성과 화려한 문체로 1970년대 베스트셀러 작가가 되었고 1981년 『중앙일보』에 장편 <욕망의 거리>를 연재하여 '한수산 필화사건'에 휘말리기도 했다. 산문시와 같은 부드러운 문체를 구사, 인간에 대한 따스한 시선을 바탕으로 생명의 가치를 탐구하는 작품을 주로 썼다. 근래에는 역사소설에 관심을 두고 있다.

주요 작품으로 <해빙기의 아침>(1973), <바다로 간 목마>(1978),

<욕망의 거리>(1981), <밤에서 밤으로>(1984), <거리의 악사>(1986), <모래위의 집>(1991), <벚꽃도 사쿠라도 봄이면 핀나>(1995), <말탄 자는 지나가다>(1998) 등이다. 수필집으로 ≪젊은 나그네≫(1978), ≪저녁에는 그대여 아침을 꿈꾸어라≫(1986), ≪이 세상의 모든 아침≫(1996)이 있고 산문집으로 ≪단순하게 조금 느리게≫(2000) 등이 있다.

소설집으로는 ≪해빙기의 아침≫(1977), ≪부초≫(1977), ≪사월의 끝≫(1978), ≪밤의 찬가≫(1978), ≪불꽃≫(1978), ≪그 아홉 개의 초상≫(1978), ≪가을나그네≫(1978), ≪바다로 간 목마≫(1978), ≪어떤 개인 날≫(1978), ≪네가 풀이었을 때≫(1980) 외 20여 편이 있다.

2. 스토리

한수산의 <침묵>은 1970년대 개발붐이 일어나고 있는 대도시주변의 변두리 아파아트에 살고 있는 아이들이 정신적으로 피폐화되는 상황의 이야기이다.

아파아트단지가 본격적으로 조성되기 전의 아이들은 아파아트 주변의 산과 들에서 들쥐도 잡고 흙싸움을 하며 뛰어다니면서 곤충채집과 개구리사냥도 하고 자연을 마음껏 즐겼다. 그러나 개발의 열풍과 함께 공사가 시작되면서 아이들의 시야를 가리며 빽빽이 들어서는 아파아트가 들어서면서 아이들의 놀이공간이 사라지게 되자 아이들은 집안에서 놀이감을 찾기 시작한다. 넓은 놀이터를 빼앗긴 아이들은 부모가 없는 빈집의 침대 위에서 레슬링이나 체조놀이를 하거나 욕조에 물을 채워놓고 배를 띄우는 놀이를 한다. 심지어는 성인들이 은밀하게 보는 도색잡지를 몰래 훔쳐보기까지 한다.

그런 아이들에게 새로운 놀이감이 생겼다. 산병아리가 죽어가는 모습을 구경하는 놀이였다. 더욱이 아파아트아이들의 쾌감을 만족시키는 놀이는 아파아트 옥상에서 병아리 날리기 시합을 하는 것이다. 날린 병아리가 죽으면 좀 더 낮은 층부터 날리기를 하고 그래도 병아리가 살아 있으면 적의를 번뜩이면서 병아리의 배가 터지도록 끝없이 발길질을 하는 놀이이다.

시멘트냄새가 채 가시지 않은 아파아트. 똑같은 규격과 모양으로 획일화하게 통제된 아파아트에서 자연을 잃어버린 아이들의 황폐해진 정신이 적나라하게 묘사된 스토리이다.

3. 담론

◆ 아파아트단지 안의 6명의 아이들이 병아리를 사기위해 남대문시장행 버스를 기다린다.

◆ 아이들은 아파아트에서 도우미로 일하는 누나들의 짧은 치마가 들린 사이로 보이는 흰 허벅지를 연상한다.

◆ 6명의 아이들은 우격다짐으로 정원을 초과해서 택시를 타고 박카스통에 넣고 파는 병아리를 사러 신세계 옆 남대문시장에 간다.

◆ 처음 입주할 때는 여섯 동의 아파아트로 시작했기 때문에 그런대로 놀 공간이 많아 만족했으나 단지가 점점 조성되면서 비좁은 공간에서 새로운 놀이를 만드는데 아이들은 지쳐 있었다.

◆ 아파아트 주변의 놀이터가 차츰 공사지로 변해갔고 주변에는 새로운 아파아트의 건설로 오직 아스팔트만이 보일 뿐 아파아트원경을 찾아보기가 좀처럼 힘들었다.

◆ 아이들은 엄마들이 외출하고 없어 가정부가 낮잠이나 자는 빈집을 찾아다니며 놀이사냥을 시작했다.

◆ 아이들은 오후의 텔레비전프로가 나올 때까지 시간을 보내기위해 욕조에 종이배띄우기, 도색잡지보기를 시작했으나 이런 놀이도 싫증이 나기 시작했다.

◆ 이때 병아리장수의 등장은 아이들에게 좋은 놀이감을 제공해 주었으나 병아리의 생명은 사흘 뿐이었다.

◆ 죽고 남은 병아리 2마리를 7층에서 멀리 날리기 내기로 승부를

거는 놀이가 아이들을 열광시켰다.

◆ 드디어 아이들은 남대문시장에서 병아리를 사가지고 온다.

◆ 아파아트 앞에 당도하자 아이들은 개발되기 이전의 밭과 시냇물을 연상한다.

◆ 병아리에 각자 소유주의 싸인을 한 후 옥상에서 허공으로 던진다.

◆ 아이들은 시멘트바닥 위에 병아리가 거의 다 죽어있는 것을 발견하고 빨리 끝나버린 경기에 실망, 이층에서 병아리를 다시 날리기로 한다.

◆ 이들 중 여자아이가 날리기를 반대하자 사내아이들은 여자아이의 병아리를 뺏어서 새로운 사냥감인 황금빛 병아리를 적의의 눈빛을 번득이며 생명이 끊어질 때까지 발길질을 계속한다.

4. 초점화

<침묵>의 초점이 되는 주체는 아이들인데 '우리'라는 언어로 표현하고 있다. 비단 그것은 놀이터를 잃어가는 주체가 아이들 뿐만이 아니라 어른들 역시 마찬가지이기 때문이다. 이름이 아닌 1호, 2호, 3호집 아이라고 익명의 기호로 불려지는 아이들과 획일적인 스타일의 아파아트, 그리고 기계적이고 비인간적인 면에서 아파아트의 그런 스타일을 닮아가는 어른들 역시 정체성을 상실하고 있다.

협의에서 본다면 '우리'가 보는 초점화대상은 물신화된 어른들의 몰지각한 개발의식이며 생명 없는 아파아트공간이다. 거대한 아파아트가 등장함에 따라 논, 밭, 야산, 개울은 자취를 감추고 성냥갑 같은 아파아트에 갇혀 사는 느낌을 지닌 아이들에겐 어른들의 물질욕이 증오의 대상이 되며 그런 상황은 다 죽어가는 병아리가 마지막 숨을 거둘 때까지 병아리를 짓밟는 잔인스러움으로 전이된다.

5. 주제의식

<침묵>은 환경파괴가 순수한 아이들의 심성까지도 얼마나 잔인하게 황폐화시키는지를 신랄하게 보여준 작품이다. 개발열풍으로 아이들의 놀이공간이 소멸됨에 따라 옥상에서 병아리 날리기를 통해 새로운 놀이를 찾는 아이들의 모습에서 그들의 미래는 진정 보이지 않는다. 아이들의 영혼은 병들고 생명에 대한 경외감을 전혀 느끼지 않는 잔인한 수성이 결국 자연훼손이 가져온 부작용임을 감지할 수 있다. 말하자면 물신화, 산업화란 미명하에 초래된 자연파괴가 곧 정신의 파괴로 연결됨을 자명하게 보여준 작품이라 볼 수 있다.

6. 시간과 공간

산업화시대와 함께 무절제하고 무계획적인 도시개발의 부작용이 배경이 되고 있다. 특히 대도시변두리의 난개발이 주조를 이루고 있으며 아파아트의 메커니즘적 숨막히는 공간과 고유명사가 없이 1호, 2호 하는 식의 호수로 매겨져 개성 없이 획일화된 아파아트 주거환경에서 소비사회의 물신화현상과 비인간화, 도시화의 부작용 등이 시간적 공간적 배경이라고 볼 수 있다.

7. 인물의 존재방식과 유형

등장인물의 사실성이 강력하다. 아이들 또는 우리들은 환경의 변화에 따른 성격의 변화가 뚜렷하다. 개발되기 이전의 아이들과 개발열풍 후의 아이들 성격이 현저하게 환경결정론적 변화를 보인다.

거대한 아파아트가 생기면서 아스팔트길과 하늘만 보이는 아파아트단지는 아이들의 몸과 마음을 병들게 한다. 개발되기 전에는 산과 들 속에서 들쥐를 잡고 흙싸움을 하며 곤충채집과 개구리사냥을 하면서 뛰어놀았는데 개발 후 한 치의 여유 공간도 남겨 놓지 않고 빽빽이 들어선 아파아트단지는 아이들에게 자신들의 놀이를 위해서는 귀중한 생명까지도 하찮게 여기게 되는 잔인성을 초래하게 한다. 이런 아이들은 결국 현대 도시문명의 희생양으로 '파르마코스형'이라 볼 수 있다.

8. 플롯의 방법과 유형

<침묵>은 소설의 시작이 6명의 아이들이 각자 택시비를 분담하여 신세계 앞 남대문시장 입구에서 병아리를 사러 가는 장면부터 시작한다. 다음 도시주변의 아파아트 개발 이전과 이후의 상황변화가 가속적 속도의 요약형식으로 전개되고 결국 병아리를 높은 곳에서 날려 병아리의 생명이 끊어질 때까지의 그 모습을 보고 재미있어 하는 아이들의 잔인성이 계속 장면으로 전개되어 담론시간과 이야기시간이 동일하게 펼쳐지는 점으로 보아 이 소설의 절정은 병아리 날리기 놀이라고 볼 수 있다.

6명의 아이들이 병아리를 사러 나들이를 한 후 하늘이 전혀 안 보이는 아파아트단지로 돌아와 병아리 날리기대회를 반복한다. 그리고 꿈틀거리는 병아리의 생명이 끊어질 때까지 사기등등하게 병아리를 짓밟는 장면이 클로즈업되면서 소설은 마무리된다. 도시근교 개발지역의 아파아트를 배경으로 순진무구한 아이들의 생명을 경시하는 적의에 찬 행위의 반복적인 강조는 자연을 훼손한 결과가 얼마나 무서운가를 보여주는 효과를 나타내고 있다. 이런 경우 노먼 프리드먼식으로 얘기하면 '연민의 플롯'(the pathetic)이라고 명명할 수 있다.

9. 문학생태적 비평의 의의

도시생태학적 측면에서 분석할 가치가 있다. 개발이 진행 중인 도시변두리 아이들의 사디즘적 행위가 도시화, 산업화가 초래하는 부작용과 깊게 관련되어 있다. 살려고 꿈틀거리는 병아리를 짓밟으며 통쾌함을 느끼는 아이들 심성의 황폐함은 도시생태와 정신분석학과의 연계 속에서 천착할 문제이다.

아파트숲에서의 벌판도 지평선도 바라볼 수 없는 빽빽한 공간, 획일적인 스타일의 벽지와 동일한 유행을 따르는 커텐색, 엄마들의 개성 없는 머리스타일과 의상, 아파아트호수로 명명되는 아이들의 이름 그리고 도시의 삭막함이 도시생태학과의 관련에서 연구될 과제이다.

또한 에코페미니즘적 관점에서 분석이 가능하다. 마지막 하나 남은 병아리를 집에서 기르기 위해 병아리 날리기 놀이에 참여하지 않겠다고 울며 외치는 한 여자아이의 모성적 보살핌은 여아 위를 날며 에워싸는 비둘기떼의 상징적인 분위기와 맞물려 모성적 에코 페미니즘의 가능성을 추정하게 한다. 이 여자아이의 행위는 마치 인도의 '칩코운동'처럼 벌목을 막기 위해 나무를 껴안고 시위를 벌인 끝에 벌목회사가 물러날 수밖에 없었던 완강한 저항을 연상하게 한다.

Ⅳ. 영혼과 자연의 교감

<산난>

1. **작가소개 : 김성동**(金聖東)

1947년 11월 8일 충남 보령에서 출생했다. 김성동은 어렸을 때부터 전통적인 유가에서 유학자인 할아버지로부터 한학 수업을 받으며 성장하였다. 해방 직후의 혼란기와 6·25의 와중에 아버지와 집을 빼앗긴 채 유소년기를 줄곧 사변과 이데올로기가 남긴 깊은 상흔 속에서 헤매다가 1965년 고등학교 3학년 때 자퇴하고 입산하여 지효대선사(智曉大禪師)의 상좌(上佐)가 되었다. 1975년 『주간종교』의 종교소설 현상 공모에 단편 <목탁조(木鐸鳥)>가 당선되었으나, 불교계를 악의적으로 비방하고 전체 승려들을 모독했다는 조계종단의 몰이해로 만들지도 않았던 승적을 박탈당했다.

1976년 늦가을에 하산하여 1978년 '한국문학신인상'에 중편 <만다라>가 당선되었고, 이듬해 <만다라>를 개작 출간하여 문단과 독서계에 커다란 반향을 불러일으켰다. 이후 섬세하고 유장한 독보적 '조선 문체'로 한국 근현대사의 상처와 구도의 여정에서 존재의 근원을 탐구하는 문제작들을 발표해왔다. 1998년 『시와 함께』에 <중생> 외 10편을 발표하며 시작(詩作) 활동도 하고 있다.

1983년 해방전후사를 밑그림으로 하는 장편소설 <풍적(風笛)>을 『문예중앙』에, 1960—70년대 학생운동사를 다룬 장편소설 <그들의 벌판>을 『중앙일보』에 연재하다가 좌익활동상을 다룬 내용과 반미적 내용이 문제되어 <풍적>은 2회 만에, <그들의 벌판>은 53회 만에 중단 당했다. 중편 <황야에서>로 '소설문학작품상'을 받게 되었으나 문학 작품을 상업적으로 이용하려는 주관사측 의도에 반발하여 수상을 거부했다. 창작집으로 ≪피안의 새≫, ≪오막살이 집 한 채≫, ≪붉은 단추≫, 장편소설 <길>, <집>, <국수(國手)>, <꿈>, 우의(愚意)소설 <염소>, 산문집 ≪미륵의 세상 꿈의 나라≫, ≪생명기행≫ 등이 있다.

2. 스토리

동승 능선은 어머니가 부처님께 귀의한 후 절에 들어오게 된다. 풀을 베는 것은 풀을 아프게 하는 행위라며 거부한 동승에게 노스님은 '선근'을 발견한다. 불교적 관점에서 인간의 생명이 소중하듯이 지구의 만물의 생명은 소중한 것이기 때문이다. 이후 능선은 노스님과 구도의 길에 오른다. 그리고 스님으로부터 생명의 평등성에 대한 불교의 교리를 배운다. 그러던 중 산사에 여인하나가 요양을 핑계로 머물고 능선은 그녀에게서 서울 소식을 들으며 어머니에 대한 그리움을 달랜다. 이 때 낯선 청년이 여인의 동생이라며 방문하고 차공양을 위해 객실의 방문을 연 순간 동승은 청년과 여인의 부절적한 애정행각을 보고 놀라 산문으로 달려간다.

3. 담론

◆ 조용한 산사에 청년하나가 얼마 전부터 묶고 있는 여자 보살을 찾아온다. 그녀의 동생을 자처하는 그는 누이를 찾아 한 달이나 헤맸다며 아이들 생각을 하고 내려가자고 종용한다. 그러나 여인을 오 여사로 부르는 그는 그녀의 동생이 아니라 오여사와 내연의 관계에 있

는 청년이다.

◆ 동승 능선은 풀을 베면 풀이 아플 것이라며 풀베기를 거부한 이후 노스님의 혜안에 들어 구도의 길에 오른다. 능선은 어머니가 부처님께 귀의한 후 그녀를 그리워하고 있다. 노스님은 어머니가 그리우면 저자에 나가라고 능선을 내려 보냈지만 능선은 산문으로 돌아온다. 이후 놀라운 속도로 법문을 익힌다.

◆ 어느 날 절에 찾아든 흰 원피스의 여인은 스님께 공양을 약속하고 능선과 한방을 쓰게 된다. 그녀에게서 어머니를 느낀 능선은 그녀가 아프다고 했지만 그래 보이지는 않고 귀부인인 것만은 틀림이 없다고 믿는다. 그녀에게 온 손님을 공양하기 위해 예반에 다기와 다관을 받쳐 들고 객실에서 보살을 불러본 후 대답이 없자 문을 열고 들어간 능선은 청년과 오여사의 부적절한 애정행각을 목격하고 산문을 향해 달린다.

4. 초점화

<산난>은 외적 초점화자가 동승 능선이 산사에 오게 된 계기와 불문에 입적하여 구도의 길을 걸어가는 과정을 전지적 작가의 시점으로 서술하고 있다. 노스님과 능선이 나누는 선문답과 불가의 경전에 대한 스님의 강론을 보여주기의 방법으로 서사하고 있으며, 나아가 산사에 방문한 여인과 낯선 청년의 부적절한 관계에 대한 서사가 모두 서술자의 시선에 의한 외적 화자의 시선을 차용하고 있는 '고정초점화'에 입각해 있다. 초점화자의 국면은 서술자가 불교의 무욕과 생명존중을 강조하는 '관념적 국면'에 치중한 모습을 보인다.

5. 주제의식

<산난>은 동승 능선이 지니고 있는 생명존중사상과 노스님이 설파하는 '공'사상이 핵심주제를 이루고 있다. 풀 베는 일을 풀이 아프

기 때문에 할 수 없다는 능선의 생각은 불교의 살생에 대한 금기와 맞닿은 의식의 편린이다. 나아가 생명평등사상에 입각한 세계관과 만나는 부분이다. 또한 '무(無)가 무(無)인 도리'를 설파하는 노스님의 사상의 근간인 불교의 '공'사상은 오여사와 젊은 청년이 벌이는 부적절한 욕망의 현실을 비판하고 있다.

6. 시간과 공간

<산난>의 시간적 배경은 특별한 의미를 지니지 못하고 제시되어 있지 않다. 그러나 제목 '산난(山蘭)'이 암시하는 바 속세와 거리를 둔 산사라는 공간은 속세의 욕망과 애욕을 극복할 수 있는 '무욕'의 공간으로 작용한다. 그러한 무욕의 공간에 있는 능선의 구도의 길은 스님의 선문답을 계승할 수 있는 여지를 담고 있다.

7. 인물의 존재방식과 유형

<산난>은 '그리스도형' 인간에 해당하는 노스님이 어린 아이 능선을 불심 깊은 구도자인 동승이 되도록 이끄는 과정이 제시되어 있다. 능선은 어머니를 그리워하는 욕망을 지닌 어린아이지만 바늘구멍을 뚫고 구도의 길을 걷는 노스님이 제시하는 '공'의 의미를 계승할 여지를 담고 있는 인물이다. 이런 측면에서 동승은 브레몽(Bremond)의 '개선자'의 유형으로 존재하며 사건을 전개하는 '행위자'로서의 면모를 지닌다. 반면 여보살 오여사와 낯선 청년은 그레마스(A. J. Greimas)의 '적대자'로 존재하며 인간의 욕망을 상징하고 있다.

8. 플롯의 방법과 종류

<산난>은 동승이 구도의 길에 이르는 과정과 산사에 들어온 욕망의 현신인 여보살의 이야기가 '상관형태의 연결방법'에 의해 시간적

순서에 따른 '계승적 방법'으로 서술되고 있다. 동승이 어린아이에서 벗어나 불도에 깊게 천착하는 과정은 스님의 '공'사상을 계승할 인물임을 제시하고 있어서 '개선의 플롯'과 '교육의 플롯'의 양상을 동시에 지니고 있다.

9. 문학생태적 비평의 의의

<산난>은 기본적으로 불교의 '공'(空)사상에 입각해 있는 작품이다. 이는 인간의 욕망에 대한 경계를 함의하고 이로 인해 심층생태론의 전제와 일치하는 사상의 기반을 발견할 수 있다. 또한 불교에서 금하고 있는 '살생'에 대한 비판과 생명평등사상을 발견할 수 있는 작품이다. 동승이 풀베기를 거부하는 장면이 이를 반영하고 있다. 동물만이 살아 있는 존재가 아니라 식물 역시 생명체라는 인식 역시 심층생태론의 생명중심사상과 동일한 맥락에 있다.

<식성>

1. **작가소개 : 김이태**(金利泰)

1964년 부산에서 출생한 김이태는 서울대학교 의대에 입학했으나 학과 공부보다는 철학과 문학강좌를 들으며 자신의 내면 세계에 몰입했다. 의대를 중퇴하고 철학과에 다시 입학해 사르트르의 실존철학에 사로잡혀 4년을 보냈다. 영국인과 결혼하여 현재 일본에 거주하며, 기타큐슈 대학원에서 비교문학을 전공했다.

1995년 <몽유기>로 『문학사상』 신인상을 받았으며, 중편 <궤도를 이탈한 별>로 이상문학상 후보에 오르기도 했다. 등장인물들의 자유분방한 의식, 금기를 가볍게 뛰어넘는 위반과 전복 등 다른 신세대 작가들과는 차별되는 독특한 작품세계로 90년대의 대표적인 작가로 주목받고 있다. 작품집 ≪궤도를 이탈한 별≫(1997)과 장편소설 <슬픈 가면무도회>(1997)와 <전함큐브릭>(1997)을 발간했다.

2. **스토리**

태어날 때부터 고기만을 밝히는 독특한 식성을 타고난 '언니'는 우유만을 먹으면서도 병치레 없이 잘 자란다. '나'는 그런 '언니'를 이상하게 생각하지만 고기 이외에는 그 무엇에도 집착하지 않기 때문에 별 탈 없이 지낸다. 고기만 먹여주면 공부를 비롯한 모든 것을 불만 없이 잘 하는 '언니'는 부모들이 바라는 대로 성장한다. 하지만 '언니'는 좋은 성적에도 불구하고 목축학과를 지원해 부모들의 기대와 다른 방향으로 나아간다. '언니'의 기이한 식성은 '나'와 그녀가 대학생이 되어 함께 오피스텔에서 자취를 하던 시절에도 변함없이 고기만을 추구했다.

대학 졸업을 앞둔 '언니'는 돌연 외국 유학을 결정하고 미국으로 떠난다. 3년 동안 단 한 번도 귀국하지 않고 고기가 주식인 미국에서 유학생활을 잘 하던 '언니'가 졸업을 얼마 남겨두지 않은 채 귀국한다. 그리고 그 좋아하던 고기를 입에도 대지 않고 비구니가 되겠다고 선언한다. 부모와 '나'는 '언니'의 갑작스런 변화를 이해할 수 없지만, 그녀의 고집을 꺾을 수가 없다. '언니'는 대전에 있는 사찰로 떠나고, '나'는 아버지의 부탁을 받고 '언니'가 그렇게 변한 까닭을 물으러 사찰로 간다.

'언니'는 살기 위해서 어쩔 수 없이 고기만을 먹었지만 이제 살기 위해 고기 냄새를 피할 수 있는 곳에서 비구니가 되어 살 수밖에 없다고 말한다. 어떤 남자의 요구에 따라 정액을 삼켜버린 후 다시는 고기를 비롯한 어떤 단백질도 먹을 수 없게 되었다고 한다. '나'는 무언가가 둔감한 존재라고 생각했던 '언니'에 대해서 아무 것도 알지 못했다는 자각과 함께 어떤 꿈을 꾼 듯한 느낌으로 돌아온다.

3. 담론

◆ 독특한 식성을 지닌 '언니'는 어린 시절부터 고기만을 탐했다. 삐쩍 마른 체구에 고기만 찾는 식성은 가족 누구도 막을 수 없었다.

◆ 미국으로 유학 갔던 '언니'가 3년 만에 돌아와 고기도 못 먹고 담배도 못 피우는 비구니가 되겠다고 했다. 짐승 같은 광채를 내며 고

기만을 탐했던 그녀의 막무가내는 어떻게 할 수가 없다. 오피스텔에서 함께 지내던 대학 시절에 그녀는 혼자서 고기를 구워 먹고 갈비집에 가서 혼자 고기를 먹곤 했다. '나'는 그녀가 무엇인가 둔갑한 것이라 생각했었다. 어린 시절 고기만 먹여주면 무엇이든 잘 했던 그녀에게 경양식 집은 병원과 같은 역할을 했던 것이다.

◆ 미국 간 지 3년 만에 돌변해서 돌아온 이유를 알아오라는 아버지의 말에 '나'는 그녀를 찾아간다. 그녀는 대학 4학년이 끝날 무렵 장학금까지 받으며 박사 학위를 따오겠다며 대학원 입학 허가서를 내밀고 유학행을 선포했다. 그녀는 고기가 주식인 미국에서 잘 지내고 있다며 단 한 번도 집에 다녀간 적이 없었다. 그랬던 그녀가 도대체 무엇 때문에 고기도 못 먹고 비구니가 되겠다고 하는지 '나'는 그 이유를 알아오라는 임무를 받고 여승들만 있다는 대전 근처의 절을 찾아간다.

◆ '나'는 달라진 식성이 어떻게 사람을 지배할 수 있는지 이해할 수 없었다. '언니'는 자신도 어쩔 수가 없다고 했다. 사람들이 이상한 눈으로 바라보는 것을 알면서도 살기 위해서 어쩔 수 없이 고기만을 먹고 살았다고 했다. 그리고 돌변하게 된 것 역시 마찬가지라고 말했다. '언니'는 어떤 남자의 권유로 정액을 삼킨 일이 있는데, 그 이후부터 단백질만 입 안에 들어가면 토해버린다고 했다. 육질에 너무 민감해져서 보통 세상에서는 살아갈 수가 없다고 했다.

◆ '언니'는 처음에는 그것이 임신으로 인한 입덧인 줄 알았지만, 신경성질환이라는 진단을 받았다. 한국에 돌아오면 나을 줄 알았지만 귀국 후에도 변하지 않았다고 했다. 갑자기 후각이 예민해졌고 곳곳에서 나는 비린내와 기름기를 견딜 수가 없었다고 했다. 그녀는 자신이 지난 25년 동안 '항상 배가 고파서 허겁지겁 먹는 꿈' 속에서 살았던 느낌이라고 말하며, 자신에게 닥쳐오는 냄새들의 공격을 피하기 위해 그곳에 있는 것이라며 이해해 줄 것을 요구했다. '나'는 자석의

같은 극처럼 보이지 않는 힘에 의해 밀려 나가는 꿈을 꾼 듯한 느낌으로 고속버스 막차를 탄다.

4. 초점화

<식성>은 화자인 '나'를 통해 '언니'의 기이한 식성에 대한 이야기를 들려준다. 초점화 주체인 '나'는 중심 초점화 대상인 '언니'가 고기만을 먹게 된 기이한 식성이 태어날 때부터 비롯되었다는 부모들의 진술을 토대로 그녀의 식성이 어떻게 그녀의 존재를 변화시키는가를 밝히고 있다. 그리고 '언니'에 대한 자신의 생각과 견해를 피력하는 부분에서는 그녀가 아닌 '나'의 기억과 생각 속에 자리한 '언니의 이미지'가 초점화 대상으로 등장한다.

전체 작품은 '나'가 실체의 '언니'가 보여주는 기이한 식성이 오랜 세월 지속되어 오다가 미국 유학 이후 갑작스럽게 변화되는 양상의 서술이 주조를 이룬다. 동시에 그러한 서술의 사이사이에 '언니의 이미지'에 대한 '나'의 생각과 견해들이 침입하는 방식으로 전개된다.

5. 주제의식

'고기'에 집착하는 '언니'의 식성을 통해 육식이라는 욕망에 사로잡힌 인간의 단면을 제시하고 있는 작품으로 그러한 지나친 욕망이 결국 자신의 삶을 파괴하게 되는 과정을 그리고 있다. 그러나 여기서 문제가 되는 것은 이러한 욕망의 과도함이 단지 개개인의 파편적인 집착에 국한되는 것이 아니라 인간 삶의 근본적인 양식이라는 점이다. 그리고 이러한 욕망의 집중화가 만연해 있는 현대 사회를 살아가는 인간은 어쩔 수 없이 욕망의 노예가 될 수밖에 없음을 반증하고 있는 것이다.

6. 시간과 공간

구체적으로 제시되지 않지만 <식성>의 중심 공간은 지방의 어느 도시에서 서울로, 그리고 잠시 미국이라는 공간으로 확장된다. 발전이라는 키워드를 놓고 볼 때 수직적인 공간의 이동이 그려지고 있으며 그러한 공간 이동은 결국 대전의 한 사찰이라는 공간으로 수렴된다. 고기만을 먹을 수밖에 없었던 '언니'가 어떻게 한 순간에 고기 냄새만 맡아도 구토를 하는 사람으로 변하게 되었는지는 인간의 욕망이 고도로 집중된 도시 공간의 풍토 속에서 찾을 수 있다.

25년을 항상 배가 고파서 허겁지겁 배를 채우며 살았던 인생이 한 순간 냄새들의 공격으로 무너져 내리는 과정은 욕망을 좇아 치열하게 달리던 인간이 그 욕망의 그늘을 마주함으로써 파괴된다는 것을 의미한다. 육식에 집착하는 것으로 표현된 이러한 욕망의 귀결은 결국 인간의 풍요로움을 위해 무자비하게 파괴해온 자연이 우리들이 돌아갈 수 있는 유일한 희망이라는 사실을 말하고 있는 것이다.

7. 인물의 존재방식과 유형

현대 사회를 살아가는 평범한 인물로 그려지고 있는 초점화 주체 '나'는 '언니'의 두드러진 특성을 그리기 위해 평면적 인물로 제시된다. 어린 시절부터 유독 고기만을 먹고 다른 것은 먹지 않던 '언니'의 모습에서 짐승 냄새를 맡았던 '나'는 미국 유학에서 돌아와 고기 냄새조차 맡지 못하는 '언니'의 변화를 이해하기 위해 노력한다. 이러한 과정을 통해 '나'는 인식의 측면에서 발전적 양상을 드러낸다.

이에 반해 '나'를 통해 그려지는 '언니'는 어려서부터 고기만을 집착하는 기이한 식성을 지닌 인물로 등장한다. 단지 식성 때문에 '언니'는 사회적 시선의 폭력을 감수해야만 하는 인물로 그러한 식성의 기이함을 감추기 위해 미국 유학을 선택한다. 화자인 '나'를 통해 표현된 '언니'의 이러한 위장은 현대 사회 속에서 기이한 습성을 지닌 인간이 삶을 유지하기 위한 필수적인 방법이라 할 수 있다.

8. 플롯의 방법과 종류

<식성>은 현재 시간의 이야기를 토대로 화자인 인과성에 입각한 '나'의 회상이 삽입되는 구조를 취하고 있다. 그리고 궁극적으로 '언니'의 기이한 습성이 형성된 이유에서부터 그것이 사라지게 된 원인을 규명하는 과정이 중심 플롯을 형성하고 있다. '언니'의 변화 과정은 사상의 플롯 중 교육의 플롯에 해당하며, 그러한 '언니'의 변화 이유를 규명하고자 하는 '나'는 이해할 수 없었던 삶의 한 방식을 어렴풋이 알아가는 일종의 성장의 플롯과 유사한 형상을 지니고 있다.

9. 문학생태적 비평의 의의

사람들의 시선을 의식하면서도 어쩔 수 없이 게걸스럽게 고기만을 탐할 수밖에 없는 모습은 현대 사회를 살아가는 욕망에 길들여진 인간의 비극적인 형상을 단적으로 표상하고 있다. 자신의 선택이 아닌 주어진 기질에 의해 삶의 방식이 정해졌기 때문에 그것을 극복하는 방식은 일차적으로 위장과 같은 편법에 의지하게 된다. 그러나 근본적인 해결책이 아니기 때문에 그러한 시간 동안 인간은 끊임없이 고통스러움을 감수해야만 한다.

김이태의 <식성>은 돌연변이와도 같은 기이한 식성이 인간의 삶을 어떻게 변질시키며 그것의 극복이 얼마나 어려운가를 보여주는 작품이다. 작품 속에서 '언니'가 고기 냄새를 견디지 못하고 속세를 떠나 사찰로 향하듯이 산업화 사회 속에서 욕망의 노예처럼 길들여진 인간은 그 안에서 좀처럼 탈출구를 찾을 수 없는 존재로 전락하고 있는 것이다. 이러한 의미에서 이 작품은 욕망에 길들여진 인간의 삶이 초래하게 될 위기를 효과적으로 제시하고 있다.

<별똥별>

1. 작가소개 : 박범신(朴範信)

1946년 8월 24일, 충청남도 논산에서 태어나 전주교육대학, 원광대학교 국문학 학사, 고려대학교 교육대학원 교육학 석사학위를 취득했으며, 현재 서울문화재단 이사장을 역임하고 있다.

1970–1980년대의 작품 대부분은 폭력의 구조적인 근원을 밝히는데 중점을 두고 있다. 그러나 거대한 폭력에 맞서는 소설의 주인공들에게는 언제나 패배가 예정되어 있고, 패배의 결과는 죽음으로 이어진다. 또 도시와 고향이라는 이분법적 대립구조를 통해 가치의 세계를 해부하려는 단순한 작품 구조로 인해 '대중 작가'라는 곱지 않은 평을 듣기도 하였다. 1993년 한 일간지에 소설을 연재하던 중 절필을 선언하고, 1996년 중반까지 칩거에 들어갔다. 1996년 『문학동네』 가을호에 중편소설 <흰 소가 끄는 수레>를 발표하면서 다시 글쓰기를 시작했는데, 이때부터 자연과 생명에 관한 묘사에 중점을 두었다.

주요작품으로는 창작집 ≪토끼와 잠수함≫(1978), ≪덫≫(1979), ≪식구≫(1983), ≪흉기≫(1990) 등이 있다. 그리고 장편소설 <죽음보다 깊은 잠>(1979), <돌아눕는 혼>(1980), <풀잎처럼 눕다>(1980), <불꽃놀

이>(1983), <숲은 잠들지 않는다>(1985), <불의 나라>(1987), <물의 나라>(1988), <잠들면 타인>(1988), <수요일은 모차르트를 듣는다>(1991), <틀>(1993) 등 20여 권에 달하는 장편소설을 출간했다.

1981년 대한민국 문학상 신인부문, 1999년 제3회 원광문학상, 2001년 제4회 김동리 문학상(작품집 ≪향기로운 우물 이야기≫), 2003년 제18회 만해 문학상(장편소설 <더러운 책상>)을 수상했다.

2. 스토리

용인의 외딴 집에 사는 화가인 '나'는 어느 비 오는 날 감자밭의 복합비료를 걷어내다가 누군가 자신을 엿보고 있다는 것을 느낀다. 경계심을 느끼고 보조키를 만들기도 하지만, 엿보는 사람이 자신을 위해(危害)하거나 자신과 관계 맺기를 원하는 것이 아니라는 것을 느낀 후로는 그 시선을 즐기기 시작한다. 그리고 자신을 엿보는 사람이 여자라는 추측을 한 다음부터는 야릇한 쾌감까지 느낀다. 그런데 엿보는 시선을 의식하면서 '나'는 애인 혜인과 자신의 관계에 대해 숙고하게 될 뿐만 아니라 중심이 없는 자신의 그림에 대해서, 나아가 중심으로부터 빗겨나 있던 자신의 삶에 대해서 돌이켜보게 된다.

즉 혜인의 욕망이 세속적 중심을 향해 있었다면, 자신의 욕망은 중심이 없는 또는 모든 것이 중심인 탈속적 세계를 향해 있었으며, 그렇기 때문에 자신의 그림에 중심이 없다는 혜인의 지적으로부터 자유로울 수 없었으면서도 중심을 새롭게 세울 수 없었던 것을 자신의 한계로 느껴야 했던 시간들을 회상하는 과정에서 '나'는 자신이 느끼고 있는 세속적 갈등과 번민의 무상함 및 진정한 자아실현의 의미에 대해 어렴풋이 깨닫게 된다. 그리고 스스로를 들여다보게 한 '엿보는 시선'의 정체를 궁금해 하게 된다. 그래서 '나'는 집안을 볼 수 없게 해 놓은 후, 지붕 위에 올라가 '엿보는 시선'의 실체를 기다린다. 이 지점에서 '나'와 '엿보는 시선'의 위치가 전도되는데, 이것은 주체와 타자의 상호교환성, 즉 유기적 연관성 및 존재론적 상대성이 드러난다. 그런데 보름 이상을 기다려 보게 된 인물은 고시원에 사는 노파였다. '죽은 듯한 노파의 얼굴'을 보면서 나는 내 몸의 중심을 향해 별똥별 하나가 날카롭게 떨어지는 것을 느낀다.

3. 담론

이 소설은 '엿보는 시선'에 대한 '나'의 심리변화를 중심으로 전개된다.

◆ '나'는 언젠가부터 '나'를 '엿보는 시선'이 있다는 것을 느낀다. 장마가 깊어지면서 그 시선과 '나'의 관계는 깊어진다. '나'는 '나'와 '엿보는 시선'과의 관계가 이미 이런저런 이분법을 넘어서고 있다고 믿고 있다.

◆ 동해시에서 열린 그룹전 오프닝 행사에서 돌아온 '나'는 복합비료 때문에 누렇게 타들어가는 감자잎을 보고 빗속에서 복합비료를 파내다가 불현듯 문제의 시선을 느낀다.

◆ 장마가 이어지는 동안 '나'를 엿보는 시선은 대개 창 너머에 있고, '나'는 여백을 화판의 중심에 둔 그림으로 그린다. 그러면서 '나'는 자신의 그림과 자신의 내면이 지닌 상동성을 생각하며 중심을 향해 치닫는 삶을 살아가는 혜인을 그리워한다.

◆ '엿보는 시선'을 의식하며 연출하기 시작한 '나'는 야릇한 쾌감을 느끼며 그 '시선'의 정체를 탐색한다.

◆ '엿보는 시선'과 입장을 바꿔보자는 착안을 한 '나'는 자신이 집안에 있는 것처럼 위장을 해 놓고, 지붕 위에 올라가 기다리기 시작한다. 마침내 나타난 '엿보는 시선'의 주인공을 발견하고 뒤를 밟았는데, 그는 풍진 세상의 시간이 오롯이 담겨진 침침한 얼굴의 노파였다. '나'는 죽은 듯한 노파의 얼굴을 보면서 내 몸의 중심을 향해 별똥별 하나가 날카롭게 지는 것을 느꼈다.

4. 초점화

이 소설은 일인칭 주인공 시점으로 전개된다. 즉 서술자 '나'를 중심으로 서사가 전개되며, 따라서 서술자의 내면적 갈등과 변화양상이 구체적으로 드러난다. '내적 초점화자'인 서술자에 의해 대상화되는 것은 '혜인'과 '엿보는 시선'이다. 이 두 대상에 대한 서술자의 심리변화는 병치되어 나타나는데, 서사진행 과정 속에서 두 대상의 가치 비중은 전도된다. 세상으로부터 비껴나 무위의 삶을 살아가는 '나'와 세속적 욕망을 추구하며 살아가는 '혜인'의 거리는 멀어지고, '엿보는 시선'과의 거리는 점차 좁혀진다. 이 과정에서 초점화의 국면은 '나'가 대상에 대한 인식을 서술하고 있는 '관념적 국면'에 입각하고 있다.

5. 주제의식

이 소설 속에서 대조되는 주된 모티프는 '차 있는 것'과 '비어 있는 것'이다. '차 있는 것'은 주로 '헛된 것으로 채워져 있는 공간'이다. 즉 땅은 복합비료로 채워져 있고, 고시생이 하나도 없는 고시원엔 골프장 캐디들만 살며, 혜인의 내면은 세속적 욕망으로 채워져 있다. 그러나 '차 있는 것'은 그 '차 있음' 때문에 '비어있는 것'을 결핍으로 느끼게 한다. 그래서 주인공은 중심이 비어있는 그림에 대해 회의하며, 빈 곳을 채우기 위해 고심한다.

하지만 욕망이 존재를 위태롭게 하는 복합비료와 같다는 것을 깨닫고, 잘 다듬어진 근육들이 내부의 공소함을 위장하기 위한 것임을 인식하면서 '나'는 오히려 욕망의 중심이 비어있음을 입증하려고 노력한다. 엿보는 시선에게 빈 공간을 내어줌으로써 '나'는 오히려 자신의 내부와 중심의 공허함을 목도하게 되는 것이다. 빈 것을 이질적인 것으로 채우는 것이 아니라 '빈 것들을 빈 것에 채워' 넣음으로써 회복될 수 있는 존재에 대한 깨달음이다. 그러므로 이 소설은 욕망의 실현도, 현실의 변화도 아닌, 자연 그대로의 존재함이 중요하다는 것을 말하는 소설이라고 할 수 있다.

6. 시간과 공간

이 소설의 계절적 배경은 여름 장마철이다. 장마가 시작되는 시점에서 혜인과 헤어지고, 동시에 '엿보는 시선'을 느끼게 된다. '엿보는 시선'은 혜인과의 관계 및 자신의 삶에 대해 다시 생각하는 계기가 된다. 즉 장마는 지나온 과거를 씻어내고, 그 과정에서 겪게 되는 심리적 갈등 상황을 상징적으로 드러내는 배경으로 기능한다. 장마 속에서 감자에게 독으로 작용하는 복합비료를 걷어내듯, 장마는 자신의 삶과 내면에 쌓여있던 독소를 제거하는 성수로서의 역할을 하고 있는 것이다. 이것은 장마가 끝날 때 엿보는 시선의 실체를 목격하게 되는 것과 관계된다. 장마의 끝이 타자성을 벗어나 자신의 존재성을 인식하는 시점과 일치되기 때문이다.

공간적 배경은 용인의 외딴 집인데, 이것은 중심을 향해 치닫는 세속적 공간과 대조되며 나아가 존재의 실존적 욕망과 삶의 방식을 궁구하는 장소로서 의미를 지닌다. 그리고 인간의 본원적 자아는 복잡한 현실과 관계망 속에서가 아니라 꾸밈없는 자연 속에서 가능함을 인식하게 하는 공간으로서 의미를 지닌다.

7. 인물의 존재방식과 유형

<별똥별>은 자연을 통하여 자학과 방치로 일관된 헐거운 자신의 삶을 치유하고 진정한 자아를 찾고자 하는 '나'가 브레몽(Bremond)의 '행위자'(agent)의 모습으로 존재하고 있다. 한편 '나'의 애인인 혜인은 '나'의 엉성한 삶에 대해 날카로운 비판과 질책을 아끼지 않는다는 점에서 상황을 개선하고자 하는 브레몽(Bremond)의 '행위자'로서 '개선자'(improver)의 양상을 띠고 있다. 한편 '나'를 감시하던 노파는 브레몽(Bremond)의 '수동자'(patient)로 '나'가 진정한 자아를 찾을 수 있

는 계기를 마련하여 '나'를 변화시키는 인물로 존재한다.

8. 플롯의 방법과 종류

이 소설은 '혜인'과 관계된 과거 장면과 현재의 '엿보는 시선'에 대한 '나'의 심리변화가 교차 반복되는 방식으로 구성되어 있다. 그런데 '혜인'과 관계된 과거는 서사가 진행될수록 줄어들고, 반면에 '엿보는 시선'에 대한 '나'의 반응은 점차로 많아진다. 이러한 비중의 변화는 '나'가 '혜인'과 결별함으로써 본연의 삶과 방식을 되찾게 되는 과정을 드러내는 것이라고 할 수 있다. 또한 그 과정에서 타자성을 벗은 자아가 스스로의 내면을 응시함으로써 존재를 회복해가는 과정을 드러낸 것이기도 하다. 그러므로 이 작품은 '나'가 자신의 삶을 인식하고 나아가 회복해 가는 과정을 그려낸 단순구성의 소설이라고 할 수 있다.

9. 문학생태적 비평의 의의

이 소설에서의 의미는 '나'와 땅의 상동성, 그리고 혜인과의 이질성이 만들어내는 자장(磁場) 속에서 생성된다. '나'는 중심에서 벗어나 무위의 삶을 살아가는 인물이고, 혜인은 세속적 욕망을 실현하기 위해 치열하게 살아가는 인물이다. 다시 말해 '나'는 땅, 즉 자연과 닮은 삶을 살아가는 인물이며, 혜인은 자연과는 거리가 먼 삶을 살아가는 인물이다. 따라서 '나'와 혜인의 관계는 순조롭지 못하다. 혜인은 '나'를 만날 때마다 다른 남자의 이야기를 하기도 하고, '나'의 그림에 중심이 비어 있음을 지적하기도 한다. 그래서 '나'가 혜인과 관계된 시간 중에서 행복하다고 느낀 것은 파리 유학 때의 1년여에 불과하다. 그러나 진정성이 결핍된 만남임에도 불구하고, '나'는 혜인의 욕망으로부터 자유롭지 못하다. '그림의 중심이 비어 있다'는 혜인의 지적 앞에서 자신의 그림과 삶의 방식에 대한 확신을 잃게 되는데,

이것은 ‘나’가 혜인에 의해 형성된 욕망을 욕망하고 있으며, 그래서 진정한 자아를 잃어가고 있다는 것을 의미한다.

하지만 감자밭의 복합비료를 걷어내면서, ‘나’는 풍성한 수확에 대한 욕심이 땅을 병들게 하고 감자를 썩게 만드는 것처럼 세속적 욕망으로 가득한 혜인의 삶이 자신에게 독으로 작용하고 있다는 것을 깨닫게 된다. 이러한 깨달음은 인간의 과도한 욕망이 자연과 인간을 병들게 하고 있다는 사실에 대한 지적이며, 비어있는 것을 억지로 채우려고 하기보다는 비어있는 것을 빈 채로 놔둘 수 있는 여유와 너그러움의 필요성에 대한 역설이다. 따라서 이 소설은 심층생태론의 시각을 드러내고 있다고 할 수 있다.

<하얀 배>

1. 작가소개 : 윤후명(尹厚明)

1946년 1월 17일 강원도 강릉에서 출생했으며 본명은 윤상규(尹尙奎)이다. 1953년 육군 법무관이던 아버지의 전근으로 대전으로 이사했으며, 1961년 5·16군사정변으로 아버지를 따라 서울로 올라왔다. 이 무렵부터 시를 쓰기 시작했으며, 1962년 용산고교에 진학한 후 시와 산문을 써서 『학원』에 투고하였다. 1965년 연세대학교 철학과에 입학하여 ≪연세춘추≫에 작품을 발표, 1966년 『연세춘추』 문학상 시부분에 당선작 없는 가작으로 뽑히고, 1967년 경향신문 신춘문예에 시 <빙하의 새>가 당선되었다. 1969년 연세대학교를 졸업, 강은교, 김형영, 박건한 등과 함께 시 동인지 『70년대』를 창간하고 도서출판 삼중당에 취직했다. 이후 10년 동안 여러 출판사에서 근무하다가 1977년 첫 시집 ≪명궁≫을 출간하였다.

1979년 『한국일보』 신춘문예에 소설 <산역>이 당선되어 소설가와 시인의 길을 병행하면서 단편 <높새의 집>, <갈매기>, <누란시집>을 발표하였다. 1980년 전업작가로 나서 김원우, 김상렬, 이문열, 이외수 등과 함께 소설 동인지 『작가』를 창간하고, 단편 <바오밥나

무>, <모기> 등을 발표하였다.

주요 작품으로 중편 <둔황의 사랑>(1982), <모든 별들은 음악 소리를 낸다>(1983)와 단편 <알함브라 궁전의 추억>(1984), <누란>(1984), <엉겅퀴꽃>(1985), <귀>(1987), <원숭이는 없다>(1988) 등이 있다. 1990년대에 들어서도 장편 <별까지 우리가>(1990), <협궤열차>(1992), 중편 <별들의 냄새>(1993), <별을 사랑하는 마음으로>(1993), <북회귀선을 넘어서>(1994), <하얀 배>(1995) 등 자전적 색채가 짙은 여로형 소설을 발표하여 삶의 본질적인 쓸쓸함을 이야기하였다.

1983년 <둔황의 사랑>으로 제3회 녹원문학상, 1984년 <누란>으로 제3회 소설문학작품상, 1986년 제18회 한국창작문학상, 1994년 <별을 사랑하는 마음으로>로 제39회 현대문학상, 1995년 <하얀 배>로 제19회 이상문학상을 수상했다. 『문학아카데미』 편집위원으로 활동했으며, 1999년에 한국소설대학 학장이 되었다.

주요 저서로 소설집 ≪둔황의 사랑≫(1982), ≪부활하는 새≫(1985), ≪모든 별들은 음악 소리를 낸다≫(1987), ≪원숭이는 없다≫(1989), ≪여우 사냥≫(1997), ≪새의 말을 듣다>(2007) 등이 있고, 시집으로 ≪명궁≫(1977), ≪홀로 가는 사람≫(1986), ≪홀로 등불을 상처 위에 켜다≫(1992)가 있으며, 산문집 ≪내 빛깔 내 소리로≫(1987)가 있다.

2. 스토리

카자흐스탄의 알마아타 한국교육원으로부터 '말 배우는 아이'라는 글을 받은 '나'는 교정과 발표 의뢰에 대해 제대로 응하지 못한 채 글 속 풍경과 작가(류다)에 대한 끌림으로 취재 여행 차 그곳으로 향한다. 힘겹게 이어지는 여정 속에서 1937년 중앙 아시아로의 강제 이주에 대한 정보를 취하면서 그에 대해 생각하고, 현지에서 살아가는 고려인들의 삶을 본다. '나'는 그곳에 있는 한글 학교 선생의 안내를 받으며 우슈토베로 향하면서 창밖으로 펼쳐지는 말 뿐인 초원의 황량함을 보며 민족의 과거를 띠올린다.

일정과 무관하게 류다를 만나고 싶었던 '나'는 그 글에 대해 알고 있던 한글 학교 선생의 도움으로 미하일을 만나 류다가 오빠를 따라 키르기즈스탄의 큰 호수 이식쿨 부근으로 갔다는 사실을 알게 된다. '나'는 예정된 일정에서 벗어나 미하일의 차를 타고 이식쿨로 향한다. 비로소 펼쳐진 진짜 초원을 보며 천산과 호수가 지니고 있는 자연의 아름다움을 느끼던 '나'는 예전에는 한 나라였지만 이제는 화폐마저 통용되지 않는 분열된 중앙 아시아 국가의 현주소를 경험한다.

류다의 오빠 비탈리를 만나서 황량한 유원지를 지나 마침내 거대한 호수를 마주한 '나'는 바쁘게 돌아서야만 하는 순간에 간절한 허전함을 느낀다. 그리고 한 그루의 사이프러스 나무 아래 서 있는 류다를 만나 짧은 인사를 나눈 뒤에야 비로소 갈증이 해소된다. '나'는 호수에 비친 산의 만년설이 하얀 배처럼 다가옴을 깨닫는다.

3. 담론

◆ '나'는 사이프러스나무 아래 녹슨 철제 의자에 앉아 중앙 아시아의 네 나라와 그 수도를 생각하다 류다를 찾아갔던 일을 떠올린다. 세검정으로 이사 온 뒤 사이프러스나무 아래서 시간을 보내는 습관이 생겼고, 지난 가을 중앙 아시아로 떠났던 일과 그곳에서 보았던 나무를 기억해 이야기를 시작한다. 그 여행은 카자흐스탄의 수도 알마아타의 한국교육원을 통해 전해진 류다라는 사람의 글 '말을 배우는 아이' 때문이었다. 그 글에는 1937년의 강제이주로 중앙 아시아에 정착한 할아버지의 나라를 언젠가 가보겠다는 마음에 아버지로부터 한국말을 배우는 아이의 따스한 모습이 담겨 있다.

◆ '나'는 한 편의 글로 촉발된 마음을 취재를 위한 여행에 중앙 아시아 일정을 넣어서 계획을 짠다. 중앙 아시아로 가는 비행기는 일종

의 비밀 항로로 보따리장수들 덕분에 운영되는 비정상적인 비행이기 때문에 일정에서 일주일이나 지나서야 겨우 떠나게 된다. 알마아타에 도착한 '나'는 쫓겨 다니던 시절로 인해 고난을 겪었지만 이제는 자신만의 방을 가지고 있음에도 불구하고 평온함이 없는 서울에서의 자신을 생각한다. 한국교육원에서 나온 직원과 함께 차를 타고 가며 '나'는 중앙 아시아의 실정과 강제이주에 얽힌 이야기, 민족 이야기 등을 듣는다. '나'는 1937년의 그 참혹한 유민사를 떠올리며 그러한 큰 이야기보다 작은 것에서 의미를 찾는 것을 원하고 있는 자신의 변화를 생각한다.

◆ 제투수 호텔로 안내한 현지인은 '나'에게 빵 몇 개를 주며 아침까지 절대 문을 열지 말라고 당부한 뒤 떠난다. 오로지 자신만의 방에 있는 듯한 충만감을 느끼던 '나'는 나중에 류다의 글에 대해 물어야겠다고 생각한다. 다음날 '나'는 우슈토베라는 곳에서 한글 학교 선생님으로 일하는 사람의 차를 타고 그곳으로 향한다. '나'는 광주에서 지원해 온 지 일 년이 넘었다는 한글 선생이 안내하는 'PECTOPAH'라는 식당에서 모처럼의 그럴듯한 식사를 한다.

◆ 우슈토베로 향하는 차 안에서 내가 류다의 글에 대해 이야기를 하자 한글 선생도 그 글과 류다에 대해 알고 있다는 말을 한다. 우연히 류다에 대해 알게 된 '나'는 글쓴이가 여자라는 사실을 깨닫게 된다. 이어진 여정에서 '나'는 천산과 갑체가이 호수 등을 보고 그 광막한 사막 초원의 주인이었던 유목민에 대해 생각한다. 그리고 한글 선생으로부터 우슈토베가 1937년 한민족이 처음 이주된 곳 중의 하나라는 사실을 듣고 당시의 참혹한 이주민들을 떠올려본다. 우슈토베에 도착하자마자 한글 선생이 류다의 오빠 친구 미하일에게 연락해 불러낸다.

◆ '나'는 그의 말을 통해 류다는 오빠의 비즈니스로 인해 키프기즈스탄에 있는 이식쿨이라는 큰 호수 부근으로 갔다는 정보를 얻는다.

'나'는 그들의 이야기를 들으며 천마와 바이칼 호수에 대해 생각한다. 미하일은 이식쿨 호수와 발하슈 호수에 대해 이야기하고, 이어서 키르기즈스탄의 소설가가 쓴 <하얀 배>에 대해서도 들먹인다. '하얀 배'를 떠올리던 '나'는 그들에게 그곳으로 가볼 수 없냐고 묻는다. 그곳으로 가는 길이 멀어서 힘들다고 말하던 미하일이 친구의 차를 알아보고 나서 새로운 여정이 시작된다.

◆ 비슈켁으로 향하는 차 안에서 '나'는 말 그대로 풀밭일 뿐 나무가 거의 자라지 않는 초원을 본다. 그리고 드문드문 삭사울나무의 고사목 둥치를 실은 트럭을 보고 있던 '나'는 모로딘의 음악 '중앙 아시아의 고원에서'를 듣던 날들을 회상한다. 5·16이 일어나 '혁명 검찰관'으로 힘 있던 아버지가 감옥에 가게 되었고, 첫사랑도 깨어져 이중의 아픔을 겪던 날들이었다.

◆ 출발한 지 네 시간이 지날무렵 카자흐스탄의 마지막 마을을 지나 키르기즈스탄 땅으로 들어선다. 주유소를 발견한 일행은 텡게(카자흐스탄의 화폐)로는 기름을 넣을 수 없으며 솜(키르기즈스탄의 화폐)이 있어야 함을 알게 된다. 다음 주유소를 기약하며 다시 출발하자 나무가 풍성한 진짜 초원이 펼쳐진다. 길 옆으로 흐르는 강의 이름이 '깡트'라는 말을 들은 '나'는 'KAHT'라는 글자에서 철학자 칸트를 떠올리며 그의 책들을 접하던 대학 시절을 추억한다.

◆ 평원을 지나 좁아진 협곡을 달려 한참만에 또 다른 주유소에 도착한다. 하지만 역시 기름을 넣을 수 없어 고심을 하던 중 마침 도착한 지굴리 차의 운전자가 사정을 알고서 기름 한 통을 10달러에 넣게 된다. 그리고 류다가 살고 있다는 마을에 거의 다 왔지만 시간이 늦어 전화는 다음날 해야 한다고 미하일이 말한다. 일행은 '하얀 새'라는 뜻을 지닌 호텔에 투숙해 미하일로부터 그곳이 구소련 시대에 유명한 휴양지였음을 듣는다. 초라한 호텔 시설을 보던 '나'는 도망치기에 바빴던 유신 시절을 떠올리며 자신이 이제 한국의 공권력이

미치지 않을 곳에 와있다는 어처구니없는 생각을 한다.

◆ 다음날 아침 '나'는 미하일과 함께 온 류다의 오빠 비탈리를 만난 뒤 식당을 힘겹게 찾아 아침식사를 한다. 그리고 비탈리의 안내를 받으며 이식쿨 호수로 향한다. 놀이기구가 방치되어 있는 텅 빈 유원지를 가로질러 가자 드넓은 호수가 나타난다. 유려한 호수 풍경에 매료된 '나'는 호수에 동전을 던지면 다시 오게 된다는 미하일의 조언에 따라 동전을 호수에 던져 넣는다. 그리고는 일행과 함께 호수를 등지고 돌아서던 '나'는 호수가 자신을 그곳까지 부른 비밀이 무엇인지 생각한다.

◆ 생각에 잠겨 있던 '나'는 유원지 축대 근처에 서 있는 나무 한 그루(사이프러스)를 본다. 그리고 그 옆에 서 있는 한 여자, 류다를 본다. '안녕하십니까' 인사를 나누던 '나'는 그 단순한 인사말이 깊은 울림으로 다가옴을 느낀다. 짧은 만남을 뒤로 하고 일행과 함께 알마아타로 돌아가는 차 안에서 '나'는 호수에 비치던 하얀 만년설의 산봉우리를 떠올리며 그것이 하얀 배의 다른 모습이라는 걸 깨닫는다.

4. 초점화

<하얀 배>는 초점화 주체인 '나'를 중심으로 카자흐스탄 여정을 통해 바라보고 깨닫는 과정을 내적 초점화 방식에 의해 제시하고 있다. 사이프러스 나무와 '말 배우는 아이'라는 글을 매개로 중앙 아시아 일대로 떠난 여정에서 '나'는 말 뿐인 초원과 진짜 초원을 보게 된다. 그러한 풍경의 차이와 그 지역 국가들의 역사를 떠올리는 것은 곧 1937년의 강제이주로 연결되며 민족적 아픔으로 나아간다.

'나'를 통해 제시되는 초점화 대상인 중앙 아시아의 풍경과 현실은 곧 '말 배우는 아이'의 민족적 언어로 연결된다. 언젠가 고향을 가야하기에 힘겹게 한국말을 배우는 아이는 강제이주 이후 현재까지 이어진 그들의 역사적 질곡을 표상하고 있다. 때문에 초점화 주체인

'나'가 그 글이 작가 류다를 찾아가는 여정은 대상과의 교우를 지향하는 과정인 셈이며 그 과정 속에서 긍정적인 의미를 모색하고 있다.

5. 주제의식

이 작품은 중앙 아시아 취재 여행이라는 표면적 구조 안에 1937에 있었던 강제 이주의 지난한 역사적 사실과 그곳에서 생활해온 동포들의 삶을 그리고 있다. 언젠가 가봐야 할 곳인 모국어를 어렵게 배우는 아이에 대한 글을 통해 모국어의 진정한 의미가 구체화되고 있다. 작가는 네 개의 나라로 분열된 중앙 아시아의 현실과 황량한 초원, 만년설이 녹지 않는 천산과 거대한 호수를 체험하는 것을 통해 자연과 인간 삶의 동일성이 지니는 가치를 드러내고 있다.

6. 시간과 공간

<하얀 배>는 1990년대 초의 한국과 카자흐스탄을 비롯한 네 개의 나라로 나눠진 중앙 아시아를 사이프러스 나무와 류다라는 작가를 매개로 연결해 공간적 배경으로 제시한다. 그리고 중앙 아시아로의 취재여행을 떠난 초점화자 '나'를 통해 1937년에 있었던 강제이주의 역사가 어떻게 현재까지 이어지고 있는지를 다루고 있다. 특히 천산과 이식쿨, 바이칼 호수 등 카자흐스탄과 키르기즈스탄의 주요 지명이 자주 등장해 현장감을 높이고 있다.

이처럼 분열된 중앙 아시아 국가의 현실과 그곳으로 강제 이주되어 살아온 한민족 동포들의 지난한 삶을 '말 배우는 아이'라는 글을 통해 민족적, 언어적 측면으로 확장시키고 있다. 때문에 카자흐스탄을 비롯한 중앙 아시아라는 공간은 단순히 외국의 한 지역이 아니라 민족적 아픔이 고스란히 녹아있는 곳이며 동시에 여전히 귀향을 지향하는 동포들의 현재가 충만된 공간임을 확인할 수 있다.

7. 인물의 존재방식과 유형

초점화 주체로 등장하는 '나'는 중앙 아시아 취재 여행을 통해 현지의 역사와 민족적 고난의 시간들을 접목시켜 성찰하는 탐색자이자 중심 인물이다. 류다라는 작가를 만나기 위해 이어지는 중앙 아시아 초원의 형상을 잔혹한 이주의 역사에 연결시키며 민족적 감각을 상징화하는 주체로 등장한다. '말 배우는 아이'의 작가인 류다는 1939년 강제 이주 이후 그곳에서 살아온 동포의 현실을 대변하는 인물로 '안녕하십니까'라는 단어에서 알 수 있듯이 한국말을 배워야만 하는 현지인의 삶을 보여준다.

내가 중앙 아시아 여행을 지속할 수 있도록 해주는 조력자로 한국어 선생과 미하일, 비탈리 등이 등장한다. 이들은 '나'로 하여금 외적인 계획에서 벗어나 내적인 충일을 추구할 수 있게끔 류다가 있는 곳으로 인도한다.

8. 플롯의 방법과 종류

<하얀 배>는 외적으로 초점화 주체인 '나'의 중앙 아시아 취재 여행이라는 사건의 플롯 중 행동의 플롯을 취하고 있다. 하지만 내가 류다를 만나기 위한 여정에서 체험하는 중앙 아시아의 초원과 천산, 호수 등에 대한 것들은 그곳의 지난한 이주 역사를 상기시키는 매개로 작용한다. 따라서 이 작품의 내적인 구성은 내가 외적 체험을 통해 스스로 민족적 감각과 언어의 중요성을 성찰해 나아가는 것으로 '사상의 플롯' 중 '정감의 플롯'에 해당한다. 사이프러스 나무 한 그루에서 촉발된 나의 지적 허기가 류다와의 짧은 만남과 그것을 위한 여정을 통해 깊이 있는 성찰로 변화되는 것이다.

9. 문학생태적 비평의 의의

<하얀 배>는 구체적 환경오염의 실태나 지엽적인 측면에서의 생

태적 의식을 드러내는 방식이 아닌 중앙 아시아 일대의 자연 생태의 변화와 인간 삶의 접점을 그리고 있다. 멀리 떨어져 있는 두 개의 거대한 호수가 깊이를 알 수 없는 바닥으로 서로 연결되어 있다는 이야기에서 단적으로 알 수 있듯이 자연과 인간 삶의 필연적 동질성을 형상화하고 있다. 그리고 거시적 측면에서 바라본 민족적 역사의 질곡이 고스란히 투영된 중앙 아시아 강제 이주민들의 삶과 모국어에 대한 열망으로 구현되고 있는 작품이다.

<아들과 함께 걷는 길>

1. 작가소개 : 이순원(李舜源)

1958년 5월 2일 강원도 강릉에서 태어나 명륜중학교와 강릉상업고등학교, 강원대학교 경영학과를 졸업했다. 초등학교 시절에는 마땅히 읽을 동화책이 없어 박종화의 삼국지로부터 이광수, 김승옥에 이르는 현대소설들, 번역 소설들을 닥치는 대로 읽었고, 고교 재학 중에는 농군이 되겠다는 결심으로 2년간 농사를 지었다. 대학에 다니던 20대 청년시절에는 교련을 거부하다 강제로 군대에 끌려갔다 오기도 했다.

1985년 『강원일보』 신춘문예에 단편 <소>를, 1988년 『문학사상』에 단편 <낮달>을 당선시키며 문단에 등단했고, 그 후 오늘에 이르기까지 수많은 작품을 발표했다. 창작집에 ≪그 여름의 꽃게≫, ≪얼굴≫, ≪말을 찾아서≫ 등이 있으며, 장편소설로는 <우리들의 석기시대>, <압구정동엔 비상구가 없다>, <에덴에 그를 보낸다>, <미혼에게 바친다>, <수색, 그 물빛무늬>, <독약 같은 사랑>, <19세>, <그대 정동진에 가면>, <순수>, <첫사랑>, <해파리에 관한 명상>, <그가 걸음을 멈추었을 때>, <은비령> 등이 있다.

1988년 문학사상 신인상, 1996년 <수색, 어머니 가슴속으로 흐르

는 무늬>로 제 27회 동인문학상을 수상했고, 1997년에는 <은비령>으로 제42회 현대문학상을 받았다. 2000년에는 제5회 한무숙 문학상, 제1회 효석 문학상을 수상했으며, 한국일보 총선보도자문위원회 자문위원을 역임했다.

2. 스토리

'나(수호)'는 어린 날의 가족사를 소재로 한 소설 <수색, 그 물빛 무늬> 때문에 고향에 다녀가라는 아버지의 전화를 받고 긴장한다. 아버지는 족보가 새로 나왔으니 이번 토요일에 다녀가라고 말씀하셨지만, 진짜 이유는 그게 아닐 거라는 생각에 '나'의 마음은 한층 더 불편해진다.

'나'는 고향에 내려갈 때 대관령에서부터 내리막길 60리를 큰아들 '상우'와 걸어서 가고, 아내와 작은 아들 '무적'은 차를 타고 먼저 가기로 한다. 대관령 굽이를 걸어 내려가면서 상우는 나무도 살피고, 돌도 살피고, 길가의 풀들과 꽃들도 살피고, 또 시냇물을 만나면 시냇물과도 이야기 하겠다고 하고, '나'는 그런 상우에게 그 길이 증조할아버지, 할아버지, 아버지가 걷던 길임을 설명하면서 대대로 농사를 지었던 집안 내력, 유명한 조상 및 그 길의 역사에 대해 이야기해준다. 또한 부자는 농사짓는 일의 가치, 여러 가지 들풀의 이름, 소설을 쓸 때의 마음가짐과 힘든 점, 나무들의 저마다 다른 쓰임새, 아버지의 교육과 사랑, 서로 다른 아이의 길과 어른의 길, 성장하면서 잃어버리는 것, 자식에 대한 부모의 마음, 더불어 사는 삶의 가치, 아들의 성장에 대한 아버지의 느낌, 아버지와의 거리를 좁히고 싶은 아들의 마음, 아이들의 가능성을 키우기 위해 필요한 어른의 마음 비우기, 진정한 친구와 친구의 의미 등에 대해 이야기를 나눈다. 그러면서 부자는 서로에 대한 사랑을 확인한다. 또한 '나'는 어두운 밤길에 마중 나와 있는 자신의 아버지를 보고 부모로서의 부정을 느꼈던 지금까지와는 달리 자식으로서 부정을 느끼게 되고, 그래서 내적 갈등을 해소하게 된다.

아버지와 아들이 자연 속에서 자연의 의미와 그 속에서 살아온 사람들, 특히 가족과 민족의 삶이 지닌 의미에 대해 대화를 나누는 과정은 그 자체로 인간 중심의 사고를 벗어난, 즉 인간이 자연 속의 한 개체임을 드러내는 생태론적 발상과 접맥되고 있어서 주목된다. 가족의 내력과 민족의 역사에 대해 이야기하는 부분에서 나타나는 인간의 주체적 인식과 의지 실현에 대한 강조가 이 작품이 지닌 생태론적 입지를 부실하게 만들기도 하지만, 개인적・세속적 욕망보다는 공동체적・유기체적 삶을 지향하고자 하는 부자의 의식적 경향과 인간과 자연의 물질적・정신적 관계에 대한 인식, 그리고 대화의 분명한 정합점을 드러내기보다는 새로운 사고의 가능성을 열어놓고 있는 구조는 이 소설이 지닌 생태소설적 위상을 담지한다.

3. 담론

◆ 떠나기 전에 : 나는 얼마 전에 어린 날의 가족사를 소재로 한 소설 <수색, 그 물빛 무늬> 때문에 아버지의 마음이 불편할까봐 고민한다. 그런 나에게 아버지는 전화를 해서 새로 나온 족보를 가져가라며 주말에 내려오라고 하신다.

◆ 길을 걸을 준비를 하며—금요일 밤 잠자리에서 : 나는 고향 가는 길에 큰아들 상우와 대관령 고개를 걸어서 내려가기로 한다.

◆ 한 굽이를 돌며—할아버지 댁은 어디에 있나 : 아들 상우와 대관령 꼭대기에서부터 걷기 시작하며, 부자는 이야기도 하고 자연도 살피기로 한다.

◆ 두 굽이를 돌며—할아버지가 물려주시는 자리 : 나는 상우에게 대대로 농사를 짓던 조상들에 대한 이야기와 앞으로 살아갈 일들에 대해 이야기한다.

◆ 세 굽이, 네 굽이를 돌며—이 길은 누가 만들었나 : 길의 역사에 대한 이야기. 나는 상우에게 일제시대에 일본에 의해, 혹은 해방 후 정부에 의해 강제노역을 한 고조할아버지, 증조할아버지, 할아버지가 이 길을 넓혔다는 이야기를 해 준다.

◆ 다섯 굽이를 돌며—왜 대관령은 굽이를 셀 수가 없을까 : 대관령이 아흔아홉 굽이라는 것은 그만큼 굽이가 많다는 뜻일 뿐이다. 하지만 굳이 그 굽이를 셀 필요는 없다. 그냥 굽이를 생각하지 말고 걷는 것이 낫다.

◆ 여섯 굽이를 돌며—농사짓는 일을 깔보는 사람들 : 아빠는 농사를 만만히 보는 사람들을 싫어한다. '농사나'라고 말하는 것 속엔 알게 모르게 농사짓는 일을 깔보는 마음이 들어가 있다. 그런 사람들은 절대 농사를 지을 수 없다. 농사는 이 세상에서 가장 무서운 하늘의 눈치까지 봐야 하는 일이다. 거기다 도시 사람들의 눈치까지 봐야 한다. 아빠가 이 다음에 농사를 짓겠다는 것은 고향으로 돌아오고 싶다는 얘기이고, 할아버지가 농사를 지으시던 땅을 지키겠다는 얘기이다.

◆ 일곱 굽이를 돌며—50가지의 풀 이름 대기 : 상우의 제안으로 아빠는 한 굽이를 도는 동안 50가지 풀 이름을 댄다. 그러나 상우의 질문에 답하느라 48개의 풀이름만 댐으로써 아빠가 진다.

◆ 여덟 굽이를 돌며—아빠가 글을 쓸 때의 마음 : 아빠가 좋아하는 풀은 '미나리아재비'인데, 그 이유는 소설가가 되려고 공부를 할 때 다른 소설가 선생님이 읽어준 <난장이가 쏘아 올린 작은 공>의 한 구절이 연상되기 때문이다. 아빠는 소설 속 아버지처럼 사랑으로 일하고, 사랑으로 자식들을 키우고, 자식들도 사랑으로 공부하고, 사랑으로 세상을 바라보게 하고 싶다. 아빠는 글을 쓸 때 이곳 대관령의 푸른 나무들을 생각한다. 글을 쓸 때 나무를 생각하는 건 과연 내가 쓰는 이 글이 저 푸른 나무들을 베어내 책으로 만들어도 부끄럽지 않은가를 생각하기 때문이다.

◆ 아홉, 열 굽이를 돌며―글을 쓰며 가장 힘든 일 : 아빠가 글을 쓰며 가장 힘든 때는 마음속의 어떤 비밀 같은 것을 글로 썼을 때 다른 사람이 이 글을 보고 어떻게 생각할까, 하는 마음이 들 때이다. 하지만 상우는 아빠 책을 위해 베어질 나무들에게 부끄럽지 않다면 괜찮은 일이라며 아빠를 위로한다.

◆ 열한 굽이를 돌며―푸른 나무들에 대하여 : 사람처럼 나무의 쓰임새는 저마다 다르다. 아빠의 나무는 물푸레나무로 만든 것이다.

◆ 열둘, 열세 굽이를 돌며―물푸레나무 회초리와 물푸레나무 책상 : 아빠는 어렸을 때 물푸레나무 회초리로 맞았다. 할아버지는 매를 대실 때 꼭 회초리를 우리 손으로 만들어 오라고 시키셨다. 회초리를 만드는 동안에 반성을 하게 된다. 할아버지는 일부러 그 회초리 나무로 책상을 만들어 주셨다. 물푸레나무 회초리로 종아리를 맞으며 공부하던 어린 때를 생각하며 글을 쓰라는 의미이다. 상우는 엄마가 책상을 가지고 있는 것이 좋다. 여자들에게도 자기 소유의 책상이 있어야 하는데, 많은 여자들이 그것을 너무도 쉽게 버린다.

◆ 열넷, 열다섯 굽이를 돌며―집안의 역사에 대하여 : 아빠는 족보가 한 집안의 핏줄에 대한 기록만이 아니라 그 기록을 통하여 조상의 업적을 배우고, 같은 집안끼리 서로 돕고 협동하고, 또 훌륭한 조상을 생각하며 후손들을 바른 길로 이끌게 한다는 점에서 지금도 사회적으로 그 역할이 중요하다고 설명한다. 그리고 조상 중에 이조년과 공조참의와 대사성을 지낸 9대조 할아버지 단이공(斷耳公)이 당파싸움에 희생됐다는 이야기 등을 통해 가족의 의미를 느끼게 한다.

◆ 열여섯 굽이를 돌며―다시 말하지 않고 걷기 : 이번엔 아들 상우의 제안으로 한 굽이를 말하지 않고 걷는다.

◆ 열일곱, 짧은 열여덟, 열아홉 굽이를 돌며―아이의 길, 어른의 길 : 아빠는 직관으로 배우는 아이와 이성과 원리를 통해 이해하는 어른의 차이에 대해 설명한다. 그리고 고등학교 1학년 때 휴학을 하고 횡

계 마을에서 농사를 지었던 일에 대해 이야기한다.

◆ 스무 굽이를 돌며—이미 네가 잃어버리고 있는 것들 : 나이가 들면서 세상에 대한 신기함, 자연과의 대화 방법을 잃어간다는 것에 대해 이야기한다.

◆ 스물하나, 스물두 굽이를 돌며—아빠가 어릴 때 잃어버렸던 것들, 그리고 배운 것들 : 아빠는 어려서 냇가에서 잃어버린 고무신과, 그 고무신을 아끼고 그리워하던 마음을 잃어버린 것을 안타까워한다. 그리고 물건을 아낄 줄 모르는 세태에 대한 비판, 특히 음식 귀한 줄 알았으면 하는 바람과 식사예절의 중요성에 대해 이야기 한다.

◆ 스물세 굽이를 돌며—부모 마음의 노란 손수건 : 상우는 아빠가 어렸을 때 잘못 하는 일이 있어도 참고 믿으면서 기다려줬던 것처럼, 할아버지께서 이번의 소설에 대해서도 화가 나서 내려오라고 한 것이 아니라 아빠 마음을 풀어주려고 부르신 걸 거라고 위로한다. 그리고 아빠가 자신을 어리게만 보지 말고 대화상대로 삼아주길 바란다고 말한다.

◆ 스물네 굽이를 돌며—한 굽이를 뛰어 내려가기 : 힘이 든 상우는 한 굽이만 뛰어서 내려가자고 제안하고, 부자는 함께 뛰어서 내려간다.

◆ 스물다섯 굽이를 돌며—한 굽이를 더 뛰어 내려가기 : 한 굽이를 더 뛰어서 내려간다.

◆ 스물여섯 굽이를 돌며—조급함에 대하여 : 뛰다가 발이 미끄러져 다친 상우. 하지만 업어주겠다는 아빠의 제안을 거절한다. 그리고 부자는 무엇이든 조급하게 생각하면 안 된다는 이야기를 한다.

◆ 스물일곱 굽이를 돌며—너희들을 키우며 아빠가 안타까웠던 것 : 아빠는 상우에게 부모에게 가장 무겁고 소중한 것이 자식이며, 그래서 자식이 아플 때 부모는 가장 안타깝다는 이야기를 해 준다. 상우는 부모의 마음이 그러니까 아빠가 할아버지에 대해서 마음이 편해졌으면 좋겠다고 말한다.

◆ 스물여덟 굽이를 돌며-더불어 사는 세상에 대한 너희들의 생각 : 부자는 고아에게 인색한 사람들에 대한 비판과 더불어 사는 세상에 대한 바람을 이야기한다.

◆ 스물아홉 굽이를 돌며-아들의 여자 친구 : 아들에게 여자 친구가 생긴 것을 보고, 아들이 성장했음을 느낀 아빠의 마음과, 아빠와 목욕을 같이 함으로써 더 가까워지고 싶은 아들의 마음을 이야기한다.

◆ 서른 굽이를 돌며-이 세상에서 가장 불쌍한 어른 : 이기심 때문에 생기는 진정한 손해를 모르는 사람들에 대한 연민에 대해 이야기한다.

◆ 서른하나, 서른두 굽이를 돌며-산 속에서 노을을 바라보기 : 노을의 장엄함과 쓸쓸함을 감상하며 말없이 걷는다.

◆ 서른두 굽이의 반과 서른세 굽이를 돌며-어린 철학자 : 삶과 죽음에 대해 이야기한다.

◆ 서른 네 굽이를 돌며-아이들의 장래를 생각하는 야구감독 : 아이들의 가능성을 키워주기 위한 어른의 마음 비우기에 대해 이야기한다.

◆ 서른다섯, 서른여섯 굽이를 돌며-우정에 대하여 : 아빠의 친구들에 대한 이야기와 함께, 친구를 가려 사귀기는 하되 절대 차별해서 사귀면 안 된다는 내용의 대화를 한다.

◆ 서른일곱 굽이를 돌고 나서-우리가 아직도 가야 할 먼 길에 대하여 : 대관령 고개의 나무들과 풀과 돌과 냇물과 그 밖의 것들을 보면서 나눈 이야기를 통해 부자는 사랑을 확인한다.

◆ 집으로 들어가는 샛길에서-어둠 속에서 빛나는 노란 손수건 : 아빠는 마중 나와 있는 아버지를 보고, 부정을 느끼면서 자신도 그러한 아버지가 되고, 아이도 그런 아버지가 될 것이라는 생각을 한다.

4. **초점화**

기본적으로 일인칭 주인공 시점이지만, '외적 초점화'의 양상이 강한 '보여주기'의 방식이 강하다. 작품 초반에는 '나'의 심경이 주로

'내적 초점화'의 방식으로 서술되지만, 그 이후 대부분은 아들 상우와의 대화를 통해 서술되기 때문이다. 한편 이 소설은 작가 이순원의 자전적 요소를 지니고 있다. 이는 가족 구성, 가족의 내력, 성장과정, 작가 활동, 교우관계 등이 모두 작가의 실제 생활을 토대로 하고 있다는 사실을 통해 확인 가능하다. 아들과의 대화의 방식을 통하여 자연과 인간의 생태적 삶에 대해 고민하고 있다는 점에서 초점화의 국면은 '관념적 국면'에 입각해 있다.

5. 주제의식

가족 간의 진실한 사랑 및 삶과 창작과정에서 중요한 것들에 대한 재인식이 이 소설의 주제라고 할 수 있다. 인간과 사회의 모든 것들이 자연의 변화처럼 맺힘 없이 흘러가는 것이라는 것, 하지만 현대인들의 물질적·심리적 욕망이 이러한 자연과 인간을 피폐하게 만든다는 문제의식을 이면에 깔고 있다.

6. 시간과 공간

공간적 배경은 서울 집에서 강릉 본가에 이르는 길이다. 이러한 공간적 배경은 구성적 측면과 일치한다. 즉 서울 집에서 대관령 꼭대기까지의 공간은 갈등이 고조되는 상승구조와 일치하고, 대관령 꼭대기에서 강릉 집까지의 공간은 갈등이 해소되는 하강구조와 일치한다. 그런데 절정까지의 서술시간에 비해 그 이후의 서술시간이 월등히 길다. 이것은 이 소설이 갈등의 원인보다는 해소되는 과정에 중점을 두고 있음을 드러낸다.

이 소설의 계절적 배경이 '봄(5월)'으로 설정되어 있는 것도 상징적 의미를 지닌다. 즉 이 소설에서 '봄'은 삶을 새롭게 인식하는 재탄생의 시간인 동시에 성장의 시간을 드러낸다. 서술자 '나'의 경우에 그것은 보다 정직하고 성실한 소설가로서의 거듭남이며, 아들 상우의 입장에서 그것은 청소년기로의 입문과 싱그러운 성장의 과정에 해당한다.

7. 인물의 존재방식과 유형

<아들과 함께 걷는 길>의 수호는 유년 시절의 기억을 담은 소설을 발표한 이후 소설의 내용으로 인해 아버지에 대한 죄스러움으로 내적 갈등을 겪는 융(G. Jung)의 '내향적 사고형'에 속하는 인물이다. 또한 수호는 아들과의 대화를 통해 자아를 성찰하고 자연의 섭리와 순리에 순응하는 삶을 추구한다는 점에서 브레몽(Bremond)의 '유지자'(maintainer)에 해당한다. 나아가 아들 상우는 아버지 수호와 대관령 산길을 걸으면서 아버지의 상처를 이해하고 위로하며 수호가 자아를 찾는데 기여하는 그레마스(A. J. Greimas)의 '조력자'(helper)의 모습을 반영하고 있다. 한편 수호의 아버지이자 상우의 할아버지는 과거의 자신의 삶의 모순을 인정하고 수호가 자신의 과오를 소설화 한 사실에 대해 화를 내기보다는 이를 감내하며 아들 수호를 이해한다는 점에서 브레몽(Bremond)의 '수동자'(patient)로 존재한다.

8. 플롯의 방법과 종류

장편 소설이지만 단순구성에 가깝다. 서술자는 자신이 출간한 소설 때문에 아버지와의 갈등을 예상하지만, 그것은 자신의 내적 갈등에 지나지 않는다. 그리고 아버지를 찾아가는 동안 아들 상우와 나눈 이야기는 갈등이라기보다는 부자간의 사랑을 확인하는 과정인 동시에 자신의 아버지에 대한 내적 갈등을 치유하는 과정이다. 즉 대관령 꼭대기까지의 짧은 서술시간이 발단에서 절정에 상승구조에 해당한다면, 소설의 대부분을 차지하고 있는 하산의 과정은 갈등을 해소하는 하강구조에 해당한다. 따라서 이 소설은 대대로 이어지는 부자간의 사랑과 믿음, 그리고 삶에서 진정으로 중요한 것들에 대한 의미를 확인하는, 통과와 성장의 구성을 지닌 소설이라고 할 수 있다.

9. 문학생태적 비평의 의의

작가의 자전적인 요소를 강하게 지니고 있을 뿐 아니라 실제 아들과의 대화내용을 엮은 작품으로서 허구성이 약한 소설이다. 그러나 소설가로서 겪는 창작활동에서의 고민을 끈끈한 가족애를 바탕으로 풀어나가는 과정이 치밀한 구성을 바탕으로 전개되고 있어서 작품성을 인정받기에 부족함이 없다. 그리고 이 소설은 갈등 해소의 과정 및 인생에서의 참된 의미를 자연의 '순환의 원리'에 대응시켜 이해하는 면모를 지니고 있기 때문에 심층 생태론적 경향을 지녔다고 할 수 있다. 즉 삶이란 학교에서만 배우는 것이 아니라 길을 걸으면서도, 자연을 바라보면서도 배우는 것이라는 인식, 창작 과정에서 대관령의 푸른 나무를 생각함으로써 진정성에 다가가고자 하는 작가적 태도, 저마다 쓰임이 다른 사람과 나무의 본질, 자연과 대화할 수 있는 동심(童心)에 대한 경이로움, 자연에서 배울 수 있는 것 등에 대한 대화는 대관령의 자연과 부자(父子)가 상호작용을 한 결과이며, 이것은 이들의 의식 저변에 생명의 평등성과 자아를 실현하고자 하는 의식이 내포되어 있다는 것을 의미한다.

<나무가 기도하는 집>

1. 작가소개 : 이윤기(李潤基)

1947년 5월 3일 경북 군위에서 출생한 이윤기는 1977년『중앙일보』신춘문예에 단편소설 <하얀 헬리콥터>가 당선되어 문단에 등단했다. 이후 1991년 미국으로 건너가 1996년까지 미시간주립대학교 국제대학 초빙연구원을 지냈으며, 1997에서 2000년까지 동 대학원 사회과학대 비교문화 연구원을 지냈다.

주요 작품으로는 장편 <하늘의 문>(1994), <햇빛과 달빛>(1996), <뿌리와 날개>(1998), <나무가 기도하는 집>(1999), <그리운 흔적>(2000) 등이 있으며, 소설집으로는 ≪나비넥타이≫(1998), ≪두물머리≫(2000)가 있다. 연작 장편소설로는 <내 시대의 초상>(2003)이 있으며, 산문집으로 ≪어른의 학교≫(1999), ≪잎만 아름다워도 꽃대접을 받는다≫(2000), ≪이윤기가 건너는 강≫(2001), ≪무지개와 프리즘≫(2002) 등 다수가 있다.

번역에도 힘을 기울여 약 200권을 번역하였는데, 토머스 불핀치(Thomas Bulfinch)의『그리스·로마신화』(1989)를 비롯하여,『그리스인 조르바』,『뮈토스』,『변신이야기』,『천의 얼굴을 가진 영웅』등이 있다. 특히 1980년대 움베르토 에코(Umberto Eco)의 열풍을 몰고 온 『장미의 이름』, 『푸코의 진자』, 『선날의 섬』은 그의 번역으로 유명하다.

신화학 저서로는 각각 신화를 이해하는, 사랑의 테마로 읽는, 신들의 마음을 여는 12가지 키워드로 풀어 쓴 『이윤기의 그리스 로마신화 1·2·3』이 대표적이다. 이외에 『길 위에서 듣는 그리스 로마신화』(2002)가 있다.

1998년 중편소설 <숨은 그림 찾기1>로 제29회 동인문학상을 받았으며, 2000년에는 한국번역가상을, 그리고 소설집 ≪두물머리≫로 제8회 대산문학상을 받았다.

2. 스토리

홀어머니마저 여의고 외롭게 살아가던 이민우(우야 아저씨)의 집에 김송자(자야 아가씨)라는 낯선 여인이 방문한다. 그녀에게 자연의 신비를 느낀 우야 아저씨는 그녀를 돌보던 중 그녀의 상처의 원인이 형부의 학대였다는 사실을 알고 그녀를 진심으로 보듬어 준다. 평생 나무만 대하던 우야 아저씨의 변화에 대해 주변 사람들은 우야 아저씨가 상처 받을 것에 대해 염려한다. 그러나 자야 아가씨는 나무와도 같은 생명력을 지니고 있다는 사실을 주변사람들은 모른다. 나무처럼 오래 자고 나무처럼 생기 있는 자야 아가씨는 진정으로 나무를 사랑한다. 이러한 자야 아가씨가 나무와 같다는 생각을 하던 우야 아저씨는 자야 아가씨와 자연 속에서 하나가 된다. 하지만 자야 아가씨는 모자란 자신이 그에게 짐이 될 것이라며 우야 아저씨를 떠난다. 그러나 나무와 자연을 사랑하는 민우는 나무처럼 순수한 그녀를 찾아 헤매고 결국 우야 아저씨는 그녀와 귀롱집으로 돌아와 인간의 영혼과 자연이 교감하는 신비로운 현실을 체감한다.

3. 담론

◆ 1장 : 우야 아저씨는 자신의 집 귀롱나무 아래 앉아 있는 낯선 여

자가 어머니의 유품인 가락지를 끼고 있는 장면을 목격한다. 김송자라는 여인은 기도원에 올라가는 길에 귀롱나무 꽃이 예뻐 기도원으로 가던 도중 이곳으로 왔다는 것이다. 우야 아저씨로 불리는 이민우는 그녀의 말을 통해 정상인이 아닌 것을 감지하게 되고 상처 입은 여인의 내면을 읽는다. 또한 여인을 자야 아가씨로 부르며 자신의 집에 유숙을 허락한다. 자야 아가씨는 처음에는 상처를 치유하듯 잠을 잤고 우야 아저씨는 자야 아가씨를 멀리서 그림자처럼 돌보기 시작한다. 그것은 나무를 사랑하고 나무밖에 모르던 우야 아저씨에게는 커다란 변화였고 동네사람들의 우려에도 그는 뿌리 뽑힌 경험이 있는 나무와 상처 입은 영혼이 의지할 수 있을 것이라는 기대로 자야 아가씨와 숲의 기이한 상호작용에 관심을 갖는다.

◆ 2장 : 사람들은 텔레비전을 요물단지라 하지만 우야 아저씨에게는 각종 정보의 온상으로 대학이상의 지식을 공부할 수 있는 수단이다. 나무를 사랑하는 그는 텔레비전을 통해 나무에 대한 각종 정보와 지식을 얻는다. 그러나 가끔은 나무를 잘라 그릇을 만든다는 노인이 주인공인 프로를 보고 분노하기도 한다. 나무를 도끼로 찍는 장면을 아무렇지 않게 방송하는 것 자체가 우야 아저씨 마음을 심란하게 하고 어머니의 무덤가에 누워 자연과 교감을 느낀다. 숲으로 들어온 자야 아가씨에게 그녀의 상처의 본질인 형부로부터의 학대를 듣게 되고 더욱 그녀를 아끼게 된 우야 아저씨는 자야 아가씨에게 마음을 고백하고 숲 속 어머니의 무덤가에서 그들은 자연과 함께 하나가 된다.

그러나 이튿날 부끄러움과 죄스러움으로 자야 아가씨는 우야 아저씨를 떠난다. 그를 위한 그녀의 진심어린 배려인 것이다. 하지만 우야 아저씨는 결국 그녀를 찾아 자신의 귀롱집, 나무가 기도하는 집으로 돌아온다.

4. 초점화

<나무가 기도하는 집>은 '외적 초점화자'가 민우와 송자의 내면을 읽어 내는 전지적 작가시점을 취하고 있다. 민우에 의한 내적 초점화가 부분적으로 보이기도 하지만 전체적으로 '외적 초점화자'에 의한 '고정초점화'의 양상을 띠고 있다. 초점화자의 국면은 민우와 송자의 만남과 숲과 교감하는 송자와 나무와 함께 하는 민우의 내면과 그들의 대화를 중심으로 하는 '심리적 국면'에 입각해 있다.

5. 주제의식

<나무가 기도하는 집>은 인간과 자연의 교감을 통해 인간의 내면적 상처와 훼손된 영혼이 치유될 수 있는 가능성을 핵심 주제로 설정하고 있다. 나무와 함께 하는 삶을 살던 민우에게 상처 입은 여성 송자가 나타나고 그녀의 상처가 귀롱나무 꽃을 아름답게 보는 그녀의 내면에 의해 치유될 가능성을 확인하게 된다. 땅의 질서와 나무의 생태적 삶을 인생의 순리로 받아들이는 민우와 송자의 삶은 이 작품에서 제시하는 인간과 자연의 공존과 교감을 통해 인간의 이기심과 욕망, 그로 인한 상처가 치유될 수 있는 가능성을 제시하는 생태위기에 대한 대안적 전망을 감지할 수 있다.

6. 시간과 공간

<나무가 기도하는 집>은 특별한 시간적 배경은 제시되어 있지 않다. 다만 귀롱나무가 있는 민우의 집과 그가 일군 주변의 숲이 공간적 배경으로 작용하고 있다. 상처 입은 여성으로서 송자가 기도원으로 가던 도중 귀롱나무의 꽃이 예뻐 민우의 마당에 들어서는 사건의 시작이 작품의 발단을 이루고 있다. 모성으로서의 땅의 이미지와 생태적 공간인 숲이 존재하는 민우의 집은 오랜 세월 상처 입고 지친

송자의 영혼을 치유하여 건강한 삶으로 나갈 수 있는 재생의 공간으로 작용하고 있다.

7. 인물의 존재방식과 유형

<나무가 기도하는 집>은 순수한 영혼의 소유자이기 때문에 현실로부터 벗어나 있는 민우와 송자가 프라이(N. Frye)'그리스도형'으로 존재하고 있다. 인간의 이기적 욕망과 문명화된 삶에 의해 상처 입은 자들이 자연을 통해 치유 받고 순결한 영혼으로 재생하기 때문이다. 현실의 억압과 위계에 저항하지 못하고 일방적으로 당하는 송자가 결국은 순수한 영혼 때문에 현실의 삶이 척박했던 것이며 자연으로 돌아와 민우와 숲에 의해 치유되어 순결한 영혼으로 재생하는 모습은 특히 이에 가깝다. 한편 민우는 브레몽(Bremond)의 '행위자'로서 상처 입은 송자의 영혼을 감싸고 돌보는 '구원자'이기도 하다.

8. 플롯의 방법과 종류

<나무가 기도하는 집>은 민우의 집에 송자가 방문한 이후 일어나는 사건이 시간의 순서에 따라 전개되는 '계승적인 연결방법'에 입각한 '연속적인 플롯'의 양상을 취하고 있다. 특히 순수하고 유약한 존재의 송자가 현실에서 겪는 고난의 연속이 주는 불행의 위협이 구원자인 민우를 만나 행복으로 가는 결말구조는 '감상적 플롯'(the sentimental plot)의 양상을 띠고 있다.

9. 문학생태적 비평의 의의

<나무가 기도하는 집>은 자연과 인간의 공존이라는 대의에 입각해 땅의 모성과 숲의 치유력에 의해 상처받은 영혼이 정화된다는 주제의식을 지니고 있어서 심층생태론의 근저와 만난다. 특히 숲과 송

자의 동화과정, 민우의 땅에서 느끼는 모성 부분은 심층생태론의 자아실현의 과정을 연상시키며, 에코페미니즘의 대지의 여신의 이미지를 확인할 수 있다. 따라서 이 작품은 인간과 자연이 합일을 이루는 것만이 현재 인류가 봉착한 생태위기에서 벗어날 수 있다는 메시지를 전한다.

<강물의 대화>

1. 작가소개 : 정다일(鄭多一)

1961년 2월 2일 강원도 평창에서 출생하였으며 본명은 정희일이다. 중앙대학교 문예창작학과를 졸업하고, 2002년 『대한매일신문』 신춘문예에 소설 <강물의 대화>가 당선되어 등단하였다.

현재 여행칼럼리스트로 활동하고 있으며 월간 『사람과 산』, 『디자인 하우스』 등 몇몇 잡지사를 거쳐 『그리운 옛사람을 찾아서』, 『잊을 수 없는 풍경 속으로』 등 여행 관련 책을 펴냈다.

2. 스토리

오랜 직장 생활에서 떨려 나 명예퇴직을 당한 '나'는 아내로부터 캐나다 이민제안을 받고 10일을 예정으로 여행을 떠난다. 그러던 중 '나'는 9일째 되는 날 원래의 여정을 접고 자신의 근원인 동강 유역에 이른다. 어머니가 자살한 무당소 앞에서 차가 모래에 빠지고 이때 자신을 도와준 문씨와 과거 유년시절을 보낸 그 집에서 하루 밤을 보낸다. 문씨는 '나'가 어머니와 함께 유년시절을 보낸 개자리 민박집을 운영하고 있었다. '나'는 '나'와 어머니를 버리고 떠난 아버지를 원망하며 어머니의 자살을 뒤로 하고 다시는 고향을 찾지 않겠다던 다짐을 떠올려 본다. 또한 아내가 바라는 캐나다의 이민을 통해 자신을 아는 모든 것에서 자유롭고 싶다는 생각도 해본다. 한편 문씨로부터 자신과 유사한 아픔의 사정을 듣자 '나'는 문씨처럼 강물과 대화하며 살던 평화롭던 유년기가 그립기만 하다. 문득 문씨처럼 '나'도 자연과 하나가 되는 삶을 사는 것도 현실의 혼란을 견딜 하나의 대안이 될 수 있다는 생각에 '나'는 아내와 약속한 시간을 넘겨 버린다.

3. **담론**

◆ '나'는 서해안에서 시작한 국토 여행 중 9일째 동강의 개자리를 향해 어둔 밤을 달린다. 마하를 지나 황새여울을 건너 무당소를 향하면서 명예퇴직과 아내의 이민강요에 갈등하는 자신을 발견한다. 그러다가 자갈이 박힌 모래밭에 차가 빠진다. 고생하던 중 한 남자를 만난다. 그는 개자리에서 민박을 운영하고 있다면서 자신을 개자리 민박집 문씨라고 소개한다.

◆ 개자리의 그 민박집은 내가 어머니와 어린 시절을 보낸 집이다. 가옥구조가 어린 시절 그대로인 것을 확인하는 동시에 주인이 내온 옥수수막걸리를 보고 어머니의 올챙이묵을 떠올린다. 문씨에게 지낼 만하냐는 물음에 문씨는 인생의 마지막 정처로 생각한다면서 강물과 물결과 대화하는 삶을 말한다. '나'도 강물과 대화했던 그 시절을 떠올리며 저녁강물로 물고기가 뛰어오르던 강의 생명력과 어머니를 등지던 일을 떠올리며 '나'는 문씨에게 자신이 이집에서 태어났고 어머니는 이곳에서 돌아가셨다는 사실을 전한다.

◆ 어머니는 개자리 집에서 젊은 시절 뗏꾼을 상대하는 주막을 열었다. 그리고 그 가운데 한 남자와 기약을 맺고 40이 넘은 나이에 '나'를 낳고 아버지인 그는 3년 만에 피폐한 모습으로 돌아와 건강을 찾자 고향 청풍으로 떠난 뒤 돌아오지 않았다. 기다림에 지친 어머니는

내가 중학교 진학을 위해 대처로 떠나자 황폐해 지기 시작하고 급기야 무당소에 몸을 던진다.

◆ 어머니를 잃고 도시에서 20년간 도회인으로 생활하던 '나'는 아내와 딸을 둔 가장이지만 명예퇴직 후 캐나다로 이민을 가서 처형네 세탁소에서 이 땅의 기억을 지워버리자는 아내의 제안에 망설인다. 문씨와 이야기를 주고받던 중 봇짐장수였던 문씨의 아버지가 길을 떠난 후 돌아오지 않는다는 가슴에 묻은 사연을 듣는다. 문씨의 어머니가 임종 전에 아버지가 동강에 살고 있을 것이라는 유언을 들었다고 전한다. 그래서 문씨는 이곳에 온 것이라고 생각하며 문득 '나'도 어머니가 자살하던 해 겨울, 아버지가 청풍 북진나루에 살고 있는지 가보라고 했던 말을 떠올린다.

4. 초점화

<강물의 대화>는 자신의 정체성을 확인하기 위해 고향을 찾아든 '나'의 내면을 내적 초점화의 양상을 통해 제시하는 일인칭 주인공 시점이다. 떠돌이 아버지에 대한 어머니의 한이나 문씨의 아버지에 대한 그리움이 모두 '나'의 의식을 통해 투영되고 있는 '고정초점화'의 양상을 취하고 있다.

5. 주제의식

<강물의 대화>는 강물로 상징되는 자연 속에서의 삶을 버리고 도시로 떠나 피폐해진 '나'가 자신의 정체성을 찾기 위해 동강 유역에 있는 개자리에 돌아와 그 곳에서 강물과 대화하며 살고 있는 문씨를 만나는 과정을 담고 있다. 이를 통해 인간에 내재해 있는 내밀한 상처를 치유할 수 있는 한 대안으로 자연회귀를 제시하고 있다. 특히 삶의 근원지를 버리고 캐나다로 이민을 가고자 하는 아내에게 동의하지 못하고 고향에 돌아와 강물과 대화하면서 살던 행복한 시절을 떠올리는 '나'의 모습은 정신적 상처를 자연을 통해 치유하고자 하는

의지를 반영하고 있다. 결국 이 작품은 자연회귀사상에 입각해 인간의 내밀한 상처를 치유할 수 있다는 믿음과 그러한 자연과 대화할 수 없는 현실이 다가오고 있음에 대한 우려를 동시에 제시하고 있다.

6. 시간과 공간

<강물의 대화>는 98년 IMF직후, 명예퇴직을 당한 40대 가장들이 외국으로 이민을 택하던 시절의 모습을 시간적 배경으로 하고 있다. 주인공 '나'가 고향에 찾아든 이유도 이러한 도시적 삶의 실패와 이로 인한 상처에 기인한다. 현실의 피폐함을 극복할 수 있는 유일한 대안이 자연으로 돌아와 근원으로부터 치유해야 한다는 막연한 의지가 도시라는 공간을 떠나 자신의 태생지인 동강어귀 개자리로의 이동을 가능하게 한 것이다. 결국 개자리는 그의 근원에 해당하며 자연으로 상징되는 동강의 물결은 그를 예전과 대화할 수 있도록 하는 매개로 작용하는 동시에 자연과 소통하는 수단으로 자연회귀의 의미를 개진하고 있다.

7. 인물의 존재방식과 유형

<강물의 대화>는 도시문명의 수혜자이자 희생자인 '나'가 브레몽(Bremond)의 '수동자'의 모습으로 존재하여 프라이(N. Frye)의 '파르마코스'적 양태를 보이고 있다. 도시에서 적당히 적응하여 살아보지만 결국 삶의 터전으로부터 추방당한 '나'의 모습은 이를 반영하고 있다. 또한 중심인물인 '나'의 어머니 역시 돌아오지 않는 아버지에 대한 기다림에 지쳐 자살이라는 극단적인 방법을 선택하는데 이 역시 '파르마코스'적 양상을 보인다. 개자리에서 만난 문씨는 다소 '행위자'의 양상을 발견할 수 있다. 그것은 그가 개자리를 삶의 종착지로 삼고 스스로 강물과 대화하는 삶을 선택하여 이를 향해 나가고 있기 때문이다.

8. 플롯의 방법과 종류

<강물의 대화>는 과거의 삶과 현재를 계속 이어주고 있는 '첨가 형태의 연결방법'을 선택하고 있는 '목적론적 플롯'의 양상을 하고 있다. '나'의 과거의 비극과 현재의 좌절을 점철시켜 '고난의 구조'를 통한 '연민의 플롯'을 선택하고 있다. 이렇듯 현재와 과거가 교체하는 '역순행적 구성'을 취함으로써 '나'의 자연회귀에 대한 필연성을 강화하고 있다.

9. 문학생태적 비평의 의의

<강물의 대화>는 '나'가 삶의 근원으로 회귀하여 피폐해진 영혼을 치유 받고 상실한 정체성을 회복하고자 하는 의지에 이르는 과정을 중점적으로 다루고 있다. 무엇보다 '강물과 대화'했던 시절의 평온과 안정을 기억하고 있는 '나'로서는 삶의 터전을 상실하고 외국으로 이민까지 가야하는 막다른 곳에서 근원으로서의 고향 개자리에 대해 동경하는 것은 당연한 일이다. 이러한 자연회귀사상은 심층생태론의 본질에 입각해 볼 때 생태위기의 근본적인 대안이 되는 것이다. 한편 떠돌이 남편을 기다리다 외로운 임종을 맞는 '나'의 어머니와 문씨의 어머니는 강 유역에 살면서 위기에 처한 남성을 치유하는 모습을 보이고 있다는 점에서 에코페미니즘적 접근도 가능하다.

<지리산에 저 바다>

1. **작가소개** : **최인석**(崔仁碩)

1953년 9월 17일 전라북도 남원에서 출생한 최인석은 전북대학교 국문학과를 졸업한 뒤 1980년 희곡 <벽과 창>으로 『한국문학』 신인상을 받아 등단했다. 그리고 1986년 『소설문학』 장편소설 공모에 <구경꾼>이 당선되면서 본격적인 소설 창작을 시작했다. 이후 희곡 작가, 시나리오 작가 등 여러 장르에서 다채롭게 활동한 만큼이나 왕성한 작품활동으로 독자적인 소설세계를 구축하고 있다.

1983년 제19회 백상예술대상 신인작가상을 수상했으며 1985년에 희곡 <그 찬란하던 여름을 위하여>로 대한민국문학상, 1986년에 영희연극상, 1995년 소설집 ≪내 영혼의 우물≫로 제3회 대산문학상, 1997년 제8회 만우 박영준 문학상을 수상했다.

저서로 소설집 ≪나를 사랑한 폐인≫(1998), ≪혼돈을 향하여 한걸음≫, ≪인형 만들기≫를 출간했으며, 장편소설로 <아름다운 나의 귀신>(1999), <안에서 바깥에서>, <내 마음에는 악어가 산다>, <새떼>, <잠과 늪> 등이 있다.

2. 스토리

용이 산다는 참세상을 꿈꾸던 할아버지에 이끌려 지리산으로 들어와 살게 된 만덕은 할아버지가 죽은 이후에도 그곳에서 잡일을 하며 살아간다. 국립공원 부근에 들어설 오작교 여관 건물 신축공사 현장에서 묵묵히 일을 하던 만덕은 나태한 인부들에게 따돌림을 당한다.

건물주인 김 사장이 인부들의 사기를 돋우고 공사 일정을 당기려는 취지로 남원 스탠드바에서 인부들에게 술을 산다. 김 사장이 자리를 뜬 뒤 만덕은 홀로 스탠드바를 나와 춘자의 청국장집으로 향한다. 술에 취해 미스 장에게 추파를 던지던 성우는 마음대로 되지 않자, 성질을 부리기 시작하며 급기야 술잔을 깨며 난장판으로 만든다. 창식의 만류로 밖으로 나온 성우 일행은 구역질을 하고 있던 노란 미니스커트를 입은 여자를 납치해 차에 태우고 지리산 자락 한적한 곳으로 데려간다. 성우와 창식이 먼저 여자를 범하고, 임씨가 여자에게 다가가자 여자가 이미 죽어 있는 것을 확인한다. 성우와 창식이 여자를 차에 싣고 88고속도로를 달리다 도로변에 시체를 던져버린다.

다음날 오 형사와 경찰들이 공사장을 찾아와 인부들을 모두 연행한다. 성우 일행은 이미 말을 맞춰 놓은 상태라 알리바이가 성립되지 않는 만덕이 집중 추궁을 당한다. 성우 일행이 모두 풀려나고 만덕은 나흘 동안 고문과 취조로 지쳐간다. 나흘 뒤 갑자기 풀려난 만덕은 청국장집으로 가 술을 먹기 시작한다. 공사장 박씨가 찾아와 말려도 소용없이 며칠 동안 술을 먹던 만덕은 성우 일행이 강간 살해범이라는 사실을 듣고도 놀라지 않는다. 그러던 어느날 '비의 냄새'에 잠이 깬 만덕은 오이와 고구마, 소주를 챙겨 지리산을 오르기 시작한다. 바람의 숨결을 따라 반야봉 정상까지 오른 만덕은 예전에 할아버지와 함께 보았던 그 '구름바다'를 보며 그 너머에 있다는 세상을 그리워한다.

3. 담론

◆ 1장 : 새벽 지리산 자락에서 만덕은 돌아가신 할아버지가 말씀하시던 신세계를 떠올리며 별들의 얘기를 듣는다. 그는 이해할 수 없는 인부들에게 또 다시 시달릴 것을 생각하며 지리산 국립공원 경계 바깥에 있는 공사현장으로 간다. 음식점과 '모텔 오작교'가 들어설 3층 건물이 그의 일터이다. 인부들 모두가 깨어나지 않은 이른 시각이지만 만덕은 일을 시작한다.

◆ 2장 : 시끄러운 소리에 아침 단잠을 빼앗기고 일어난 성우는 홀로 일을 시작한 만덕을 보고 짜증을 부린다. 태평하게 일을 하며 일정이 늘어나는 만큼의 더 많은 일당을 받는 것에 익숙했던 성우는 만덕이 때문에 불만이 많았다. 숙소로 돌아간 성우는 역시나 불만이 많던 인부들과 함께 나와 만덕에게 다가단다. 성우와 승규, 창식, 태오, 임씨 등이 합세해 만덕에게 폭행을 가한다. 만덕은 무표정하게 그들의 폭력을 감내하고는 말없이 돌아서 다시 벽돌지게를 집어든다.

◆ 3장 : 2층에서 작업하던 창식은 상가 쪽을 바라보며 그곳에서 항상 벌이는 포커판에 대해 이야기하며 신세한탄을 한다. 예전부터 그 포커판에 흥미가 있던 그는 하루 전 포커판을 기웃거리며 동참하려다 멸시만을 당했다. 벽이 기울었다는 성우의 말에 창식은 자신들의 집도 아니니 그냥 쌓자고 하고, 두 사람은 웃으며 죽이 맞아 남원 스탠드바에 대한 이야기를 나누며 즐거워한다. 만덕이를 항상 만득이라 놀리면서 부르던 성우는 창문 너머로 만덕이를 찾아 벽돌과 모래를 올려달라고 말한다. 임씨가 커다란 바윗돌을 하나 들고 와 그것이 수석이라며 자랑하다 바닥에 떨어뜨린다. 콘크리트가 깨지고 배관 파이프까지 일그러진 것을 보고 임씨가 놀라며 당황해하자, 성우가 별 것 아니라며 목장갑을 뭉쳐 넣은 뒤 대충 수습한다. 성우는 창식과 함께 자신들의 집이 아니니 물이 새건 어쩌건 상관없다며 발작적으로 웃어댄다.

◆ 4장 : 건물주인 김 사장이 인부들의 사기를 높이기 위해 남원 스탠드바에서 술을 산다. 음악소리가 커서 인부들은 김 사장의 말을 거의 듣지 못한 채 춤추는 여자와 여종업원에게 시선을 던지고 있다. 성우는 미스 장에게 추파를 던지다 술이 자신의 사타구니에 쏟아지자, 정색을 하며 미스 장에게 고함을 지르며 술을 따르라고 한다. 미스 장의 태도에 화가 치민 성우는 술잔을 손으로 움켜쥐어 깨트리고 그녀를 밀어 넘어뜨린다. 보다 못한 창식과 인부들이 성우를 데리고 밖으로 나온다. 스탠드바 근처에서 구역질을 하고 있는 노란 미니스커트를 입은 여자를 본 창식은 그녀가 스탠드바에서 자신이 눈여겨봤던 여자임을 알아채고 성우를 비롯한 일행과 함께 그녀를 강제로 차에 태운다. 여자를 납치하듯 태운 그들은 음악의 볼륨을 높이고 빠른 속도로 남원 시가지를 달려 나간다.
◆ 5장 : 다음날 아침 오 형사와 경찰들이 공사장에 나타나 인부들을 모두 남원 경찰서로 연행한다. 지난밤에 성우가 주의를 주었기 때문에 인부들은 모두 같은 이야기를 하고, 스탠드바에서 먼저 일어섰던 만덕이만 집중 심문을 받는다. 만덕은 간밤에 산내 청국장집으로 가서 춘자의 몸을 탐한 다음 술을 마신 것까지만 기억하고 있다. 강간을 하고 살인을 한 범인으로 만덕을 추궁하는 오 형사의 집요한 심문에 만덕은 자신의 말을 믿지 않는 상황에 지쳐 입을 다물어 버린다. 보호실로 들어선 만덕은 시비를 거는 성우를 무시하고 구석에 앉아 있다 졸기 시작한다. 모두가 잠든 밤 성우만이 잠을 못 이루고 있다. 이미 감옥을 경험한 바 있는 성우는 강간 살인 혐의로 조사를 받는 이들이 태평하게 잠든 걸 보고 이해할 수 없어 한다.

지난밤 성우 일행은 노란 미니스커트를 차에 태우고 지리산으로 달렸다. 국립공원 입구 근처 콘도 공사를 위한 빈터로 간 그들은 여자를 성폭행했다. 성우가 먼저 싱겁게 여자를 범했고, 다음으로 창식이 시간을 오래 끈 뒤 임씨가 여자에게 다가갔다. 갑자기 임씨가 이상하다고 말했고, 일행은 여자가 이미 죽어 있음을 확인하고 당황했다. 두려움에 빠진 일행은 뒤로 빠지고 성우와 창식이 여자를 태우고 88고속도로를 타고 가다 도로변에 여자를 버렸다.

공장을 다니며 단란한 가정을 꾸리던 성우는 아이가 홍역으로 죽은 뒤 변한 아내와 다툼이 심해졌고, 아내가 친정으로 떠난 뒤 공장도 그만 두었다. 술에 취해 노숙생활을 하다 싸움으로 감옥살이까지 했다. 그는 지하철 바닥에서 일어난 아침, 출근하는 사람들을 보며 자신이 전혀 부끄러워하지 않는다는 사실을 자각하고 공사장 일을 시작했다. 성우는 죽은 여자에게 미안함을 느끼며 또다시 감옥살이를 해야 할지도 모른다는 두려움에 빠져 무슨 수를 써서든 감옥에 가지 않겠다고 다짐한다.

◆ 6장 : 이튿날 만덕을 제외한 성우 일행이 모두 풀려난다. 오 형사는 만덕에게 가혹한 심문과 고문을 반복하며 범행을 추궁한다. 세 명의 형사들이 교대로 고문과 취조를 반복하자 만덕은 그 상황에서 벗어나고 싶은 마음이 간절해져 마치 자신이 범행을 저지른 것인지도 모른다는 환각에 빠진다. 그렇게 나흘을 버틴 만덕은 갑자기 풀려난다. 지옥 같은 나흘을 보낸 만덕은 길을 잃은 듯한 기분에 홀려 있다 화가 치밀어 오르고 슬픔이 몰려옴을 느낀다. 그는 청국장집으로 가서 술을 마시기 시작한다. 공사장 박씨가 찾아와 인부들이 없어 공사가 진행되지 않는다며 가자고 해도, 만덕은 계속 술만 마신다.

술을 먹다 뚱뚱이 춘자가 차려준 밥도 먹고 또 술을 먹다 지쳐 잠들었다가 다시 일어나 술만 마시는 것은 만덕이 청국장집을 찾아오면 반복하는 병이라고 춘자가 박씨에게 말해준다. 어느날 다시 찾아온 박씨는 성우의 차에서 죽은 여자의 머리핀이 발견되어 인부들이 모두 잡혀갔고, 그래서 공사가 중단되었다는 말을 전해준다. 그 말을 들은 만덕은 화를 내지도 않고 아무 생각도 나지 않지 않는 듯하다. 만덕은 술로 말을 잊고 지저분한 세상을 잊는다는 것이 좋다고 생각하다 '커서 사람만 되지 않을 수 있다면 뭐가 되어도 괜찮다'고 했던 할아버지를 떠올린다.

할아버지는 만덕을 데리고 지리산으로 들어와 산에 토굴을 짓고 살았다. 만덕은 할아버지와 천왕봉 꼭대기에 올라갔던 날을 잊지 못한다. 온 세상이 흰 구름에 덮여 있어 어린 만덕은 그곳이 바다라는 착각에 빠졌다. 할아버지는 그 구름바다를 넘어가면 용이 사는 진짜 세상이 있다고 말했다. 사람이 죽으면 몸은 흙이 되지만, 숨결은 바람이 된다며 사람들은 모두 이무기이기 때문에 용이 되기 위해 산다고 말했다. 용이 되어야만 구름바다를 건너 그 세상에서 다 같이 살아갈 수 있다는 것이다.

◆ 7장 : 만덕은 잠결에 '비의 냄새'를 맡고 벌떡 일어나 오이와 고구마, 소주 한 병을 챙겨 밖으로 나선다. 어둠 속에 가득한 '비의 냄새'에 가슴을 두근거리며 만덕은 오늘은 그 바다를 건널 수 있을지 모른다는 희망에 부푼다. 오작교 여관 신축공사 현장을 지나 만덕은 뱀사골 계곡으로 들어선다. 산을 오르던 만덕은 더덕의 향기를 맡고, 언덕배기로 나아가 커다란 더덕을 캐서 주머니에 넣고 걸음을 재촉한다. 그는 바람의 몸부림을 온 몸으로 느끼며 부지런히 걸었고, 바람과 어둠이 그를 재촉한다.

반야봉에 올라선 만덕은 바람에 몸을 맡기고 주위를 둘러본다. 그곳에는 그의 온 몸을 새로운 기운으로 채우고 고통과 절망감을 잠재우는 힘이 있다. 바위에 걸터앉아 오이를 씹기 시작하며 할아버지와 함께 왔던 날을 떠올린다. 어둠이 사리지기 시작하면서 드러난 하늘과 구름바다를 만덕은 정신없이 바라본다. 문득 성우와 인부들의 얼굴, 경찰서에서의 일들이 떠오른 만덕은 그들이 불쌍하다는 생각을 한다. 만덕은 구름바다를 향해 한 걸음 다가서며 할아버지에게 '언제 구름바다를 건너갈 수 있냐'고 고함을 질러대기 시작한다. 바람이 그의 외침을 휩쓸어 뱀사골을 내려가 계곡을 건너 모텔 오작교 공사현장에 이르러 그의 고함을 쏟아놓자 여관 건물이 한꺼번에 무너져 내린다.

4. 초점화

전체 7장으로 구성된 <지리산에 저 바다>는 서술자의 외적 초점화 방식으로 만덕을 중심으로 한 오작교 여관 건축현장의 인부들이 벌이는 일련의 사건을 제시하는 전지적 작가 시점을 택하고 있다. 작품의 시작과 끝, 그리고 중간 일부분에서는 만덕을 초점화 주체로 내세워 그가 할아버지와 함께 지냈던 시간을 회상하며 구름바다와 그 너머의 세상에 대한 이야기를 들려준다. 초점화 대상으로 등장하는 공사장 인부들의 경우 만덕을 따돌리고 폭행하는 모습에서부터 강간 살인을 저지르는 일련의 부도덕한 형상으로 그려진다.

인부들 중 유독 성우만 과거를 회상하는 초점화 주체로 비중 있게 그려진다. 이처럼 만덕을 중심으로 한 초점화가 대립적 인물인 성우에게도 일부분 드러나는 가변적 초점화 방식이 사용되고 있다. 할아버지의 이야기를 바탕으로 지리산의 구름바다 너머에 있는 참세상을 꿈꾸는 만덕과 현실에서의 고통을 감내하며 비정상적인 방식으로 그것을 해결하려는 성우의 상반된 행동방식이 적절하게 그려지고 있다.

5. 주제의식

지리산 부근의 공사현장을 중심으로 펼쳐지는 인부들의 행태와 강간 살해사건을 다루고 있는 <지리산에 저 바다>는 개발 지상주의로 치닫고 있는 현실의 풍토 속에서 어떤 의미도 찾지 못하는 인물들을 그리고 있다. 할아버지에게서 들었던 지리산의 '구름바다' 너머에 있다는 나무와 사람이 공존하는 이상 세계를 가슴에 품고 모순 투성이의 현실을 버티며 살아가는 만덕은 현실에 정서적으로 정착하지 못하는 인물이다. 또한 철저히 자기중심적 사고방식에 빠져 순간적인 욕망에 이끌리는 인부들 역시 온전한 삶의 의미를 상실한 인물들이다. 따라서 만덕은 술독에 빠져 현실을 견디다 지리산을 오르면서 자연 속에 하나가 되는 자신을 발견하고서야 비로소 안정을 찾을 수 있는 것이다. 이처럼 사람들의 말은 더 이상 말의 의미를 지니지 못하고 있다는 인식을 통해 자연이 훼손되어 가듯 상처받고 고통받는 인간 삶의 한 형상을 담아내고 있다.

6. 시간과 공간

1990년대 후반 지리산 국립공원 부근 여관 공사현장을 중심 공간으로 한 <지리산에 저 바다>는 여름 한 철의 장사를 위해 자연을 파헤쳐 건물을 올리는 자본의 논리에 길들여진 행태를 그리고 있다. 여전히 자연의 신성함을 유지하고 있는 지리산은 개발지상주의의 힘에 아래쪽부터 조금씩 그 모습을 잃어가고 있다. 도시화라는 무분별한 산업화가 여전히 진행중이며 자연의 공간은 점점 그 영역을 잃어가고 있는 현실을 시간적 배경으로 한 작품이다. 이처럼 지리산 일대의 공사현장과 그곳에서 일하는 인부들의 나태함과 욕망에 이끌리는 모습은 지리산 정상에서 볼 수 있는 구름바다와 대비를 이루고 있다.

이러한 공간적 배경은 만덕의 할아버지가 이야기한 '구름바다' 너머의 세상과는 달리 평등하지도 않은 곳이며 사람만이 사는 세상일 뿐인 비정한 공간이다. 반면 구름바다 너머의 세상은 용이 살고 있으며 사람과 나무들이 평등한 세상으로 위계화된 현실의 문제들이 사라진 공간을 상징한다.

7. 인물의 존재방식과 유형

초점 인물인 만덕은 현실의 세상과는 다른 구름 너머의 이상 세계를 꿈꾸며 현실의 고단한 삶을 견디어 나가는 인물이다. 때문에 거친 인상과 거대한 체구와는 달리 온순하고 세심하며 사변적인 우울질의 기질을 지니고 있다. 이에 반해 만덕과 같은 공사장에서 일하는 일행들은 다분히 다혈질적 행동을 일삼으며 현실을 견디고자 하는 만덕의 인내심에 반하는 인물로 등장한다. 특히 인부들의 중심적 위치에 있는 성우는 전과가 있는 인물로 자기중심적 성향이 강하지만, 강간 살해사건이 벌어진 뒤 인부들을 조종하는 등 복합적인 기질을 지닌 원형적인물이라 볼 수 있다.

8. 플롯의 방법과 종류

<지리산에 저 바다>는 초점 인물인 만덕의 고난의 구조를 포함하고 있는 연민의 플롯을 취하고 있다. 자신의 행동이나 생각 때문이 아닌 외적인 요소들에 의해 고통의 시간을 감내해야만 하는 만덕은 현실적 시선에서 볼 때 만덕이 아닌 '만득'이 될 수밖에 없다. 그러나 만덕은 그러한 외적 요인들에 의해 휘둘리지 않고, '구름바다' 너머의 이상향을 간직하고 있는 순수한 모습을 유지한다.

9. 문학생태적 비평의 의의

지리산 인근의 공사현장이라는 지극히 현실적 공간과 나무와 인간이 평등하다는 '구름바다' 너머의 이상 세계라는 대비되는 설정이 작위적이긴 하지만 <지리산에 저 바다>는 자연과 인간의 조화와 교류를 담지하고 있는 작품이다. 경찰서에서 고문을 당하면서 자신의 말이 진실이 될 수 없다는 현실을 체험한 만덕이 최후의 선택으로 지리산 정상을 향하는 것은 자연과의 조화가 단절된 삶이 맞이할 결말을 의미한다. 일시적인 욕망을 충족시키기 위해 건축되는 모텔 건물이나 임금을 받기 위해 주인 의식 없이 일하는 인부들, 그리고 무자비하게 한 여성을 강간 살해하는 인부들은 현실 사회의 고립된 인간상을 표상하고 있다. 이러한 현실 속에서 이상향을 꿈꾸면서 현실의 시간을 감내하던 만덕이 지리산의 나무들과 바람의 품에서 안정을 찾는 것은 자연과 인간 삶의 조화에서 치유가 가능함을 말하고 있는 것이다.

Ⅴ. 생태주의자의 표층적 양상과 피상적 의식

<수수밭으로 오세요>

1. **작가소개 : 공선옥**(孔善玉)

1963년 전남 곡성에서 출생한 공선옥은 1983년 전남대학교 국어국문학과에 입학하였으나 휴학을 한 후 등록을 하지 않아 제적되었다. 1991년 『창작과비평』에 중편소설 <씨앗불>을 발표하여 문단에 등단하였다. 여성의 운명적인 삶과 모성애를 뛰어난 구성력으로 생생히 그려낸 작품이 주를 이룬다. 1992년 단편소설 <목숨>을 발표하고, 단편소설 <장마>로 제4회 여성신문 문학상을 받았다. 1993년 장편소설 <오지리에 두고 온 서른 살>이 출판되었다. 1994년 <불탄 자리에 무엇이 돋는가>, <우리 생애의 꽃>, <목포는 항구다>를 발표하고, 소설집 ≪피어라 수선화≫를 출간하였다. 1995년 계간지 『리뷰 Review』에 장편소설 <시절들>을 연재하기도 했다.

이 외의 작품으로 <모정의 그늘>(1995), <우리들의 고향>(1995), <내 생의 알리바이>(1998), <수수밭으로 오세요>(2001), <멋진 한세상>(2002), <붉은 포대기>(2003) 등이 있으며, 산문집으로 ≪자운영 꽃밭에서 나는 울었네≫(2000), ≪공선옥, 마흔에 길을 나서다≫(2003) 등이 있다. 1995년 제13회 신동엽창작기금을 받았으며, 2004년 제12

회 오늘의 젊은 예술가상(문학 부문)을 받았다.

2. 스토리

미싱사였던 필순은 첫 남편의 외도와 폭행으로 이혼 후 아들 한수와 어려운 삶을 살던 중 우연히 의사 이섭을 만나 결혼에 이른다. 이섭은 '가난을 선택한 사람들의 모임'에 참여하는 생태주의자이다. 그러나 필순은 지긋지긋한 가난을 선택하는 그들의 허영이 못마땅하기만 하다. 아들 한수와 서먹한 이섭, 거친 말투와 투박한 행동의 자신이 부끄럽기만 하던 중 이섭은 바우네 손님 영란에게 관심을 보인다. 아들 산이 돌잔치에 시어머니가 방문했을 때 필순은 술을 마시고, 이를 본 시어머니가 화를 내고 가버리자 이섭과 필순은 이로 인해 더 멀어진다. 한편 필순은 간경화 판정을 받은 친구 은자네 가족이 재개발로 삶의 터전을 잃게 되자 어찌할 수 없어 그들을 이섭의 집으로 데려오지만 이섭은 겉으로는 싫은 내색을 않는다. 동생의 딸이라는 말만 믿고 봄이도 집으로 들인다. 결국 이섭은 이러한 필순에게 이혼을 선언한다. 이섭은 영란과 생태주의자로서 의식적 교류가 이루어 질 것이라 믿고 그녀를 따라 떠난 것이다. 상실감에 빠졌던 필순은 그들이 라다크에서 보낸 사진을 보게 되지만 오히려 아이들과 마을 사람들의 격려에 힘을 얻고 수수밭을 열심히 경작하리라 다짐한다. 아울러 이섭처럼 가식적인 생태주의가 아닌 생명력 있는 자연속의 건강한 삶은 수수밭을 가꾸고 자신의 아이를 건강하게 키우는 것이라고 생각한다.

3. 담론

<**통증**>

◆ 필순은 재혼한 남편 심이섭과 아들 심 산, 전남편의 아들 조한수 이렇게 지리산 자락에서 살고 있다. 의사인 남편은 벌이가 풍족하고 이러한 풍요가 깨질까 늘 조바심치며 살고 있던 중 서울 이모네에

가겠다는 한수가 가출하는 사건이 발생하고 급기야 읍의 경찰서에서 이섭이 한수를 데려 온다. 어색한 부자관계인 그들은 그 일을 치르고도 별반 필순에게는 말이 없다. 이웃집 바우네에서 이섭이 술을 마시는 동안 필순은 그의 수첩의 메모를 보지만 대안적 삶의 방식에 대한 글을 이해하기 어렵다. 바우네로 건너가 유리너머로 이섭과 바우아빠 김영후가 도시풍의 세련된 여자 영란의 공동사회 모럴의 붕괴에 대해 성토하는 장면을 관심 있게 보고 있는 것을 본 필순은 자신이 초라해짐을 느낀다. 농약을 치는 것은 일종의 살인 행위로 농부로서의 윤리의식은 사라졌다며 통탄하면서 그들은 가난을 선택할 수 있는 것도 하나의 삶이라고 건배까지 하면서 의기투합한다. 이때 시나리오 작업차 이곳에 온 영란은 인도의 라다크를 돌아보고 진정한 대안적 삶을 살리라 다짐한다. 화장실을 가던 이섭은 필순을 보고도 못 본 척 바우네를 나와 혼자 집으로 돌아간다. 그런 그의 뒷모습을 보며 필순은 가슴에 통증을 느낀다.

<선물>

◆ 필순은 공단 지역에서 원단을 받아다가 손질하면서 생계를 이어가고 있었다. 이혼 후 아들 한수와 함께 먹고 사는 문제가 절박했던 시절 비슷한 처지의 은자는 소정카페를 열어 병든 노모와 두 딸을 키워내고 있었다. 어느 날 은자네 집 손님으로 온 심이섭에게 신세를 진 필순과 필순동네에 자원 봉사를 다니던 이섭은 자연스레 가까워진다. 필순에게는 일생일대의 선물이 바로 이섭이었다. 시집식구들은 참석하지 않은 채 친정어머니와 언니가 참석한 초라한 결혼식은 피차 재혼인 만큼 단출하게 이루어 졌다. 공원 출신인 자신에 비해 의사인 남편이 격에 맞지 않는다고 생각하는 어머니는 이섭에게 존대말을 하고 그를 어려워했다.

<꿈>

◆ 전처와 이혼하면서 위자료에 시달리던 이섭은 서울에서 살림을

이룰 경제적인 여유가 없었다. 그래서 그는 신혼여행으로 떠난 지리산 자락을 소개하면서 정하윤이라는 선배의 소개로 원촌에 병원을 개업하겠다는 의지를 밝힌다. 정하윤의 후배인 김영후씨와 그 부인 전병순의 옆집으로 이사를 오게 된 필순은 소박하지만 위엄이 있는 전병순과 가까이 하기 힘들다는 느낌을 받는다. 이섭은 자신보다도 먼저 바우네에게 산이 돌에 시어머니가 내려 올 것이라는 이야기를 하고 필순은 뒤늦게 병순에게 이 이야기를 전해 듣는다. 병순은 섭섭한 마음에 산이 산바라지를 하러 해남에서 친정어머니가 왔을 적에도 이섭이 주로 침묵했던 일을 떠올린다.

◆ 시어머니는 형수라는 여자와 멋진 자가용을 타고 내려왔다. 필순은 거들떠보지도 않고 산이를 끼고 돌다 수박을 내오라고 한다. 하지만 하루 종일 동동 음식을 준비하던 필순은 수박을 잊고 준비하지 못했다. 이섭은 화를 내고 그들은 자가용을 타고 수박을 사러 읍내로 나가는데 그 뒷모습이 아련하고 자신이 원망스러워 필순은 술을 마신다. 그리고 다음의 기억은 없고, 필순의 술주정에 대한 이섭의 냉담한 야유만이 필순을 기다린다. 아이를 보기위해 온 노인의 마음을 짓밟아 버린 이야기를 들은 필순은 더욱 기가 죽어 이섭을 가까이 하지 못한다.

<**정**>

◆ 시어머니가 그렇게 돌아간 후 이섭은 필순의 일상적인 말조차 대답을 않고, 어느 날 수수밭을 갈아 보지 않겠느냐는 동네 사람의 제안에 대해 이섭에게 상의하기 위해 용기를 내어 병원을 방문한다. 병원 대기실에서 아이에게 함부로 폭언하며 폭행하는 아버지를 본 필순은 전남편에게 당하던 한수 생각이 나서 욕을 하며 그 남자를 말린다. 이섭은 무식한 필순에게 화를 내고 그렇게 병원에서 돌아 온 필순은 자학한다. 돌아온 이섭과 화해하고 이섭이 생태주의를 이야기하면서 가난을 선택한 용기에 대해 이야기 하자 필순은 지긋지긋한 가난을 선택하는 것에 대해 화를 내고 거친 말로 응수한다. 이섭은

필순과 대화의 괴리를 느끼고 사고방식의 심각한 이질성을 체감한다. 이때 은자가 전화를 걸어 울면서 끊자 필순은 불길한 예감에 싸인다. 다음날 은자 딸로부터 은자가 위급하다는 전갈을 받고 필순은 산이를 전병순에게 맡기고 서울로 향한다. 병원에서 간경화 판정을 받은 은자가 살던 곳이 재개발로 인해 삶의 터전마저 잃게 되자 은자를 자신의 집으로 데려가리라 결정한다.

<**불청객**>

◆ 은자가 필순네 집에 들어오자 한수는 자신의 방을 빼앗긴 사실에 그들을 불청객 이상으로 대하며 싫어했지만 이섭은 오히려 은자를 살갑게 대해주고 그런 이섭에게 고마움과 행복을 느끼던 필순은 화엄사에 놀러 가자는 이섭의 제안에 본능적으로 영란을 떠올린다. 한편 이섭의 말대로 화엄사에 가기로 한 날 은자의 심술로 이섭 혼자 화엄사로 떠난다. 필순과 다툰 후 마을을 둘러보던 은자는 아들네로 간다는 동네노인에게 당분간 집을 얻어 살아도 좋다는 허락을 얻는다. 돌아오는 길에 이섭의 차가 바우네에 있는 것을 본 필순은 불길한 예감과 가슴의 통증을 느낀다.

<**밤순례**>

◆ 은자는 이사를 나가고 이섭은 화엄사에 다녀온 뒤 부쩍 신경질이 늘고 필순은 상대도 하지 않는다. 공연히 산이의 버릇에 대해 트집을 잡는다. 서울에 시어머니에게 살갑게 굴라는 등 평소답지 않은 이섭에게 필순은 어떤 예감을 갖는다. 전병순에게 일요일의 일을 물어보니 화엄사는 이섭 혼자 바우네 차를 타고 다녀오고, 밤늦게 '가난을 선택한 사람들의 모임'에 바우 아버지가 합류한 사실을 알게 된다. 이섭은 예감대로 필순을 떠날 준비를 하고 서울에 다녀오겠다며 집을 나간다.

<**눈물**>

◆ 서울을 다녀온 이섭은 침묵하고 낯선 남자가 여동생 필례의 아이

라면서 봄이를 맡기고 간다. 필순은 은자가 죽은 후 마음이 허전한 탓에 봄이를 선뜻 맡아 버린다. 이섭은 황당해 하면서도 괜찮다는 말로 필순을 위로하지만 필순의 행동거지 하나하나가 자신과 격이 다르다는 것을 체감한다. 그럴수록 필순에 대한 염오와 연민이 혼돈으로 다가오고 이섭은 고뇌에 빠진다. 이섭은 양주를 마시며 울던 중 필순에게 자신의 고뇌를 털어놓고 더 이상 같이 사는 것이 어렵다는 고백을 한다. 이섭이 꿈꾸는 생태적인 삶이나 가난을 선택한다는 의미가 가난에 빠져린 고통을 아는 필순과는 도무지 소통할 수 없는 경지인 것을 절실히 깨닫게 된 것이다. 필순은 욕설과 협박으로 이섭에게 매달리지만 그럴수록 이섭은 필순에게 혐오를 느끼고 드디어 그는 가출한다.

<**설운 설**>

◆ 이섭은 병원에서 먹고 자기 시작했고 필순의 방문도 달갑게 여기지 않는 냉혹한이 되어 갔다. 구례의 다방에서 이섭은 이혼에 대해 최후 통첩하면서 필순의 막되 먹은 말투와 터무니없는 인정에 대해 변명을 늘어놓으며 이혼의 이유를 설명하고 필순은 자신에게 온 선물이 사라지는 것을 받아들여야 한다는 절망에 괴로워한다. 그를 더 붙잡아 두고 싶어 술을 마시고 비프스테이크를 시켜보지만 이섭은 연민조차 느끼지 않는다. 그렇게 이섭을 떠나보낸 후 집에 돌아온 필순은 이웃 보람엄마의 가출 소식을 접한다. 또한 필순부부의 이상을 눈치 챈 전병순의 방문을 받고 위로를 하려는 그녀를 돌려보낸다.

◆ 한편 필순에게 전화가 오고 오빠의 집에 봄이를 데려간다. 그러나 필례의 이야기는 그 남자에게 필순이 속았다는 것이고 필례는 아이를 낳은 적이 없다는 것이다. 그리고 봄이를 버리라는 조언을 받지만 필순은 봄이를 키우기로 결심한다.

<**사투**>

◆ 동네에서는 이섭이 필순을 떠난 사건에 대해 수군거리고 그 이유

가 봄이 때문이라는 소문도 돌고 있었다. 호기심 가득한 마을 사람들의 눈총이 필순을 어렵게 했지만 아이들을 돌봐야 한다는 일념이 필순을 버티게 했다. 그러던 중 산이를 친가로 보내는 것이 산이를 위하는 일이라 판단한다. 그리고 서울 이섭의 집을 찾아가 시어머니로부터 모욕을 당한다. 시어머니는 아이를 두고 가라며 외출하면서 파출부에게 아이를 보라고 명령한다. 한편 산이가 화분을 깨고 군자란을 꺾었다며 발을 동동 구르는 파출부의 태도에 비정함을 느껴 필순은 산이를 데리고 돌아온다.

<**빛**>

◆ 법정에서 이섭과 헤어지던 날 그는 뒤도 돌아보지 않고 떠났다. 그가 어떤 다른 여자를 그리워하다 이제 그녀와 함께 할 것이라는 예감을 뒤로하고 필순은 집으로 돌아와 마을 부녀회에 나간다. 그리고 당당히 자신의 삶을 소개하자 마을 부인들은 필순을 보듬어 안는다. 마을을 떠나지 말고 오래도록 같이 살자는 그들의 제안은 필순에게 하나의 빛이 된다. 돌아오는 길 전병순에게 들러 오영란이 보낸 편지에서 인도에서 남편 이섭과 환하게 웃고 있는 그녀를 보지만 거짓말처럼 마음이 편안해짐을 느낀다. 필순은 아이들과 함께 혼자서도 당당히 슬픔을 이기고 살 수 있을 것이라는 희망과 의지를 갖게 되고 옥수수 밭을 열심히 가꾸리라 다짐한다.

4. 초점화

<수수밭으로 오세요>는 시종일관 필순을 내적 초점화자로 설정한 전지적 작가 시점의 양상을 하고 있다. 이섭과 필순의 생태적 삶에 대한 의견차이나 이섭이 추구하는 생태주의와 가난을 선택한 사람들의 생각이 이섭의 시선을 통해 서술되지 않고 단지 이섭과 바우 아빠 김영후, 그리고 오영란의 대화를 통해 부각될 뿐이다. 또한 이들의 대화에 대한 시큰둥한 반응을 보이는 필순의 의식이 내적 초점화

되어 표출되고 있다. 이러한 초점화의 방식은 이 작품이 내포하고 있는 생태의식을 반감시키고 있다. 초점화자의 국면은 필순의 '심리적 측면'에 치중되어 있으며 감정적 요소를 중심으로 부각되고 있다.

5. 주제의식

<수수밭으로 오세요>는 미싱사인 필순이 생태주의자인 이섭을 만나 생태적 삶을 꾸려보지만 이섭이 생각하는 생태적 삶이 필순에게는 힘들고 어려운 일로 다가온다. 그녀는 다만 배고프지 않은 현실에 만족할 뿐인 것이다. 그래서 이웃집에 방문한 오영란이 타인에 대한 배려를 운운하는 것이 낯설다. 이러한 필순을 참지 못하고 이섭은 자신이 추구하는 생태적 삶을 위해 그녀와 이혼하고 영란을 따라 인도의 라다크를 순례하러 떠난다.

이러한 이섭의 생태주의는 본질적인 의미에서 오히려 반생태적이라 할 수 있다. 이혼 후 미싱사로 어려운 삶을 살고 있는 필순에게서 그가 얻으려 했던 것은 가난이라는 피상적인 삶의 양상에 지나지 않는다. 이섭은 상처 입은 여성에게 이중의 아픔을 가세하며 '가난을 선택'했다는 자부심으로 이러한 가해적 행위를 합리화하려 한다. 작가가 의도한 것이 단지 가난한 여성의 삶을 유린한 남성에 대한 비판과 이를 당당히 이겨내리라는 자신감이라 하더라도 이 작품은 생태주의에 대한 오해와 피상적인 생태주의자들에 대한 엄중한 각성을 촉구하는 주제의식을 함축하고 있다.

6. 시간과 공간

<수수밭으로 오세요>는 제 5공화국 말엽 필순이 이섭을 만나는 상황설명으로 보아 1980년대 후반을 배경으로 하고 있다. 이러한 시대 배경은 물질만능주의가 보편화되고 빈부차이가 확대되는 시점을 반영하고 있는 것이다. 또한 공간적 배경은 필순이 이섭과 결혼하기

진의 삶은 공단 근처의 척박한 달동네를 배경으로 하고 있다. 반면 이섭과 결혼 후에는 지리산 원촌을 배경으로 하여 생태적 삶을 살아가려는 사람들이 모여드는 공간을 설정하고 이러한 사람들이 가난을 선택할 수 있는 용기에 대해 서로 이해하고 독려하는 모습을 담아내고 있다.

7. 인물의 존재방식과 유형

<수수밭으로 오세요>는 필순과 이섭이 중심인물로 등장하고 있다. 이중 이섭은 충분히 편안히 살 수 있는 기득권층의 삶을 포기하고 가난하고 무력한 사람들에게 의술을 나누는 의사로서의 삶을 선택한 인물로 전반부에 등장한다. 이러한 측면은 그를 인간적이고 순수한 프라이(N. Frye)의 '그리스도형' 인물로 볼 수 있게 한다. 그러나 후반부에 자신의 신념에 필순의 가난을 피상적으로 치장하려하는 위선적인 면모를 보이며, 자신만의 삶의 만족을 위해 가정을 파괴하는 이기적인 성향을 보인다. 이러한 측면은 프로프(V. Propp)의 '가짜 영웅'의 양상으로 그가 존재하고 있음을 반영하고 있다. 한편 필순은 가난에서 벗어나는 것이 유일한 목표이며 자신의 아들 한수와 석이가 자신과는 달리 편안한 삶을 영위하는 것만이 목표이다. 이섭과의 결혼은 그가 이를 해결해 줄 수 있으리라 믿어서였다. 그러나 그녀는 자신이 가난을 이섭에게 선물하고도 또다시 이섭에게 상처받고 버림받는 다는 점에서 '주는 자'에 해당한다. 첫 남편에게도 희생을 강요당했고, 이섭에게도 자신이 가진 유일한 가난을 주고는 버림받는 '수난형'으로 존재한다. 그러나 결말에서 그녀가 보이는 주체적 삶에 대한 의지는 '입체적 인물'의 양상을 확인하게 한다.

8. 플롯의 방법과 종류

<수수밭으로 오세요>는 이섭과 필순의 만남과 이별, 그리고 필순

의 주체적인 여성으로의 재생이라는 사건을 시간의 순서에 입각해 전개하고 있는 '순행적 구성'에 입각해 있다. 또한 이러한 필순의 각성에 초점을 맞추어 보면 '성장의 플롯'의 양상을 확인할 수 있다. 하지만 첫 남편과의 이별에 대한 회상과 성장과정에서의 고통, 그리고 여동생과 오빠의 굴절된 삶에 대한 편린들이 부분적으로 '역순행적 구성'에 입각해 전개되고 있다.

9. 문학생태적 비평의 의의

<수수밭으로 오세요>는 필순이라는 미싱공이 의사인 이섭을 만나 안정된 삶을 꿈꾸지만 이섭이 추구하는 생태주의에 필순이 적응하지 못한다는 이유로 이섭에게 이혼당하는 어처구니없는 삶의 굴절을 중심내용으로 하고 있다. 이는 이기적이며 위선적인 이섭에 의해 일방적으로 필순이 겪는 상처와 아픔이라는 측면에서 에코페미니즘적 생태위기의 양상을 반영하고 있다. 또한 이섭이 추구하는 공유와 나눔의 정신, 그리고 가난을 선택하는 용기 등은 생태주의의 일반적인 생태의식과 상통하지만 이를 위해 가정을 파괴하고 이러한 생각을 공유하는 다른 여자를 따라 떠나는 행위는 반생태성을 노정하고 있다.

<핵반응>

1. 작가소개 : 남정현(南廷賢)

1933년 12월 13일 충남 당진에서 출생한 남정현은 대전사범학교를 졸업했다. 1958년 <경고구역>과 1959년 <굴뚝 밑의 유산>이 『자유문학』에 추천되어 등단했다. 1965년 『현대문학』 3월호에 발표한 <분지>가 반공법에 저촉되었다 하여 구속 기소되어 징역 7년을 구형받았고, 1967년 서울고등법원에서 선고유예 판결을 받았다. 1974년 3월 긴급조치 위반 혐의로 구속되었다가 9월 긴급조치 해제로 석방되었다. 저서로는 ≪너는 뭐냐≫, ≪굴뚝 밑의 유산≫, ≪준이와의 3개월≫, ≪허허, 선생≫ 등이 있다.

1961년에 <너는 뭐냐>로 제6회 동인문학상을 수상했으며 2002년에는 한국민족예술인총연합회 민족예술상(제12회)을 받았다. 현재 민족문학작가회의 고문으로 있다.

2. 스토리

대단한 재력과 권력을 지닌 허허선생을 아버지로 둔 '나'는 허허선생의 핵무기 소유가 임박해 있다는 모임에 참석한 후 허허선생의 권력욕에 다시 한 번 놀란다. 반공정신으로 무장된 그가 승승장구한 인생을 떠올리며 '나'는 허허선생의 왜곡된 역사의식에 비판의 날을 세운다. 한편 어젯밤 반미와 반공시위 뉴스를 시청한 허허선생이 의식을 잃었다는 소식을 접한 '나'는 아버지를 문병하기 위해 그의 침실에 가게 되고, 허허선생이 의식을 찾기 위해서 필요한 것은 자극이라 생각해 핵무기 철수에 관한 거짓보도를 진술한다. 예상대로 '나'는 허허선생으로부터 강한 펀치를 맞게 되고 아버지는 의식을 찾는다. 핵무기가 허허선생을 지탱하는 유일한 힘인 것을 안 '나'의 자극이 제대로 기능한 것이다. 핵무기가 현실을 위협하는 존재가 아니라 오히려 허허선생을 수호하는 존재라는 역설적 상황을 반영하고 있는 것이다.

3. 담론

◆ '나'는 아버지 허허선생이 병에 걸렸다는 사실을 믿기 어려워한다. 신체의 각 부위를 저명한 의학 박사들이 관리하고 있고, 항상 건강에 철저하기 때문이다. 문제는 목 부위를 담당하고 있는 '비박'이 인두에 발생한 염증을 치료하기 위해 최근에 개발된 항생제를 투여한 것이었다. 마치 전쟁처럼 다른 부위의 박사들은 비박을 공격했고, 아버지가 당신의 모형 허허선생까지 제작하여 신체관리에 수백억 원을 투자한 사실을 알고 '나'는 망연자실한다. 항상 아버지가 하는 일에 비판적인 '나'는 아버지의 주요 모임에서 일부러 제외 당하고는 했는데 최근 핵무기관련 모임에서 아버지 허허선생은 '나'에게 자신을 지켜줄 무기인 핵무기를 과시하면서 자신에 대해 황홀경에 빠진다.

◆ 서민과 민중을 빨갱이로 여기는 허허선생은 제주도 4·3사건에서 토벌대장이었다. 그는 반공정신 하나로 승승장구하여 권력과 재력을 동시에 얻게 된다. 한편 '나'는 이러한 아버지의 성공에 비례하여 거리가 생기고, 그를 비판하는 세력에 서게 된다. 이러한 아버지가 그

의 은인중의 은인인 리버티 소장이 방한한다는 소식을 듣고도 병으로 일어설 수가 없다는 것은 '나'에게 충격적인 일이다.
◆ 아버지가 어제 반미 반공시위 장면을 본 후 그대로 의식이 없는 상태로 누워 있다는 곽 비서의 보고를 접한 '나'는 자식 된 도리로 아버지의 침실로 향한다. 그리고 그는 다소 초췌해진 아버지에게 핵무기 철수 시위가 있다고 거짓 진술한다. 그러자 허허선생은 벌떡 일어나 나의 뺨을 번개처럼 후려치면서 자신을 죽으라고 하느냐며 정신을 차린다. 모두 허허선생의 쾌유에 기뻐하고 '나'는 아직도 그가 강한 펀치의 소유자임을 느낀다.

4. 초점화

<핵반응>은 일인칭 서술자 '나'가 바라본 아버지 허허선생에 관한 반어적인 기법의 작품이다. 외부초점화자로서 '나'는 허허선생의 왜곡된 반공정신을 반어적으로 서술하고 있으며, 부분적으로 허허선생이 내부초점화자로 작용하여 권력에 부응하여 부당한 '반공'이라는 명분으로 재산을 형성하고 권력까지 얻게 된 내력을 서술하고 있다. 전체적으로 '심리적 국면'이 강하고 허허선생의 반공의식은 '의식적 요소'로 '나'와의 대립은 '감정적 요소'로 서술되고 있다.

5. 주제의식

<핵반응>이라는 제목이 암시하는 바처럼 이 작품의 이념소는 권력에 부응하여 자신의 입신출세만을 일삼은 허허선생의 왜곡된 세계관과 삶의 자세에 대한 비판에 있다. 특히 핵무기를 입수하게 되면 그것 자체가 일종의 '만리장성'을 쌓는 것과도 같은 일이라 생각하는 허허선생의 시각은 핵에 대한 맹신을 반영하고 있다. 그리고 이러한 맹신은 의식을 잃은 그에게 핵반응처럼 강하게 작용하여 의식을 회복하는 매개 역할까지 한다는 마지막 장면의 제시는 허허선생의 생

태위기를 반영하고 있다. 민중이나 서민을 빨갱이와 같다고 생각하는 그의 독선은 핵무기처럼 강하게 유약한 인간을 억압하고 있는 당대 권력자의 전형적인 모습을 보여주고 있으며 이에 대한 냉소적이고 반어적인 비판이 작품의 핵심주제로 작용하고 있다.

6. 시간과 공간

<핵반응>의 시간적 배경은 1980년대 민주화운동이 거세게 일던 시기이며 구체적인 공간은 허허선생의 거대한 궁전 같은 집을 배경으로 하고 있다. 반미 시위가 거세게 일던 시절의 모습을 담고 있으며 허허선생의 거대한 집안 구조 묘사가 분명 배경으로 존재하지만 사실상 이 작품의 공간적 배경은 작품의 주제형상화에 크게 기여하는 바는 없다.

7. 인물의 존재방식과 유형

<핵반응>은 독선적이고 위선에 가득 찬 허허선생이라는 부정적인 인물과 이를 냉소적으로 바라보는 '나'의 갈등을 전제로 인물이 존재한다. 악한으로 등장하는 허허선생은 일종의 프로프(V. Propp)의 '가짜영웅'의 모습을 하고 있고, 이러한 허허선생을 비판하는 '나'는 '적대자'로 존재한다. 이러한 인물들의 양상을 서술자는 '나'의 말하기 방식을 통해 주로 전달하고 있으며 허허선생을 둘러싼 주변인물인 의사나 곽 비서와의 상호관계를 보여주는 방식으로 설명하기도 한다.

8. 플롯의 방법과 종류

<핵반응>은 전반부는 허허선생의 병이 위중한데 대한 '나'의 진술은 현재에 입각해 있고, 허허선생의 입신과정은 과거의 시선으로 처리되어 있다. 또한 후반부는 허허선생을 자극하는 '나'의 모습을

현재형으로 서술하고 있다. 이는 이 작품이 '역순행적 구성방식'임을 입증한다. 또한 의식을 잃었던 허허선생이 의식을 되찾는 구조의 결말은 비록 혐오감을 느끼지만 '행운의 플롯'(the fortune plot)에 입각해 있음을 알 수 있다.

9. 문학생태적 비평의 의의

<핵반응>은 사실 핵문제로 인한 직접적인 생태위기를 다루고 있지는 않다. 그러나 대량살상무기인 핵무기에 대한 허허선생의 욕망과 집착은 간접적으로 생태위기를 반영한다. 즉 개인의 이익을 위해 공동체의 파멸도 개의치 않는 허허선생의 독선과 오만은 생태위기의 원인이 되어 '위계'의 사회적 모순을 배태한다. 이 작품은 반어와 냉소의 기법으로 이러한 생태위기의 현실을 포착하고 있어서 사회생태론적 접근을 가능하게 한다.

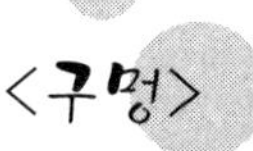

<구멍>

1. **작가소개 : 이윤기**(李潤基)

Ⅳ의 <나무가 기도하는 집>을 참고.

2. **스토리**

환경경제학을 전공한 '그'는 일본에 회의 참석을 위해 나리타공항에 도착하고 그곳에서 위안부 문제를 위해 노력하는 시민단체 여성을 만난다. 곧이어 서울에 일본의 쓰레기 문제를 처리하는 관행과 행정을 보고하는 세미나에 참석하는 선배를 만나 일본의 매춘문화에 음성적으로 기여하고 있는 한국의 젊은 여성들의 타락한 도덕성이 종군위안부 문제를 제기할 입지를 상실하게 한다는 말을 듣는다.

아울러 선배는 인류가 한배를 타고 있는 실정인데 순간의 욕망으로 자신이 탄 배 밑에 구멍을 뚫어서야 되겠느냐는 탄식을 뒤로 하고 떠난다. 실제로 술집에서 매춘을 강요당하던 '그'는 술친구로 소개받은 여성이 6개월 전 가출한 아내임을 알고 경악한다. 인간의 탈선이 사실은 지구환경의 오염이 되고 있다는 사실을 체감한다.

3. **담론**

◆ 환경경제학을 전공한 '그'는 일본의 간단한 심포지움에 참석하기 위해 나리타공항에 도착한다. 그리고 종군 위안부 문제를 다시 생각하는 모임에서 돌리는 앙케이트에 관해 이야기하는 중년여인의 권유를 이해하지 못해 난처해하고 있던 중 선배를 만난다. 선배 역시 환경문제세미나에서 쓰레기 문제를 처리하는 일본의 관행과 행정 현황을 보고하러 서울에 간다는 것이다.

◆ 이야기 도중 선배는 어릴 적에 흐르는 물에는 방뇨하지 말라던 어른들의 말을 이해하겠다며 '그'에게 다른 도시에서 매춘하는 문제에 대해 노골적인 야유를 보낸다. 아울러 '그'는 선배에게 정신대 문제에 대해 민간단체에서 논의하면 일본인들은 매춘문화의 부도덕성을 들고 나온다는 것과 정신대의 피눈물을 한심한 세태의 매춘행각이 더럽히고 있다는 탄식을 듣는다.

◆ 선배를 나리타공항으로 보내고 남은 시간을 보내기 위해 술집에 들른 '그'는 그곳에서 30대 남자로부터 집요하게 매춘을 강요받는다. 그리고 술친구로 소개 받은 여인이 6개월 전 가출한 아내임을 발견하고 아연실색한다. 그리고 인류가 한 배를 탄 뱃사람인 바에야 자신의 배에 밑구멍을 뚫을 수는 없는 노릇이라는 선배의 말을 떠올리며 귀국길에 오른다.

4. **초점화**

<구멍>은 환경경제학을 전공한 '그'와 선배가 각각 서울과 동경에 살면서 각각 상대가 살고 있는 도시로 출장을 가게 되어 나리타공항에서 만나 서로의 근황을 이야기하는 과정을 중심내용으로 하고 있다. 서술자가 '외적 초점화자'가 되어 이 둘의 이야기를 중심으로 정신대 문제가 매춘문제로 인해 일본에서 희석화되고 있는 현실을 제시한다. 한편 '그'가 들른 일본 술집에서는 30대의 한국남자가 각

종 매춘의 종류를 소개하는 모습을 서술자의 외적 초점화방식을 통해 제시하고 있다. 초점화의 국면은 '심리적 국면'에 입각하여 선배의 매춘문화에 대한 비판은 감정적 요소를 반영하고 있으며 아내를 매춘 현장에서 소개받은 '그'는 현실의 모순을 인식적 요소를 통해 서술되고 있다.

5. 주제의식

<구멍>은 물질만능이 빚어낸 매춘의 문제가 일본에서 부도덕한 문화로 정착하면서 한국의 젊은 여성과 남성들이 이러한 문화에 기생하는 부조리한 현실에 대한 비판을 우선적으로 하고 있다. 또한 이러한 음성적인 문화의 영향으로 정신대에 대한 비판적인 시각이 왜곡되거나 굴절되는 현실을 동시에 제시하고 있다. 이러한 문제의식을 지니고 있는 선배가 궁극적으로 문제 삼는 환경의 본질적인 의미가 이 작품의 핵심주제라 할 수 있다. 즉 환경이 인간을 둘러 싼 것을 의미한다면 환경은 배와 같은 것이며 인류는 같은 배에 탄 뱃사람이므로 어느 누구 하나가 함부로 배 밑에 구멍을 뚫는 행위를 해서는 안 된다는 것이다. 이는 곧 인간만의 문제가 아니라 인류와 자연까지 포괄하는 전 지구적인 존재에 관한 것으로 서로 연결되어 있는 공동체라는 인식을 반영하고 있다. 따라서 이 작품은 개인의 이기심이나 탈선이 궁극적으로 전체에게 위협이 될 수 있다는 엄중한 경고이자 나아가 인간과 자연의 바람직한 관계 모색의 대안을 제시하고 있다.

6. 시간과 공간

<구멍>은 1980년대 후반, 일본으로 매춘문화를 수출하고 많은 젊은이들이 생각 없이 한순간의 유흥이나 물질에 경도되어 일본행을 시도했던 시기의 모순을 반영하고 있다. 공간적 배경은 일본의 나리타공항으로 일본 시민단체가 정신대 문제를 바로 생각하는 모임을

만들고 앙케이트를 하는 모습을 우선적으로 제시한다. 이어 일본에 성을 매매하러 오는 젊은 여성들과 남성들의 무분별한 모습을 공항이라는 공간의 입국장을 통해 제시하고 있다. 또한 일본 동경의 '아타이' 술집을 배경으로 그곳에서 행해지는 다국적 여성의 매춘 행각의 문제를 제시하고 있다.

7. 인물의 존재방식과 유형

<구멍>은 전 지구적인 발상을 지니고 있는 선배가 '선의 미덕적인 수용자'로서 혹은 수리오(E. Souriau)의 '지구'적인 인물의 유형으로 전 지구적인 가치를 수용하는 수용자로 존재한다. 한편 호색한으로 살던 '그'는 동경에서 매춘행위를 하고 있는 아내를 발견하고 선배가 들려준 같은 배에 오른 뱃사람 비유를 떠올리며 누구하나가 배에 구멍을 낸다면 전체가 위험에 빠진다는 우려에 자신 역시 동의하게 된다. 이는 '그'가 브레몽(Bremond)의 '개선자'의 모습으로 존재하는 고전적인 의미에서 '입체적인 인물'의 양상을 띠고 있음을 확인하게 한다.

8. 플롯의 방법과 종류

<구멍>은 나리타공항에 도착해서 그가 체험한 하루 동안의 사건을 시간의 순서에 입각해 서술하고 있는 '연속적인 플롯'을 취하고 있다. 또한 사건의 전개가 그와 선배와의 만남과 대화부분, 그리고 일본 술집에서 매춘의 상대로 소개받은 여자가 가출한 아내라는 현실과 만나는 장면으로 이루어져 순차적으로 사건을 서술하는 '계승적인 방법'을 사용하고 있다. 한편 호색한인 '그'가 동경에서 아내를 만난 후, 선배의 충고를 떠올리며 모순에 대한 극복의 여지를 확인할 수 있는 '개선의 플롯'의 양상을 보이고 있다.

9. 문학생태적 비평의 의의

<구멍>은 인류 전체가 하나의 배를 타고 있다는 발상과 그 배를 탄 뱃사람으로서의 공동체의식을 강조하는 생태의식을 담고 있다. 이는 심층생태학적 발상으로 접근할 수 있는 주제의식이다. 또한 정신대의 문제가 일본에서 극성을 부리는 한국 여성의 매춘문제와 연계되어 2차 대전 직후 일본에 끌려가서 굴욕적으로 매춘을 강요당했던 조상의 한을 무시하고, 이제 자발적으로 일본에 건너가 오직 물질적 충족을 위한 매춘행위를 서슴지 않는 의식 없는 젊은 여성들에 대한 비판을 통해 생태위기의 모순을 제시하고 있다. 일단 성을 매매하는 주체가 남성이고 정신대이거나 매춘 여성이거나 자발성에서 차이가 있을 뿐 남성에 의한 지배적 태도에 입각해 있는 것은 사실이다. 이른바 위계에 의한 인간의 인간에 대한 지배양상을 반영하고 있어 사회생태론적 측면의 접근도 가능한 작품이다.

<숨은 그림찾기1—직선과 곡선>

1. **작가소개 : 이윤기**(李潤基)

Ⅳ의 <나무가 기도하는 집>을 참고.

2. **스토리**

'나'는 미국에서 공부하던 중 2개월의 시간을 내어 서울에서 집필활동을 한 적이 있다. 집필공간이 마땅하지 않아 고민하던 중 스승 일모선생의 소개로 경주에 있는 하사장의 호텔을 소개받는다. 그곳에서 하사장의 기이한 면모를 보며 그를 수전노이며 일방적인 사고의 소유자로 낙인찍고 은근히 그를 무시한다. 집필을 마치고 '나'의 책들을 보관한 서고를 하사장 호텔에 마련하였으면서도 돈을 지불하니 당연하다 생각했고, 서울에서 출판기념회를 할 때도 하사장을 초대하지 않는다. 또한 미국에 돌아가서도 서고가 잘 관리되고 있는지에 대한 안부를 묻지 않는다. 이에 격분한 하사장은 '나'의 책을 화장실 옆 창고에 쌓아 둔다. '나'의 책은 인분 냄새와 수분으로 처참한 상태가 된다. 이를 일모선생에게 하소연하자 일모선생은 직선과 곡선의 비유를 하면서 하사장의 내면을 이해하지 못한 '나'를 힐책하고 '나'

또한 자신의 오만을 반성한다.

3. 담론

◆ '나'는 삶에 지친 순간의 활력을 얻기 위해 가는 공간이 있다. 중학교 은가 일모선생이 운영하는 대구 경산의 과수원이 그곳이다. 일모선생은 오래 전에 은퇴하고 과수원에서 지내면서도 제자들의 정신적 지주로서 살고 있는데 그것은 그가 사회적으로 성공한 제자로부터 변변치 못한 삶을 살고 있는 제자에 이르기까지 방대한 인맥을 형성하고 있는 것에 기인한다. 이처럼 일모선생은 제자들의 발자취를 뒤쫓으며 사람에 관한 역사 공부를 제대로 하고 있는 것이다. '나'는 자신의 책들이 인분 냄새로 찌들게 된 심정을 위로받고자 경산에 들러 일모선생을 찾는다.

◆ '나'가 일모선생에게 하사장을 소개받은 것은 1년 전 미국에서 일시 귀국하여 두 달 계획으로 책을 한권 집필할 때이다. 집을 세준 관계로 변두리 호텔에서 장기투숙하면서 집필하고자 했으나 풍기문란한 곳에서의 집필이 어렵다는 사실을 깨닫는다. 일모선생에게 투덜대자 일모선생이 하사장의 호텔 '에스페랑스'를 소개한다. 또한 외눈박이 기인인 하사장에게서 배울 것이 있다는 것과 숙박비용은 일모선생이 운영하는 프로그램 지원비로 대신하겠다는 것이다.

◆ 경주에 있는 하사장의 호텔에 도착하여 하사장과 생활하면서 그의 독단과 독선을 체험한다. 철저한 환경주의자이며 재활용자인 그의 삶이 수전노라는 평가를 받게 했고, 하루일과를 운동과 외국어 공부 그리고 취미활동으로 구분하여 기계처럼 지키는 철저함은 기인이라는 평가를 받을 만 했다. 그러나 무엇보다 새로운 세계를 용인할 줄 모르는 학벌과 언론을 신봉하는 외눈박이임에는 틀림이 없었다. 그러던 중 서울의 아파트에 보관 중인 책들을 세입자의 사정에 따라 옮겨야 하는 일이 발생하고 그래서 하사장의 방을 장기 임대하여 책을

보관한다.

◆ 어렵사리 집필을 마치고 서울에서 출판기념회를 하고 서둘러 미국으로 돌아간 후 영구귀국 날짜를 3달 남겨두고 돌아온 '나'는 하사장이 호텔에 마련해두었던 '나'의 서고를 없앴다는 소식과 접한다. 하사장이 그간 내가 하사장을 수전노 외눈박이로 무시한 태도에 격분하였으며, 프로그램의 돈을 지원받는 자가 지나치게 흥청거리는 것에 수가 틀려 '나'의 책들을 물이 새는 습한 재래식 화장실에 넣어버렸다는 소식을 일모선생에게서 듣는다. 일모선생은 직선이 곡선일 수도 있고 곡선이 직선일 수도 있는 현실을 바라볼 수 있는 혜안이 부족한 '나'를 질타한다. '나' 역시 잃어버린 물건이 실은 내가 이미 뒷짐질 한 곳에 있을 수 있다는 각성을 한다.

4. 초점화

<직선과 곡선>은 '나'의 내적 초점화 방식에 입각하여 일모선생과 하사장을 평가하는 일인칭 주인공 시점에 입각해 있다. 또한 일모선생과 '나'의 대화부분과 하사장과 '나'의 대화는 외적 초점화에 입각한 보여주기 방식으로 서술되고 있다. 초점화의 국면은 '나'의 '심리적 국면'에 입각해 있으며 일모선생과 하사장의 기인다운 면모에 대한 인식적 요소와 하사장에 대한 멸시와 분노에 대한 감정적 요소가 동시에 존재하는 '고정초점화' 방식을 사용하고 있다.

5. 주제의식

<직선과 곡선>은 환경주의자인 하사장의 극단적인 삶의 태도와 일방적인 사고방식에 염오를 느낀 지식인 '나'가 그의 태도를 수전노라 치부해 버리고 말자 하사장이 '나'에게 모멸감을 느껴 '나'가 위탁한 책들을 화장실 창고에 처박아 버림으로써 '나'의 지식이 결국은 화장실의 인분으로 취급되는 현실을 제시하고 있다. 나아가 하사장의

독단과 독선에 문제가 있는 것은 사실이지만 혼탁한 현실에 오히려 그의 이러한 자세가 필요하지 않겠느냐는 역설을 직선과 곡선의 비유로 나타내고 있다.

6. 시간과 공간

<직선과 곡선>은 특별한 시대적 배경을 제시하고 있지 않다. 오히려 공간적 배경을 통해 주제의식에 다가서고 있다. 우선 대구 경산에 있는 일모선생의 과수원은 은자의 과수원이라는 별칭답게 사회 인사들의 사랑방 역할을 한다. 물론 이 중심에는 일모선생이 은자로 존재한다. 이곳은 일모선생이 사람의 역사를 공부하고 집행하는 공간으로 인간 사이의 관계가 서로 연관되어 있음을 확인할 수 있는 구체적인 공간이다. 또한 하사장의 호텔 '에스페랑스'는 하사장의 세계관의 중심에 해당하는 곳이다. '에스페랑스'는 하사장의 환경중심주의에 입각한 재활용과 검약의 실현 공간이자 외국인에 대한 그의 일방적인 동경과 우호적 태도가 용인되는 공간이다. 또한 일방적인 자신의 논리와 외눈박이 세계관을 실현하고 집행하는 공간으로서 작용하고 있다.

7. 인물의 존재방식과 유형

<직선과 곡선>은 '수동자'로 존재하는 '나'가 하사장이라는 인색하고 깐깐한 프라이(N. Frye)의 '촌놈'(agroikos)을 만나 지식인으로서 지니고 있던 선민적이고 시혜적인 자세를 각성하게 된다. 그러한 측면에서 '나'는 입체적인 인물로 존재한다. 한편 일모선생은 '나'와 하사장의 갈등의 중간에 서서 이를 중재하는 브레몽(Bremond)의 '조정자'의 역할을 수행하고 있다.

8. 플롯의 방법과 종류

<직선과 곡선>은 현재의 사건에서 출발하여 과거를 탐색하고 다시 현재로 돌아오는 '첨가형태의 연결방법'을 통한 '목적론적인 플롯'의 양상을 보인다. '나'가 바라보는 하사장이라는 인물이 보이는 행동을 중심으로 사건이 전개되고 그의 행동의 근간이 되는 세계관의 문제를 다루고 있기 때문에 '폭로의 플롯'이 사용되고 있음을 알 수 있다. 또한 '나'가 일모선생에게 직선과 곡선의 비유를 듣고 하사장의 본질을 외면한 자신을 반성하는 결말구조로 인해 '개선의 플롯'의 양상을 감지할 수 있다.

9. 문학생태적 비평의 의의

<직선과 곡선>은 가시적으로는 생태의식을 확인하기 어렵다. 하사장이 환경주의자요, 재활용의 대가라는 사실정도가 환경문제를 인식하고 있는 하사장의 표층적인 생태의식을 확인할 수 있는 부분이다. 그러나 이 작품은 궁극적으로 생태위기에 대한 문제를 제기하고 있다. 일모선생이 인간의 역사를 공부하기 위해 취하고 있는 인맥관리의 모습은 인간들이 서로 연관되어 있다는 연계의식을 반영하고 있으며 이는 심층생태론의 근저와 맞닿아 있다. 또한 하사장이 다소 왜곡된 시선으로 세상을 바라보고 있는 모습은 실은 학벌이나 언론을 신봉하고 그것에 의해 인간사이의 위계가 형성되는 현실의 모순을 반어적으로 제시하고 있다. 이러한 사회생태론의 시각을 원용하여 하사장을 분석해 보면, 일모선생이 제시하는 직선과 곡선의 비유가 암시하는 직선과 곡선이 결국은 하나가 될 수 있다는 생태의식을 이해할 수 있다. 즉 내용과 형식, 겉과 속이 이분된 것이 아니라 이를 일원론적으로 주시해야 한다는 생태주의자의 기본 전제를 확인할 수 있는 것이다.

<그들은 말했네>

1. **작가소개 : 최일남**(崔一男)

1932년 12월 29일 전북 전주에서 출생한 최일남은 전주사범학교를 거쳐 1952년 서울대학교 문리과대학 국어국문학과에 입학하여 1956년에 졸업하고, 1960년에 고려대학교 대학원 석사과정을 수료하였다. 1953년 『문예』에 <쑥 이야기>가 추천 발표되고, 1956년 『현대문학』에 소설 <파양>이 추천되어 등단했다. 이후 <진달래>, <탄생>, <동행>, <보류>, <여행> 등을 발표하며 작품활동을 했으나 1960년대로 접어들면서 본격적으로 언론인으로서 활동하게 되어 창작활동을 거의 중단하게 되었다.

1959년 민국일보 문화부장을 시작으로 경향신문과 동아일보의 문화부장을 지내고, 1980년 동아일보 편집부 국장에서 해직될 때까지 언론 활동에 주력하면서 <두 여인>(1966), <축축한 오후>(1967) 등의 작품을 발표하였다. 1973년부터 <빼앗긴 자리>, <노란 봉투>, <이런 해후> 등을 발표하면서 본격적으로 창작활동을 재개하였다. 이후 창작활동과 언론활동을 병행하면서 1970년대에 이르러서야 최일남적인 소설 색채를 갖추었다. 급격한 도시화와 산업화가 이루어진

이 시기에 이른바 '출세한 촌사람들'이 겪는 이야기를 토착어의 풍부한 구사와 건강한 해학성을 바탕으로 삼은 개성적인 문체로 표현하였다. 도시에 비해 상대적으로 낙후된 고향의 모습과 그 고향의 희생을 딛고 출세한 시골 출신의 도시인들이 느끼는 부채의식 등이 그의 소설의 주류를 이룬다.

1980년대 들어 해직의 아픔을 겪고 1984년 동아일보 논설위원으로 복직하면서 <고향에 갔더란다>(1982), <거룩한 응달>(1982), <서울의 초상>(1983) 등에서 날카로운 역사적 감각, 현실에 대한 비판의식을 전면에 드러냈다. 그러나 분명한 사회비판적 메시지를 함축하면서도 날카로운 공격이 아니라 해학적인 문체를 살려 건전한 상식의 세계를 이야기한다. 1988년 한겨레신문 논설고문을 지냈고, 1999년 현재 80년 해직언론인협의회 고문과 방송문화진흥회 이사를 맡고 있으며, '작가 최명희와 혼불을 사랑하는 사람들'의 회원으로 활동하고 있다.

월탄문학상(1975)을 시작으로 한국창작문학상(1981), <흐르는 북>으로 이상문학상(1986), 가톨릭 언론문학상(1988), 인촌문학상(1994), 위암 장지연상(언론부문, 1995), 은관문화훈장(2001) 등을 수상하였다.

저서에 작품집 ≪서울 사람들≫(1975), ≪거룩한 응달≫(1982), ≪누님의 겨울≫(1984), ≪그리고 흔들리는 배≫(1984), ≪틈입자≫(1987), ≪히틀러나 진달래≫(1991), ≪하얀 손≫(1994), ≪만년필과 파피루스≫(1997) 등이 있고, 수필집 ≪홀로 생각하며 걸으며≫, ≪바람이여 풍경이여≫가 있으며, 시사평론집 ≪왜소한 인간의 위대함, 위대한 인간의 왜소함≫이 있다.

2. 스토리

'젊어서 문학을 꿈꾸다가 우연히 발을 들여놓은 은행에서 평생을 보내고 은퇴를 앞둔 남자'가 이사를 계기로 그동안 모아온 책들을 처분하기 위해 고초를 겪는다. 특정 분야의 전문서적들이 아닌 다양한 분야의 책들이 모인 일종의 '책무덤'을 다른 곳으로 보내려는 주인공의 욕망은 구립 도서관을 비롯한 공공기관에서 반복적으로 거부당한다. 거부라는 표현이 가능한 이유는 그가 책을 기증하려는 의도가 해당 기관의 인력 부족으로 인해 직접 가져다주어야만 이루어질 수 있기 때문이다. 그 많은 책들을 직접 포장해서 가져다주거나, 이사업체를 통해 보내야만 하는 현실에 주인공은 당혹감을 느낀다.

이러한 당혹감의 바탕에는 그가 책을 모아 소장하게 된 계기들에 담긴 기억들의 가치가 작용하고 있다. 책의 처분에 실패한 채 다시 한 번 분류 작업을 하던 중 주인공은 『노신전집』을 발견하고 현실의 시간에서 과거 회상의 시간으로 넘어간다. 소설은 주인공이 그 책을 소장하게 된 지나간 시간 속의 일화를 제시한 뒤 다시 현실로 돌아온다. 그리고 다시 『국사대관』이란 책으로 넘어가고, <천변풍경>에 관한 일화까지 제시된다.

3. 담론

◆ 작중화자 '나'는 이사를 앞두고 사백여 권이 넘는 도서를 가까운 구립 도서관에 기증하고자 하지만, 직접 가져다주지 않는 이상 기증 자체가 불가능함을 알게 된다.

◆ 책들의 처치곤란에 힘겨워하던 중 소파에 누워 『노신전집』을 집어 들고 책장을 넘기다 그 책을 얻게 된 기억으로 빠져든다. 장터에서 여러 책들 중 욕심이 났던 그 책을 우연히 만난 작은 매형을 통해 사게 된 기억은 자연스럽게 몸이 불편했던 작은 누님에 대한 기억으로 이어진다.

◆ 다시 책을 둘러보다 『국사대관』이 눈에 띄어 기쁜 마음으로 펼쳐본다. 그리고 법률서를 밤낮으로 뒤지던 고향 근처 암자에서의 기억을 떠올린다. 함께 공부하던 박 아무개와 윤 모와의 일화들을 회상하

던 그는 당시 달빛 아래에서 갑작스럽게 자위행위를 했던 박 아무개의 촌극과 소식으로만 접했던 윤 모의 자살이 생각나 쓴 웃음을 지으며 책을 덮는다.

◆ 다음으로 그의 눈길을 멈추게 한 책은 『사정한 조선어 표준말 모음』이다. 서울 입성 얼마 만에 서울말을 본뜨는 데 도움이 될까 싶어 구입했던 당시의 기억은 자취생활의 일들로 이어진다. 그리고 우리말의 어감에 대한 회고와 함께 박태원의 <천변풍경>에 담긴 서민들의 누그러진 말들에 대해 생각한다.

◆ 몇 권의 책들을 살펴보며 그 책들에 얽힌 회상에 잠겨 있던 그는 책 하나하나의 소중함을 다시금 깨닫고, 자신이 그 많은 책들을 소홀히 해온 나날을 떠올리게 된다. 그렇게 책 하나하나와 말을 건네며 보냈던 기억은 다시 도서 기증에 대한 노력으로 이어진다.

◆ 정해진 방식에 따라 박스에 담아 이사업체를 통해서만 기증이 가능하다는 답변에 어지럼증을 느끼던 '나'는 얼마 전 주문했던 책이 배달되어 오자 짜증을 부리며 난감해한다.

4. **초점화**

<그들은 말했네>의 초점이 되는 주체는 작중화자로 등장하는 '나'와 그가 무상기증을 통해 처분하려 노력중인 '책'이다. 문학을 비롯해 다양한 책들을 섭렵해온 '나'는 이사를 빌미로 사백여 권의 책을 도서관에 무상으로 기증하려 하는 인물이다. 그러나 도서관 사서와의 원활하지 않은 전화 통화로 기증하는 일도 쉽지 않음을 깨닫게 된다.

초점화 주체인 '나'는 쌓여 있는 책들을 하나하나 살펴보면서 그 책들이 자신의 삶으로 들어와 자리한 시간과 공간을 회상한다. 이를 통해 '나'는 애물단지로 자리한 그 책들이 단순히 처치곤란의 물건이 아닌 자신의 삶 속에서 자신과 무수한 대화를 나누며 함께 해온 '그

들'이라는 사실을 재확인하게 된다.

5. 주제의식

이 작품은 이사를 앞둔 시점에서 그동안 모아왔던 책들이 마치 쓰레기와도 같은 존재로 자리하게 된 상황을 통해 책이 지닌 소중함을 다시금 깨닫게 해주는 작품이다. 소설 속에 제시된 주인공과 '그들'(책들)의 대화는, 그것 자체로 대화라고 말할 수는 없다. 인간과 책이라는 현실적 관계에 기초하고 있기 때문이기도 하거니와 말을 주고받는 행위를 대화라고 볼 때, 주인공과 '그들'의 이야기는 단선적이기 때문이다. 그럼에도 불구하고 '그들'이 주인공에게 말을 건넨다는 설정은 중요한 시사점을 지니고 있다. 단순히 학습을 혹은 흥미를 위해 읽고, 보관하는 객체로만 받아들여 온 책들을 대상 자체로만 두는 것이 아니라, '그들'이라는 호칭을 부여함으로써 주인공에게 말을 건넬 수 있는 지위로 상승시킨 점은 문학적 상상력의 발현임에 분명하다.

이러한 상상력의 바탕에 자리한 작가의 의식은 노년의 삶으로 향하며 보다 깊이 있게 성찰될 수밖에 없는 생태적 상상력에서 나온 것으로 볼 수 있다. 따라서 '도태당한 책들'의 이야기를 통해 너무도 빨리 찾아온 '책의 애물단지화'에 담긴 시대의 문제현상을 드러내고 있는 것이다.

6. 시간과 공간

<그들은 말했네>는 이사를 앞둔 작중인물이 사백여 권이 넘는 책들을 구립 도서관에 기증하기 위해 애쓰는 과정에서 그 책들에 얽힌 기억들을 떠올리는 며칠 동안의 이야기로 구성되어 있다. 현실적 공간 자체는 이사를 위해 정리되어 가는 아파트로 한정되어 있지만, 하나하나의 책과 관련된 회상의 다수의 시공간이 제시된다. 도서관 사서와의 전화를 통한 소통이 원활하지 못함은 소위 말하는 인터넷 시

대의 소통의 문제를 드러내고 있는 것으로 '나'와 '책'의 직접적인 소통이 가능했던 시절과 다른 현실을 배경으로 하고 있는 것이다.

7. 인물의 존재방식과 유형

도서 무상기증이 예기치 않게 가로막히자 작중화자 '나'는 책에 대한 자신의 기억과 생각들을 다시금 정립하게 된다. 중심인물이자 현실 공간의 유일한 초점인물인 '나'는 구립 도서관 사서와의 전화 통화를 통해, 그리고 기억 속 일화에 등장하는 인물들과의 관계를 통해 형상화된다. 책을 소유하게 된 기억을 떠올리며 그 책이 쓰레기로 전락해버린 현실을 안타깝게 생각하는 '나'는 현실의 문제를 반성적 성찰을 통해 드러내고 있는 '주체자'이다.

과거의 일화 속에 등장하는 '작은 매형'은 '나'로 하여금 갖고 싶은 책을 소유하게 해주는 단순한 조력자로 등장하고 있다. 그리고 현실 속에서 '나'와의 전화 통화로만 등장하는 도서관 직원은 제도와 규칙에 얽매인 스테레오 타입의 인물로 '나'의 반성적 성찰을 자극하는 계기를 마련하는 인물이다.

8. 플롯의 방법과 종류

'책'을 매개로 현실과 기억이 반복적으로 이어지는 구성을 통해 <그들은 말했네>는 작중인물 '나'와 책들의 대화가 가능하게 해주고 있다. '나'의 독백과 기억, 생각을 직접적으로 서술하는 동시에 '그'로 지칭하는 삼인칭 서술이 반복적으로 제시된다. 작품 전체의 대부분 분량이 작중화자 '나'의 회상과 상념의 진술로 채워지고 있으며, 그러한 진술의 사이사이 삼인칭의 객관적 서술이 등장한다. 이러한 구분이 현실과 회상의 차원에서 엄밀하게 지켜지지 않는 것이 특징이며 이로 인해 다소의 혼란이 야기되기도 한다. 그러나 초점인물 '나'의 책에 얽힌 기억과 책에 대한 애착이 담긴 상념들의 직접적인 반영이 가능하다는 측면에서 긍정적인 의미를 얻고 있다.

9. 문학생태적 비평의 의의

심층 생태학적 자각은 모든 현상들의 근본적인 상호의존성을 인식하며, 개인과 사회로 구성되는 우리들이 모두 자연의 순환적 과정들 속에 깊숙이 묻혀 있다는 (그리고 궁극적으로는 거기에 의존하고 있다는) 사실을 인식한다. 그리고 네스(Arne Naess)는 심층 생태학의 중요한 특징으로 '심층생태학의 본질은 보다 심오한 물음을 제기하는 것'이라 주장한 바 있다. 이와 같은 심층생태학은 현대적·과학적·산업적·성장 지향적 생활양식에 심오한 물음을 던진다. 나아가 심층생태학은 현재와 미래 세대 사이의 관계와 우리 자신이 '생명이라는 그물'의 일부임을 인식하는 패러다임 전체에 대한 물음을 제기하고 있다.

<그들은 말했네>에서 드러나는 '책의 애물단지화'는 이와 같은 맥락에서 중요한 물음을 던지고 있다. 인간의 지식에 대한 욕망과 학습의 효율적 기능을 담당하는 책이 더 이상 근본적인 효용성을 지니지 못한 채 애물단지처럼 취급당하는 현실은 여러 가지 의미층을 지니고 있다. 우선 책 자체가 인간의 역사 유지와 욕망의 발현을 위해 만들어진 것이라는 사실과 그 책이 숲의 파괴를 통해 만들어져 왔다는 사실을 상기하게 한다. 그렇게 인간중심적 사고에 입각해 만들어지고 유통되어온 책이 애물단지로 전락했다는 것은 책이 지닌 효용성과 실효성의 큰 축이 흔들리게 만든다. 결국 주인공은 소장하고 있던 책들을 처분하는 것에 실패한 채 또 다른 책들의 방문을 멍하니 바라볼 수밖에 없다.

<그들은 말했네>는 일차적으로 현대인들에게 있어 '책'의 가치와 효용성, 그리고 그것의 처분곤란에 이르는 단적인 현상을 드러낸다. '지식의 보고'로 여겨지던 실효성을 상실해가는 책은 '그들'이 되어

주인공에게 말을 건네고, 주인공은 그러한 상상적 대화를 통해 책 한 권 한 권을 소장하게 되었던 소중한 기억들을 떠올린다. '소멸'로 수렴되는 노년의 주인공과 그가 책을 처분하고자 하는 욕구가 실패로 돌아가는 것이 맞물려 인간중심적 세계관이 지닌 생태학적 문제의식을 드러내고 있는 것이다.

<황소개구리>

1. **작가소개 : 한승원**(韓勝源)

Ⅱ의 <누이와 늑대>를 참고.

2. **스토리**

지방 소도시에서 작은 건설업을 운영하고 있는 '그'는 첩살림으로 자신을 버린 아버지를 증오하면서도 자신 역시 여직원과 불륜의 관계를 맺는다. 그녀가 결혼 후에도 내연의 관계를 유지하던 중 '그'는 그녀의 남편으로부터 모든 사실을 알고 있다는 경고를 받고 그에게 살의를 느낀다. 한편 국가적으로 일고 있는 황소개구리퇴치운동에 앞장선 '그'와 그녀의 남편인 젊은이는 서로에 대한 증오를 황소개구리 잡는 일로 환치한다. 특히 '그'에게는 포획하기로 점찍어 둔 수컷 황소개구리가 빚만 남겨 놓고 자살한 아버지로 보이다가 얼마 전부터 젊은이로 보이기 시작한다. 드디어 점찍어 둔 문제의 황소개구리를 직면한 '그'가 개구리를 잡으려 작살을 던지려는 순간 젊은이 역시 같은 개구리를 잡으려 포즈를 취하는 것을 보고 '그'는 질투와 분노를 이기지 못한 채 '그'에게 작살을 던진다. 그러나 오히려 젊은이에게 반격을 당하고 쓰러진 후 젊은이로부터 '그'의 부도덕한 행위에 대해 야유와 멸시 섞인 조롱을 듣는다. 이때 '그'는 황소개구리의 울음소리를 듣지만 작살이 부러진 것을 보고 절망하기에 이른다. 황소개구리도 포획하지 못한 채 젊은이로부터 모욕과 폭행을 당한 자신의 처지가 처설했기 때문이다.

3. 담론

◆ '그'는 젊은이에 대해 적의를 넘어 살의까지 지니는데 그것은 '그'의 젊은 여자와 젊은이가 결혼을 했기 때문이다. 황소개구리를 포획하는 내내 그는 젊은이의 야유에 시달린다. '그'는 덩치 큰 황소개구리 한 마리가 '그'에게 잡힐 듯하면서도 약을 올리는 것이 젊은이와 닮았다고 느낀다.

◆ '그'는 자신과 내연의 관계에 있는 비서와 젊은이의 결혼을 진심으로 축하하지 못한다. '그'는 그녀의 결혼을 적극 반대하지만 그녀는 자신의 실존의 몫이라며 결혼해 버린다. 황소개구리 퇴치 운동에 앞장선 '그'는 황소개구리가 자신의 아버지가 축생지옥에서 환생한 것이라 느낀다. 집나간 아버지가 진 빚을 아버지가 사망 후 고스란히 상속받은 일을 생각하며 '그'는 황소개구리에게 작살을 겨누지만 황소개구리는 보기 좋게 피해간다.

◆ '그'가 유독 덩치 큰 황소개구리에 집착하자 단원들은 이를 의아하게 여긴다. 수입종인 황소개구리가 생태를 파괴하는 문제에 대해 '그'는 이전 세대의 무책임한 횡포라고 생각한다. 또한 원망만 할 것이 아니라 문제를 해결해야 한다는 신념으로 환경단체가 일어나고 '그' 역시 이 운동에 적극 참여하게 된 것이다. 심지어 이 운동의 일환으로 황소개구리 음식을 개발하고 영양소 분석을 통해 고단백 식품인 것을 홍보하지만 사람들의 반응은 냉담하다.

◆ 황소개구리가 남성들의 정력에 좋을 것이라는 막연한 생각에 빠

져 개구리를 잡을 방법에 대해 연구한다. 황소개구리를 잡기로 한 곳에 젊은이가 먼저 와서 개구리를 잡는 것을 보고 '그'는 심정이 상한다. 그러자 첩살림을 위해 '그'와 어머니를 버렸던 아버지가 그 첩에게 배신당한 분을 삭이지 못하고 자살한 것이며 상당한 빚을 고스란히 자신에게 남긴 사실이 연상되면서 분노한다. 심지어 어머니에게 친아버지가 아닌 것 같다는 말을 할 정도로 '그'는 아버지에 대한 정보다는 증오의 감정이 앞섰다. 따라서 황소개구리가 아버지로 보이기 시작한 후부터 포획에 대한 '그'의 집념은 점점 강해진다.

◆ 그 수컷 황소개구리를 발견한 '그'는 젊은이와 포획에 대한 신경전을 벌이던 중 순간 황소개구리의 모습에서 젊은이를 발견한다. 젊은이는 황소개구리를 노친 후에도 황소개구리처럼 바위에 앉아 '그'와 자신의 아내와의 관계에 대해 모든 것을 알고 있다는 야유를 보이며 심지어 아이까지 '그'의 아이임을 암시하면서 아내의 '그'를 죽이고 말겠다는 발언을 하자 '그'는 당황한다.

◆ 일요일 아침 '그'는 수컷 황소개구리를 잡기 위해 혼자 안개울로 행한다. 그때 젊은이가 작살을 들고 등장한다. 개구리를 잡기 위해 작살 하나씩을 쥐고 둘은 팽팽한 신경전을 벌인다. 이때 '그'는 개구리를 잡으려던 작살을 젊은이에게 던지고 이를 감지한 젊은이와 몸싸움을 벌인다. 싸움에서 밀린 '그'에게 젊은이는 '그'의 부도덕성을 힐책하고 시내로 떠난다. 이때 수컷 황소개구리가 울어 대지만 '그'의 작살은 이미 부러져서 사용할 수 없음을 깨닫는다.

4. 초점화

<황소개구리>는 '그'를 전면에 내세우는 '내적 초점화' 방식의 일인칭 주인공시점의 작품이다. 시종일관 '그'는 생전에 어머니와 그를 외면하고, 사후에도 빚만 남겨 놓은 아버지를 수컷 황소개구리와 동일시하면서 자신의 내면을 서술한다. 또한 그와 내연에 관

계에 있는 젊은 여인의 남편에게 질투를 느끼던 차에 청년에게 야유와 조롱을 당한 후에는 젊은이를 '황소개구리'와 동일시하고 살의를 지니는 과정 역시 '그'의 내적화자에 의해 진행되고 있다. 이러한 그의 내면에 입각한 '고정초점화' 방식을 취하여 이 작품은 인간의 내밀한 욕망을 투시하는데 성공하고 있다. 이에 비해 젊은이가 느끼는 배신과 자괴감은 젊은이 자신이 '그'에게 빗대어 말하기 방식을 취하다가 점점 직설적으로 말하는 방식으로 전환되면서 '그'와 젊은이와의 갈등을 심화하고 있다. 초점화의 국면은 '심리적 국면'으로 주로 '그'의 감정적 요소에 입각해 있으며 젊은이의 경우는 서술자의 외적 초점화 방식에 의거해 있지만 감정적 요소가 강하게 이입되어 있다.

5. 주제의식

<황소개구리>의 주제의식은 인간 욕망의 저열함과 이기성을 '그'의 내면을 통해 제시하고 있는 작품이다. 특히 이 작품은 '그'가 저주했던 아버지의 첩살림은 그대로 답습하면서도 죄의식을 느끼기보다는 합리화에 급급해 있다는 사실과 내연의 관계에 있는 젊은 여인의 남편에 대해 질투와 시기를 느껴 그에게 작살을 던지는 파렴치함을 통해 인간 욕망의 실체를 제시하고 있다. 한편 이러한 비루한 인간의 욕망을 수입종인 황소개구리가 토종 개구리를 잠식하고 있는 생태의 현실과 동일시하여 생태위기의 단면을 표명하고 있다. 황소개구리로 인해 생태계의 교란이 발생하듯이 인간의 욕망의 극치가 이루어 낸 왜곡된 삶의 양상은 동일한 맥락의 생태위기를 반영하고 있는 것이다.

또한 생태계 교란이라는 명목으로 황소개구리를 포획하고 심지어는 식용으로 권장하면서 정치지도자나 고위 공무원들이 솔선해서 이를 먹는 장면을 언론이 보도하는 정책적인 황소개구리 잡기 운동 자

체도 '위계'에 의한 현실의 또 다른 모순을 반영하고 있다. 마지막까지 잡을 수 없는 수컷 황소개구리는 이러한 굴절된 인간의 욕망을 반영하고 있다.

6. 시간과 공간

<황소개구리>는 1990년대 후반 무렵 갑자기 등장하여 토종 개구리의 생태계를 교란시킨 수입종이다. 미국 태생인 이 수입종은 당시 전 국민적인 차원에서 황소개구리 잡기 운동을 전개시킨 위협적인 존재이다. 이 작품은 이러한 수입종 황소개구리를 통해 인간 고유의 정체성을 파괴하고 교란하고 있는 실체로 인간의 욕망을 제시하고 있다. 특히 대부분 황소개구리를 포획하기 위해 계곡이나 개울 근처를 공간적 배경으로 설정하여 그것과의 대치를 이루는 '그'의 내면을 포착하고 있다.

7. 인물의 존재방식과 유형

<황소개구리>는 이기적 욕망과 파렴치한 내면을 지닌 '그'를 '악한'으로 설정하여 사건을 전개하고 있다. 일종의 브레몽(Bremond)의 '행위자'로서 '그'는 프로프(V. Propp)의 '가짜 영웅'으로 존재한다. 한편 아내를 빼앗긴 젊은이는 희생자의 모습으로 출발하지만 '그'를 야유하고 힐책한 후 물리적 폭력으로 다가온 '그'를 자신의 힘으로 제압하다는 점에서 '행위자'의 모습에 가깝다. 또한 '그'의 아버지는 프라이(N. Frye)의 '사기꾼'(alazone)의 전형적인 모습을 하는 이기적인 인물이다. 따라서 이 작품은 '타락자'인 '그'의 욕망의 근원이 그의 아버지에 대한 증오에서 기인하고 있는 현실을 저변에 제시하여 욕망의 파렴치하고 저열한 속성을 제시하고 있다.

8. 플롯의 방법과 종류

<황소개구리>는 '그'의 이기적 욕망의 근원에 해당하는 첩살림으로 인해 아버지로부터 버려진 유년시절과 증오하는 아버지의 사후에 남겨진 빚을 청산해야 하는 업보와 자신 역시 내연의 관계에 있는 젊은 여자에 대한 부당한 소유욕을 증폭시키는 과정을 '첨가형태의 연결방법'에 입각한 '목적론적인 플롯'으로 서술하고 있다. 또한 '그'의 타락과정을 중점적으로 주시해 보면 '사건의 플롯' 가운데 중심인물이 착하고 선량한 사람을 괴롭히는 '징벌의 플롯'(the punitive plot)으로 볼 수 있다.

9. 문학생태적 비평의 의의

<황소개구리>는 한 개인의 부당한 욕망이 주변에 존재하는 타인의 삶을 침해하고 유린하는 과정과 황소개구리가 토종개구리의 생태계를 파괴하는 과정을 동일시하는 모습에서 생태의식의 근간을 확인할 수 있다. 특히 '그'의 부당한 욕망은 위계에 입각한 인간에 대한 지배욕과 소유욕에 입각해 있으며 이를 해결하는 과정도 폭력에 있다는 사실을 염두에 둔다면 사회생태론적 시각의 투시가 가능한 작품이다. 그러나 생태계를 파괴한다는 명분에 입각해 황소개구리를 무조건 포획하고 심지어 인간의 정력에 좋다는 홍보와 고단백 식용으로의 개발을 촉구하는 정부와 이를 동조하는 언론, 그리고 환경단체의 행위는 또 다른 위계의 모습으로 존재할 수 있는 여지를 지닌다. 즉 생태위기를 해결하는 것이 아니라 형태만 변형된 채 여전히 잔존할 가능성을 남기고 있어 환경문제 해결을 위해 나서는 환경운동 자체의 반생태성을 염려하는 심층생태론자들의 우려를 확인할 수 있다는 것이다.

◆ 부록

한국 현대생태소설 목록

번호	작가	작품	갈래	발표지 / 출판사	발표연도
Ⅰ. 다큐적 특성과 고발·비판의식					
1	강기희	〈동강에는 쉬리가 있다〉	장편	찬섬	1999
2	김용성	〈사해 위에서〉	단편	『창작과비평』, 겨울	1976
3	김원일	〈그곳에 이르는 먼 길〉	중편	한국소설사	1992
4	김원일	〈따뜻한 돌〉	단편	『세계의 문학』	1981
5	김원일	〈도요새에 관한 명상〉	중편	『한국문학』, 6월	1979
6	김수용	〈이화에 월백하거든〉	장편	현암사	1991
7	김태연	〈그림같은 시절〉	장편	창작과비평사	1994
8	노순자	〈나무도 아닌 것이 풀도 아닌 것이〉	단편	≪세계 성체대회기념소설집≫, 제3기획	1989
9	문순태	〈낯선 귀향〉	단편	계간 『문예』	1992
10	박혜강	〈검은 노을〉	장편	실천문학사	1991
11	우한용	〈불바람〉	단편	『현대문학』, 6월	1989
12	우한용	〈생명의 노래〉	장편	푸른사상	2002
13	이남희	〈바다로부터의 긴 이별〉	장편	풀빛	1991
14	이문구	〈해벽〉	단편	≪해벽≫, 창비	1974
15	이정창	〈불꽃바다〉	장편	실천문학사	1990
16	이 청	〈부러진 노를 저어저어〉	장편	인간문예신서	1982
17	조세희	〈기계도시〉	단편	『대학신문』 77.6.20.	1977
18	조세희	〈잘못은 신에게도 있다〉	단편	『문예중앙』, 겨울	1977
19	조세희	〈클라인씨의 병〉	단편	『문학과지성』, 봄	1978
20	정도상	〈겨울꽃〉	중편	동광출판사	1989
21	정을병	〈병든 지구〉	장편	『한국문학』, 1월.	1974
22	정 찬	〈산다화〉	단편	≪아늑한 길≫, 문학과지성사	1995
23	조헌용	〈바다에 길을 묻다〉	단편	≪파도는 잠들지 않는다≫, 창작과비평사	2003
24	최성각	〈동강은 황새여울을 안고 흐른다〉	단편	『세계의 문학』, 봄	1999
25	한정희	〈불타는 폐선〉	중편	『동아일보』 신춘문예	1989

번호	작가	작품	갈래	발표지 / 출판사	발표연도
Ⅱ. 산업화와 문명화의 부작용					
1	김영래	〈숲의 왕〉	장편	『문학동네』, 봄	2000
2	김 웅	〈갯벌에 관한 명상〉	단편	≪갯벌에 관한 명상≫, 신세림	2003
3	우애령	〈가로등〉	단편	『창작과비평』, 봄	1999
4	이문구	〈일락서산〉	단편	『현대문학』, 5월	1972
5	이문구	〈관산추정〉	단편	『현대 문학』	1976
6	이승우	〈못〉	단편	≪일식에 대하여≫, 문학과지성사	1989
7	이청준	〈목수의 집〉	단편	≪목수의 집≫, 열림원	2000
8	전성태	〈가수〉	단편	『샘이 깊은 물』, 3월	1995
9	전성태	〈사육제〉	단편	『사람의 깊이』, 창간호	1997
10	정 찬	〈별들의 냄새〉	단편	≪아늑한 길≫, 문학과지성사	1995
11	정 찬	〈깊은 강〉	단편	≪베니스에서 죽다≫, 문학과지성사	2003
12	최성각	〈약사여래는 오지 않는다〉	단편	≪부용산≫, 솔	1998
13	한승원	〈연꽃 바다〉	장편	세계사	1997
14	한승원	〈누이와 늑대〉	단편	≪누이와 늑대≫, 문이당	1999
15	한창훈	〈돗 낚는 어부〉	단편	『현대문학』, 8월	1999
16	홍성암	〈그대의 콧구멍〉	장편	새로운 사람들	1997
17	홍성원	〈남도기행〉	중편	『세계의 문학』, 4월	1994

번호	작가	작품	갈래	발표지 / 출판사	발표연도
Ⅲ. 도시화와 왜곡된 욕망의 분출					
1	서정인	〈붕어〉	중편	≪붕어≫, 세계사	2000
2	은희경	〈새의 선물〉	장편	문학동네	2003
3	이남희	〈수퍼마켓에서 길을 잃다〉	중편	≪사십세≫, 창비	1999
4	이문구	〈장천리 소태나무〉	단편	『창작과비평』, 여름	1972
5	이혜경	〈불의 전차〉	단편	『창작과비평』, 여름	1976
6	전성태	〈가문정월〉	단편	『실천문학』, 가을	1989
7	조경란	〈망원경〉	단편	『문학과사회』, 봄	2000
8	한 강	〈철길을 흐르는 강〉	단편	『문학동네』, 봄	1995
9	한 강	〈내 여자의 열매〉	단편	『창작과비평』, 봄	1997
10	한수산	〈침묵〉	단편	『문학사상』, 7월	1995

번호	작가	작품	갈래	발표지 / 출판사	발표연도
Ⅳ. 영혼과 자연의 교감					
1	김성동	〈산난〉	단편	≪산난≫, 푸른 숲	1984
2	김이태	〈식성〉	단편	『세계의 문학』, 봄	1997
3	박범신	〈별똥별〉	단편	『문학과 의식』, 봄	1998
4	윤후명	〈하얀 배〉	단편	『한국문학』, 봄	1995
5	이순원	〈아들과 함께 걷는 길〉	장편	해냄	1997
6	이윤기	〈나무가 기도하는 집〉	장편	세계사	1999
7	정다일	〈강물의 대화〉	단편	『대한매일신문』, 신춘문예	2002
8	최인석	〈지리산에 저 바다〉	단편	『내일을 여는 작가』, 10월	1997

번호	작가	작품	갈래	발표지 / 출판사	발표연도
V. 생태주의자의 표층적 양상과 피상적 의식					
1	공선옥	〈수수밭으로 오세요〉	장편	여성신문사	2001
2	남정현	〈핵반응〉	단편	『창작과비평』, 가을	1988
3	이윤기	〈구멍〉	단편	『문학과사회』, 겨울	1996
4	이윤기	〈숨은그림찾기1 –직선과 곡선〉	단편	『세계의 문학』, 여름	1997
5	최일남	〈그들은 말했네〉	단편	≪아주 느린 시간≫, 문학동네	2000
6	한승원	〈황소개구리〉	단편	『문학사상』, 10월	1997

| 전혜자 |

1943년 서울출생
서울대학교 문리과대학 국어국문학과 학사
숙명여자대학교 대학원 국어국문학과 문학석사
숙명여자대학교 대학원 국어국문학과 문학박사
경원대학교 인문대학장, 인문과학 연구소장, 국어국문학과 교수 역임
한국 현대문학회 부회장, 한국 현대소설학회 상임이사 역임
현재 한중인문학회 고문, 한국 현대소설학회 편집자문, 국제언어인문학회 연구위원
현재 경원대학교 인문대학 국어국문학과 명예교수

저서 및 논문

『현대소설사연구』, 새문사, 1987.
『김동인과 오스커리즘』, 국학자료원, 2003.(학술원 우수학술도서)
『한국현대소설과 비교문학』, 새미, 2005.(학술원 우수학술도서) 외 다수의 공저와 논문이 있음.

한국 현대생태소설의 서사적 유형과 분석

인쇄일 초판1쇄 2007년 12월 27일
발행일 초판1쇄 2007년 12월 27일

발행인 정구형 | **지은이** 전혜자
편집 이초희, 박지혜, 김나경 | **총무** 박지연, 한미애 | **영업** 정찬용 | **물류** 김종효, 박종일
발행처 **새미** | **등록일** 2005.3.15. 제17—423호
주소 서울시 강동구 성내동 447—11 현영빌딩 2층
전화 442—4623,4 | **팩스** 442—4625 | www.kookhak.co.kr | kookhak2001@hanmail.net
ISBN 978-89-5628-289-3 *93080 | **가격** 28,000원

***새미**는 **국학자료원**의 자회사입니다.